柏恩敬　殷　驰
林蔚然　白德胜　编译

审前羁押制度演变的比较研究

（汉英对照）

法律出版社
LAW PRESS · CHINA

目　录

前　言

柏恩敬(Ira Belkin)*

本书是纽约大学法学院亚美法研究所一个多年研究项目的成果总结。这些年来,亚美法研究所协同中国及全球专家,针对中国2012年新修改的《刑事诉讼法》中的刑事司法改革前沿问题展开了探讨。本书主题即是这次修法试图解决的首要问题之一——审前羁押与释放。

每个刑事司法制度都面临许多重大挑战,其中之一就是在作出有罪或无罪的司法裁判之前如何处理刑事犯罪嫌疑人。公权力对普通公民影响最大,其中之一就是国家以有犯罪嫌疑为由对个人进行羁押。根据国际人权准则和基本的公平原则,一个人在被判定有罪之前应被推定为无罪,且不受包括羁押在内的任何形式的处罚,除非经一个适当的法庭在对案件进行审理之后判定被告人有罪且应受到刑罚处罚。但与此同时,当一个具有潜在危险性的犯罪嫌疑人从监禁中被释放时,他/她确实会对司法程序和社会安全构成威胁。显然不难预见,这些嫌疑人如果在法院判决之前被释放,他们中的有些人会在案件裁判前潜逃;有些人可能会毁灭证据、威胁证人,干扰司法程序;还有些人可能会在待审期间再次犯罪。当然,也有一些嫌疑人在获释后会按照法庭的要求准时出庭,并且不再犯罪。相应地,每个刑事司法体系都需要一个程序来决定哪些被告人可以在审前被释放,释放应当附加什么条件,而哪些被告人在终审判决前必须被羁押。我们在这本书讨论的问题正是如何确立一套审前羁押和释放的程序与标准,以便在这些相互矛

---

* 纽约大学兼职教授、纽约大学法学院亚美法研究所执行主任。

盾的考量中找到一个合理的平衡点。

本书各章分别介绍了美国和中国这两个不同的刑事司法体系是如何应对这一挑战的。我们之所以现在关注这个问题,是因为作为2012年《刑事诉讼法》修法的一部分,中国近年来针对审前羁押制度实施了许多重要改革。修改后的《刑事诉讼法》要求中国的检察官决定是否有“必要”对犯罪嫌疑人进行审前羁押。[1] 毋庸置疑,这项改革是一个巨大的进步;但与此同时,正如所有新规一样,大家尚不完全清楚应该如何执行。

当最初得知中国于2012年改革审前羁押和释放制度之时,我们亚美法研究所认为这是不同司法制度下的刑事专家分享经验的一个机会。他们可以围绕各自司法制度如何解决这个共同的难题进行交流,而我们研究所或许正好可以成为中国法律专家与其他司法辖区的同行们之间沟通的桥梁。2013-2014年,纽约大学亚美法研究所分别在中国多地组织了一系列的研讨交流会,邀请了包括法官、检察官、审前服务官员、辩护律师和学者在内的美国和其他法域的专家,与中国同行一起分享了心得经验。在交流中,我们不仅演示了美国联邦司法系统的审前服务官员是如何进行审前调查,并据此判定每个被告人的逃庭风险和社会危害风险的,还依据美国联邦法律进行了一场审前羁押模拟听证。在这次会议中,中国的法官、检察官和其他专家也分享了他们在新《刑事诉讼法》实施过程中积累的经验。

这些交流研讨会激发了十分重要和宝贵的思想撞击,我们想与更多的读者分享这些收获。鉴于此,我们在本书中收集了相关材料,并进行了中英互译,以便使用中、英文的学者和实务界人士参考查阅。

本书第一至五章介绍了自二十世纪六十年代始,美国法律专家是如何拷问美国法院是否秉持了美国宪法的理想,以及公众对“无罪推定”和与审前羁押相关的法律面前平等对待的原则是如何理解的。在后来被称为“曼哈顿保释计划”的研究项目中,研究人员通过一套新的实证研究方法展示了法律和程序在实践中的运作状况,并对此做了翔实的报告。他们发现,穷

---

〔1〕 在此,笔者不对2017年6月15日发布的《看守所法》(公开征求意见稿)做过多评论,但从草案的第34条来看,有望设立一个审查羁押必要性的专门机构。

人、有色人种和少数族裔的犯罪人羁押比例畸高,而且这与他们的逃庭风险和社会危害风险无明显关联。这项研究引发了在审前羁押和释放有关法律与程序方面的一系列变革,还带来了实证研究法在刑事司法制度改革方面更广泛的应用。

到底如何在犯罪嫌疑人逃庭或者重新犯罪的风险,与无罪推定及审前羁押带来的社会负担和经济负担之间取舍平衡?随着时间的推移,美国法院和立法机关已经对这个挑战进行了重新定义。在美国许多地方,法院和为法庭服务的审前机构运用基于实证研究的风险评估机制来判断一个被告人释放后是否有可能逃逸或再犯新罪,并对这些风险评估机制定期更新升级。与此同时,美国的法院和执法机关还发展出了一套审前羁押的替代措施,例如对被告人进行电子监控或者把被告人交由缓刑官监管。诸如这样的羁押替代措施给法庭裁决提供了更大的灵活性,也给被控犯罪的人提供了更大的自由度,同时还显著降低了审前羁押在经济和社会方面的高成本。那些没有风险或风险较低的被告人可以不附加限制条件地获得释放,这使他们可以继续工作,照顾家庭,并协助律师准备辩护。对于那些有一定风险的被告人,可以附限制条件地予以释放,比如要求其必须佩戴电子监控仪器。只有那些风险特别高的被告人才需要继续羁押。

以纽约市为例,研究显示,该市使用的风险评估机制准确率高达90%,这意味着在审前释放的被告人中,只有10%未能按时出庭或者在待审期间再犯新罪。[2]纽约市的经验已被美国的一些(虽然不是所有的)司法辖区仿效。正如第五章阿诺德基金会的报告指出的,在美国,并不是每一个城市或州都有足够的财力聘用专业人士与每一个被逮捕的人进行面谈,并采用纽约市的风险评估机制。在评估程序中,最昂贵的部分就是对每一个被告人进行面对面的访谈,以评估他们的逃庭风险和社会危害。为了解决这个难

---

〔2〕 2013年,全纽约市共有11%受重罪指控的被逮捕者在审前释放后没能按照要求参加庭审(根据2013年统计数据)。受非重罪指控的被逮捕者不按时参加庭审的比率略高,大约占14%(据2014年统计数据)。参见《纽约司法服务中心2014年年度报告(New York Criminal Justice Agency Annual Report)》,载纽约市刑事司法服务中心官方网站,www. nycja. org/research - in - progress/#。

题，阿诺德基金会开发出了一套无须一对一面谈被告人的风险评估机制。根据这套机制，通过了解被告人的犯罪前科、家庭状况、工作和受教育的情况，以及其他有预测效果的因素，可判断该人是否会逃庭或者在释放后再犯新罪。

法官掌握了这些信息之后，再比较过去的经验，可以作出一个有证据支持的判断，决定是否释放被告人或者在哪些条件下释放被告人。美国的对抗制和程序正义原则要求法庭为控辩双方提供证据展示和辩论羁押/释放的机会。而审前服务部门对被告人的背景调查和风险评估工具让法庭得以在事实而非直觉的基础上作出决定。

根据美国能查找到的最新数据，从2013年10月到2014年9月，在联邦法院受到重罪指控的所有美国公民中，53.9%的被告人被审前释放。在所有重罪被告人中，无论是否为美国公民，31.2%得以审前释放。[3] 在受理美国绝大多数刑事案件的州法院系统中，约60%的被告人在审前被释放。[4]

本书的第二部分介绍了审前羁押和释放决定在中国是如何作出的。我们从1979年改革开放时期说起，但论述的重点落脚于2012年的《刑事诉讼法》修正案是如何实施以及应当如何实施的。

自“文革”结束、1979年改革开放以来，中国一直致力于建设法治社会这一令人瞩目的治理目标。作为其中的一部分，中华人民共和国在1979年颁布了第一部《刑法》和《刑事诉讼法》。多年来，两部法律历经了数次修订，而1996年和2012年是规模最大的两次。在每一个立法改革时期，中国都在努力完善如何在法律框架内羁押和释放犯罪嫌疑人。

1979年《刑事诉讼法》就规定，刑事犯罪嫌疑人在其人身被警察控制后，因刑事侦查需要，可在特定期限内被警察拘留。在这个拘留的初始阶段，警察可以单独作出决定，无须得到其他任何机关的批准。然而，在该初始阶段之后，中国的警察必须向检察机关申请，以“逮捕”的名义继续羁押嫌疑人。

---

〔3〕《2014年联邦司法统计——数据表格》，美国联邦司法统计局，表格3.2，载 https://www.bjs.gov/content/pub/pdf/fjs14st.pdf ，2017年3月访问。

〔4〕《州法院重罪被告审前释放》，美国联邦司法统计局，1990－2004，载 https://www.bjs.gov/content/pub/pdf/prfdsc.pdf，2017年11月访问。

如果有证据足以指控嫌疑人涉嫌可被判处有期徒刑以上的犯罪，检察机关可以批准逮捕。同时，如果检察机关批准了逮捕，这也意味着他们自动确认了警察的侦查结果及其继续关押嫌疑人的决定。因而无法将逮捕决定分割成两个单独的部分，比如确认侦查结果但不对嫌疑人处以羁押。检察机关批准逮捕的后果就是对嫌疑人进行继续羁押，直至案件最终尘埃落定，除非被告人后来的程序中被获准释放。换言之，逮捕是中国检察机关独有的正式审查程序，它包括了对警察起诉意见的确认，并产生持续羁押被告人的后果。

1979 年的《刑事诉讼法》对警察申请批准逮捕期限最初规定得较为严格。1979 年《刑事诉讼法》第 48 条规定，公安机关必须在拘留后的三日内提请检察院批准逮捕，在特殊情况下，应当在七日内提请逮捕。但实践证明，该期限难以适用。此后不久，中国开始了一系列的"严打"运动，该期限规定被暂停适用。1996 年，《刑事诉讼法》进行了第二次大的修改。此时，超期羁押问题已经如此严重，以至于 1996 年《刑事诉讼法》修改的主要目标之一就是对警察羁押设定一个可执行的期限。

1996 年《刑事诉讼法》第 69 条将拘留时间限制为三天，特殊情况下（但并未规定"特殊情况"的性质和范围）可延长 1 －4 天；"对于流窜作案、多次作案、结伙作案的重大嫌疑分子，提请审查批准的时间可以延长至三十日"。但实际上，警察一般都将时限延长到 30 天，对此，嫌疑人并无任何救济措施。在拘留期限超过 30 天时，如果警方想继续拘留嫌疑人，则必须向相应的检察机关申请批准逮捕。检察机关必须在七日内作出是否批准的决定。

在 1996 年《刑事诉讼法》修改后的最初几年里，中国媒体中出现了很多关于"超期羁押"的报道，即羁押时间超过了《刑事诉讼法》规定的时限。换言之，许多被告人在侦查阶段被公安机关羁押的时间超过了 37 天，在起诉和审判阶段被检察机关和法院羁押的时间超过了《刑事诉讼法》允许用以审查起诉和裁判的时间。据报道，许多案件中的被告人在结案前都被羁押了数年之久。2002 年，在政府启动一个旨在清理"超期羁押"存案的大规模运动后，超期羁押问题基本解决了。然而，对司法机关来说相对宽松的法定时限规定仍然得到了保留。不仅如此，正如本书中收录的一些文章所阐述的（参见第七章但伟,第八章卞建林),几乎所有的嫌疑人在侦查初始阶段被警察羁押之后,都会被一押到底,直至最终结案。

1979 年和 1996 年的《刑事诉讼法》都规定了羁押和逮捕的替代措施,这就是取保候审和监视居住。然而,两部法律都没有规定应当采取什么样的程序来恰当地决定适用何种“强制措施”,即拘留、取保候审或监视居住,或应当直接释放。这一决定权留给了公安机关和检察机关,但两个机关都没有责任决定羁押是否“必要”。公安机关和检察机关自然会根据哪种措施对自身的工作最便利来决定,而且它们的决定无须受到任何外部审查。根据卞建林教授的文章中引用到的一个研究,1990 - 2009 年的审前羁押率几乎达到 94.8% 。但伟教授也引用中国官方统计数据指出,1996 年《刑事诉讼法》修改后十年内的审前羁押率超过 90% 。

2012 年再次修改《刑事诉讼法》时,立法者加入了第 93 条,要求检察机关审查“羁押是否必要”。但是,当时没有提出审查标准,也没有规定审查程序。

在本书第六至十三章中,研究中国制度的专家对中国审前羁押和释放决定的作出方式进行了探讨,介绍了司法改革,包括 2012 年的修法如何影响了中国检察机关的日常决策。其中三章(第七、八、九章)由中国刑事诉讼法界几位杰出的教授撰写:中国政法大学的卞建林教授及其同事、北京师范大学的宋英辉教授及其同事,以及来自最高人民检察院的智库——检察理论研究所的高级研究员但伟教授。来自北京和广州的几位资深检察官撰写了第十至十三章。[5]

这些作者都对中国审前羁押面临的问题作了类似的表述。但伟教授指出,虽然约 40% 的中国刑事被告人最终被判处有期徒刑以下的刑罚,但中国的审前羁押率却超过了 90%。简单计算,中国似乎可以多释放至少 30% 的刑事被告,而不会给刑事司法制度造成任何负面影响。考虑到中国每年起

---

〔5〕 香港中文大学的麦高伟(Michael McConville)教授及其同事撰写的第六章对 2012 年修改的《刑事诉讼法》生效之前的中国审前羁押状况进行了实证研究分析,剖析了审前羁押,特别是超期羁押的问题。与卞建林教授和但伟教授得出的结论一致,麦高伟教授也发现中国绝大多数的刑事犯罪嫌疑人在审前都处于被羁押状态。

诉近100万人,在审前羁押率上降低30%意味着有30万受到轻微刑事犯罪指控的人可以继续工作、学习、扶养家庭成员,为社会有所贡献,而不是被关押在看守所里。而且,这个数据还不包括那些可能被判处有期徒刑以上的刑罚,但对社区没有危害且没有逃庭风险,在候审时无须采用羁押措施的人。

但伟教授(第七章)和卞建林教授(第八章)的文章对中国的审前羁押制度为何涵盖如此之广进行了详尽的分析。

首先,新中国颁布第一部《刑事诉讼法》时就合并了“逮捕”和“拘留”两个概念,其原因无史可查。中国的检察机关是限制警察逮捕权和拘留权的审查机关。《刑事诉讼法》赋予了检察院在公安机关羁押嫌疑人的三日内审查案件的责任。正如《刑事诉讼法》的规定,如果检察院认为公安机关妥当完成了侦查任务,搜集了足够指控某人犯罪的证据,就可以决定逮捕;其逮捕决定同时对嫌疑人的审前羁押产生批准效果,这一效果一直持续至案件结束。在批准逮捕这一决定程序中,其包含的对侦查进行确认和对嫌疑人进行羁押这两个功能密不可分。时至今日,这个理念在《刑事诉讼法》中仍旧如此。本书的每一位中国作者都指出,这种混淆是建立一个平衡理性的审前羁押决定程序的主要桎梏。

其次,但伟教授指出,中国可以参照其他国家的一些做法和《公民权利和政治权利国际公约》的规定,将审前羁押和释放的决定权从检察官转移到更中立的法官手中。

他认为:

> 严格的司法审查机制和司法救济机制保证了羁押例外原则。主要表现为:(一)审查主体是第三方的客观力量:法官。除具有紧急抓捕功能的无证逮捕外,任何形式的关押都必须由法官签发逮捕令状和羁押令状;(二)羁押理由限定在是否有逃跑、破坏证据和再犯罪上,并以可能判处三年以上有期徒刑的重罪为主;(三)羁押期限普遍在4个月以内;(四)司法审查程序严格,当事人能够参与。英美法等国设立控辩双方参加的听审程序,德、日和我国台湾地区设立法官书面审查和直接讯问犯罪嫌疑人的程序。每次申请延长羁押都必须向法官重新提出羁押

理由;(五)权利救济机制发达,被羁押人不服羁押裁决可以要求复审和上诉,在羁押过程中认为羁押不当可以向法院申诉;(六)保释社会化管理配套措施完善。

也有学者建议,针对不适当的羁押决定提供司法救济会对改善审前羁押状况有所裨益(参见第八章卞建林)。但是,似乎本书的大多数中国作者仍然认为检察官是羁押决定的最佳人选。甚至但伟教授也承认,对中国刑事司法制度进行结构性改革是一项“庞大任务”,就算能够改变,也需要相当长的时间,而现在的改革需求更加紧迫。基于目前中国的政治法律环境,以及对社会稳定和打击犯罪的强调,但伟坦诚指出,对审前羁押和释放制度进行大规模的彻底修整不太可能在近期实现。

以上这些都说明,要从整体上完善制度,降低审前羁押率,最好的做法是在目前中国《刑事诉讼法》体系框架内改革探索,找到妥善释放更多被告人和嫌疑人的机会。

为实现这个目标,中国专家指出,2012 年《刑事诉讼法》或许能够提供最好的途径:要求检察官在个案中审查“羁押必要性”。看起来,这个改革可能正是 1996 年《刑事诉讼法》修改中漏掉的那个难以捉摸的“程序”——当时的修改提供了羁押的替代措施,但没有提出选择措施的有效机制。中国专家的第三个分析点主要集中在 2012 年《刑事诉讼法》改革上。他们似乎认为新《刑事诉讼法》是在过去基础上的一个完善提高,但也一致同意这次改革仍存在瑕疵,没能带来一些重要改变。正如北京蓝向东检察官引用官方数据分析的,2013 年中国全国范围内,共提起 1062063 份逮捕申请,检察院批准了 879817 份,批准率为 82.8%。在逮捕后的羁押必要性审查中,检察院建议释放或者将强制措施降级为非羁押措施的案件仅 23894 件,占总数的 2.72%。

不出所料,中国专家都认为羁押必要性的审查程序是有缺陷的。他们的批评主要包括以下方面:(1)检察官没有动力进行审查,事实上,审查程序的设置和个人业绩考核标准都使检察官不愿作出非羁押建议;(2)哪些案件应该审查,如何审查,决定对嫌疑人是否继续羁押的标准是什么,法律没有提供足够的指导建议;(3)由于羁押没有时限规定,也没有要求定期审查,所以羁押期限可以非常长,直到公安机关侦查终结,检察院提起公诉和法院作出最终判决。

此外,广东的李洪亮检察官在第十一章中指出,问题在于《刑事诉讼法》对“社会危害性条件”的界定,以及该条件应如何适用。更确切地说,问题在于检察官和公安机关在判断“羁押必要性”时没有严格适用该条件。正如李检察官论证的,个人绩效考核的标准是奖励批准逮捕,惩罚建议释放的检察官,这导致“社会危害性条件”沦为摆设,通常直接被忽略。

再次,中国专家并非只是对目前的体制进行简单批判,他们也提出了许多可以在中国现有刑事司法体制的框架下实行的具体切实的改革方案,包括:(1)从轻微案件开始,逐渐在所有案件中都要求进行羁押必要性审查;(2)采用风险评估机制,帮助检察官以证据为基础,对羁押释放作出更加客观的决定;(3)为了作出审前羁押或释放决定,采用公开听证;(4)强化目前可用的羁押替代措施,从而增强检察官的信心,相信被释放的被告人会按要求出庭,避免再次违法;(5)使检察官作出的决定具有终极效力,而不仅是建议效力;以及(6)修改个人绩效评估标准,奖励检察官作出恰当的释放决定,释放应该被释放的嫌疑人和被告人,即使被释放者逃庭或者再犯罪,只要释放决定合理且以证据为基础、不是因受贿腐败或者其他不当动机作出,都应保护检察官免受惩处。

最后,数位作者还讲述了他们已经起步的试点项目,用以验证他们的改革方案。

宋英辉教授和他的同事对他们在中国多处实行的针对未成年人犯罪取保候审的几个试点项目进行了详细描述(第九章)。宋教授分析的试点项目都涉及“观护基地”,即为参加试点的未成年犯罪人提供食宿、教育和工作机会,以及心理咨询的社会支持机构。这些试点都取得了令人瞩目的成果。根据观护基地的评估表,在许多案件中执法人员都撤销了对未成年犯罪人的指控,中心还为他们铺垫了一条通往就业和守法生活的道路。而且,宋教授和他团队的试点研究还针对中国大规模流动人口犯罪羁押的问题的应对提供了解决策略。试点项目中的关护基地一视同仁地接收外来人员和本地居民。由于基地为嫌疑人提供住宿,这就解决了如何释放那些在被起诉地没有固定住所的外来人员的难题。宋教授的文章为重新审视中国审前羁押制度的有效性和羁押替代措施的种种裨益提供了强有力的依据。

宋教授的试点研究项目还为解决未成年人犯罪和年轻人轻微犯罪问题提供了有效的解决之道。他的研究方法甚至可以延伸至某些成年人犯罪。但是,它们的适用范围仍然有限,也仅涉及针对审前羁押若干问题的其中一个解决方案,即强化对羁押替代措施的适用。

但伟教授则描述了一个具有更广泛适用性的试点项目(第七章)。他的项目利用了中国检察机关特有的地位——作为负责监督所有其他国家机关行为合法性的国家组织,检察院在中国的每一个看守所都驻有监所检察官(后更名为"刑事执行检察官")。在但伟的试点项目中,看守所的驻所检察官被授权审查其所驻看守所在押人员的"羁押必要性"。此外,但伟教授还给这些检察官提供了他开发的一套风险评估审查工具,以及向办案机构(负责侦查监督的检察官、侦查机关和检察院领导)提出变更强制措施检察建议的由 11 个具体步骤组成的工作机制。在他研究的两个试点区中,试点成果一般但很有前景。在两个试点看守所里,检察官分别建议释放了 46 个、35 个在押犯。在一个试点区,46 份释放建议中有 37 份被采纳。这表明,哪怕只是对每一个案件多注意一点,也足以找到根据释放更多的在押犯。如果将但伟教授的试点扩大,很有可能大规模降低羁押率。但正如他意识到的,即便能够在全国范围内推广,这些试点措施也不能解决和改善中国审前羁押制度要应对的所有挑战。

本书包含的另一系列试点是北京东城区检察长蓝向东负责的项目(第十章)。在这些试点中,检察官使用风险评估机制,开展公开听证,对外来人员采用非羁押形式的强制措施。虽然规模偏小,但试点成果令人瞩目:

> 例如,2013 年间 A 市监所检察部门共计启动羁押必要性审查程序 380 人次,其中提出释放或者变更强制措施建议共计 367 人次,被本院相关职能部门、侦查机关、审判机关采纳建议并实际变更强制措施 331 人次,建议采纳率为 90.2%。

尽管中国专家从不同角度提出了应对审前释放和羁押决定中各种挑战的思路,但对于问题的症结以及必需的改革措施,学者一般已经达成了共识。或许本书中唯一对此持异见的学者是另一位来自广州的检察官林兰(第十二章)。与其他作者不同,林兰认为审前羁押能够起到有效的惩罚作用。她还认为利用审前羁押来“鼓励”嫌疑人对被害人赔偿,是对国家强制权的恰当适用。当然,林检察官仍对改变中国审前羁押状况提出了一些有益的建议,包括使用风险评估机制,公开听证以及完善非羁押措施来替代羁押。在某种程度上,林兰代表了利用刑事程序打击犯罪的一种相对保守观点,不在无罪推定等人权方面予以太多考虑。有多少中国的检察官和在法律界拥有较大影响的人士与林兰持相同观点,我们不得而知。但重要的是,即便是林兰检察官也认为有必要进行重大改革。

通过总结本书中中国专家撰写的八篇文章,我们可以得出一些重要结论。第一,中国专家对现行审前羁押制度及其缺陷有着深刻的理解,他们深知能够促进制度完善的长期和短期解决方案。第二,这些文章承载了包括检察官、其他执法人员和政府官员在内的中国法律制度专家令人惊叹的巧思独创,以及他们在中国现行法律体制内解决完善的愿望。第三,他们清楚地找到了问题所在和根本原因,对积极改革提出了切实可行的方案。同时,他们对近期内的改革前景有着务实的态度。我们期望,公开的讨论和深刻的分析能对中国审前羁押制度可持续性的改革有所促进;对于不必要的审前羁押,就算不能完全杜绝,也能明显减少其适用频率。

本书中描述的两个刑事司法体系与它们所植根的社会体系一样迥然不同。但它们都面临一个共同难题,而且在致力于完善制度机制、解决该难题的奋斗路径中彼此有所交叉。对于这两个司法体系的刑事司法学者、实务者和改革者,以及他们在世界其他国家的同行而言,比较研究应该都有所裨益。我们希望大家能在阅读本书时有所收获。

序

孔杰荣(Jerome A. Cohen)*

本书跟与之同时出版的以警察讯问犯罪嫌疑人为主题的另一本书相似,也是关注同公民个人自由攸关的一些最基本问题。它以创新的双语形式对中国和美国为解决刑事审前羁押这一两难问题进行了分析。如何保护被羁押者的个人权利免受政府公权力滥用的威胁,同时不过度限制国家保护社会不受反社会行为侵害的能力,这是一个世界性的挑战。

在任何一个政治体制之下,羁押权都是一种足以毁掉人生的权力。当然,刑事程序并不是国家行使羁押权的唯一途径。作为对刑事程序的补充或是刻意规避,行政羁押成为国家常诉诸的手段,在社会各领域执行相关法律,包括对精神病、出入境、药物成瘾、轻微的不法行为等进行规制。特定民事程序也能导致对人身自由的强制。中国和美国的治理经验都表明,即便到了现代,缺乏安全感的政府有时会将军事拘留手段扩张适用于原本不受军事管辖权管辖的领域。

当然,在每个国家都关心的公民自由方面,正式的刑事程序成为众人瞩目的焦点是理所当然的。本书阐明了审前羁押在刑事程序中的重要地位。书中不仅解释了审前羁押刑事政策和实践在平衡个人权利与更宏观的社会与政府利益时面临的诸多难题,而且作为讨论重点,还分析了每个法域在审前羁押方面取得的进展。

我承认,对于本书涉及的每个法域的审前羁押问题我都有着强烈的个

---

* 纽约大学法学教授、亚美法研究所所长。

人兴趣。在我职业生涯的早期,作为美国华盛顿特区的检察官,我的工作任务之一就是每天早晨跟警察和他们带来的嫌疑人会面,决定是否提议逮捕;如果确需逮捕,是提议保释还是羁押。当然,作为一名专门研究中国刑事司法体系的学者,当得知 2012 年中国的《刑事诉讼法》修正案加入了一新条文,授权检察官审查被逮捕嫌疑人继续羁押的必要性时,我和我的同事柏恩敬都为之振奋。

诚然,正如在柏恩敬教授的引言和但伟教授的序言这两篇精彩的文章中,以及为本书供稿的其他中国专家发人深省的论述中所强调的,中国的审前羁押程序要达到国际准则要求的标准,必须在立法和实践层面都要有更多作为。

我特别希望,中国的全国人民代表大会在下一次修正《刑事诉讼法》时能赋予犯罪嫌疑人在法庭上质疑审前羁押决定的权利,特别是针对那些建立在对《刑事诉讼法》错误理解基础上的决定。实际上,长期以来,中国公安机关在向检察院申请批准正式逮捕令之前,有权力自主决定对嫌疑人羁押长达三十天。

我相信,这本书呈现的开创性的研究、综合全面的评述和富有创造力的改革建议能够激发中国和美国在法律实施方面取得更大进步。纽约大学法学院亚美法研究所很荣幸能够赞助本书的出版。

2017 年 11 月 3 日

序

审前羁押在刑事诉讼程序中是一个小问题吗?

但　伟*

审前羁押在人类出现司法制度以后的很长时间内一直是一个理所应当的正当的国家行为。对犯罪的行为人实施抓捕并羁押在监禁场所是保全社会、保全诉讼的当然办法,而且社会也给予充分的理解。至于被羁押人在羁押后是否还有什么权利或者是否可以变更为非羁押措施,则是很多国家的司法制度所没有涉及的问题。审前羁押和审后监禁一样意味着犯罪控制和犯罪惩罚,具有当然的正当性和正义性。同时,审前羁押似乎不影响定罪也不影响量刑,对社会来讲只有好处没有坏处。这样,审前羁押在很多国家的司法制度中就是一个很小的没有什么争议的问题,在中国的司法制度中也是如此。

中国从 1979 年开始有了第一部成文的《刑事诉讼法》。在此之前的三十年刑事羁押是延续革命时期对待犯罪和敌人的做法。1979 年颁布的《刑事诉讼法》没有单独规定羁押和羁押期限,而是将批准逮捕视为羁押的开始。逮捕后的侦查期限、审查起诉期限和审判期限就是羁押期限。逮捕本来是一个动词,持续时间短;羁押是一个名词,呈现一个静止的状态。这两个不同时长的剥夺人身自由的刑事强制措施在当时的立法中被重合成一

* 最高人民检察院检察理论研究所研究员。

个。这样的立法一直持续到现在。尽管1996年和2012年中国的《刑事诉讼法》经过了两次修改,但是羁押和羁押期限仍然延续1979年《刑事诉讼法》的规定。警察、检察官、法官的工作期限仍然意味着犯罪嫌疑人和被告人的羁押期限,而且羁押后的羁押变更权分别掌握在侦查阶段的警察手上、审查起诉阶段的检察官手上、审判阶段的法官手上,羁押场所归警察管理。尽管《刑事诉讼法》规定三个阶段的职能部门如果发现不当羁押可以变更羁押,但是“如果发现”是假设条款,如果不发现能怎么样呢?《刑事诉讼法》还规定被羁押的犯罪嫌疑人、被告人及其法定代理人、近亲属有权申请取保候审,但是若办案机关不同意,就别无办法。直接结果就是从1979年到2016年审前羁押率一直在80%以上。而每年全国法院判处三年以下有期徒刑、管制、拘役、独立附加刑、缓刑、免刑在70%左右,实际到监狱服刑的罪犯在40%左右。大量没有判处监禁刑的罪犯或经法院判决未构成犯罪的被告人在审前被“一押到底”。可以说,现有的职权体系中的各个职能部门没有依法主动去发现不当羁押和接受当事人要求取保候审的申请。更为严重的是,在2000年10月全国人民代表大会常务委员会进行的首次全国范围内的刑事诉讼法执法检查中还发现了严重的任意超过办案期限的超期羁押现象。因羁押导致冤假错案时有报道。

从1978年开始的“改革开放”让中国和国际社会重新融合,也让中国看到了世界范围内法治发展的状况。法治中的人权保护、正当程序、无罪推定等原则逐渐突破了意识形态束缚而相应被《宪法》《刑法》和《刑事诉讼法》吸收。但无论是从联合国《公民权利和政治权利国际公约》第9条第4款规定的:“等候审判的人受监禁不应作为一般原则”,还是法治国家立法规定的审前羁押例外原则和保证这一原则实施的严格司法审查制度、司法救济制度、保释制度,还是普遍低至20%的审前羁押率来比较,中国的审前羁押立法和高羁押率都凸显了在刑事诉讼程序中公权力的任意和公权力之间制衡机制的缺失、犯罪嫌疑人和被告人合法的人身自由权利的剥夺,也给刑讯逼供和非法取证提供了条件。由此产生的非法证据、瑕疵证据、虚假证据使中国现行的定罪和量刑的证据体系面临公正性的危机。从每年法院判决到监狱服刑的罪犯人数来看,每年还有将近40万名没有判决到监狱服刑的罪犯在审前被羁押，包括判决到监狱服刑的罪犯也不是每个人都当然的应该在审前被羁押。“一押到底”的主体中还有大量未成年人、老年人、轻微犯、初犯、偶犯，而且不少人有固定职业、固定单位、固定收入来源、固定住所、家庭关系良好等可以适用或达到适用取保候审条件，但这些犯罪嫌疑人、被告人仍然被羁押在看守所。这是严重的不公正。如果把三十多年来的不当羁押和错误羁押的人数累加起来，那么这个数字就会超过千万，也就意味超过千万的个人和超过千万的家庭承受羁押不公所带来的痛苦和灾难。因此，审前羁押在刑事诉讼程序中就不是一个可以忽视的小问题，而是涉及千千万万公民人身自由权、刑事诉讼程序的公正性、一个国家真实的法治发展水平和人权保护水平的严重的大问题。

既然是一个严重的大问题，那就不能无限期地拖延下去，就得尽快想办法解决。然而一想办法解决，第一时间就要触碰到承担打击犯罪任务的公权力部门的权力运行方式。保护人权和打击犯罪是司法天平的两端。保护人权的刻度每提高一个点，打击犯罪的自由度就会下降一个点甚至更多。保障犯罪嫌疑人和被告人的人身自由，公权力的行使自由就会受到约束，就会增加很多的工作、麻烦和风险，就会不情愿或没有动力去做，甚至找种种理由阻碍，如果再加上国家和社会公众实际上还是倾向打击犯罪优先于人权保护，效率优先于公正，那么，写在纸面上的人权保护就难以落实。这从2012年中国《刑事诉讼法修正案》增设的第93条“羁押必要性审查”的实际执行情况就可以看出立法和执法的差距。第93条是指检察机关在犯罪嫌疑人、被告人被逮捕后，仍应当对羁押的必要性进行审查。对不需要继续羁押的应当建议予以释放或者变革强制措施。根据最高人民检察院公布的数字，2013年全年中国各级检察机关逮捕879817人，适用第93条的23894人，2014年逮捕人数是879615人，适用第93条的33495人，2015年逮捕人数873148人，适用第93条的29211人。第93条适用三年来释放的比例只在5%以内，其立法作用没有得到体现。这说明问题还在解决的路上。

纽约大学亚美法研究所主任柏恩敬先生长期关注中国刑事诉讼程序的改革，敏锐地看到了中国审前羁押问题的严重性，积极和中国有关机构联合开展了审前羁押的研究并邀请美国负责审查审前羁押法官和审前释放服务机构官员来中国介绍经验,我作为提出建立羁押必要性审查工作一个研究者,在和大家面对面的交流中感受到第93条仍然是依附在目前的由抓人的部门、直接办理案件的部门就是审查放人的部门的权力运行模式上的缺乏动力来源的条款。为了推动第93条的实施,我也设计了和美国审前释放服务机构相类似的风险评估表,取名叫《在押人员羁押必要性评估表》,有80多项加减分的风险评估项,检察机关在犯罪嫌疑人和被告人被羁押后填写评估表即可得出风险的分值,如果低于设定的风险分值的分数,负责这项工作的检察官就可以启动羁押必要性审查工作,查阅案卷材料、讯问当事人,如果达到法定取保候审条件的,就可以建议办案部门释放当事人,也可以依据当事人申请启动羁押必要性审查。然而,在实际中,检察官不去做评估在押人员,不理会提出申请启动羁押必要性审查的在押人员这项工作,也无法知道,也没有什么不利后果,第93条就变成了一个不具有确定性的条款。因此要想解决中国的审前羁押问题,还是要从基础性的工作做起。首先就是要做到两个分离:(一)分离逮捕和羁押的同一关系。不能再将逮捕混同成静态的羁押;(二)分离各诉讼阶段的办案工作期限和羁押期限的同一关系。侦查、审查起诉和审判的工作期限与羁押期限长短不是一个时间关系,不能再将各部门的办案工作期限等同于剥夺人身自由的羁押期限。其次要在《刑事诉讼法》中规定审前羁押的例外原则,明确审前获得保释是犯罪嫌疑人和被告人的一项权利,同步国际标准。最后应当尽快建立客观中立的羁押审查制度和保释制度。其实以上的考虑也不是什么新鲜的创意,都是国际社会解决审前羁押问题的成熟做法,在本书中就有相关的介绍。由于本书是中英文双语结集出版,那么就会有其他国家的读者通过本书来了解中国的审前羁押的情况。我想说的是,审前羁押这个重要人权问题被国际社会所重视和认识,并建立相关的制度来保障,从1628年英国议会通过《权利请愿法案》(The Petition of Rights,)开始到现在经历了近400年。中国真正提出法治并把法治作为治理国家的政策才是近30年的事,但是走向法治的决心已经成了政府和民众的共识,只要有了这个共识,相信很多法治中问题都会逐步解决,审前羁押问题也会得到解决的,可能时间不会太长。因为审前羁押在刑事诉讼程序中是个大问题!

专题一

美国审前释放:历史与现实

第一章　保释和审前释放的历史*

2010 年 9 月 24 日更新

蒂莫西·施奈克(Timothy R. Schnacke)

迈克尔·琼斯(Michael R. Jones)

克莱尔·布鲁克(Claire M. B. Brooker)**

一、导言[1]

尽管保释这一概念可以追溯到古罗马时期[2],但在美国,对保释的理

* 本文的英文版于 2011 年 2 月 28 日发表在美国审前司法研究所官方网站,载 http://www.pretrial.org/wpfb-file/pji-history-of-bail-revised-pdf/。——译者注

** 蒂莫西·施奈克(Timothy R. Schnacke)、迈克尔·琼斯(Michael R. Jones)和克莱尔·布鲁克(Claire M. B. Brooker)现任职于科罗拉多州杰弗逊县刑事司法筹划部门。

[1] 本章的大部分引用都在脚注中说明,但如有未注明的引用,其主要来源于以下资料:波拉克(F. Pollock)和梅特兰的(F. Maitland):《英国法历史》(*The History of English Law*),1989 年第二版(以下简称波拉克和梅特兰);加勒·富特(Caleb Foote):《即将到来的保释上的宪法危机:第一部和第二部》(*The Coming Constitutional Crisis in Bail: I and I*),载《宾夕法尼亚大学法律评论(113 Univ. Pa. L. Rev. 959)》1976 年总第 113 期(以下简称富特);小韦恩·H. 托马斯(Wayne H. Thomas, Jr):《美国的保释改革》(*Bail Reform in America*),加州大学出版社(Univ. CA Press)1976 年版(以下简称托马斯);杰拉德·P. 蒙克斯(Gerald P. Monks):《保释的历史》(*History of Bail*),载 http://images.talkingphonebook.com/images/timesunion/media_library/208/888/media12.pdf;琼·卡尔波内(June Carbone):《透过皇帝的新衣:重读保释体系的基本法则》(*Seeing Through the Emperor's New Clothes: Rediscovery of Basic Principles in the Administration of Bail*),载《雪城大学法律评论[34 Syracuse L. Rev. 517 (1983)]》1983 年总第 34 期(以下简称卡尔波内);斯蒂芬·H. 克拉克:《审前释放:概念、问题以及改进策略》(*Pretrial Release: Concepts, Issues, and Strategies for Improvement*),载《矫正研究》第一卷第 3 期(1 Res. in Corrections, Issue 3:1);埃维·洛策(Evie Lotze)、约翰·克拉克(John Clark)、D. 艾伦·亨利(D. Alan Henry)、卓兰塔·嘉斯克维茨(Jolanta Juszkiewicz):《审前服务参考书》(*The Pretrial Services Reference Book*),审前服务研究中心 1999 年版(以下简称洛策等人);玛丽·范诺斯特朗德(Marie VanNostrand):《以法律和实证为基础:如何在审前服务中适用法律原则、法律条款以及研究成果》(*Legal and Evidence Based Practices: Application of Legal Principles, Laws, and Research to the Field of Pretrial Services*),犯罪与司法研究所、国家矫正研究所(Crime & Just. Inst., Nat'l Inst. of Corrections)2007 年版(以下简称范诺斯朗德);以及审前司法研究所网站上的相关材料,载审前司法研究所官方网站,http://pretrial.org。卡尔波内也引用了 E. 德·哈斯(E. De Haas)的《保释古代史》(*Antiquities of Bail*)1940 年版,以及波拉克和梅特兰德的文献,以获得"更全面的关于保释来源的研究成果"。所有网站链接以 2010 年 9 月 23 日为准。

[2] 参见洛策等人,见注释 1,第 2 页注释 3。

解还植根于已有一千年历史的英国法律制度中。对保释“现代”史的研究揭示了两大基本主题。其一，诚如琼·卡尔波内(June Carbone)在对保释的翔实研究中指出的，“保释自一开始就反映了司法人员对于庭审结果的预判。”[3]实际上，关于保释的决定完全是一种预判，只不过在如今是对被告人是否会按时参加所有的庭审并且不会犯任何新罪的预判。有关如何准确预判被告人的审前行为和不当行为的科学方法，是在过去几十年里才开始出现并不断发展完善的。其二，以保释保证金来避免审前羁押，是缘于在历史上有一系列案件被指责滥用审前释放或者羁押决定。这些现象的出现最初多与无法预判审判结果有关。渐渐地，还涉及不能充分预判被告人是否会准时到庭或者不会重新犯罪。这反过来导致我们过度依赖司法自由裁量权来决定是否批准保释保证金，以及决定本应对被告人审前不当行为起到约束作用的保释金金额大小(或其他审前释放的条件)。本章接下来要探讨的保释历史将阐明，随着我们对被告人审前行为的预测变得越发准确，在刚开始我们需要大力改良保释制度，但随着时间的推移，这种改革力度和需求会逐渐减少。

二、盎格鲁—撒克逊根源

要理解中世纪英国的保释制度，我们必须首先了解当时的刑事法律和刑事惩罚制度。报仇导致战乱不断，盎格鲁—撒克逊法律程序的出现，使得血亲复仇有了替代方式。血仇和法外执行(也叫“鸣金捕贼”)两种方式都允许公众直接抓捕犯人并对其就地处置。随着盎格鲁—撒克逊的法律体系的构建和完善，曾经由这两种方式解决的纷争可以通过“赔偿金”制度，或者向被害人赔偿来处理了。[4] 从根本上说，当时的犯罪属于私人恩怨(不同于我们现在以国家的名义公诉罪犯)，并且争议一方向另一方提出的诉讼一般都以寻求经济赔偿作为刑事惩罚。在相对来说很小一部分案件中，那些被视为社会祸害(“诬告陷害者”“名声败坏者”“惯犯”)，或者在犯罪时被抓现行或者正在逃跑的人，才会被处以肢体损伤或者立即处决的刑罚。[5] 所有其他

〔3〕 卡尔波内，见注释1，第574页。

〔4〕 同上，第519－520页。

〔5〕 同上，第520－521页及所附注解。

人都被假定为对社会是"安全的"。所以,被告人被释放后对社区的潜在威胁不是当时首要考虑的问题。

尽管如此,盎格鲁—撒克逊仍然注意到了这个问题:被告人可能逃跑以避免向被害人承担赔偿责任或刑罚(包括罚金或者支付给国王的罚款)。而且监狱"昂贵而且有很多问题"。所以当一个人被逮捕后,他通常是被"临时扣押(replegiatus)或者具保回庭受审(manucaptus),意即,只要他获得某种担保(plegii),或者受到某种回庭受审的约束,就可以被立即释放。"[6]于是,形成了这样一种保释制度:被告人须觅得一名担保人,承诺被告人会按时到庭,并保证在定罪后支付赔偿金。与这个承诺相当的金额或实质性价值,称为"保释金"(类似于现在现金保释担保),其数额与罚金或者刑罚的实质性价值相当。这样一来,如果被告人逃跑了,承担保证责任的担保人就要向这个私人控方支付所有保释金,案件就此了结。

卡尔波内认为,"盎格鲁—撒克逊的保释制度可能是仅有的完全理性适用保释的制度。"[7]这是因为保证的金额与罚金相当,保释与罪行的严重程度挂钩,如果被告人不出庭受审,保证金就足以代罚。所有可能被处以罚金的罪犯都可以被保释,保释保证与审判结果完美结合——以钱还钱。

三、从诺曼征服到公元1700年

自1066年诺曼征服后,英国的保释制度明显变得更加复杂了:

> 自诺曼人入侵英国后,国家利益逐渐渗入刑事司法。刑事程序的启动需要起诉陪审团怀疑被告犯了罪,而且需要被害方的宣誓证言。除了非常轻微的犯罪案件外,对其他犯罪的惩罚都以死刑及其他形式的肉体刑罚取代了罚金的使用。由于需要等待巡回皇家法官在当地审

---

〔6〕 波拉克和梅特兰德,注释1,第584页。确实,甚至那些付不起"赔偿金"的人都通常会被交给受害者,任凭他们处决或沦为他们的奴隶。卡尔波内,见注释1,第521页注释18。一旦他们逃跑,就会变成畏罪潜逃的"逃犯",任何抓到他们的人都可以对他们就地正法。但是,有些违法行为明显是"绝对不能保释"的,需要将违法犯罪关押在某种类似监狱的地方。参见波拉克和梅特兰德,见注释1,第584－585页。

〔7〕 卡尔波内,见注释1,第520页。

判,从起诉到庭审的时间被拉长了。[8]

就地处决和肢残的惩罚被逐步淘汰。但从整体上看,肉体刑的使用增加了。许多罪犯因此更趋向于逃跑。整个刑事程序系统性的拖延也导致许多人在条件粗陋的监狱饱受折磨。而法官和治安法官在是否释放被告上拥有不受限制的自由裁量权,滋生了腐败和滥用权力。此外,由于刑罚方式的改变,被保释人的主体资格也发生了变化。第一批无论如何都不能保释的就是被控杀人的被告人;然后就是被控涉嫌"森林犯罪"的(比如擅闯皇家森林);最后还规定了一个口袋罪,即被告人被控涉嫌犯了"其他违反英国习俗的罪行(retto),而不能保释(replevisable)。"[9]

在中世纪的英国,治安法官主持巡回法院,去不同的郡(shire)处理案件。该郡的郡守(reeve,现在称为郡县治安官)负责在治安法官抵达前监管被指控的被告。由于这些监管郡守在开庭前被赋予了很大的自由裁量权,因此各郡适用保释的情况不尽相同,而滥用权力的现象较以往更加常见。事实上,"保释法律在十二和十三世纪发展起来,就是为了彰显英国皇家对郡守权力的制约",这些郡守在当时已经愈加腐败了。[10]

随着在保释设定程序中大量滥用权利的现象被曝光,英国议会通过了第一部威斯敏斯特法,将当时已有的 51 个法律规定集中法典化。许多这些法律都源自涵盖了包括保释在内许多问题的英国大宪章。更重要的是,这部威斯敏斯特法设立了适用保释的三个条件,背离了盎格鲁—撒克逊的法律传统。它们分别是:(1)犯罪性质(按是否适用保释对犯罪进行分类);(2)定罪的可能性(要求郡守审查所有证据,权衡如某人是否因有"轻微怀疑"而被捕等个案情况);和(3)被告人的犯罪记录,这通常表明此人品德不良或"声名败坏"。但是卡尔波内(Carbon)认为,"通过规定保释条件,威斯特敏斯特法再次重申了,而非背弃了盎格鲁—撒克逊的这一法律传统,即保释程序必须反映出保释与审判结果之间的关系。尽管该法律规定的条件有

[8] 同上,第 521 页(脚注略)。
[9] 同上,第 523 页(内部引用和脚注略)。
[10] 同上,第 522 页注释 29。

些重复，甚至自相矛盾，每一个条件都可以分解为这个简单的标准：罪行的严重程度与无罪释放的可能性相互折抵。"[11] 事实上确实如此，之后五个世纪的英国保释决定都遵循着这个标准。

在这 500 年期间，英国议会间或通过法律，对在威斯敏斯特法中没有涉及的可保释犯罪作出规定。然而，英国议会当时的立法重心还是在保释程序中增加保障措施，保护人们免受政治迫害，避免地方腐败。例如，由于"声名败坏"和"轻微怀疑"之类用词概念模糊，地方治安法官在保释时也无所适从。1486 年英国议会要求，在释放嫌犯和在下一季巡回审判中批准保释时，必须要有两名法官的一致同意。这种决定在以前只需一名法官就可做出。1554 年，英国议会要求保释决定必须在公开程序中做出，且有两名法官同时出席，证据采信也要有书面记录。这实质上是在英国法律体系中引进了预审听证程序。

随着时间的推移，更多的权力滥用现象引来了更多的改革举措。例如，威斯敏斯特法中关于被告人是否可以保释的规定，是建立在正式起诉指控之后这一前提下的。1627 年，当时的国王查尔斯一世命令地方法官在没有指控的情形下关押五名骑士，规避了威斯敏斯特法，以及该法的立法基础——英国大宪章的条文规定。因此，英国议会通过了《权利请愿书》，禁止任何法院在缺少指控的情况下进行关押。1676 年，一位名叫詹克斯（Jenkes）的嫌疑人（全名不详）被逮捕并关押了两个月。按照当时的法律规定，他的指控罪名是可以获准保释的。这个詹克斯案与许多其他类似案件一起，最终导致了 1679 年《人身保护法》在英国议会通过。该法从程序上保证了被告人不会被长期羁押。但是对当时一些顽固且不守规矩的法官而言，这个改革并没有给他们造成不可逾越的障碍。他们已经熟知可以利用保释保证中的保释金无限期地关押被告人。在此方面，富特（Foote）认为，"1679 年的《人身保护法》终止了法官在程序上对詹克斯这样的嫌犯的保释进行推诿，但是法官们还是可以通过设定嫌犯不可能交纳的过高保释金，为挫败审

---

〔11〕 同上，第 526 页。

前羁押的立法目的制造另一个障碍。"[12]针对这个问题,威廉三世和玛丽二世加冕时所签署接受的1689年《权利法案》申明,"不得索求过多的保释金"。后来在美国宪法第八修正案中也有类似的表述。

四、美国的保释体系

加勒·富特(Caleb Foote)对美国独立战争时期的英国保释法律作了如下归纳:

> 随着英国法律中对审前羁押嫌犯保障的不断发展,形成了三个相互区分的核心内容。第一个是决定某一被告人是否有权利被保释释放。这在《权利请愿书》中有所规定。同时,在一系列法律中也规定了哪些案件需由治安法官或者(早期的)郡守决定必须保释或绝对不能保释。王座法院的法官也可运用其自由裁量权,保释下级法院依法不能保释的嫌犯。第二个是简单却行之有效的人身保护程序,将可能成为一纸空文的立法转化成现实的权利。第三个是1689年《权利法案》中禁止过多保释金的条款,防止了司法权力的滥用。[13]

总的来说,早期的英属殖民地都逐渐适用了英国的法律。然而,殖民地对刑事司法的理解与英国不同(包括一些殖民地认为英国法律过度模糊),以及殖民地不同的风俗习惯和犯罪率,使得殖民地的刑罚更加宽松,并且最终改变了保释的相关法律。甚至在英国后期的保释改革开始之前,马萨诸塞州于1641年就通过了《马萨诸塞自由录》(Body of Liberties),明确规定了

---

〔12〕 富特,见注释1,第967页。

〔13〕 同上,第968页。

非死刑案件中的保释权，并且重新规定了哪些案件属于死刑案件。[14] 1682年，“宾夕法尼亚州在新州宪法中更加开明地规定，‘除了有明显证据或定罪可能性很大的死刑案件，所有的在押嫌犯都可以通过提供足够的担保而保释。’”[15]宾州的法律首次规定在保释时要考虑到死刑案件的证据强弱。并且，“宾夕法尼亚州同时规定只对‘蓄意谋杀’适用死刑。这样使保释权的适用远远超出了《马萨诸塞自由录》和英国法律规定的范围。”[16]于是，宾州的法律被其他州迅速效仿。随着美国殖民地的扩展，“宾夕法尼亚州的规定成了1776年之后几乎各州宪法的样板。”[17]

宾夕法尼亚州宪法的影响意义重大。美国宪法只是在第1条第9款明确规定了人身保护令，在第八修正案中禁止“过多的保释金”——该修正案可以追溯到1776年弗吉尼亚州的《权利宣言》。[18]除此之外，美国宪法里并没有明确涉及保释权，也没有规定哪些犯罪是可以保释的，或者哪些被告人需要被羁押。[19]尽管如此，1789年春夏会议期间，摆在第一届新国会面前的是《司法条例》第33款。该条款赋予了联邦非死刑案件中被告人的绝对保

---

〔14〕值得注意的是，用今天的标准看，这一时期的刑事实体法通常被认为是野蛮残忍的。比如，尽管马萨诸塞州的保释法律相对自由开明，在殖民地，除了杀人会被处以死刑外，邪神崇拜、巫术、亵渎神明、诅咒或攻击父母，以及儿子对父母倔强或逆反都可以被处以死刑（因而不能获保）。同上，第981页。此外，许多人仅仅是因为贫困而被殖民地政府关押：“1788年，即美国国会在考虑第八修正案中应该规定什么的前一年，马萨诸塞州颁布了法律……规定，‘流氓、流浪汉以懒汉……到处惹是生非的人，比如对工作或职责玩忽职守，挥霍浪费工资，不做工支持家庭的……以及……四处游荡的穷人”，都要被关进矫正所强制劳动’”。同上，第990页。到了1830年，因欠债被囚禁的人是因犯罪被囚禁的人的三倍左右。同上，第991页。

〔15〕卡尔波内，注释1，第531页，引述《美国宪章》第五卷（5 American Charters 3061），F. 索普（F. Thorpe）编辑，1909年版（脚注略）。

〔16〕同上，第531－532页（脚注略）。

〔17〕同上，第532页。

〔18〕美国宪法第1条第9款规定：“不得中止人身保护令的特权，除非发生叛乱或入侵时，为保护公众安全所需而为之。”美国宪法第八修正案规定：“不得要求过多的保释金，不得处以过重的罚金，不得施加残酷和非常的惩罚。”

〔19〕富特教授认为，美国的开国之父们有意在宪法中规定获得保释权利的条款，类似《威斯敏斯特法令》中的规定一样，但是不小心遗漏了。参见富特，注释1，第971－989页。

释权。[20]在富特看来，当时国会很可能没有意识到，“通过立法来推动有关审前基本权利的保障，并将附属的保护措施入宪，使其成为神圣不可侵犯的权利，以保证该权利的公平实现”是不同寻常的。[21]不过，借助《司法条例》，美国联邦和部分州一起，得以通过各州的宪法保障了几乎每一个被告都有保释权。因此，至少在联邦司法系统中，“1789 年《司法条例》和美国宪法第八修正案中体现的早期美国的保释原则是：(1)保释金不得过多，(2)在所有非死刑案件中被告人都有保释权，以及(3)保释的目的是确保被告人能按时出庭。”[22]

五、英美保释的实施

正如美国法律中设立了关于保释保证金制度，英属殖民地和英国本身的文化差异也导致了保释措施在实践上的差异。如前所述，根据盎格鲁—撒克逊的法律规定，所犯罪行严重，有多次犯罪记录，和犯罪被抓现行的犯人通常被即决处决。对于其他轻微犯罪，盎格鲁—撒克逊的法律允许在审前释放被告人。这在一定程度上是因为负责处理这些案件的治安法官得在不同的郡县巡回审案，一年里通常只能在一个地方待几个月。由于大部分人都释放了，监狱不是很必要，而且那些已有的监狱条件也非常简陋。

根据盎格鲁—撒克逊法律中规定的审前释放，郡守是依赖于担保人或者第三方监护人(通常是嫌犯的朋友、邻居，或者家属)的承诺释放嫌犯，若嫌犯潜逃，他们将代替嫌犯受审赔偿。随着赔偿金制度的发展，对大部分犯罪的惩罚都是支付赔偿金，如果被告人没有到庭受审，也允许担保人承诺用个人财产或不动产作为赔偿。在诺曼征服之前，这种担保金额和可能判处的刑罚赔偿金额完全吻合。然而，诺曼人入侵之后，随着肉刑的增加，越来

---

〔20〕 美国司法条例对美国宪法勾勒出雏形的联邦司法系统做了更细致的规定。《司法条例》第 33 款规定：“在刑事案件中，被逮捕的人应该被予保释，但可能被处以死刑的除外。如果该人可能被处以死刑，只有最高法院或巡回法院，最高法院的大法官或地方法院的法官根据犯罪性质和情节、证据以及法律适用，行使自由裁量权来决定是否给予保释。”

〔21〕 富特，注释 1，第 972 页。

〔22〕 斯波吉翁·肯尼迪(Spurgeon Kennedy)、D. 阿兰·亨利 、约翰·克拉克、卓兰塔·嘉斯克维茨：《审前释放与监管项目——培训辅助材料》(*Pretrial Release and Supervision Program, Training Supplement*)，审前服务研究中心(华盛顿特区 1997 年)，第 2 页(以下简称“肯尼迪等人)。

越难规定担保人到底应该承诺多少保证金。这主要是因为要决定多少金钱折抵肉刑或者监禁刑是一个非常主观的判断。[23]而且,对可能适用的肉刑的恐惧致使越来越多的嫌犯拒绝坐以待毙。诚如Carbone所述,刑法实体上的变化,加之诸如程序上的拖延等其他因素,导致了在审前释放和刑事制裁之间建立一个"新等式"异常复杂:

> 对于面临着有可能被剥夺生命或者失去肢体的被告人而言,他们比只需要支付罚金的被告人有更强的动机逃跑。而司法官员也没有什么既定的程式可以将保证金或担保物的数量与震慑潜逃等同起来。同时,指控后和审判前的时间越发拖延冗长,使得审前释放变得愈加重要,也增加了滥用权力和腐败的机会。到底谁应该获得释放,变成了一个远比计算赔偿金复杂很多的问题。[24]

英属殖民地也同样面临着这些使情况更加复杂的因素,且有过之而无不及。正如小韦恩·托马斯(Wayne H. Thomas, Jr.)指出的:

> 其一,与英国法不同的是,1789年《司法条例》和大部分州宪法都规定了在非死刑案件中的绝对保释权。其二,美国西部的人普遍没有亲朋和近邻,对于许多被告人来说,法院很难为其找到一名可接受的适格监护人。其三,广袤无人的西部地区已经为任何一个想潜逃的被告人提供了现成的庇护所。于是,在英国从未允许的商业保释保证金在美国有了一个好平台。[25]

六、商业保释担保人的崛起

主观随意的保释保证金额度,加上越来越多的被告人无力支付这笔数

---

〔23〕 根据某一商业保释担保人网站,"保释担保金是任意设定的担保按时出庭的费用,并且一般不会随着时间的推移而降低。"载http://www.austinbailbonds.net/faq/。由于尚无其他有效手段来解决这一问题,刑事司法系统中的人们往往忽视保释金金额的任意性问题。

〔24〕 卡尔波内,注释1,第522页。

〔25〕 托马斯,注释1,第11-12页。

额(不论是自己负担还是亲朋好友帮忙负担),终于衍生了美国刑事司法体系中一个独有的行业——商业保释担保人。至于这个行业具体是在什么时候起步的仍有争议。

1872 年,美国最高法院对后来被广为援引的泰勒诉泰恩特(Taylor v. Taintor)[26]案做出了判决。该案赋予了保释代理人作为赏金猎人追捕逃犯的权利,但是该案中的担保人是否作为一商业机构行使这个权利,这一点并不清楚。大家普遍认为,第一个真正的商业保释代理人,也就是作为担保人就法官设定的金钱保释条件在法庭上为刑事被告人担保一定金钱或者财产的人,是美国三藩市的彼特·麦克多诺(Peter McDonough)和托马斯·麦克多诺(Thomas McDonough)兄弟。他们最初开始为被告人提供经济担保,只是为了给在他们父亲的酒吧喝酒的一些律师帮忙。当他们了解到这些律师会向他们的当事人收取担保费时,他们也开始收取费用。1898 年,麦克多诺兄弟公司以酒馆的形式成立了,专门为在附近的司法大厅或初级治安法庭被指控的被告提供担保业务。这家被坊间称为"卡尼街上的老太太"的公司在后来仅仅五十年里大起大落,留下了商业保释担保业成长的经典传奇。在报道这家公司最后关门倒闭时,《时代》杂志这样写道:

> 是"老太太"让三藩市成为许多公民梦寐以求的地方——一个向所有人敞开的城市。她为大量的赌徒和妓女提供保释担保,保证监狱门前总有一辆出租车等着他们出来,疾驰把他们送回老行当。她也将黑社会和警署勾搭起来,不可避免地催生出了一个腐败混合体。在她退休之际,《三藩市报》伤感地写到:"这个老太太……躺在她的安乐椅上……围紧了她的披肩……"然而许多市民只是觉得:"她终于走了。"[27]

随着越来越多的被告人面临着日趋高昂的保释金,职业的保释担保人

[26] 83 U. S. 366 (1872).

[27] "老太太继续前进",载《时代》杂志 1941 年 8 月 18 日,载 http://www. time. com/time/printout/0,8816,802159,00. html。

行业在美国迅速发展起来。即使有人认为该行业问题重重，也鲜有报道。不过，亚瑟·比利（Arthur L. Beeley）在十九世纪二十年代研究了伊利诺伊州库克郡的市镇与刑事法院资料记录，并于1927年出版了他具有里程碑意义的《芝加哥保释体系》一书。书中曝光了“保释制度中存在的不公平现象，并且探索了用其他方式替代担保人担保，实现审前释放的可能性。”[28]正如托马斯（Thomas）所描述的：

> 比利（Beeley）发现保证金的数额只取决于被告人所涉嫌的刑事犯罪，然而约20%的被告人无力承担保费。他还写到，职业保释代理人在刑事司法系统的执行过程中扮演了过于重要的角色，还有许多滥用的地方，包括不交纳罚没的保释金。比利（Beeley）得出的结论是，“在太多案件中，现有的刑事司法体系既没有做到保障社会治安稳定，也没有保障被告人的权利。”它“对应该严格对待的人宽松纵容，对可以更加宽松处理也不会有安全隐患的被告人反而严苛。”比利（Beeley）提出了一些建议，包括更加广泛地使用法庭传唤的方式以避免不必要的逮捕，并且开展与被告人相关的事实调查，以便做出更适合被告人个体情况的保释决定。[29]

七、斯坦可诉博伊尔（Stack v. Boyle）案及卡尔森诉兰登（Carlson v. Landon）案

从1927年到1951年间，保释历史以及审前程序并没有太大发展。直到1951年，美国最高法院对斯坦可诉博伊尔（Stack v. Boyle）案做出判决。这是最高法院审理的第一起主要涉及保释的案件。[30]在该案中，许多联邦法院的被告基于宪法第八修正案关于保释金额的规定认为初审法院要求的保释保证金过多，要去法院减少保证金额。为了支持自己的观点，这些被告提交

〔28〕 托马斯，注释1，第13页，转引自阿瑟·L. 比利（Arthur L. Beeley）：《芝加哥保释制度》（*The Bail System in Chicago*），芝加哥大学出版社1927年版、1966年再版。

〔29〕 同上，第13－14页。

〔30〕 *Stack v. Boyle*, 342 U. S. 1 (1951).

了证据以证明他们的经济来源、家庭关系、健康情况和以前的犯罪记录。该案中,每一被告所设定的保释保证金都远远高于类似案件中通常对被告人所要求的保证金,这一点控辩双方没有争议。控方没有提供证据证明这四名被告的个人情况,全部案件证据只是另外四个曾经因同样罪行被定罪的人违反了他们的保释条件,进而导致保释金被罚没这一事实。这些被告人的诉求被初审法院驳回了,该案最终到了最高法院的审查。

最高法院认为,控方的行为违宪了。其在判决书中写到"仅仅根据刑事指控就推定需要非常高的保释金,是一个武断的决定。"[31]判决中还专门提到:

> 现在司法实践中要求提供可能被罚没的保释保证金或者交纳押金,是为确保被告人出庭的额外保证。为了达到这个目的而设定一个超过合理折算额度的保释金额,根据宪法第八修正案是"过多"的。[32]

由于控方没有提供证据证明为何在该案中要求被告支付比一般同类型案件高的保释金额是正当的,最高法院将该案发回原审法院,要求就保释保证金重新听证。

鉴于该案是最高法院就保释发表意见的第一个案件,不仅其裁决结果备受关注,其说理部分也非常重要。首先,最高法院明晰了保释权是联邦宪法权利的几个原因:

> 从1789年《司法条例》通过到现在美国联邦刑事诉讼规则的第46(a)(1)条,联邦法律都明确规定一个因非死刑犯罪被逮捕的被告人应该被保释。这种定罪前传统意义上的自由权使得辩护准备工作不受妨碍,同时防止定罪前的预先惩罚。若审前保释权不能保障,通过几百年抗争才确定的无罪推定将失去意义。[33]

---

〔31〕 同上,第6页。

〔32〕 同上,第5页。

〔33〕 同上,第4页(内部引用略)。

其次,该案判决书中多处指出,保释只应根据每个被告人的具体评估情况而定。对此,最高法院这样写道:

> 既然保释的作用有限,针对每个被告人设定的保释条件必须基于确保其出庭受审这个标准。正如联邦刑事诉讼规则所述,这个传统保释标准应该在每一个案件的每一个被告人身上体现。[34]

大法官杰克逊特别强调这一点。在他经常被引述的协同意见书中,他清晰总结了对个体化保释评估的看法:

> 有人投诉,地方法院主要考虑了指控罪名的性质,而没有考虑不同被告人的情况各异,就做出了"一刀切"式的统一的保释决定。如果情况属实,这明显违反了联邦刑事诉讼规则的第46(c)条。每个被告人都是作为一个个体接受审判的。即使是涉及共谋犯罪的指控,各被告人也并不因此丧失其相互独立性和个体身份。尽管这些被告人可能在经济能力和性格方面相似,或者在指控的犯罪中扮演了类似的角色——这些因素都是国会要求法官在做出保释决定时需要考虑的——我认为这还是违反了概率原则。每一个被告都有权利因其记录良好而受益。不端行为和不良记录只应对那些实施了这些行为的人产生负面影响。保释决定是关于每一个被告是否有信用会出庭受审,以及何种担保会合理保证其出庭。[35]

然而,最高法院在斯坦可案判决四个月后厘清,事实上联邦法律中定罪前所享有的传统意义上的自由权利并非绝对。在卡尔森诉兰登(Carlson v.

---

〔34〕 同上,第5、6页。除了赋予保释权,当时的第46条还规定保释金的设置是"用于保证被告人出庭的,需要考虑被指控的罪行的性质和情节、指控证据的强弱,以及被告人交纳保释金的能力和被告人的性格。"同上,第6页注释3。

〔35〕 同上,第9页。

Landon)案中,最高法院写道:

> 美国宪法中的保释条款是从英国的《权利法案》中搬过来的,并进行了一些细微的修改。在英国,该条款也从来没有赋予所有案件的被告人都有保释权,而仅仅规定在那些适合保释的案件中,保释金额不得过多。当该条款被引入美国的《权利法案》时,并没有任何证据表明这是一个不同于英国的概念。宪法第八修正案没有妨碍过国会规定在美国哪些案件应该适用保释。所以,在刑事犯罪案件中,若被告人可能被处以死刑,保释则不是必须的。事实上,第八修正案条文本身确实没有规定所有被逮捕的人必须保释。[36]

通过这两个案例,最高法院肯定了保释权是法律赋予的一项基本权利,但不是绝对权利,对它的度量必须由联邦甚至州的立法来决定。如果法庭准许保证金保释,保释决定必须因人而异,设定保释金额的标准是确保被告人出庭受审的"合理计算"出来的额度。当保释保证金的目的仅是防止被告人逃逸时,设置的金额限度必须为了实现这个目的,仅此而已,不得过多。

八、实证研究与曼哈顿保释计划

继斯坦可案和卡尔森案判决后,与1927年亚瑟·比利的研究类似的更多关于保释的实证研究继续进行。1954年,加勒·富特研究了费城的保释系统,结果表明他们在保释金的设定上根本不公平。[37]富特在当时发现,对于情节轻微的犯罪案件,通常只是基于警方证据确定保释金。而对于重大犯罪案件,约95%的情况下是根据州检察长的建议来确定保释金的。此外,富特注意到,那些在审前被羁押的被告人大多数属于贫困人口,并且大都无力凑足保释金。最后,富特还发现,相较那些能够支付保释金的被告人,这些无法支付保释金的被告人更容易被定罪或者被处以更重的刑罚。其他在十九世纪五十年代及六十年代早期的研究中也呈现了类似结果,并且为六

〔36〕 *Carlson v. Landon*, 342 U. S. 524, 545 – 46 (1952)(脚注略).

〔37〕 加勒·富特:《强制出庭:费城的保释制度》(*Compelling Appearance in Court: Administration of Bail in Philadelphia*),载《宾夕法尼亚大学法律评论》1954年总第102期,第1031 – 1079页。

十年代的保释改革运动奠定了基础：

> 这些研究都显示出：保释代理人在保释过程中占支配地位；法庭在做保释决定时没有任何有意义的考量因素；很多本来可以或者应该被释放的被告人因无力支付哪怕是少量的保释金而被羁押。研究揭示，审前不予保释常常作为对被告在定罪之前的“惩罚”，或者对社会免受可预见到的未来犯罪行为的“保护”，这些都与设立保释的初衷背道而驰。研究还发现，审前羁押的被告往往被关押数月，但最后却被无罪释放或者定罪后只判了缓刑；同时，监狱因审前羁押未决犯而人满为患，且关押条件远比关押已决犯的地方恶劣。[38]

在这些研究中，最突出的可能要数1961年10月维拉基金会（维拉司法研究所）与纽约大学法学院开展的研究项目。他们最早开始探索利用一些其他方式来替代附金钱条件的释放（金钱保释保证）。这个被称为“曼哈顿保释计划”的研究致力于“向法庭提供关于被告人社会关系纽带的信息，希望法院以此会不以保释金为条件而释放被告人（比如，以被告人自己的书面保证为担保而释放被告人）。”[39]该项目迅速取得了突出成绩：

> 在项目开展起初的几个月里，“计划”只推荐了27%的面谈被告人释放。经过快一年的成功运行后，法官对“计划”的信心有所增长，“计划”对项目里近45%的被告人都推荐释放。项目开展三年后，该比例增加到了65%。据“计划”报道，其中只有不到1%的被告人没有按时出庭。[40]

该项目激起了全美对保释改革的兴趣。仅仅两年时间，圣路易斯、芝加哥、塔尔萨、华盛顿特区、德梅因以及洛杉矶各地都展开了以“曼哈顿保释计

---

〔38〕 托马斯，注释1，第15页。

〔39〕 同上，第4页。

〔40〕 洛策等人，注释1，第4页；同样参见托马斯，注释1，第4－6页。

划”为模板的类似项目。

九、对有偿担保的不满渐增

在伊利诺伊州，由于对芝加哥的商业保释保证金制度不满，该州立法机关在1963年颁布了《10%保证金计划》。该计划规定审前释放的主要形式仍为保证金，但取消了商业保释代理人制度：

根据该法，以前支付给保释代理人作为代理费的10%保释金将直接交付给法庭。虽然法庭没有收到全额保释金，但也必须释放被告人。此外，不同于保释代理人的代理费，交付给法庭的这笔费用在案件审结后会退还被告人，法庭只扣取很少的服务费。[41]

到了1963年，法官也开始质疑这个以保释金为基础，并且由商业保释代理人掌握支配权的保释体系的合理性。这些保释代理人反过来也成了数起滥用权力以及腐败案件的焦点。[42]正如一个法院在其判决意见中指出的：

> 这种保释制度的后果是，职业保释代理人的口袋里就装着监狱钥匙。他们决定为哪些人提供担保——那些他们认为风险较低的被告人。在这些保释代理人看来，风险较高的和那些而支付不起保释代理费的被告人则需要继续留在监狱里。法官和立法委员则去决定那些相对不太重要的事情，比如保释金金额的大小。[43]

十、全国保释和刑事司法会议

前面引用到的观点引起了美国司法部长罗伯特·肯尼迪（Robert Ken-

---

〔41〕 托马斯，注释1，第7页（脚注略）；同时参见第183－189页。关于伊利诺伊州计划的详细内容，参见“全国保释与刑事司法会议：程序与中期报告”（*The National Conference on Bail and Criminal Justice*, *Proceedings and Interim Report*,），第240－246页（华盛顿特区，1965年4月）。在针对伊利诺伊州保释体系违反了美国宪法的正当程序和平等保护条款的诉讼中，在斯基尔布诉库尔波尔一案[（Schilb v. Kuebel, 404 U. S. 357 (1971)]中，最高法院认定该州的保释体系合宪，不违反正当程序条款和平等保护条款。

〔42〕 参见托马斯，注释1，第15－16页。

〔43〕 *Pannell v. U. S.*, 320 F. 2d 698, 699 (D. C. Cir. 1963)（译者注：参见法官协同意见）.

nedy)的注意。他在1963年3月指示所有的美国联邦检察官在"每一个具备可行性的案件中"向法官建议基于被告人的具结保证释放被告人。[44]然后,他又在1964年5月召开了保释和刑事司法的全国会议。共有400多名法官、检察官、辩护律师、警察、保释代理人以及狱政官员参加了会议,他们"在曼哈顿保释计划以及继其之后一些项目经验的基础上,分析并探讨了具体可操作的替代金钱保释保证的措施。"[45]司法部长肯尼迪和最高法院院长厄尔·沃伦(Earl Warren)在会上做了开场白。会议的讨论主题涉及具结释放,凭警方传票释放(译者注:逮捕后警察直接出具开庭传票,当场释放被告人),处于公共安全考虑设定高额保释金防止被告人审前释放(也称为"预防性羁押"),保释金释放和一般情况下附其他条件的释放,以及未成年人审前释放。下面是司法部长肯尼迪的闭会发言:

> 一百七十五年以来,保释权并不是被释放的权利,而只是有权利花钱以获得释放。我们不能说1964年就是发现保释体系中各种问题的一年。
>
> ……
>
> 通过过去两天的讨论,我们今天清楚地认识到,我们对保释的看法不仅冷酷无情,甚至是违反逻辑的。这次的会议显示出,通常情况下只有一个因素决定一个被告人在庭审前是否需要身陷囹圄。这个因素与他是否有罪无关,与犯罪性质无关,与被告人的性格无关。这个因素就是钱。这个被告人有多少钱?[46]

十一、二十世纪六十年代的保释改革

在1964年全国保释会议召开的前夕,参议员山姆·欧文(Sam Ervin)提出了一系列针对联邦法院系统保释改革的议案。这些议案经过多次听证,最后终于通过成为1966年《联邦保释改革法案》。该法案是自1789年《司

〔44〕"全国保释与刑事司法会议:程序与中期报告",第297页。

〔45〕同上,第15章。

〔46〕同上,第296页。

法条例》以来针对联邦保释体系的第一个主要改革,其中包括以下内容:(1)对非死刑被告人可推定具结保释释放;(2)在附条件的审前释放中,所附条件是为了降低不按时到庭的风险;(3)限制保证金保释,只有在非经济释放条件不足以保证被告人按时出庭的情况下法院方可适用保证金保释;(4)保证金押金,允许被告人向法院交付保证金的10%作为押金,以代替全额交纳保证金作为担保;以及(5)对已被羁押24小时以上的被告人的保释保证金担保进行审查。[47]总体来说,该法案规定了对非死刑被告人可以在案件审理期间根据他们自己的具结保证书或者"个人担保"而释放,但司法人员认为这些措施都不足以保证被告人按时到庭的情形除外。在这些具有例外情形的案件中,法官必须在为确保被告人按时到庭而设计的一系列条件中选择对被告人限制最少的条件来替代具结保证。而对于那些可能判处死刑的,已经定罪尚待量刑的,或者正在上诉的被告人,在决定是否准予保释时适用不同的标准,即还要考虑公共安全:只有在法官有理由相信他们可能会逃庭或者会对社区造成危险的情况下才不得保释。

1966年《联邦保释改革法案》通过以后,许多州也通过了类似的立法。到1971年为止,至少有36个州制定了相关法律允许被告人以自书保证的形式得以释放。到1999年,"几乎每个州都以立法或者判例形式确立了审前监督释放。"[48]

此外,据报道,至1965年有56个司法辖区开展了以曼哈顿保释计划为样板的保释项目,有两个州级项目在新泽西州和康涅狄格州运行。托马斯这样写道:

> 这些司法辖区在审前释放程序上采用被告人书面承诺按时出庭的方式,不要求提供保证金。在维拉司法研究所的实验项目开展之前,这种书面保证出庭的方式还较少使用,但曼哈顿保释计划大力推动了这种保释方式在各地广泛适用。虽然这种保证方式在法律术语上因司法

---

〔47〕 参见洛策等人,注释1,第5页。该法案被编入了《美国法典》,第18编第3141－3151节。

〔48〕 审前服务研究中心,《附监管条件的审前释放入门》(*The Supervised Pretrial Release Prime*),司法协同局1999年8月。

辖区而异，但不管是称作自书保证（O. R.）、个人担保、审前假释、名义上的担保、个人保证还是无担保的出庭保证，其效果都是一样的——被告人都在没有交纳保释金的情况下被释放了。从理论上讲，这些保证的机制有所不同。比如，名义上的担保要求被告人交1美元。实际上都没有要求。此外，无担保的出庭保证理论上要求被告人在没有按时到庭的情况下全额交纳保证金，但这通常都是唬人罢了。同样地，大部分自书保证规定了对不按时出庭的被告人给予刑事处罚，但这也很少执行。结果就变成，被告人作出按时出庭的承诺即被释放，且这个承诺本身就是他们出庭的充要保证。就出庭情况而言，通过自书保证释放的被告人与通过保证金释放的被告人一样甚至更好。据报道，曼哈顿保释计划中，未能按时到庭的比例小于0.7%。[49]

继维拉司法研究所的实验项目之后，保释问题逐渐向现代审前服务转变是从华盛顿哥伦比亚特区开始的。尽管1966年的《保释改革法案》详细规定了审前释放被告人所需考虑的因素，但并未规定应该由谁来搜集这些必要信息。于是华盛顿哥伦比亚特区的保释机构开始逐渐演变成审前服务机构，从而弥补了这一空缺。1968年，"特区的保释机构为确保保释得以依法执行承担了更多的责任。除了开展面谈，搜集背景信息，核实信息，以及向法院提供报告和建议，他们的审前服务机构还根据不同的释放条件开始对被告人进行监管。"[50]

十二、专业准则

随着大家对保释改革的关注渐增，审前释放决定越来越引人注意，一些专业组织开始发布全国性的准则用以解决相关的保释及审前释放、羁押和监管问题。美国律师协会（ABA）在1968年第一个颁布了《有关刑事司法实

---

〔49〕 参见托马斯，注释1，第25页。

〔50〕《审前服务项目历史回顾》（*History of Pretrial Services Programs*），载审前司法研究所官方网站，http://www. pretrial. org/PretrialServices/HistoryOfPretrialRelease/Pages/default. aspx。

施准则》。[51]之后，是国家顾问委员会的《刑事司法准则与目标》、[52]全国地区检察官协会（NDAA）的《全国起诉标准》[53]以及全国审前服务机构协会（NAPSA）的《审前释放的表现标准与目标》。[54]最初，这一系列的专业准则都是依照1966年的联邦《保释改革法》中的变革内容设计的，而且都反映出当时的保释制度因过于倚重保释保证金和商业担保存在种种问题。美国律师协会在其准则中开宗明义地指出：

> 不论是公众还是被告人看来，现有的保释制度都不尽如人意。这种保释制度本身要求将逃庭风险转换为几元几分的金钱来衡量就是一项实践中不可能完成的任务。它所依赖的基本前提——损失金钱的风险足以防止被告人逃避追诉——本身是否正确都值得商榷。要求每一个被告人事实上都要支付保证金才能保释会导致对被告的歧视，并且这给他们个人和家庭增加了负担。关押他们会产生大笔费用，由此也导致他们往往靠社会福利养活他们的子女，这些负担最终都转嫁由公众承担。[55]

尽管这些准则实质上与1966年《保释改革法案》相似，但还是在两个重要方面有所贡献：（1）被告人对社会构成的潜在危险是司法人员在作出保释决定时应该考虑的一个因素（所谓预防性羁押），以及（2）取消以营利为目的的商业担保。

（一）预防性羁押

第一个重要问题常常是对可能造成社区危害的被逮捕人进行“预防性

---

〔51〕 参见《美国律师协会刑事司法准则（第三版）审前释放（2007）》（以下简称ABA准则）。

〔52〕 《国家顾问委员会刑事司法准则与目标（矫正机构、法院）（1973）》。

〔53〕 参见《全国起诉标准（第二版）》，全国地区检察官协会（1991）（以下简称起诉标准）。全国地区检察官协会已经出版了第三版，但是只有会员能够查阅，参见全国地区检察官协会官方网站，http://www.ndaa.org/。

〔54〕 参见《审前释放标准（第三版）》，全国审前服务机构协会（2004年10月），第11－12页（以下简称NAPSA标准）。

〔55〕 美国律师协会关于刑事司法准则的项目，“关于审前释放的标准（已批准版草案）”，1967年（纽约：美国律师协会，1968年），第1页（在ABA标准中已重印，参见注释48，第31页）。

羁押”的问题。一段时间以来,大家都承认这是个不得告人的秘密的常见做法。在1964年召开的全国保释与刑事司法会议上,一名评议人这样说道:

> 虽然我们没有统计数据来说明这一问题,但很明显的是:(1)在做保释决定时,许多与逃庭可能性不相关的因素都纳入了考虑范围;并且(2)现在的做法是用保释制度来羁押被告人——不是为了保证他们出庭受审——而是基于这样一种想法:如果放走了被告人,他可能会重新犯罪,或借此机会恐吓证人或被害人。[56]

下面这段记载于1967年的文字阐明了这个难以说清的问题:“尽管从未得到证实,不少人认为设定保释的人是为了保护社会或者某些特定人而故意将被告人继续关押在监狱里的。由于保释设定者有着如此宽泛的自由裁量权,使得这种对保释制度的操控在现实中无法被证实。”[57] 由于到目前为止保释保证金仅为了确保被告人能够按时出庭,故在文献中,人们通常将这一做法称为保释的“私下”目的。

事实上,预防逃庭已经根深蒂固地被当作保释的唯一目的。以至于在联邦《保释改革法案》中,国会将被告人是否会按时出庭作为设定保释保证金需要的唯一考量标准。因此,对于非死刑案件而言,这部1966年法案并未明确授权法官在做释放决定时考虑被告人的未来危险性或者社区安全。华盛顿哥伦比亚特区对《保释改革法案》允许释放具有潜在危险的非死刑犯罪嫌疑人这一点特别不满。此外,在凭借整治社会秩序的竞选纲领当上总统的尼克松时期,这种批评迎合了不少人。但是,国会否决了要求将预防性羁押合法化的《保释改革法案》修正提案。尽管如此,作为妥协,国会还是在1970年修改了1966年《法案》,规定对于在华盛顿特区被起诉指控犯罪的

---

〔56〕“全国保释与刑事司法会议:程序与中期报告”(华盛顿特区,1965年4月),第151页(警察总监执行主任赫曼·戈登斯坦(Herman Goldstein)的发言,芝加哥第三部分。

〔57〕约翰·V. 莱恩(John V. Ryan):《保释的末日》(*The Last Days of Bail*),载《刑法、犯罪学、警察科学》1967年第58期(脚注略)。

人,允许法官在非死刑案件中设定保释保证金时考虑社区危险性和逃庭风险。[58]

自此,一场关于社区安全是否应该正式作为法官设定保释保证金的一项考量因素的激烈论战开始了。这场关于预防性羁押的特别争论,一直到1984年《综合犯罪控制法案》通过后才逐渐停歇。本书将在后面介绍该法案。

(二)有偿担保

新进采用的一系列专业准则关注的第二个问题是废除有偿担保。在二十世纪六十年代保释改革期间,法院增加了对非经济保释释放措施的使用,减少了对商业保释担保代理人的依赖。随着时间的推移,法官和其他人都意识到使用商业担保来保释从根本上就是错误的,并且开始公开反对这种有偿担保制度。美国律师协会准则(2007年版)中说明了其反对有偿担保这一立场背后的基本理念:

> 我们至少有四个充分理由来建议废除有偿担保。其一,在传统的金钱保释制度下,被告人是否有能力通过有偿担保来支付保费与他潜在的社会危险性毫无关系。商业保释代理人没有任何义务去预防被告人的犯罪行为。其二,在一个依赖于有偿担保的保释制度中,关于哪些被告人可以被释放的决定权从法官手中转移到了保释代理人手中。这些保释代理人在很大程度上是根据被告人支付代理费和提供必要抵押物的能力来决定哪些被告人的风险是可以接受的。其三,保释代理人的这些决定——包括要求多少代理费,什么做抵押物,被告人(或者代理费和抵押物的实际提供者)需要满足哪些其他条件,甚至是否为被告人进行保释保证金担保代理——都是在不公开的情况下作出的,并且也没有任何记录载明这些决定背后的原因是什么。其四,有偿担保制度对穷人和中产阶级的被告造成歧视,因为他们往往不能支付这笔不

[58] 《1970年哥伦比亚特区法院改革与刑事诉讼法案》(District of Columbia Court Reform and Criminal Procedure Act of 1970),载《公法》第91-358条,第84卷第473页(1970)。

可退还的代理费作为保释担保代理关系的成立要件，或者没有资产可作抵押。如果这些被告无法支付代理人的费用并且无法提供必需的抵押物，就算他们没有逃庭风险或者对社区没有危险，也只能继续留在监狱里。[59]

美国律师协会今天要求废除有偿担保的决心和1968年时的一样坚决："保释代理人制度中既不适当也非必要，我们建议将其无条件地废除。"[60]

十三、二十世纪七十年代的保释改革

"尽管保释改革的起步气势宏伟，其声势在二十世纪六十年代晚期明显衰退。不少早期的自书保证保释项目停止了运行，那些得以存续的项目所

---

[59] ABA准则，同上注释51，第45页（脚注略）。

[60] 同上，第46页。许多与司法相关的领域都通常采用最佳实践标准。但在审前释放领域采用的则是ABA准则。ABA准则的优势在一定程度上是因为这些准则"体现了刑事司法体系中各部分的代表的一致意见"，其中包括检察官、辩护律师、学者、法官以及其他组织，诸如全国地区检察官协会、全国刑事辩护律师协会、全国首席检察官协会、美国司法部、司法管理学院，以及其他研究审前服务的知名学者和专业人士。参见马库斯（Marcus）：《美国律师协会刑事司法标准的制定》，载《刑事司法》第23卷第4期（2009年冬）。

然而，更重要的是司法系统如何将ABA刑事司法准则作为一个重要的权威性资源来使用。已有超过120个美国最高法院的判决、约700个联邦巡回法院的判决、超过2400个州最高法院的判决，以及超过2100个法律期刊文章中直接引用或转述了这个ABA准则。截至1979年，大部分州已经修订了法令并融合了部分ABA准则，同时许多州法院，包括科罗拉多州最高法院，已经在新的法庭规则中执行ABA准则。同上。据ABA刑事司法准则委员会主席马丁·马库斯（Martin Marcus）法官所言："许多刑事司法项目与试点也实行了ABA准则。确实，之所以要颁布第二版标准是因为我们想要通过诸如审前释放项目这些试点的反馈意见来对第一版准则进行评估。"同上（内部引用略）。

ABA准则的制定以及其更新过程是"冗长、困难的"，但这些标准最终还是获得ABA代表院通过（并且成为40万个会员协会的官方政策），"是检察官、辩护律师、法官以及学者深思熟虑的结果，他们不论是作为个人，还是代表各自相应的协会，都在极大程度上参与了标准的制定。标准在起草之后，经过三年多的反复不断修改才得以成型"。同上。审前释放方面的最佳实践是结合了法律基本原则的，基于实证科学上的社会学研究。ABA准则以此作为支撑其标准的基本原理。比如，在建议商业担保应该被废除的时候，ABA准则采用了过去一百年来针对金钱保释体系的种种批评、不同的社会学实验、法律评论文章以及不同的州法律的相关内容，以支持自己的观点。在建议被告人可以被推定为具结释放，以及不应该以金钱来保障公共安全时，ABA准则采用了美国最高法院的观点、维拉司法研究所的研究成果（该领域最重要的社会学实验）、1964年保释与刑事司法会议的讨论、司法统计局的数据，以及缺乏证据证明金钱保释能保障公共安全，比如"没有证据证明被告人支付金钱担保的能力与被告人可能危害社会安全的风险大小之间有任何联系"。ABA准则10－5.3(a)（评论）。

得到的经济资助和官方支持都极其微薄。”[61]其中一个突出的例子是成立于得克萨斯州哈里斯郡(Harris County)的审前释放局。当联邦法院采取行动来改善哈里斯郡监狱“囚犯所处的不人道、过度拥挤的状况”时,这个审前释放局曾经是大家关注的焦点。[62]联邦法院承认这个机构在1972年成立之初具备牢固的基本理论前提支持和远大的发展前景。然而到了1975年,联邦法院又发现它“摇摇欲坠”,“问题很多”而且“效率低下”。导致该审前释放局的沦落有诸多原因,包括金钱保释代理人的骚扰和蓄意破坏,不能对保释释放的被告人进行有效安置,缺乏有效的内部运作,在资金预算、人员配备、培训和监管方面都十分欠缺。然而,这个机构获得成功的最大障碍,还在于其依赖于非常主观甚至通常具有随意性的风险评估方法。正如联邦法院所指出的,“这个审前释放局不能及时有效地做好审前释放工作的最大障碍,是它采用甚至完全依仗一套主观的测评标准来评估每一个参加面谈的被告人。也就是说,面试者是凭直觉来决定被告人是否属于低风险的进而可以适用具结保释。”[63]为了专门改善这个状况,联邦法院命令该审前释放局采用一套客观的积分制系统来评估具结保释的适用情况,“是为了将法庭凭借‘直觉猜测’就拒绝采用‘具结保释担保’的概率降到最低”[64]

从二十世纪七十年代至今,美国都在致力于提高审前服务机构的效率。据美国司法援助局估计,到2003年,全国300多个司法辖区都有审前服务机构。[65]此外,联邦系统于二十世纪七十年代在保释改革方面也取得了巨大进步。由于1966年《保释改革法案》中没有设定一个搜集被告人背景信息的机制,国会于1974年在联邦法院系统中设立了10个试点审前机构,为法官提供释放决定所需的信息。[66]“这些联邦试点机构,在最初州法院审前服务

〔61〕 托马斯,见注释1,第8页。

〔62〕 *Alberti v. Sheriff of Harris County*, 406 F. Supp. 649 (S. D. Tex. 1975).

〔63〕 同上,第665页。

〔64〕 同上,第683页。

〔65〕 参见约翰·克拉克、艾伦·亨利:“21世纪初的审前服务设计:审前服务项目调查”(*Pretrial Services Programming at the Start of the 21st Century: A Survey of Pretrial Services Programs*)(华盛顿特区:司法协助局,2003年),第2页(以下简称克拉克和亨利“审前服务设计”)。

〔66〕 试点项目的审前服务机构是根据1974年《速审法》第二章成立的,《公法》第93-619条,第88卷第2076页,编入《美国联邦法典》第18编第3161-3174节。

机构运作方式的基础上进行拓展，在试点区域获得了法官和治安法官强有力的支持。”[67]由于有联邦治安法官在国会上作证，证实辩护律师与检察官都不能为他们提供作出一个公允的保释保证金决定所需的信息，国会最终通过了1982年《审前服务法》。该法案扩大了试点范围，在几乎所有的联邦地区法院都设立了审前服务机构。[68]

十四、1984年《保释改革法》

当1966年的《保释改革法案》为之后的审前服务项目奠定了基础之时，一场关于保释的新辩论也展开了。“二十世纪七十年代标志着保释改革运动进入了新时期。这一时期的特点是公众对于犯罪(包括保释保证金释放的被告人犯罪)关注骤增。由于有大量关于审前释放的被告人暴力犯罪的报道，激起了公众对收紧保释政策的呼吁。加之当时的法律不允许法官在设定保释条件时考虑社区危险性，公众对此也越发不满。”[69] 1966年《保释改革法案》只对公共安全作了狭义的规定。根据该法案，对于被指控死刑犯罪、在等待宣判或者在上诉期间的被告人，如果法院认为“没有任何一个条件或者一系列条件能够合理保证他不会逃跑，或者对他人和社区造成危害的，”[70]该被告人可以继续羁押。尽管如此，对于其他可以保释的被告人，法官无权在作出保释决定时考量社区危害性因素。

1970年国会通过的《华盛顿哥伦比亚特区法院改革及刑事诉讼法》是美国第一部规定在设定保释保证金时要同时考虑社区安全和未来出庭受审这两个因素的保释立法。继该法以后，许多州也起草了保释法律，规定被告人的未来危险性和预防性羁押问题。1984年，国会通过了《综合犯罪控制法

---

〔67〕 巴里·马奥尼(Barry Mahoney)、布鲁斯·D. 波丹(Bruce D. Beaudin)、约翰·卡夫三世(John A. Carver III)、丹尼尔·B. 雷恩(Daniel B. Ryan)、理查德·B. 霍夫曼(Richard B. Hoffman).《审前服务项目：责任与潜力》(*Pretrial Services Programs: Responsibilities and Potential*)，美国司法研究所(华盛顿特区2001年)，第6页(以下简称马奥尼等人)。

〔68〕 1982年《审前服务法案》(Pretrial Services Act of 1982)，载《公法》第97-267条，第二部，第96卷第1136页(编入《美国联邦法典》第18编第3152节。查阅关于纪念该法案25周年的文章，请参见《联邦缓刑》(美国法院管理办公室，2007年9月)。

〔69〕《附监管条件的审前释放入门》，审前服务研究中心(司法援助局，1999年8月)，第5页。

〔70〕 旧版《美国联邦法典》第18编，第3148节。

案》,[71]以解决联邦法院中的类似问题。该法案的第一章,将1984年《保释改革法》编纂在《美国联邦法典》第18编第3141－3156节部分(18 U.S.C. Sections 3141－3156)。它修正了1966年的法案,要求保释时考虑社会危险性,以回应"被告人释放后重新犯罪这个令人担忧的问题。"[72] 1984年《保释改革法》强制性规定,"根据被告人的个人书面保证,无担保的书面出庭保证或者无担保的承诺在逃庭时交纳法庭规定的保证金,必须在审前释放被告人……但司法人员认为此种审前释放不能合理保证被告人按时到庭,或者将会对社会或其他个人构成威胁的情形除外。"[73]该法案进一步规定,如果在保释听证结束后,"司法人员认为没有任何一种条件或者一系列条件能够合理保证被告人(根据法庭需要)按时出庭并且不能保证其他个人或者社会的安全的,应该决定对被告人进行审前羁押。"[74]该法案还首次规定了一个可推翻的推定,即当被告人涉嫌如暴力犯罪或者严重的毒品犯罪等特殊类型的犯罪时,应推定对其羁押。[75]

在美国诉萨莱诺(U.S. v. Salerno)一案中,美国最高法院支持了1984年法案中关于预防性羁押的表述,驳回了认为该规定对正当程序条款和第八修正案构成表面上违宪的主张。最高法院对该法案中规定的由一名司法人员对未来社会危害可能性进行评估的程序进行了审查,然后写道,"我们觉得这些广泛全面的保护措施足以驳倒一个表面违宪审查的诉求,"加上"该法案的立法目的具有正当性,令人信服,也提供了程序上的保障,我们根据第五修正案中的正当程序条款,认为该法案不构成表面无效。"[76]针对该法案违反了第八修正案的观点,最高法院认为:

> (该修正案的)保释条款在文字上并无任何内容将允许检方考量的

---

〔71〕《公法》第98－473条,第98卷第1976页(1984年)。

〔72〕U.S. v Salerno, 481 U.S. 739, p. 742(1987年)(直接引用参议院报告第98－225条,第3页,1983年).

〔73〕《美国联邦法典》第18编,第3142(b)节。

〔74〕同上,第3142 (e)节。.

〔75〕参见同上。

〔76〕萨莱诺案,481 U.S.,第752页。

因素局限于仅被告人是否会逃跑这一项。该条款中唯一可能产生的实质性约束是，相对于可能造成的不良后果，检方提出的释放条件不得“过度”。当然，判断检方的要求是否过度，我们需要将它与检方通过该条件所要保护的利益进行比较。因此，既然检方已经承认它唯一要保护的法益是防止被告人逃时，法院在设定保释金额时必须只为实现这个目标，别无其他。我们相信，国会规定强制性羁押时是基于对一种重大利益的保护，而不只是这里提到的防止被告人逃庭。在这种情况下，第八修正案没有规定保释是必需的。[77]

在萨莱诺案之前，美国律师协会在修订版的准则中支持有限制的预防性羁押。该案之后，全国审前服务机构协会和起诉指控标准都作了相应修订，增加公共安全作为审前释放决定的另一项合理目标。到1999年，美国至少有44个州和华盛顿哥伦比亚特区制定了法律，审前释放决定应该考量的因素涵盖了公共安全和不按时到庭这两项风险。[78]尽管如此，保释领域仍然需要大力改善。正如美国律师协会在其刑事司法准则（现行版）中指出的：

> 虽然很多州修订了保释立法允许考量公共安全因素，且在之前的准则中就已经建议对这些信息进行核实，但尚无任何州建立了一个审查制度来仔细甄别关于被告人背景与经济情况的信息。与之相反，许多司法辖区，特别是那些没有审前服务机构的辖区，常常在对被告人的经济状况和其他有关被告人释放后风险性质的评估信息不了解或者略知一二的情况下，就作出羁押或者释放决定。通常，这些决定都是在一个仓促的初次聆讯程序中作出，而且被告人往往没有律师代理。
>
> * * * *
>
> 审前程序需要大力改进，而且很明显这些改进都是可行的。许多司法辖区已经建立了一套方法来搜集有关被告人背景情况的客观信

〔77〕同上，第754－755页。

〔78〕参见洛策等人，注释1，第12页。

息,以及关于如何设定适合于具体被告的保释条件的信息,并在此基础上作出释放决定。这套方法还提供相关信息,以便通过全面的审前服务措施来成功监管被释放的被告人。在四个州以及华盛顿哥伦比亚特区,以营利为目的的保释保证金担保已经被彻底或者实质性地根除了。[79]

具体而言,柯恩(Cohen)和里夫斯(Reaves)报道说伊利诺伊州、肯塔基州、俄勒冈州和威斯康星州不允许商业保释保证金担保,而华盛顿哥伦比亚特区、缅因州和内布拉斯加州允许这种商业担保存在但极少采用。

1987年,美国审计总署(GAO)对1984年《保释改革法》的影响进行了研究,并与1966年《保释改革法案》进行了比较。GAO发现:

(1)根据新法,审前被羁押的被告人比例更大;(2)根据旧法,被告人是因为没有支付保释金被羁押,而根据新法51%的被告人因为无力支付保释金被羁押,49%的被告人因为有社会危险性被羁押;(3)根据新法,设定的保释担保费是否可以高于被告人的承担能力,还有待进一步解释;(4)对当然具有社会危险性的被告人的推定羁押是可以推翻的,而符合该推定的大多数被告人都被指控涉嫌毒品犯罪,可能判处10年以上监禁;(5)新法不要求联邦检察官向法庭建议对于所有符合前述推定条款的被告人都进行审前羁押;(6)保释释放后没有按时参加法庭程序的被告人,在旧法中占2.1%,在新法中占1.8%;(7)因为犯新罪被逮捕的被告人,在旧法中占1.8%,在新法中占0.8%;以及(8)尽管大部分法院工作人员赞同新法更加直截了当地将某些被告人划入具有危险性一类,但他们对保释听证程序花费的时间过多有所顾虑。[80]

这些结论对于联邦保释系统,以及各州和一些地方司法辖区规范和修

---

〔79〕 参见ABA准则,注释51,第32-33页。

〔80〕《刑事保释:特定地区法院的保释改革是如何运作的》,美国政府责任办公室报告,编号GGD-88-6(1987年10月23日)(新闻发布会材料),第1页。

正预防性羁押都具有启发意义。

十五、人满为患的监狱

毫无疑问,在过去20年里对保释制度发展影响最大的因素是监狱的人满为患。美国司法部下属的国家矫正研究所认为,监狱里过度拥挤"会带来严重的管理问题",会"危害囚犯及工作人员的安全",可能导致"刑事司法体系丧失公正性",甚至"让整个司法体系支离破碎。"[81]

此外,美国律师协会认为,不必要的审前羁押不仅给被告人造成许多负面影响(比如失业、家庭关系恶化),而且"往往是这种长时间的羁押直接导致监狱过度拥挤,最后需要从稀缺的公共资源中划出大笔费用来建造以及运行新的监狱设施。"[82]

1984年,美国国家司法研究所的问卷调查显示,过于拥挤的监狱是"美国刑事司法体系中最严峻的问题。"[83] 2000年,司法援助局的一部专著中写道:"监狱过度拥挤仍然是一个全国性问题。这有些令人意外。因为从1985年到1999年,全美许多地方大兴土木修建矫正设施,而同期全国犯罪率都有所下降。"[84]到2006年,全美监狱关押的人数超过75万,各地监狱设施的运营能力达到了其额定能力的94%。[85] 此外,"自2000年以来,各地监狱尚未定罪的在押犯人数一直在增加。截至2006年6月30日,各地监狱62%的在押人员都在等待法庭对他们目前的指控罪名进行审理,相较2000年的56%有所增加。"[86]另一项针对全美75个人口密集县中涉嫌重罪的被告人的调查显示,在所有被指控重罪的被告人中,有38%在案件审理终结前一直

---

[81] 班尼特(Bennett)和拉汀(Lattin):《羁押场所关押容量计划指南——系统方法》,国家矫正研究所,第022722号,2009年11月,载国家矫正研究所官方网站:http://nicic.gov/Library/022722。

[82] ABA准则,注释51,第33页。

[83] "全国评估项目:评估刑事司法体系需求"(华盛顿特区:美国国家司法研究所的Abt Associates项目,1984年1月),第4页。

[84] "再探对羁押场所过度拥挤的改善:系统角度"(司法援助局,2000年),第1页。

[85] 参见威廉姆斯·J.萨博尔(William J. Sabol)、陶德·D.明顿(Todd D. Minton)和佩奇·M.哈里斯(Paige M. Harrison):"监狱与在押人员2006年中期报告"(司法统计局,2007年),第5页、第7页(以下简称萨博尔等人)。

[86] "2000年中期以来监狱和羁押场所在押人员的最大增幅"(司法统计局新闻发布会,2007年6月28日),同时参见萨博尔等人,注释85,第6页。

处于关押状态。[87]

容纳这些审前羁押的被告人费用高昂(每人日均耗费65-100美元,近24000-36500美元/人/年),修建新设施也消耗不菲(75000-100000美元/床位)。[88]要想减轻监狱负担只有三种切实可行的方式(减少登记入狱人数,缩短关押时间,或者修建更多新设施和新床位),许多司法辖区对这种加剧监狱人口问题且效率低下的保释制度完全无法继续忍受。

如今,以缓解监狱过度拥挤为由,要求减少各地对传统金钱保释保证体系依赖的论述,哪怕不能令人信服,但却符合情理。在最近一篇题为"金钱保释对监狱床位使用的影响"一文中(载《美国监狱》,2010年7/8月刊),[89]作者约翰·克拉克(John Clark)利用美国司法统计局的最新数据显示:(1)在报案率下降的情况下,监狱的关押人数,尤其是审前羁押人数还在继续攀升;(2)采用金钱保证保释导致了审前羁押的被告人数增加;(3)金钱保证保释显著延长了被告人的关押时间,有时意味着被告人根本不会在案件审理结束前被释放。作者最后得出结论:"要找到减少矫正机构在押人员的数量以降低管理成本的办法,我们在讨论中必须强调审前羁押人员的数量,而且首当其冲需要解决的是改变对金钱保释保证的依赖。"

十六、金钱保证保释代理人与审前服务机构的对比

由于司法机关在保释时更多采用被告人的个人自书保证担保,由此更加依赖于审前服务机构对释放的被告人进行监管,于是摩擦便在这些审前服务机构与商业担保行业之间产生了。在二十世纪九十年代中期,金钱保释担保组织,包括全国保释保险公司协会(NABIC)和各种州保释组织,与美国立法交流委员会(ALEC,由"州议员和保守派政策倡导者"组成的团体,包括公司和诸如全国保释保险公司协会及美国保释联盟这样的贸易协会)

---

〔87〕 参见托马斯·H.柯恩(Thomas H. Cohen)和布莱恩·A.里夫斯(Brian A. Reaves),"州法院重罪被告人的审前释放:1990-2004年",美国司法部司法项目办公室,司法统计局(2007年11月),第2页(以下简称柯恩和里夫斯)。

〔88〕 当然,基于各种因素,建造新的羁押所和设施及其管理成本差异很大,不可能准确地计算出一个监舍床位的平均成本。参见艾伦·R.贝克(Alan R. Beck):"误导性的监舍床位成本",载正义理念公司网:http://www.justiceconcepts.com/cost.htm。

〔89〕 参见美国监狱协会网站:http://www.aja.org/advertising/jailmagazine/default.aspx。

合作,发起了一项名为“反击”的行动。“反击行动”是一场气势逼人的以取缔审前服务机构(被商业担保行业称为“免费保释”机构、“罪犯的福利项目”)和个人具结保释释放为目的的联合干预,以此来捍卫商业担保行业的利益。这个行动在二十世纪九十年代中期遭到了来自诸如审前服务资源中心(现名为审前司法研究所)等组织的抵制。[90] 自此以后,审前服务组织及其他司法团体继续与“反击运动”进行抗衡,倡导取消有偿担保。到了 2009 - 2010 年,金钱保释担保人只得比较被动地通过四处引述下面两项研究来捍卫自己的利益:一项考察了现金保证、押金保证、具结保证和商业担保保证几种方式释放的重罪被告人的不按时出庭率、逃跑率和逮捕率,[91] 另一项是对加州一些大型郡县的审前释放方式比较研究。[92]

十七、2009 - 2010 年期间的发展

近年来,全美各地更加关心保释及审前释放问题。人们对这个话题的重新关注在 2009 年至 2010 年与保释相关的下列各类事件中体现得尤为充分。

审前风险评估

2009 年 4 月,美国司法部发布了名为“联邦法院审前风险评估——以期增加羁押替代措施的使用”的报告,以实证方式研究了审前服务在联邦法院系统中的运作。[93] 该研究明确提出了两个目标:(1)为区分出对社区安全和司法公正没有危害,适合审前释放的联邦法院被告人,找到具有统计学意义和符合刑事政策取向的审前释放预测因素;及(2)为如何合理利用支持联邦

---

〔90〕 参见,如肯尼迪和艾伦·亨利:“商业担保保释:其在审前释放和羁押决定中的作用评估”,审前服务研究中心,(1994 年 7 月,于 1996 年重新编辑并且重印)(以下简称肯尼迪和亨利)。1996 年重印版,参见审前司法研究所网站: http://www. pretrial. org/Docs/Documents/commsuretybail. doc。

〔91〕 埃里克·赫尔兰德(Eric Helland)和亚历山大·塔巴洛克(Alexander Tabarrok):《国家执法与私人执法:弃保潜逃证据》,载《法律与经济期刊》2004 年第 47 期,第 93 页。

〔92〕 迈克尔·K. 布洛克(Michael K. Block):“加州大型城市化郡县有担保和无担保审前释放的效果和成本:1990 - 2000”,载 http://www. suretyoneinc. com/sorpts/TheEffectivenessPreTrialRelease. . pdf。

〔93〕 范诺斯特朗德、玛丽和吉娜·基布勒(Gena Keebler):“联邦法院的审前风险评估”,载国家矫正研究所网站:http://nicic. gov/Library/023758。

司法系统羁押替代项目的资金提出建议。

在该研究进行的同时,联邦审前风险评估机制也建立起来 。该评估机制是由克里斯托弗·罗文坎普(Christopher Lowenkamp)博士设计,为联邦法院提供了一套有效的方法来预测不按时到庭风险、重新犯罪被逮捕风险以及轻微犯规风险。[94]

基于类似的考虑,弗吉尼亚州于2009年5月恢复适用了覆盖全州的审前风险评估办法。[95]目前,美国其他司法辖区也在探索在实践中设立或吸纳现存有效的风险评估。例如,在2009年,科罗拉多州的一些郡县(涵盖该州约85%的人口)继续推进“科罗拉多州附监管条件的审前释放改进计划”。该计划旨在建立一套类似有效的审前风险评估机制供科罗拉多州法院使用,并在实证基础上根据各被告人的风险资料设定与之匹配的监管协议,以降低其危害公共安全和不按时到庭的风险。[96]

国家犯罪委员会

2009年4月,美国参议员吉姆·韦布(Jim Webb)提交了关于建立国家刑事司法委员会的议案,建议由该委员会对刑事司法系统的各方面进行自上而下的审查,包括联邦、州、地方及原住民部落各政府刑事司法的成本、实践及政策。[97] 2010年7月27日,众议院通过了该法案。同年8月5日,该议案的参议院版提上了参议院的立法日程。(译者注:美国国会的众议院和参议院可以同时对一部法案进行审议,故有众议院版和参议院版之分。当一个议院通过了自己版本的法案后,另一个议院可以直接同意通过后提交总统签署,或者向先通过的议院提交自己的版本要求其讨论。)

全国郡县协会

2009年10月,全国郡县协会(NACo)——在美国代表郡县级政府的唯

〔94〕 参见《联邦法院审前风险评估中的特殊问题介绍》,载《联邦缓刑》第73期,第2页(2009年9月)。

〔95〕 关于弗吉尼亚审前风险评估的相关文件,参见弗吉尼亚刑事司法服务中心网站:http://www.dcjs.virginia.gov/corrections/riskAssessment/? menuLevel = 5&mID = 12。

〔96〕 参见迈克尔·R. 琼斯(Michael R. Jones)和苏·弗莱雷(Sue Ferrere):《改善科罗拉多州的审前评估与监管——社区改造相关问题》(美国司法部国家矫正研究所,2008年),第13页。

〔97〕 关于法案的具体内容及相关材料,包括新闻报道,参见 http://webb.senate.gov/issuesandlegislation/criminaljusticeandlawenforcement/Criminal_Justice_Banner.cfm。

一全国性组织——在保释改革中迈出了重要一步。该协会在其"司法和公共安全纲要"中增加了诸多内容,特别是建议郡县的政策要"确保"有(1)审前调查及评估,和(2)限制性最小的保释保证金担保条件,包括具结保释、附非经济监管条件的保释和预防性羁押。[98]值得注意的是,在"保释程序及释放方式"部分,NACo 建议各州制定以被告人为基础的比例保释押金法,[99]以及各州和各地方在合理预期公共安全不会受威胁的情况下,更多地使用诸如凭警方传票释放和具结释放这些附非经济条件的审前释放。

最后,也是与那些依据法律及全国准则检视自己现有保释制度的司法辖区最相关的,全国郡县协会的纲要提到:"NACo 倡议所有郡县以书面形式建立一套与州法律、全国专业准则及审前释放决定做得最好的地方的做法相一致的政策和程序。"[100]

* * * * * *

十八、结论

总而言之,回望保释以及审前释放的历史,我们发现它是稳步而缓慢地朝着实现理想中的保释体系前进。这个体系建立在对被告人是否按时到庭以及重犯新罪的准确预断之上。然而,对很多人来说,保释的历史仅仅展示出真正的保释改革尚未圆满达成。

在互联网上一查就会发现各种关于这段历史的引述,从简明扼要的到尖刻讽刺的不一而足。不过,我们介绍给读者的是与审前释放中的可预测性这一基本主题相关的:"历史教会我们一切,包括未来,"法国作家、诗人和政治家拉马丁(Alphonse Marie Louis de Prat de Lamartine)这样写到。若他所述是真,那么扎实的历史基础确实会教会我们一些关于美国保释和审前

[98] 全国郡县协会:《司法与公共安全(09-10)》,第4页,载全国郡县协会官方网站:http://www.naco.org/legislation/policies/Documents/Justice%20and%20Public%20Safety/JPS_platform_09-10.pdf。

[99] 基于多种原因,许多全国保释专家认为比例保释押金法只是催化一个以金钱为基础的问题重重的保释体系,要保护贫困被告人的权益还另有更好的保释替代方式。

[100] 全国郡县协会:《司法与公共安全(09-10)》,第8页,载全国郡县协会官方网站:http://www.naco.org/legislation/policies/Documents/Justice%20and%20Public%20Safety/JPS_platform_09-10.pdf。

释放未来的东西——一个由那些致力于利用成功历史经验，避免再犯历史错误的人塑造的未来。

“在我们的社会里，拥有人身自由是常态，审前羁押或者是不经审判的羁押是谨慎的例外。”

——美国诉萨莱诺案，481 U. S. 739, 755 (1987)（美国最高法院伦奎斯特首席大法官代表最高法院在判决中写到）。

第二章　给予贫困被告公平待遇：曼哈顿保释计划*

维拉司法研究所

因无力负担保释保证金而身陷囹圄的被告人要受到很多刑事制裁。其中最大的不公是两种鲜为人知的惩罚：其一，他们比保释在外的被告人更易获罪；其二，一旦定罪，他们更可能被科以更重的刑罚。

一、维拉行动

尽管人们早就认为应当对理性与不公一直并存的固有美国司法体系进行改革，但迟迟没有付诸行动。

1961 年，维拉司法研究所的研究员开始学习了解所有关于保释的知识和做法，以及与此相关的他人的研究成果。结果令人瞠目结舌：

- 尽管法律规定了其他保释保证方式，诸如提供现金押金，或者对确信能够按时出庭的被告人直接释放，但几乎所有的法官都要求提供保释保证金；
- 保释的设定具有随意性，并未考虑个案之间的差异性，保释金额高低被固化为仅跟犯罪类型挂钩，而不考虑被告人个人的可信度；
- 在芝加哥的抽样调查显示，近三分之一尚未量刑的在押犯其实可以根据他们按时出庭的保证安全释放；

* 节选自维拉司法研究所的《刑事司法改革项目：维拉司法研究所十年报告 1961 – 1971》（维拉司法研究所，1972 年），2011 年 10 月发表于《联邦量刑报告》第 24 卷，第 10 – 12 页。——译者注

- 近五分之一的在押犯存在诸如酗酒、药物滥用、癫痫、智力障碍或其他精神疾病等病理问题，其实在医疗机构诊治会更好；
- 保释代理人在保释程序中至关重要，并且常常与警察、律师和有组织的犯罪集团勾结；
- 羁押与之后科以重刑之间的关联性令人不安。

* * * *

二、具结保释

实质性的改革并非不现实，而且改革方案早已具备。

这就是鼓励法官根据被告人的信誉在未决案件中释放更多的人，并向法官提供作出这种释放决定所需的已经核实的被告人信息。尽管这是一个明显的改革方向，但要甄选出值得信赖的被告人并相信他们会按时出庭受审，这在当时还是一个非常大胆的想法。

所以，我们需要一个精心设计的试点项目来说服人们接纳一个全新的程序。它不需要商业保释保证机构，可以生成一套被告人的相关信息供法庭使用，以便让低风险的被告获得保释。最重要的是，我们可以向贫困被告提供美国的权利和自由体系曾经给他们允诺的公平正义。

基于这些考量，我们的项目很快成形了：

1. 由维拉的工作人员对在曼哈顿的刑事法庭等待传讯的贫困被告进行询问，了解他们在社区有多深的社会关系，以及他们一旦不交纳保释金获释，是否足以值得信赖会按时出庭。

2. 是否贫困的标准是看其是否由一名免费的法律援助律师代理。

3. 面谈的问题将涉及被告在该城市的居住时间长短，家庭关系以及就业情况。

4. 面谈完毕后立即通过电话联系或直接会见亲友和雇主，以核实被告人提供的信息是否属实。

5. 如核实后的信息反映出该人有信誉，可以信赖他会按时到庭，维拉的工作人员会在法院聆讯程序中出庭，向法官建议根据该被告人自己的书面保证来对其释放(具结释放或审前假释)。

三、展示性项目

可以预见到的是,这一项看似简单却需要对已经普遍接受的既有程序进行彻底改革的做法会招来诸多反对——或者是对既有做法的习以为常,或者是对新变革的担心受怕。所以整个项目是设计成展示性的,即通过一个试验来观察无须保释金释放的被告人是否会按时回到法庭,以及将这些案例与那些没有获得保释和获得保释金保释的案例进行整体比较。

我们认为,如果试验证明了我们的假设,即具有可核实的稳定社会关系的被告人可以有更多机会被具结释放,那么改革将更易为人们接受。

按照计划,这项试验于 1961 年秋天在曼哈顿地方法院的重罪法庭(Manhattan Magistrate's Felony Court)开始了。一年之后,该法庭与地方特殊法庭(Court of Special Sessions)合并。维拉雇用了纽约大学法学院的夜校学生作为面谈官,并对他们进行了一段时间的职业培训,让他们了解提讯法庭是怎么运作的。

* * * *

四、曼哈顿保释计划的启动

1961 年 10 月 16 日,在数月的精心筹备之后,曼哈顿保释计划开始正式运作。在计划启动上,我们还特别考虑了以下几点:

1. 计划的启动没有向媒体公开。因为我们考虑到向社区展示成效不言自明是事后最有效的宣传方式。而且事先宣传可能导致公众对计划期望过高,进而对参加者的行为有所束缚,影响计划。

2. 计划需要解决的问题明确限于以下三个:

a. 如果法官掌握了跟被告人相关的已经核实的信息,他们是否会比没有掌握这些信息时具结释放更多的被告人?

b. 具结释放的被告人与交纳保释金释放的被告人的按时出庭率是否会相同?

c. 被释放的被告人和未被建议释放的实验对照组中的被告人在定

罪和量刑中有何差异?

3. 我们成功邀请到了一些研究方法学家作为计划研究设计顾问。

4. 在计划正式启动前,维拉的工作人员拜访了所有在项目运行期间可能会主持庭审的治安法官,让他们充分了解计划的设计初衷及运行方式。

5. 计划的主要功能是向公众和刑事司法体系中的相关人员展示,审前释放不仅有利于公共利益,也可以保障被告人的权益。因此,计划将一些犯罪类型排除在试验项目之外,例如杀人、强奸、涉及未成年人的鸡奸、腐化未成年人(译者注:主要包括与未到法定同意年龄的未成年人发生性关系,以及其他侵害未成年人身心健康的犯罪)以及猥亵奸淫幼女等这些会使我们的项目非常敏感且饱受争议的刑事犯罪。由于毒品犯罪涉及特殊的医疗问题和更大的逃跑风险,我们的项目也不涉及。另外,维拉的保释项目还排除了袭警犯罪,以避免引起警察的反感。

6. 我们制定了全面的回访程序,以确保被释放的被告人知道他们应该在什么时候按时出庭受审。这些程序包括邮寄书面文件提醒,电话提醒,到家中或者工作单位走访提醒。如果被告人不懂英文,我们还将以其母语提醒该被告人。

维拉的工作人员为数不多,在位于中央街(Centre Street)100 号的曼哈顿刑事法庭安营扎寨开展工作。法学院的学生就在提审法庭的羁押室里面谈被告人。一开始,项目要求他们就社会关系已核实了的被告人是否符合审前假释进行主观判断。然而,我们发现,对于一些可能应该释放的被告人,部分面谈学生基于压力反而不向法庭建议释放。为了减轻他们的个人负担和心理压力,我们设立了一个加权制的评分系统。在这个系统中,被告人是否可以不交纳保释金而释放完全取决于他在该系统中的得分是否达到了五分以上。基于这套客观标准来向法官作出释放建议是计划的一项重大创新。

五、实验组与对照组比较

在曼哈顿保释计划开展的第一年，维拉非常迫切地想对建议释放的被告人和试验对照组（各类参数相同却未被建议释放）的被告人的情况差异进行对比。

研究发现，维拉 59% 的释放建议被法院采纳，而在试验对照组中只有 16% 的被告人在没有建议的情况下由法官主动决定无须交纳保释金而释放。可见，法官的保释决定是建立在被告人的相关可靠信息的基础之上的。

更重要的是，在计划进行的第一年，60% 审前释放的被告人最后被法庭无罪释放或检察官撤销了起诉，而在试验对照组中这个数字只有 23%。在被释放的被告人中，只有 16% 被定罪并监禁，而试验对照组有 96% 的被告人被判监禁刑。毫无疑问，羁押导致了更高的定罪率以及更重的惩罚。

当计划进行到第二年年底，我们不再与试验对照组进行对比。我们已经收集到了充分的证据，不再需要仅为了数据对比而将一些人排除在计划之外。

六、计划程序的修正调整

在计划的第三年，维拉对项目进行了进一步创新改良。其中最受瞩目的改革是大力缩减了过去由于政治原因被排除在保释项目之外的犯罪，只剩下杀人犯罪和部分毒品犯罪。同时，保释项目不再只适用于贫困人员。我们认为，不应该仅因为被告人有经济能力就要求其交纳保释金。不论有无经济实力，是否能被审前释放的标准应该是相同的——被告人是否会按时出庭受审？

七、全国保释和刑事司法会议

尽管维拉的曼哈顿保释计划在改变着纽约市的保释政策，但横贯整个美国的保释改革是 1964 年 5 月在美国首府华盛顿召开的保释和刑事司法全国会议之后才开始全面启动的。该会议由司法部和维拉联合主办，第一次将 400 多位法官、检察官、辩护律师、警察、保释代理人、监狱矫正官员以及对这个问题感兴趣的学者和政府官员共济一堂，畅所欲言地讨论保释中存在的问题。

这次全国保释会议的巨大成功体现在随后几个月里其激发起来的暴风

骤雨般的改革举措。而将这场改革推到顶峰的是1966年《保释改革法案》的制定。这部由当时的美国总统林登·约翰逊(Lyndon B. Johnson)于1966年6月22日签署的法案是1789年《司法法案》以来联邦保释法律中的第一部改革性法案。会上,美国最高法院首席大法官厄尔·沃伦(Earl Warren)、司法部长罗伯特·肯尼迪(Robert Kennedy)和伯纳德·波坦(Bernard Botein,当时纽约州上诉法院院长)振奋人心的发言,以及会议执行委员会为了实现保释改革之目的所作的大力推动,将全美各州及地区召集起来讨论各自辖区应该如何进行保释改革。据报道,至1965年春有44个郡县市展开了审前释放项目,另有35个郡县市的项目正处于筹划阶段。另外,21个由法官、律师、检察长和缓刑官员组成的职业团体在各州召开了专门会议讨论保释问题。

八、1966年《保释改革法案》

1966年《保释改革法案》推行一年之后,维拉在过去五年所做的努力获得了丰硕成果。该法案规定如无必要,联邦法院不能因为被告需要参与庭审、作证,或者等待上诉而继续关押他们。所有不会被判死刑的被告,以及能够合理推定他们能及时到庭的被告应该被法院释放。根据不同案件需要,法院应该采用不同的释放方式(比如,释放并交由第三方监督,支付保释金释放,释放但行为受限)。法院需要获得与被告人有关的信息,并且就此作出某一种释放决定。保释改革法案保障了被告人有权要求对释放条件进行司法审查并且享有上诉权。约翰逊总统指出,"(该法案)是美国刑事司法制度的一项重大进步。"

[摘自维拉司法研究所,刑事司法改革项目,维拉司法研究所:十年报告(1961－1971)(维拉司法研究所,1972)]

第三章　美国保释历史和保释风险评估*

彼得·科尔斯**

1. 美国保释历史

美国的保释制度植根于中世纪的英国。那时,郡治安官会将被指控人释放交给其朋友或者家人看管。但条件是如果该人一旦潜逃,保释金就被郡治安官全部罚没。美国宪法第八修正案规定"在一切案件中,不得需索过多的保证金,亦不得科以过重的罚金,或处以非常残酷的刑罚。"随后,1789年的《司法组织法》对保释作了更具体的规定。被告人可以雇用法庭代理人,以及保释的商业部分,即保释金可以作为释放的附加条件,均在《司法组织法》中继续有效。此法还对保释作了一些新的规定,例如,(1)保释金应当符合宪法,不得过重;(2)在非死刑案件中有权要求保释;(3)保释金的目的在于确保保释对象出庭。

美国通过两个案例确定了到底什么是宪法中规定的"过重的保释金"问题。在1951年的斯坦客诉柏易案中,美国联邦最高法院认为,"保释金设置

---

* 编译者注:本文改编自作者2013－2014年在西安、成都、广州、北京参加纽约大学法学院亚美法研究所组织的审前羁押国际研讨会上的发言材料。

** 彼得·科尔斯是纽约市刑事司法服务中心业务部主任。该中心为非营利性机构,自1973年起开始为纽约市的刑事司法系统服务。中心最早源于二十世纪六十年代初,是当时的维拉基金会(现维拉司法研究所)开启的曼哈顿保释计划中的一个研究项目。当时大量的嫌犯被逮捕后都被关押候审,仅仅是因为他们太穷而无法支付甚至是少量的保释金。该研究项目假设,有较强社区纽带的被告人会按时参加预设的法庭听证;如果法庭掌握的这些信息,更多的人会被释放。研究结果证实了这一假设。维拉司法研究所由此发展出来一套羁押/释放推荐系统,通过与被告人面谈而获得关于其社区纽带的客观信息。刑事司法服务中心和美国的其他一些审前项目现在证明,对有较强社区纽带的被告人可以采取具结保释,他们会像保释金保释人一样回到法庭参加听证。

的目的在于确保被告人会回到法院受审。任何超过能够达到该目的的金额都属‘过重’……法庭必须考量被告人的个体情况。”在1952年的卡尔森诉兰登案中，最高法院认为“保释权并非绝对，它由联邦的立法决定。”

保释金带来的问题是，给得起钱的人就被放出来，给不起钱的人就被关起来。保释金额常常根据违法行为的种类和检察官的请求来设定。这种制度还带来了对职业保释保证机构的过度依赖。

1961年，维拉基金会发动了曼哈顿保释计划。该项目通过考察个人与社区的联系作为衡量影响他是否出庭受审的指标，鼓励用非金钱保证的释放来替代保释金释放。这个项目最先在纽约市曼哈顿的一个地区试点。在该试点区面试人员建议释放的被告人中，约半数被法庭释放。在那些建议不需保释金释放并最终被法庭采纳释放的被告人中，逃庭率较低。于是法官对试点项目信心渐增，并开始释放更多试点项目推荐释放的人。1964年，有的州开始通过立法限制甚至取消商业保释保证。但是在这些州，被告人仍必须将保释金的10%交给法庭。如果他按时出庭受审，这些钱将退还给被告人。如果逃庭，他必须向法庭交纳全部保释金。这样的立法虽然将商业保证转换为法庭保证，但仍然是一种金钱保证。当然，对于穷人来说，如果他们交不起10%的保释金仍必须待在监狱里。

1966年，美国国会通过了《联邦保释改革法》。在这部法律中，每一个被告人都推定为有条件进行个人具结保释，即只需向法庭承诺届时会到庭受审即可，不用负担任何经济责任。该法还规定了附条件的审前释放，例如附监管条件，对保释金进行限制，10%的保证金交给法庭作为返庭押金，以及被告人在被羁押后24小时内请求法官进行保释审查的权利。这部1966年的保释改革法推动了各州保释法的修改。

十九世纪七十年代，公众开始讨论法庭是否应该考虑社会危险性，或者被保释的被告因犯新罪而再次被逮捕的可能性。保释改革的重点转移到了被告人是否会出庭受审和公共安全上。法庭除了考虑被告人逃跑的风险外，还需考虑释放后犯新罪的可能性。法庭已经意识到出庭受审和再次被捕的危险都是合理的考量。关于被告人具结保释的推定被保留了下来。但是如果法庭不想让被告人具结保释（不附加经济责任或者让第三方担保），可以在案件审前未决阶段对被告人施以附监控条件的释放，或者在很多情况下，仍然适用保证金保释，虽然可能会减少保释金或者保释金押金。但是，大家都意识到，有的被告人非常危险，会严重危及证人和社区的安全。所以，法庭也承认有时候有的被告人不能被保释。这是相较于保释优先的一般规则的例外。因为危险性的羁押称为“预防性羁押”——如果有种种迹象表明被告人非常危险，会损害法庭权威，滥用保释权利，这种羁押也是许可的。

在十九世纪七十年代早期，哥伦比亚特区成为对被控谋杀罪以外的被告人试行预防性羁押的第一个司法辖区。根据哥伦比亚特区的法典，被控暴力犯罪的被告人在开庭审理前可被羁押长达60天，并不得保释。当一个被告人被控暴力犯罪或人身伤害罪，其暴力和伤害行为本身就说明他在审前应该被羁押，否则不能保证社区的安全。衡量被告人是否应该被羁押的标准有：被控暴力犯罪，并且在过去10年里曾经被法院定罪或者正处于保释中；或者在逮捕时正处于另一犯罪的保释缓刑期。预防性羁押还适用于可能对证人构成真实威胁的被告人。现在，大多数州在作出保释和审前羁押决定时都会同时考虑潜逃危险和社会危害两个方面。

1984年，美国国会通过了《1984年联邦保释改革法》，取代了1966年的《联邦保释改革法》。相比之下，新法具有以下三个方面的特点：(1)明确确立了无罪推定原则；(2)要求法官在决定保释时首先考虑最小限制性的非经济性条件；(3)专门规定了基于被告人的逃庭风险和社区危险进行羁押的合法性。根据该法，如果有下列情形之一，被告人被逮捕后，法庭可以基于公共安全考虑对其进行羁押：(1)被告人因触犯了联邦、州或者地方法律犯重罪，正处于保释期；(2)被告人因犯罪行为正处于保释期等待判决；(3)被告人因触犯了联邦、州或者地方法律，正处于缓刑或者假释期。羁押的时间长短因案情各异。如果被逮捕的被告人应该保释，他将会被羁押很短一段时间，最多不超过10天，以便相应的机构给被告人找一个适合的项目，使被告人在保释期间接受该项目的监管。否则，如果没有任何条件能够保证被告人会出庭受审或者公共安全，在整个审前阶段被告人都将处于羁押状态。

1986年，美国联邦最高法院在美利坚合众国诉索乐诺案中作出决定，认定1984年《联邦保释改革法》虽然允许对危险的被告人进行审前羁押，但并没有因此违反美国宪法第五修正案中的正当法律程序条款和第八修正案中的不得需索过多保释金条款。法院认为，“在我们的社会中，自由是常态，在审判前被羁押或者未经审判的羁押是审慎的局限性的例外。我们认为，1984年《联邦保释改革法》中关于审前羁押的规定符合这种审慎的局限性的例外。”然而，对保释权的限制仅适用于特别列出的一些严重犯罪。在保释听证会上，检察官承担证明责任，证明被逮捕人有逃庭风险，或者对他人已构成严重威胁。保释听证会本身不得妨碍被告人要求快速审判的权利。

被逮捕的嫌犯受到行政保护。一些保释法律要求正式逮捕之前进行听证。听证会上，被告人应有律师为其辩护，被告人有权驳倒政府方面提出的证据或者自己提供证据。诚如韦恩·托马斯在《美国的保释改革》一书中写道，保释制度是为了使被告人的审前自由顺应社会对司法活动顺利开展的需要而设立的制度。

2. 风险评估：判断审前羁押的最佳手段

在美国大部分司法辖区，审前羁押评估被用于衡量一个犯罪嫌疑人是否具有逃庭风险或社会危害性。多年以来，纽约刑事司法服务中心设计了一套有效衡量被逮捕人逃庭率的方法，通过简短的面谈，后续调查面谈情况是否属实，以及参考被告人之前的犯罪记录。纽约刑事司法服务中心采用这种评估方法的好处是：该方法客观、公正、可靠、透明、经济。之所以说该评估方法客观，是因为所有的评估标准都是基于研究成果设置的。之所以说该方法公正，是因为它一视同仁。由于该方法使用各方都能够理解的评估标准，所以说它可靠且透明。最后，这种评估方法通过辨别那些不需要花费重金进行羁押的低风险被告人，节约了司法成本。这些低风险的被告人能够以更经济的方式受到监管，比如监视，甚至仅要求被告人作出简单的到庭保证，并且通过电话、短信或邮件的方式提醒他们按时出庭。

正如保险公司依照证据以及预测客户行为来计算保险费用，司法辖区可以使用获得验证的风险评估方法来评估决定审前释放风险的两大因素：一是逃庭风险，评估被释放后被告人是否能回到法庭；二是如果被告人被释放，其重新犯罪风险。

已经被证明有效的风险评估工具是使用量表来评估风险大小。比如，纽约市刑事司法服务中心使用的用于计算逃庭风险的量表基于八项指标。根据某种研究人员选择的统计模型，每项指标的权重根据各个部分预测逃庭率的权重进行计算。正分指标与负分指标相加得到一个总分，用以预测该被告人是否能按法庭要求出庭，以及他们避免再犯新罪的能力。

风险评估需要获得下列问题的答案。(1)被告人是否在现住址居住超过一年半(包括一年半)？(2)被告人是否与父/母、配偶、满6个月的普通法配偶、祖父/母或法定监护人同住？(3)被告人是否有可使用的固定电话或手机？(4)被告人是否上报了纽约市住址？(5)被告人目前是否全职就业或全日制在校就读，或正在参加全日制培训项目？(6)被告人接受聆讯时是否会有人到场？(7)之前针对被告人的逮捕令次数是否为零？(8)被告人目前其他待决案件数量是否为零？问题的答案包括是(已核实)(算作正分)，否(已核实)，以及出入不能解决(算作负分)。最高分为+12分，最低分为-12分。

如果被告人的得分在12分和7分之间，他会被建议具结保释。如果他的得分在6分和3分之间，他属于中等风险，法院必须根据个人情况或者个人情况决定给予监管下的保释。如果他的得分在2分和-12分之间，他不能被建议具结释放。这些对法院的建议是基于被告人与他所在的社区的联系作出的。法官在权衡其他法定因素(心理健康，情形严重，很可能被定罪)时可以选择接受或拒绝该建议。

司法实践中，在经纽约刑事司法服务中心推荐获得具结释放的被告人中，92%的被告人在释放后能够按时出庭，85%的中等风险的被告人能够在被释放后按时出庭。在不建议具结释放的被告人中，75%的被告人按时出庭。取得这样的成果令我们非常满意。

第四章　审前羁押的调查和审前服务机构的监管*

巴利·维纳尔**

美国联邦的缓刑和审前服务机构目前有7756名工作人员,他们分布于373个办公室,横跨美国94个联邦司法管辖区。审前服务和缓刑工作人员负责对被告人进行个人背景调查,为法庭决定保释与量刑提供信息,以及监管被告人,监控被释放的被告人可能造成的社会危险。

审前服务工作的目标有二:一是合理保障民众和社会的安全,二是合理保障被告人在法庭各个程序中到庭。如果被告人遵守法律,不违反保释附加条件与义务并出庭所有法庭听证,审前服务工作就成功实现了所有目标。此外,审前服务工作人员还有如下六个职责:(1)对被告人进行面谈和调查;(2)核实被告人提供的各项信息;(3)评估逃庭风险和社会危险性;(4)向法官客观地报告被告人的情况;(5)建议羁押或者释放被告人;(6)监管被释放的被告人。

当审前服务机构的工作人员在履行职务时,他们要求严格遵守如下准则:第一,应该推定被告人在没有被证明有罪之前都是无罪的。同时,他们应该随时牢记,他们是为法院工作,而不是与政府检察官或者辩护人配合。并且,他们应该采用侵犯程度最低的必要干预手段来充分调查清楚被告人

---

* 编译者注:本文改编自作者2013－2014年在西安、成都、广州、北京参加纽约大学法学院亚美法研究所组织的审前羁押国际研讨会上的发言材料。本文只反映了联邦缓刑工作的情况,各州关于缓刑的规定和实践各有不同。

** 巴利·维纳尔是美国联邦罗德岛州的前缓刑监督官、缓刑办公室主任,现任罗德岛州狱政局社区矫正部主任。

情况。第二,他们必须建议法庭在足以保证被告人到庭并确保社会公共安全的前提下,向被告人附加限制程度最轻微的各项条件。当然,由法院最终决定是否采纳。第三,他们不能过度侵犯被告人的隐私。这意味着审前服务报告应该只包含与评估被告人不出庭的可能性和对社区的危险性相关的信息。对在与被告人面谈过程中收集的所有信息都应当保密。

审前服务工作人员还应当尊重被告人的各项权利。被告人在面谈过程中有权保持沉默。但如果他们选择陈述,就必须如实陈述。他们有获得律师帮助的权利。如果他们不能负担律师费用,政府会指定律师。他们还有个人信息被保密的权利——收集到的所有信息仅能在作出保释决定和保释监管时使用。

当审前服务的工作人员在向法院做审前决定的建议时,通常会考虑三个因素:被告人的风险评估情况,被告人被指控的犯罪的性质和情节,以及被告人的个人经历和性格。在决定被告人的逃庭风险时,需要考虑以下11个因素:(1)重罪的有罪判决次数,(2)以往的逃庭记录,(3)未决的重罪或轻罪,(4)现在被指控的罪行类别,及(5)罪行轻重等级,(6)面谈时的年龄,(7)最高学历,(8)是否有工作,(9)居所,(10)有无吸毒问题,(11)是否有合法身份。然后,审前服务人员根据被告人的风险大小将其按分数0至12分分为5个类别。分数越高的被告人越有可能会逃庭,再次犯罪或者技术犯规[1]。根据美国2013年的全国统计数据,在101000名被告人中,有26500名被监管性地审前释放,186000名罪犯被监管性地定罪后释放,14200名被电子监控本宅软禁。

在审前服务调查中,审前服务工作人员主要考察被告人的家庭状况与财产状况,其犯罪记录和健康状况,包括他的生理和心理健康,以及是否有滥用毒品和药物的状况。

审前服务调查完成后,审前服务工作人员会向法院和控辩双方提供一份完整的报告。这份报告的内容包括对被告人及其相关人员询问的情况,

---

〔1〕“技术犯规”一般是指附监管条件被保释的被告人违反监管条件的行为,例如没有按时到审前服务官处报到,违反宵禁规定,翘班或者翘课,毒品/药物尿检呈阳性,违反规定与被害人或者同案被告人联系等。——译者注

信息的检验核实情况，被告人的定罪记录，毒品和药品滥用情况，精神健康情况，走访其家庭以决定保释是否适当，决定释放被告人是否对第三人造成威胁，评估其对社区的威胁以及逃避审判的风险，建议法庭释放或者羁押被告人。

如果被告人被释放候审，审前服务工作人员必须对其实施有效的监管。监管的目标在于避免被告人再犯新罪，使其对犯罪行为负责，并为成功改造做准备。审前服务机构力争使审前释放限制条件最小化和审前释放监管策略最轻化。他们让法庭放心，被告人会遵守各项释放条件。同时，他们评估被告人的需要，协调各项释放后的服务。

审前服务工作人员不仅鼓励被告人遵守法庭附加的各种条件，还为其提供各种资源和治疗手段来帮助他们重新做人。工作人员监控这些被告人与谁交往，他们是否在最近的犯罪记录查询中榜上有名。社会科学研究证实，导致将来犯罪行为的主要因素包括反社会的认知，反社会的朋伴，不良的家庭及婚姻关系，不良的学习成绩，无业或不充分就业，滥用药物和乱用闲散时间。

由于审前监管非常有效，全国统计数据显示在2013年，处于审前监管下的被告人中仅有1%没有按时出庭受审；只有2%因犯新罪而被收监；10%的人因技术犯规而被收监。

从经济的角度来看，与监禁相比，监管一个被释放的被告人对社会更有益。美国每个月需要在每一个被监禁的被告人身上花费2412美元，但只需耗279美元在每一个被释放的被告人身上。本宅软禁的电子监控每日耗费不到6美元。

第五章　无须面谈的审前风险评估*

玛丽·范诺斯特朗德博士　克里斯托弗·T. 罗文坎普博士

高参摘要

报告重点

- 法官的羁押和释放决定对社会和犯罪嫌疑人意义重大。
- 在作此类决定前，全美不足10%的司法人员会进行审前风险评估，原因之一就是与被告人面谈耗时耗财。
- 新型风险评估机制（KPRA－S）不需面谈被告，也能准确区分高中低风险的被告人。

背景

全美司法人员每天都要针对被告是否需要羁押或释放作出决定。这些决定结果对社会和犯罪嫌疑人意义重大。有些司法辖区的司法人员根据审前风险评估作决定——该风险评估针对被释放的被告在审判过程中不按时到庭（FTA）或重新犯罪（NCA）的可能性大小作出测评。评估方式有助于认定哪些被告因为风险太高需要关押，而哪些被告可以被保释，或者附条件的释放或监视释放。

尽管近年来越来越多的司法辖区开始采用审前释放风险评估方法，但整体使用率仍不高，据估计不足百分之十。审前释放风险评估使用率之低，主要是由于现有的风险评估方法需要通过与被告面谈来获得相关信息。然

---

* 本文是阿诺德基金会（Laura and John Arnold Foundation）2013 年 11 月资助的一研究项目报告。——译者注

而开展面谈和核实信息太过耗时,需要大量人力物力,不少司法辖区无法负担。

截至2012年,全美有八个跨司法辖区的审前释放风险评估方法,全部依赖于被告的面谈信息。但对审前释放风险评估的全方位分析显示,判断不按时到庭与重新犯罪风险大小的主要指标是一些定量因素,比如是否曾被定罪,是否曾犯轻罪,是否曾犯重罪,是否过去曾不按时到庭。该分析同时显示,诸如固定住所和就业情况这类变量因素和风险评估的结果不甚相关,甚至毫不相关。基于以上事实,加之考虑到面试被告人工作量巨大,本书探讨了是否可以省略面谈,通过对数据进行分析而得出一套有效的审前释放风险评估。

本书使用的数据来自肯塔基州。该州曾使用肯塔基审前释放风险评估方法(KPRA),该方法由12个通过面试和非面试得出的风险因素组成。数据样本分为两部分,旨在探索以下三个方面的内容:(1)建立不需要面谈被告的审前风险评估机制;(2)测定非面试的审前风险评估是否能够预测审前阶段不按时到庭(FTA)和重新犯罪(NCA)的风险;(3)使用第二套数据核实前一项研究成果。

12个KPRA风险因素中的7个被纳入了不需要面谈被告人的新型审前释放风险评估机制(KPRA - S)。该风险评估使用双变量或多变量精确地区分了高中低风险的被告人。另外,与KPRA一样,KPRA - S同样准确地预测了FTA和NCA。这些研究结果通过第二组数据进行了再次验证。

背景

介绍

全美司法人员每天都要决定是否需要羁押或释放被告人。这些决定对社会和被告人而言意义重大。进行审前风险评估的意义就在于,它可以测定被告人在被保释之后不按时到庭(FTA)和重新犯罪(NCA)的风险,从而协助司法人员作出是否需要关押被告人的决定(VanNostrand and Keebler, 2007)。

二十世纪六十年代,纽约市最早开展了审前释放评估,用来测试不同的被告不按时出庭(FTA)的风险,并就此对他们进行分类。这种风险评估也被称为维拉比例，由维拉司法协会的曼哈顿保释项目设计（Mamalian，2011）。在对这个开创性课题进行研究的50年中，关于审前释放评估的研究有了不少实质性进展。关于这些研究的文献显示，在科罗拉多、康涅狄格、佛罗里达、肯塔基、俄亥俄、缅因、弗吉尼亚和联邦法院体系中有八种跨辖区的审前释放风险评估机制。本书对这些风险评估机制和各州使用的各种其他类型的风险评估方式进行了分析，结果显示这些评估方法都需要与被告人面谈来获得必需的信息，还需要对这些信息进行核实。除此之外，风险评估机制也使用以下常见因素来预测审前释放的结果，包括：

- 现有指控
- 逮捕时还有其他未执行的逮捕证
- 逮捕时还有其他未决犯罪
- 逮捕时正处于生效的社区监管中（如审前监管、缓刑和假释）
- 过去是否被逮捕或者定罪
- 是否曾未按时到庭
- 是否有暴力记录
- 是否有固定住所
- 是否有固定工作
- 社会关系
- 是否有药物滥用

而对审前释放风险评估的全方位分析显示，判断不按时到庭与重新犯罪的风险的主要指标是一些定量，比如是否曾被定罪，是否曾犯轻罪，是否曾犯重罪，是否过去曾有不按时到庭的情况出现。该分析同时显示，诸如固定住所和就业情况这类变量和风险评估的结果不甚相关，甚至毫无关系（Bechtel，Lowenkamp，and Holsinger，2011）。

八大跨司法辖区和许多单一司法辖区的审前风险评估实践证实，审前风险评估用得越来越多。目前我们尚不确定具体有多少司法辖区在使用审前风险评估机制，估计只有10%。使用率之低主要是由于进行这些审前风险评估需要与被告人面谈，并核实信息，需要消耗大量的时间、人力和物力。即使是在那些有条件进行审前风险评估的司法辖区也无法审核每个被告。

比如在肯塔基州，有三分之一的被告人因为拒绝面谈或者提供不能核实的信息而无法进行审前风险评估。

由于太过耗时并且要消耗大量人力物力，这种基于面试的审前风险评估对全美众多司法辖区而言不可企及。同时，考虑到犯罪记录对将来行为的可预测性，研究者自然会考虑这样一个问题：是否有一套行之有效的不需要面谈被告人的审前风险评估方法？

本研究旨在回答这个问题。由于肯塔基州关于审前风险评估的数据比较全面，我们决定选用该州数据进行研究。肯塔基审前服务机构成立于1976年。作为法院行政办公室的一部分，这个项目（美国少有的统一系统之一）自其成立之初就在肯塔基州的120个郡全面开启，已经面谈了超过270万被告人。这些面谈一般在逮捕之后的12小时内进行，包括对犯罪记录进行全面检查，也包括收集和核实被告人跟社区的联系是否紧密的信息。这些面谈对肯塔基州审前风险评估（KPRA）非常必要。KPRA是一个满分12分的客观风险评估机制，用于向法院推荐是否需要在庭审前羁押或释放被告人。

研究目的和问题

本研究包括3项研究目的和5个相关研究问题，具体如下：

1. 建立不需要面谈被告的审前风险评估机制。

a. 根据肯塔基审前风险评估方法，能否建立一个不需面试仍能准确区分高中低风险被告的风险评估方法。

2. 测定数据是否能够预测不按时到庭（FTA）和重新犯罪（NCA）的风险。

a. 如不开展面试，能否对不按时到庭（FTA）的风险进行预测？

b. 如不开展面试，能否对重新犯罪（NCA）的风险进行预测？

3. 使用第二套数据核实前一项研究结果。

a. 第二套数据是否核实了，在不开展面试的情况下，能够对不按时到庭（FTA）的风险进行预测？

b. 第二套数据是否核实了，在不开展面试的情况下，能够对重新犯罪（NCA）的风险进行预测？

数据组

用于本研究的数据由肯塔基州提供。用于第一、二项研究目的的主要数据样本来自 2009 年 7 月 1 日至 2010 年 6 月 30 日期间被逮捕以及在肯塔基监狱登记的所有被告人。样本量涉及 153770 个案件,其中 80034 件进行了有效的风险评估,且在案件处理结果出来之前释放了被告人。该数据组不具有个体代表性,只是包括了所有在研究期间肯塔基监狱登记的案件。(一些被告人可能在此期间登记了多次;因为在近 10% 的案件中缺少个体化的量化指标,故不可能准确地算出每个被告人的情况。)样本中的所有涉案被告都已判决定案。

为了调查第三项研究目的,第二组数据样本来自 2010 年 7 月 1 日至 2011 年 12 月 31 日期间在肯塔基监狱登记的案件。该数据样本涵盖了 209306 个案件,其中对 109633 个案件进行了有效的风险评估,且在案件处理结果出来之前释放了被告人。同样,该数据组不具有个体代表性,且该数据样本中涉及的所有被告都已判决定案。

主要样本介绍

人口统计数据

试验样本大部分为男性(74%)。被告人的平均年龄为 33.5 岁,而 21 岁的最多。在所有的被告人中,30% 的 25 岁或更小,25% 的在 26 岁到 32 岁年龄段,19% 的在 33 岁到 40 岁,18% 的在 41 岁到 50 岁,9% 的是 51 岁或更大。样本中 80% 的为白种人,18% 的为非洲裔美国人,其他人种(亚裔、美洲原住民及其他)所占比例不到 2%。

试验样本中 57% 单身,20% 已婚,16% 离异,7% 分居。超过三分之一(34%)的样本持高中以下文凭,43% 的持有普通同等学力证书(13%)或高中毕业文凭(30%)。约 23% 的称有在大学选修课程或有大学文凭(在大学选修课程的 17%,副学士学位的 2%,学士学位的 3%,硕士学位的 1%)。很小一部分样本(3%)曾服兵役。

少于一半的样本(39%)为全职工作者或全职学生(分别占 35% 和 4%),31% 为失业,30% 为“其他”状态(如残疾、退休)。

指控信息

每个样本被告的主要(最严重)指控如下。最常见的主要指控和毒品相关(23%),其次是偷窃/诈骗(17%),以及醉酒/吸食毒品后驾车(17%)。大约13%的主要指控和暴力相关(包括非家庭暴力、家庭暴力或者性侵害)。表1列出了主要指控的类别。

表1　主要指控类别

指控类别	数量	百分比
暴力(家庭的)	10098	7
暴力(非家庭的)	7096	5
性侵害	980	1
携带枪支	2958	2
毒品	34502	23
偷窃、诈骗	25713	17
交通(酒/毒后驾驶)	25482	17
交通(非酒/毒后驾驶)	17173	12
其他重罪	5226	4
其他轻罪	18288	12
共计	147516	100

被告人的审前状态

如前所述,样本包括了2009年7月1日至2010年6月30日期间在肯塔基被捕和在监狱登记的所有被告人被指控的案件。这个时间段内有153770个记录。其中112215人(73%)在审前被释放,而41555人(27%)在结案前一直被羁押。就平均羁押时间而言,审前释放的被告人是7天,结案前一直羁押的被告人是55天。在112215个审前释放的案件中,有80034(71%)个案件经过了有效的风险评估,其余29%的案件无法评估,涉及原因包括被告在面谈前法庭已经要求其支付预设的保释金,被告拒绝面谈,被告提供的信息无法核实,以及被告无家可归。

被告人审前释放后的效果

审前释放效果评价了被告人的审前释放是成功还是失败。“失败”包括不按时出庭(FTA),因重新犯罪(NCA),或撤销保释。“成功”是指以上问题都得以避免。

在所有通过了有效的风险评估而被审前释放的被告人中,90%的被告人按时出庭(10%的未能按时出庭),89%的被告人没有重新犯罪(11%重新犯罪),约1%的被告人因为其他理由(并非未能按时出庭和重新犯罪)而被撤销保释。详见表2。

总体上看,81%的被告人审前释放的效果是成功的。而一些被告人既未能按时到庭,又因重新犯罪,这解释了为什么19%的总失败率比3类原因的失败率相加的总和还要低。

表2　被告人经过有效的风险评估而被审前释放后的效果

结果	数量	百分比
失败(任何原因)	15312	19
未能按时到庭	8262	10
重新犯罪	8752	11
撤销	677	1
成功(未出现以上三种情况)	64688	81

风险评估

目前使用的肯塔基审前风险评估(KPRA)包括了12个风险因素。表3分别列出了每个风险因素,答案是否有这种风险,每一个风险因素所占权重(分值),以及样本中的被告人具备该风险因素的百分比。

表3　经过有效风险评估(KPRA)的被告人

风险因素	回答	权重	百分比
被告是否有有效的详细地址？被告是否在过去的12个月间居住在该地？	否	2	12
被告是否具备已核实的足够的谋生手段？	否	1	44
被告目前的指控是否为A类,B类或C类重罪中的一项？	是	1	13

续表

风险因素	回答	权重	百分比
被告是否有尚未处理的案件？	是	7	23
是否有因被告不按时到庭而签发的有效逮捕令？若没有，被告是否曾有轻罪或重罪指控但未能按时到庭？	是	2	18
被告过去是否有刑事犯罪或违反交规但未能按时到庭？	是	1	17
被告是否曾被定轻罪？	是	2	70
被告是否曾被定重罪？	是	1	28
被告是否曾因暴力犯罪被定罪？	是	1	23
被告过去是否滥用药品或酗酒？	是	2	14
被告是否曾因重罪逃脱被定罪？	是	3	2
被告目前是否处于定重罪后的缓刑或假释阶段？	是	1	9

总的风险分数由每一个风险因素的得分相加而来。被告因此被划分为低风险(0－5)，中等风险(6－13)或高风险(14－24)三种。

从目前的样本来看，68％的被告为低风险，29％的被告属于中等风险，3％的被告为高风险(见图1)。图2显示了每一风险类别被告人的失败比例：低风险被告人的失败比例为14％，中等风险被告人的失败为27％，高风险被告人的失败为38％。

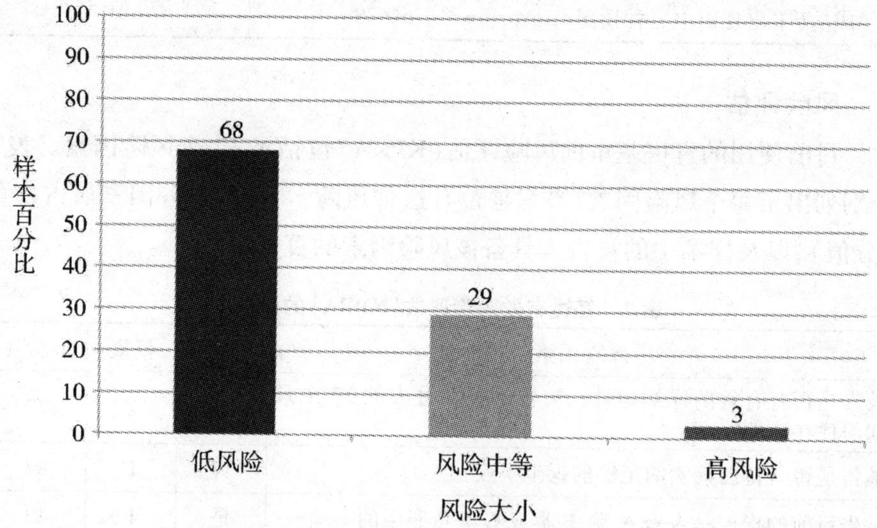

图1　风险大小分布

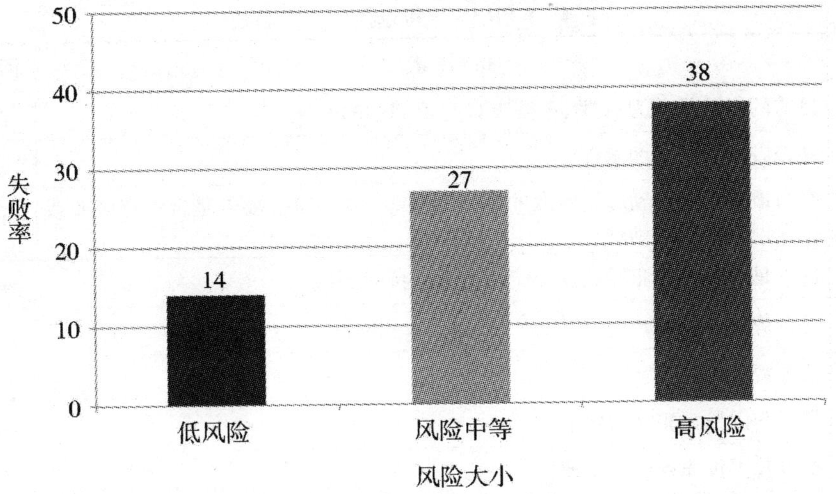

图2　风险大小与失败率

研究目的之一

建立不需要面谈被告的审前风险评估机制。

研究问题

根据肯塔基审前风险评估方法，能否建立一个不需要面谈仍能准确区分高中低风险被告的风险评估方法？

方法和分析结果

为实现第一项研究目的，我们必须对 KPRA 中包含的不需要面谈就能获得的风险因素进行分析。这 12 个风险评估因素中的 9 个与犯罪记录有关，进而这些信息不需面谈被告就能获得。表 4 列出了测试所用的 9 个因素。

为了测试每个涉及犯罪记录的因素和审前释放效果失败的关系，研究使用了双变量分析法。这 9 个因素中的 8 个都与失败效果有着统计学意义上的联系。但是，由于其中一个因素（曾因重罪脱逃被定罪）在所有案件中所占比例不到 2%，并且无助于增加评估机制的整体预测有效性，我们仅选用了这 8 个有统计学意义因素中的 7 个来做进一步测试，表 5 列出了用于建立不需面谈被告的审前风险评估机制的 7 个因素，以下统称为 KPRA－S。原先各因素在 KPRA 中所占的权重在 KPRA－S 中也得以保留。

表4 KPRA－S 可选用的9个因素

风险因素	回答
被告目前的指控是否为A类,B类或C类重罪中的一项?	是
被告是否有尚未处理的案件?	是
是否有因被告不按时到庭而签发的有效逮捕令?若没有,被告是否曾有轻罪或重罪指控但未能按时到庭?	是
被告过去是否有刑事犯罪或违反交规但未能按时到庭?	是
被告是否曾被定轻罪?	是
被告是否曾被定重罪?	是
被告是否曾因暴力犯罪被定罪?	是
被告是否曾因重罪逃脱被定罪?	是
被告目前是否处于定重罪后的缓刑或假释阶段?	是

表5 KPRA－S 实际选用的不需面谈的相关因素

风险因素	回答
被告是否有尚未处理的案件?	是
是否有因被告不按时到庭而签发的有效逮捕令?若没有,被告是否曾有轻罪或重罪指控但未能按时到庭?	是
被告过去是否有刑事犯罪或违反交规但未能按时到庭?	是
被告是否曾被定轻罪?	是
被告是否曾被定重罪?	是
被告是否曾因暴力犯罪被定罪?	是
被告目前是否处于定重罪后的缓刑或假释阶段?	是

这7个因素一经 KPRA－S 收录,新的权衡分数就按0－15分把被告人按照风险大小分为五类。这五类(低,中低,中,中高,高)的划分都是基于总分数,根据面谈划分的风险类别和最后的整体得分,0分的为低风险被告,1－3分的为中低风险被告,4－9分的为中等风险被告,10－11分的为中高风险被告,而获12分及以上的为高风险被告。

当 KPRA－S 分值和分类设计好之后,我们研究分析了 KPRA－S 对被告人的风险划分结果是否和 KPRA 类似。

据表6显示,KPRA－S的分类和KPRA的分类互相匹配。所有根据KPRA－S划分为低风险的被告人在KPRA中也是低风险。根据KPRA－S测试为中低风险的被告人中,93%的被告人在KPRA中也是低风险,只有7%的被告人是中等风险。在KPRA－S属中等风险的被告人,在KPRA中有29%的被告人是低风险,71%的被告人是中等风险,不足1%的被告人是高风险。KPRA－S的中高风险被告人中,有87%的被告人在KPRA是中等风险,13%的被告人为高风险。

最后,47%的通过KPRA－S中得出的高风险被告人在KPRA中是中等风险,53%是高风险。

这些结果并未出乎我们的意料。因为KPRA评估所采用的大部分考量因素和KPRA－S评估是一致的(例如,犯罪记录,与出庭有关的因素)。然而,这些结果也表明,在KPRA－S中只使用7个风险因素就能够对被告人进行和KPRA相一致的分类。

表6 KPRA－S和KPRA分类对比

	现有的KPRA分类		
KPRA－S	低	中	高
低	100%	0%	0%
中低	93%	7%	0%
中	29%	71%	<1%
中高	0%	87%	13%
高	0%	47%	53%

结论摘要

根据以上分析,我们得出的结论是,看来是可以建立一个不需面谈而也能准确区分高中低风险被告人的审前风险评估机制。KPRA－S和KPRA的一致性很强,两者得出的分数的相关系数为0.96。

研究目的之二

测定不需面谈的风险评估机制能否预测被告人在判决前不按时到庭(FTA)和重新犯罪(NCA)的风险。

研究问题

不需面谈的风险评估机制能否对不按时到庭(FTA)的风险进行预测?不需面谈的风险评估机制能否对重新犯罪(NCA)的风险进行预测?

方法和分析结果

为完成研究目的之二,我们使用了样本数据在 KPRA－S 的五类风险模型中的分布情况。图 3 显示了分布百分比:26% 的为低风险,37% 的为中低风险,25% 的为中等风险,7% 的为中高风险,5% 的为高风险。

在接下来的分析里,我们根据被告人在 KPRA－S 中的风险类别,计算了他们在不按时到庭上(FTA)的比例(见图 4)。研究发现,在每一风险类别中,失败率呈“阶梯式”增长。具体而言,6% 的低风险被告未能按时到庭,这个比例在中低风险被告中是 9%,在中等风险被告中是 13%,在中高风险被告中是 15%,而在高风险被告中是 20%。被告人不按时到庭的可能性随着其所属 KPRA－S 风险类别的上升而增加。

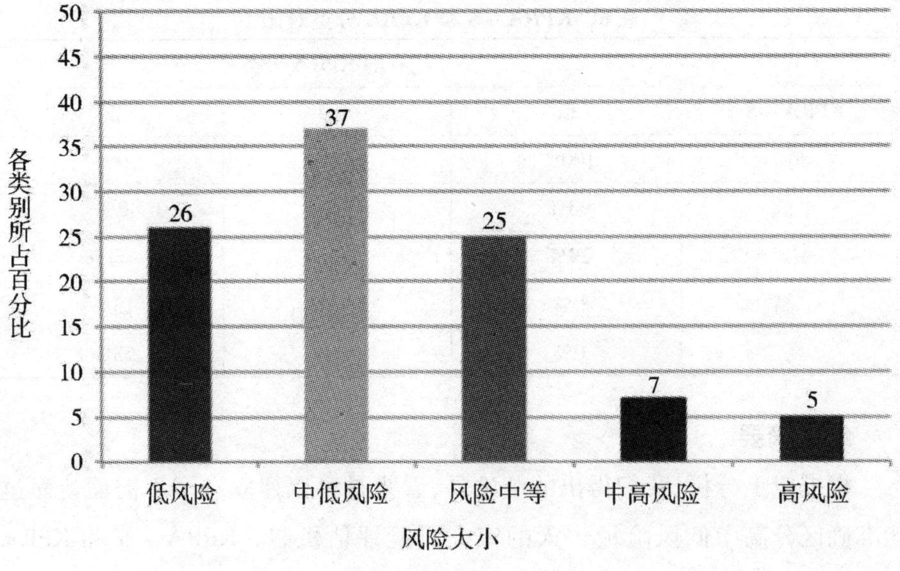

图 3　KPRA－S 模型中的风险大小分布

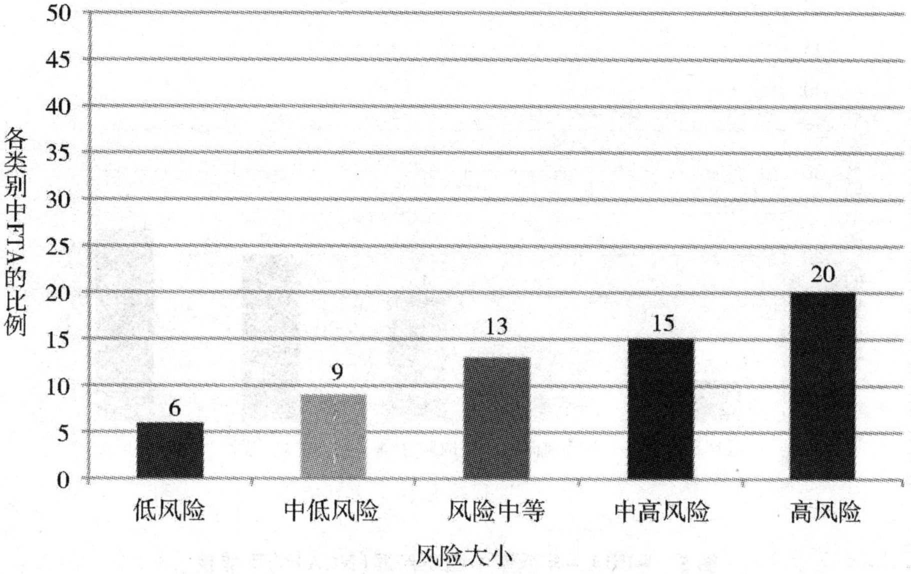

图4　KPRA－S模型中不按时到庭(FTA)的可能性

根据KPRA－S的五类风险模型,本研究还计算了被告人因重新犯罪(NCA)的比例。在每一风险类别中因重新犯罪的比例近似于不按时到庭的比例。图5展示了这个百分比分布:在审前被逮捕的被告中,5%为低风险,9%中低风险,15%为中等风险,20%为中高风险,23%为高风险。与FTA类似,NCA的可能性也随着被告人所属风险类别的上升而增加。这些结果反过来证明了KPSA－S在预测被告人风险上的有效性。

研究发现,当我们将FTA和NCA组合成一个测量失败率的综合指标时,随着风险类别的增加,失败率仍呈"阶梯式"增长。图6显示了这个百分比分布:10%的低风险被告没能按时到庭或者因犯新罪被捕,这种状况出现在16%的中低风险被告中,25%的中等风险被告中,31%的中高风险被告中,37%的高风险被告中。所有指标显示,审前释放失败效果的可能性都是随着被告风险类别的上升而增加的。

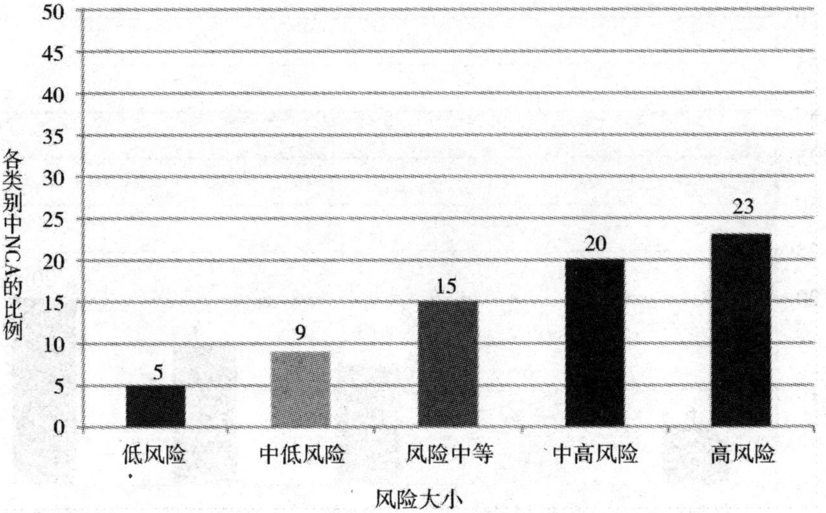

图 5 KPRA－S 模型中因犯新罪(NCA)的可能性

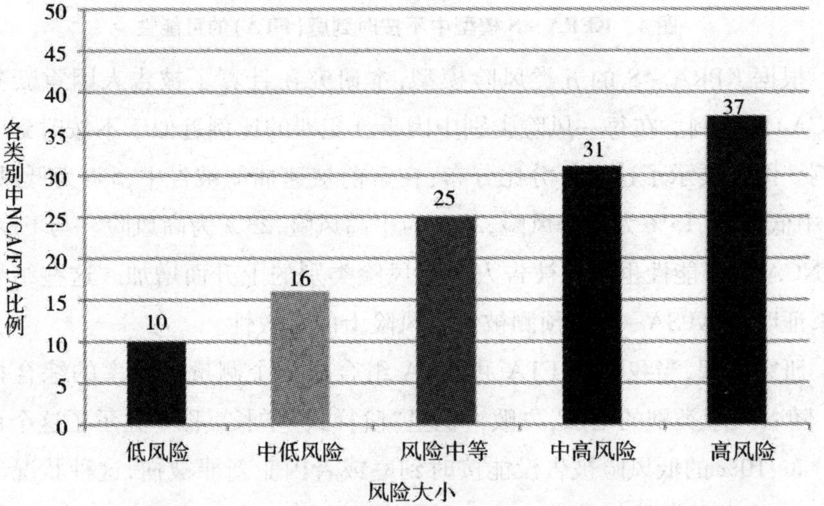

图 6 KPRA－S 模型中 NCA 或 FTA 的可能性

我们还对 KPRA 和 KPRA－S 进行了汇总统计量——受试者工作特征曲线下方的面积(AUC－ROC)[1]——测试。除了前面列出的百分比,这些

〔1〕 AUC－ROC 是用以衡量两种测量指标的关系,且不受已经预测到的结果基础比例影响的一种汇总统计方法。

分析进一步测试了每一种评估机制的预测有效性。KPRA 评估机制的风险分数和失败率（未能按时到庭或者重新犯罪）之间的 AUC - ROC 值为 0.6474，而这个值在 KPRA - S 评估机制中为 0.6381。尽管两个评估机制的 AUC - ROC 值都未能达到风险评估研究通常接受值 0.7000，但尚处于能够接受的范围。值得注意的是，这两个值并没有统计学意义上的差别。简言之，两个评估机制的性能旗鼓相当。

研究结果综述

上述分析证明，不需面谈的审前风险评估机制能够对不按时到庭（FTA）和重新犯罪（NCA）的风险进行预测。FTA 和 NCA 的比例分别随着被告人 KPRA - S 风险类别的上升而增加。当 FTA 和 NCA 两个测试因素共同使用时，结果依然如此。

研究目的之三

使用第二套数据来核实不需面谈的审前风险评估机制。

研究问题

第二套数据是否核实了，在不开展面试的情况下，能够对不按时到庭（FTA）的风险进行预测？第二套数据是否核实了，在不开展面试的情况下，能够对重新犯罪（NCA）风险进行预测？

研究方法和结果分析

通过收集 2010 年 7 月 1 日至 2011 年 12 月 31 日期间在肯塔基监狱登记的案件，我们形成了第二套数据样本，进而用第二套数据对 KPRA - S 模型进行了核实。这些数据涵盖了共 209306 个案件，其中对 109633 件进行了有效的风险评估，且被告人在案件审结前得以释放。需要说明的是，这套数据不具有个体代表性，而仅是在本研究期间登记的所有案件。

在第二套试验样本涉及的 109633 个案件中，本研究对每一个案件的 KPRA - S 风险进行了统计。接着，我们用同样的风险级别来预测审前释放的失败率（不按时到庭和/或重新犯罪）。然后，我们再将第一和第二套样本数据的结果进行比较。表 7 显示了在 KPRA - S 评估机制中每一类风险级别的失败率。结果是，失败率仍然随着风险级别的增加而稳步增加。

图 7 更直观地展现了表 7 中的数据。这再次表明，无论结果指标如何，

当风险级别从一级上升到另一级时，失败率也随之增加。这是测试我们提出的分级方式是否具有预测有效性的一项基准性测试。

表 7　KPRA－S 分类下的失败率

风险级别	失败率		
	FTA	NCA	FTA 或 NCA
低(n＝26,536)	6%	5%	10%
中低(n＝36,491)	8%	9%	15%
中(n＝30,418)	14%	14%	24%
中高(n＝8,724)	16%	17%	29%
高(n＝7,672)	22%	20%	35%
总计(n＝109,841)	11%	11%	19%
ROC－AUC 值	0.64	0.63	0.62

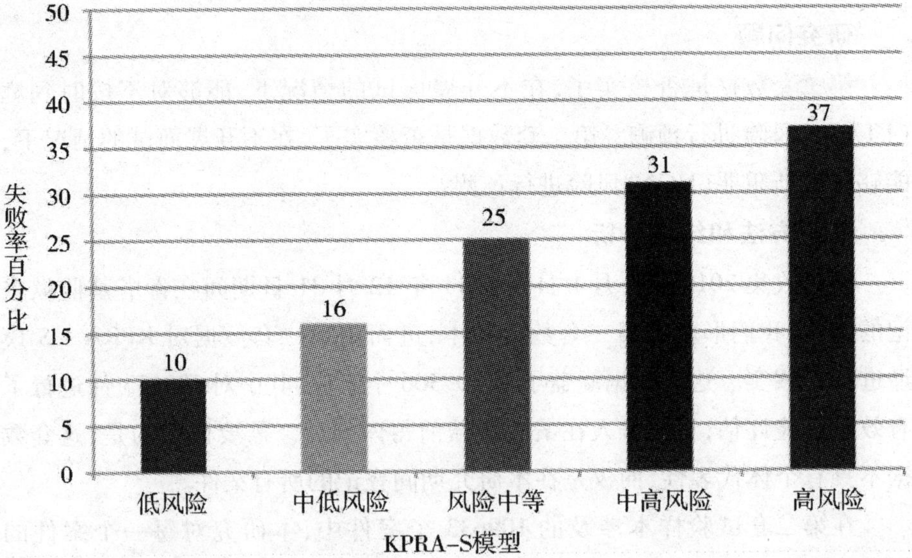

图 7　KPRA－S 模型中的失败率

图 8 和图 9 将第一组和第二组数据进行了比较。在两组数据中，失败率紧随着风险级别的变化而变化，而且两组失败率惊人的相似。

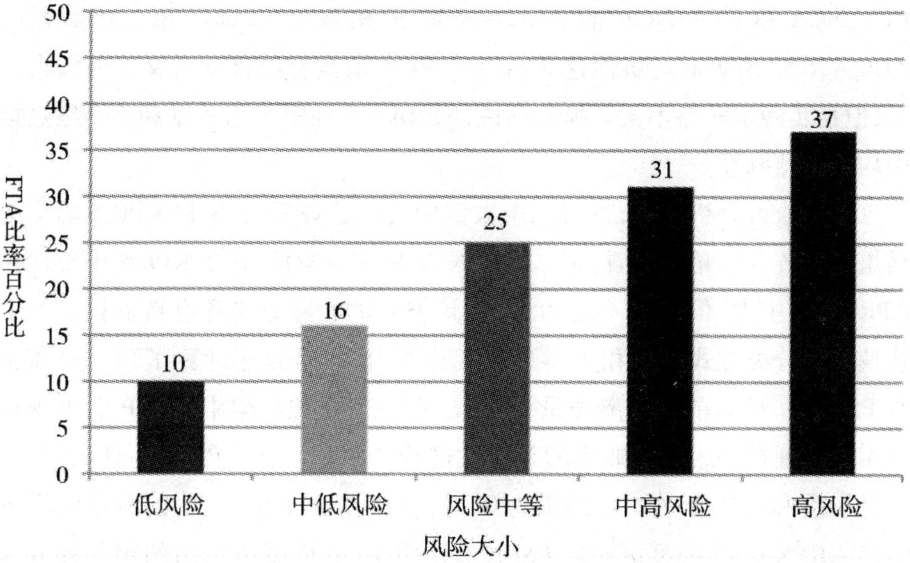

图 8 KPRA – S 模型中 FTA 的可能性

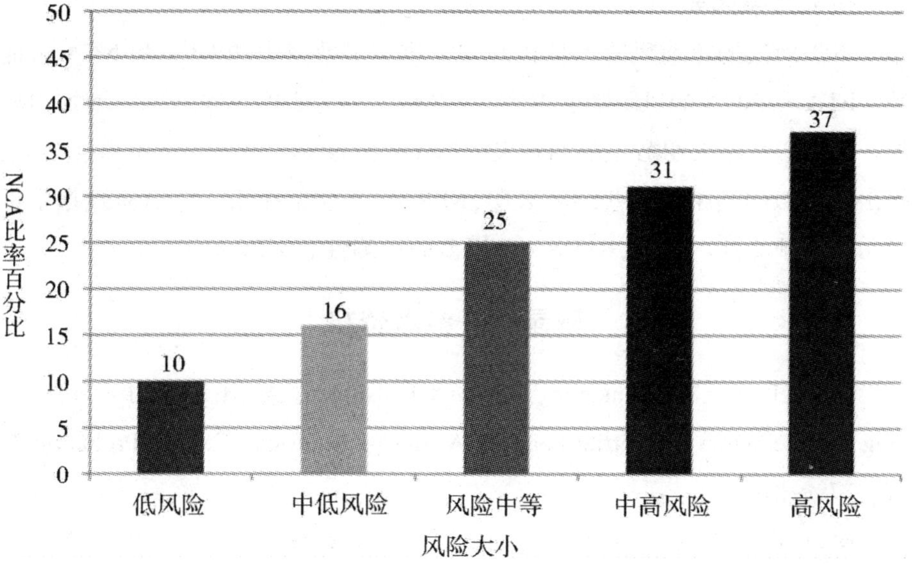

图 9 KPRA – S 模型中 NCA 的可能性

研究还对两组数据的 AUC – ROC 值进行了比较。在将 NCA 作为衡量标准的风险预测中，两组的 AUC – ROC 值相差不大。然而两组数据的

FTA、NCA 和 FTA/NCA 的 AUC - ROC 值相差很大,而且第二组数据的 AUC - ROC 值更高。虽然这些 AUC - ROC 值具有统计学意义上的较大差异,但在实践中相差不大。换句话说,KPRA - S 在第二组数据和第一组数据中均具有预测性。

同样值得分析的是,在第二组数据中,比较 KPRA - S 和 KPRA 的预测结果。从统计学角度来看,第二组数据的 AUC - ROC 值在 KPRA 中要比在 KPRA - S 中大,但相差不足 0.02,故该差别的实际意义还有待商榷。为了快速分析分类方式和其相关类型的区分能力,本研究还计算了预后分离指数 PSEP(一种简单的分离衡量方式)。在一个分类框架中,PSEP 对表现最佳组和表现最差组的失败率的差异性进行了测定。在 KPRA 模型中,PSEP 对低风险和高风险的测量结果为 0.21,该值在 KPRA - S 中的测量结果为 0.25。KPRA - S 模型更高的 PSEP 值说明了,该模型测算出的审前释放风险更有区分度,其分离结果在实践中更实用。

研究成果摘要

不需面谈的审前风险评估预测到了第二组数据中的 FTA 和 NCA 可能性。FTA 和 NCA 的风险随着 KPRA - S 模型划分出的风险级别的增加而增加。当我们将第二组数里的两种失败(FTA 和 NCA)测量方法相结合时,也得出了类似的结果。这些结果表明,KPRA - S 模型在第二组试验数据中也显示出了预测性。并且,KPRA - S 模型的预测性和 KPRA 相当。

附录——参考资料

Bechtel, K., Lowenkamp, C. T. & Holsinger, A. M. (2011). Identifying the Predictors of Pretrial Failure: A Meta - Analysis. Federal Probation 75 (2): 78 - 87.

Mamalian, C. A. (2011). State of the Science of Pretrial Risk Assessment. Washington, DC: PJI.

VanNostrand, M. & Keebler, G. (2007). Our Journey Toward Pretrial Justice. Federal Probation., 71(2).

附录一　美国法律与案例

1. 纽约州刑事法卷(节选)

510.30　申请自书保释或保释金保释;法律规定及决定因素

1. ……

2. 除了法律规定的因素以外,在决定是否许可自书保释或者保释金保释时还需要考量以下因素:

(a)对于所有类型的保释对象,法院必须考虑控制或限制保释对象的必要程度和手段,以确保其在法院需要的时候出庭候审。因此,法院基于已经掌握的信息,必须将以下因素纳入考量:

(i)保释对象的性格,社会声誉,生活习性和精神状态;

(ii)工作和经济来源;

(iii)家庭纽带的亲疏程度及有居所的保释对象在该社区的居住时间;

(iv)犯罪记录;

(v)因未成年人犯罪而根据纽约州家事法庭法案第354.2条作出的刑事判决,或者根据纽约州家事法庭法案第306.1条对未成年未决犯提取的指纹记录,或者该保释对象为未成年人;

(vi)已备案的保释对象以往的出庭记录或者为了规避刑事责任的有关逃庭记录;

(vii)若保释对象被指控的犯罪是针对同一个或一些第530.11条定义下的"家庭成员",法院还应该考量以下因素:(1)保释对象是否违反过法院下达的对前述家庭成员的人身保护令,不论该保护令现在是否有效;和(2)保释对象使用或持有枪支的记录;

(viii)若保释对象是刑事被告人,还应考量有罪证据的证明力强弱以及其他影响保释对象获罪可能性的因素;或者在申请保释金保释或自书保释的申诉程序中,还应考量申诉理由是否正当;

(ix)若保释对象是刑事被告人,还应考量前科有罪判决的刑期和刑种以及在该案中可能被判处的刑期和刑种。

(b)若保释对象是对一审有罪判决提出上诉的二审被告人,法院还应该考量改判的可能性。若上诉明显缺乏正当理由,二审法院可以,而非必须,驳回保释申请,而不论法院根据前述第2(a)款所列各项考量因素会作出何种决定。

……

2. 联邦刑事程序规则,第5条规则(节选)

第5条规则 首次出庭

(a)一般规定

(1)逮捕后首次出庭

(A)在美国境内实施逮捕的人应当按照第五条规则(c)款将被逮捕人移送给一名司法官(magistrate judge)或者州或当地的司法官员,不得有不必要延误,除非其他法律另有规定。

(B)在美国境外实施逮捕的人必须将被逮捕人移送给一名司法官,不得有不必要延误,除非其他法律另有规定。

(2)例外情况

(A)执法人员凭逮捕令实施逮捕,该逮捕令依据的是起诉书且该起诉书仅指控被告违反美国法典第18编第1073节,在下列情形下,该执法人员无须遵守本条规定:

(i)被逮捕人被移送交由逮捕地恰当的州或地方有关部门实施人身控制,不存在不必要延误;而且

(ii)检察官在逮捕令签发地迅速作出动议要求撤销该起诉书。

(B)如果被告由于违反缓刑或者监外管控的条件,适用第32.1条规则。

(C)如果被告由于未在其他地区出庭而被逮捕,适用第40条规则。

(3)经法庭传唤后出庭。法庭根据第4条规则传唤被告,被告应法庭传唤出庭,如第5(d)条或第5 (e)条适用,则司法官必须按照第5(d)条或第5(e)条展开法庭程序。

(b)在没有逮捕令的情况下实施逮捕。如果在没有逮捕令的情况下对被告实施了逮捕,起诉书内容必须满足第Rule 4(a)条规则规定,载明可能存在的理由(probable cause),公诉方必须迅速在据称为犯罪行为发生地的地区向当地法院递交该起诉书。

……

(d)重罪案件程序。

(1)告知。如果被告被指控犯有重罪,法官必须告知被告下列事项:

(A)针对被告的起诉书,及附随的宣誓陈述书;

(B)被告有权聘请律师,如果无法聘请律师,则有权要求法庭指定律师;

(C)被告可以获得审前释放的条件——如果存在此类条件;

(D)有权获得初步听审;而且

(E)被告有权不作任何陈述,被告的任何陈述均有可能被当作对其不利的证据。

(2)咨询律师。法官必须给予被告合理机会咨询律师。

(3)羁押或者释放。法官必须根据法律或者本规则作出羁押或释放被告人的决定。

(4)认罪。公诉方仅可根据第10条规则要求被告认罪。

(e)轻罪案件程序。如果被告仅被指控犯有轻罪,法官必须按照第Rule 58(b)(2)条告知被告相应事项。

(f)录像视频会议。如果被告同意,可以采取录像视频会议的形式进行本条规则所规定的首次出庭。

3. 美国联邦法典(节选)

美国法典第18编第3142节

第3142节 审前释放或羁押被告人

(a)一般规定。——当受到指控的人被移送到司法官员面前时,司法官员应当要求被告在下列情况下候审,

(1)根据本节(b)条规定,在被告个人具结(personal recognizance)或者签署一份无抵押出庭保证合同(unsecured appearance bond)后,对其予以释放;

(2)根据本节(c)条规定,以附加一项条件或者多项条件的方式对其予以释放;

(3)根据本节(d)条规定,以暂时羁押的方式撤销附条件释放、以便遣送回国或者驱逐出境;或者

(4)根据本节(e)条将其羁押。

(b)在个人具结或者签署一份无抵押出庭保证合同后将被告释放。——除非司法官员认定释放不能合理确保该人将按照要求到庭或者被告将危害他人或者社区的安全,被告个人具结,或者签署一份无抵押出庭保证合同后,司法官员应当对其予以释放,保证合同的具体保释金额由法庭设定,释放条件包括被告不得在保释候审期间违反联邦、州或者地方法律实施新的犯罪,如果《2000年DNA分析积案清理法案》(42 U.S.C. 14135a)第3节允许从被告身上采集DNA样本,被告须配合采集。

(c)附条件释放(release on conditions)。——(1)如果司法官员认定本节(b)条规定的释放不能合理确保被告将按照要求到庭或者被告将危害他人或者社区的安全,司法官员应当基于下列条件对其予以释放——

(A)被告不得在保释候审期间违反联邦、州或者地方法律实施新的犯罪,如果《2000年DNA分析积案清理法案》(42 U.S.C. 14135a)第3节允许从被告身上采集DNA样本,被告须配合采集;而且

（B）被告还必须遵守具有最小限制性（the least restrictive）的一项条件或者多项条件，司法官员必须认定这些条件能够合理确保被告将根据要求到庭或者他人或者社区的安全，条件可能包括下列内容——

（i）如果被指定人能够向司法官员合理确保被告将按照要求出庭并且不会对他人或者社区安全构成危险，被告应当始终处于被指定人的控制之下，被指定人同意履行监督责任，向法院汇报被告违反保释条件的行为；

（ii）维持现有工作，如果尚未就业，应当积极求职；

（iii）维持学业或者开始求学；

（iv）遵守特定的社交、居住或旅行限制规定；

（v）应当彻底避免与指控罪行相关的被害人和可能对相关罪行作证的潜在证人接触；

（vi）定期向指定执法机关、审前服务机构或其他机关报告；

（vii）遵守特定的宵禁规定；

（viii）不得拥有枪支、杀伤性装置，或者其他危险性武器；

（ix）不得过度摄入酒精，未经合法持证医疗执业人员开具处方，不得使用毒品或者《违禁品法》（21 U. S. C. 802）第102节规定的其他违禁品；

（x）接受现有医疗、心理或者精神治疗，包括针对毒品或者酒精依赖的治疗，如果是治疗必需的，还应当入住特定机构；

（xi）签署协议，依此协议，被告向法院提供价值充足的无抵押财产，提供必要合理的保证以确保被告将按照要求出庭，被告应当向法院出具所有权证明和财产价值证明，以及司法官员可能要求的有关现有抵押权负担的信息，如果被告未按照要求出庭，法院将罚没被告包括金钱在内的上述财产；

（xii）与具有偿付能力的保证人一起签署一份保释合同；保证人签署一份协议，依此协议向法院提供合理必要的金额以确保被告将按照要求出庭，如果保证人不是已获批准的保证人，保证人并且应当向法院出具有关财产价值和保证人负债情况的信息，以及附着于保证人财产上的抵押权的性质和范围；如果被告未按照要求出庭，依此协议法院将罚没保证人的上述金额；保证人的净资产应当包含充足的无抵押价值，足以支付保释合同的金额；

(xiii)在因就业、学业或者其他特定目的获释之后,被告应当返回接受期限明确的羁押;

(xiv)遵守其他条件,合理必要确保被告按照要求到庭以及他人和社区安全。

如果案件涉及本编第 1201, 1591, 2241, 2242, 2244(a)(1), 2245, 2251, 2251A, 2252(a)(1), 2252(a)(2), 2252(a)(3), 2252A(a)(1), 2252A(a)(2), 2252A(a)(3), 2252A(a)(4), 2260, 2421, 2422, 2423 节,或者第 2425 节规定的罪行而且被害人是未成年人,或者被告未按照本编第 2250 节进行罪名登记,释放决定必须至少包含一个电子监控的条件,以及第(iv),(v),(vi),(vii) 和 (viii)款分别规定的一个条件。

(2)司法官员不得设定会导致被告在审前被羁押的财产条件。

(3)司法官员可以在任何时候变更决定,设定额外或者不同的附条件释放的条件。

(d)以暂时羁押的方式撤销附条件释放、以便遣送回国或者驱逐出境。——如果司法官员认定存在下列情形——

(1)该人——

(A)在犯罪行为发生之时,处于——

(i)联邦、州或者地方法律规定的重罪(felony)案件审前保释期间;

(ii)因为触犯联邦、州或者地方法律犯下罪行,在量刑宣告或刑罚执行前而获得的保释期间,对量刑或定罪提出上诉而获得的保释期间,或者刑罚执行尚未完毕时获得的保释期间;或者

(iii)因为触犯联邦、州或者地方法律犯下罪行而处于缓刑考验或者假释考验期间;或者

(B)不是美国公民,或者不是因《移民和国籍法》[8 U.S.C. 1101(a)(20)]第 101 节(a)(20)款规定的为获得永久居住权而被准予入境的情形;而且

(2)该人可能逃逸或者对他人或者社区构成危险;

司法官员应当责令对其羁押,羁押不得超过十日,不包括星期六、星期日和节假日,并且责令检察官通知相关法院、缓刑或者假释官员,或者州或

地方执法官员,或者公民及移民服务局有关官员。如果该官员未能或者拒绝在此期间收押该人,应当根据本节的其他规定进行处理,不考虑其他规定审前释放、遣返前释放或者驱逐出境前释放的法条的适用性。如果根据本节第(1)(B)项规定欲对该人实施暂时羁押,该人承担证明责任,向法院证明其美国公民身份或者属于以获取合法永久居民权而被准予入境的情形。

(e)羁押。——(1)如果,根据本节第(f)条举行听审(hearing)(译者注:除非有相反规定,听审均为公开的)之后,司法官员认定任何一个条件或者多个条件均无法合理确保被告按照要求出庭以及他人和社区的安全,司法官员应当责令对其进行审前羁押。

(2)根据本节第(f)(1)款规定的情形,如果司法官员认定存在下列任何情形,一个可被反驳的推定(译者注:如果无相反证据,该推定成立)即告成立——任何一个条件或者多个条件均无法合理确保被告按照要求出庭以及他人和社区的安全——

(A)该被告已经被宣告犯有本节第(f)(1)款所规定的一项联邦罪行,或者该被告已经被宣告犯有州法律或者当地法律规定的罪行,但因为出现构成联邦管辖权的一个情节,该罪行属于本节第(f)(1)款所规定的罪行;

(B)被告触犯联邦、州或者地方法律犯下罪行,在保释期间又犯下第(A)项中规定的罪行;

(C)被告曾经犯下第(A)项中规定的罪行,判决宣告之日或者有期徒刑执行完毕释放之日,两者之间择较晚的日期起算,距今尚不到5年。

(3)司法官员如果认定存在相当可能性可认为被告实施了下列罪行,应当推定任何一个条件或者多个条件均无法合理确保被告按照要求出庭以及他人和社区的安全,被告可对这一推定提出反驳——

(A)根据《违禁品法》(21 U.S.C. 801 et seq.),或者《违禁品进口出口法》(21 U.S.C. 951 et seq.),或者第46编第705章规定,该罪行的最高刑为有期徒刑10年或者10年以上;

(B)本编第924(c),956(a),或者2332b款所规定的罪行;

(C)美国法典第18编第2332b(g)(5)(B)目列明的最高刑为有期徒刑10年或10年以上的罪行;

(D)本编第77章规定的最高刑为有期徒刑20年或20年以上的罪行;或者

(E)罪行为本章第1201,1591,2241,2242,2244(a)(1),2245,2251,2251A,2252(a)(1),2252(a)(2),2252(a)(3),2252A(a)(1),2252A(a)(2),2252A(a)(3),2252A(a)(4),2260,2421,2422,2423,或者第2425节规定的罪行,且涉及未成年被害人。

(f)羁押听审。——司法官员应当举行一个听审以裁定本节第(c)条规定的一个条件或者多个条件是否将合理确保被告按照要求出庭以及他人和社区的安全——

(1)案件涉及下列情形,检察官可提出动议要求举行听审——

(A)暴力犯罪,违反第1591节的行为,或者第2332b(g)(5)(B)目列明的最高刑为有期徒刑10年或10年以上的罪行;

(B)最高刑为终身监禁或者死刑的罪行;

(C)根据《违禁品法》(21 U. S. C. 801 et seq.),或者《违禁品进口出口法》(21 U. S. C. 951 et seq.),或者第46编第705章规定,该罪行的最高刑为有期徒刑10年或者10年以上;

(D)任何一项重罪,而且被告已经被宣告犯有本款第(A)至(C)项所规定的两项或两项以上罪行,或者该被告已经被宣告犯有两项或两项以上州法律或者当地法律规定的罪行,但因为出现构成联邦管辖权的一个情节而属于本款第(A)至(C)项所规定的罪行,或者被告已经被宣告犯有上述多项罪行;或者

(E)任何一项本身不构成暴力犯罪的重罪,但是涉及未成年被害人,或者罪行涉及拥有或者使用武器或杀伤性装置(第921节定义的术语),或者任何其他危险性武器,或者被告未能根据美国法典第18编第2250节登记罪名;或者

(2)案件出现下列情形,检察官可提出动议要求或者司法官员依职权决定举行听审——

(A)存在重大风险被告将逃逸的;或者

(B)存在重大风险被告将妨碍司法公正或者预备妨碍司法公正,威胁、

伤害,或者恐吓或预备威胁、伤害或恐吓潜在证人或者陪审员。

当被告首次出庭之时应当立即举行听审,除非被告或者检察官申请延期。除非存在合理理由,被告提出动议申请延期的,延期不得超过五日(不包括任何邻近的星期六、星期日或者法定节假日),检察官提出动议申请延期的,延期不得超过三日(不包括任何邻近的星期六、星期日或者法定节假日)。延期期间,应当羁押被告。司法官员可以,应检察官提出的动议或者以职权责令貌似为吸毒成瘾人员的被告在收押期间同时接受体检以确认其是否吸毒成瘾。在听审上,被告有获得律师帮助权,而且,如果被告因为经济原因聘请不起律师,有权要求法院指定律师为其辩护。应当给予被告机会作证、提交证人、交互询问出庭作证的证人、在签订或者不签订有条件合作协议的情况下提供信息。在听审上出示和考量证据,不适用刑事审判程序中的有关证据可采性的规则。根据第(e)条认定没有任何一项条件或者多项条件可以合理确保他人和社区安全时,法官采用的事实证据必须达到明晰且令人信服的证明标准。在听审结束前,被告可以被羁押。在司法官员作出听审决定之前或之后,如果司法官员在审判之前的任何时候认定出现了之前听审召开之时尚未掌握的信息,且该信息对认定有条件释放是否能够合理确保被告按照要求出庭以及他人和社区的安全具有重大关联,司法官员可以重新举行听审。

(g)考量因素。——司法官员在认定释放条件是否可以合理确保被告按照要求出庭以及他人和社区的安全,应当考虑有关下列相关信息——

(1)指控罪行的性质和情节,包括该罪行是否是暴力犯罪、是否违反第1591节的行为或联邦恐怖犯罪,或者涉及未成年被害人、违禁品、武器、爆炸物,或者杀伤性装置;

(2)对被告不利的证据的强度;

(3)被告的个人历史和特点,包括——

(A)被告的品格、身体和精神状况、家庭关系、职业、经济状况、居住在该社区的年限、在该社区的社会关系、过往行为、毒品或者酒精滥用的历史、犯罪记录和法庭程序的出庭记录;以及

(B)本次罪行发生或者被告被人身控制之时,被告是否因为触犯联邦、

州或者地方法律犯下罪行，处于缓刑考验、假释考验或者其他形式的释放期间等候审判、量刑宣告、上诉或者有待刑罚执行完毕。

(4)释放被告对他人或社区所构成的危险的性质和严重程度。考虑本节第(c)(1)(B)(xi)目或者第(c)(1)(B)(xii)目所规定的释放条件的时候，司法官员可以依职权或者应检察官动议，调查可能会被罚没的被告指定财产的来源或者被告提议作为保证合同抵押物的财产的来源，根据该财产来源，保证合同并不能合理确保被告按照要求出庭时，司法官员应当拒绝接受指定财产或者使用该财产作为抵押物，。

(h)释放决定的内容。——司法官员根据本节第(b)或(c)条作出的释放决定应当包含以下内容——

(1)书面陈述列明释放条件，行文充分清楚和具体，足以作为被告行为规范的指导；而且

(2)告知被告——

(A)违反释放条件将要受到的处罚，包括在审前释放期间犯新罪将会受到的刑罚；

(B)违反释放条件的后果，包括立即签发逮捕令；而且

(C)本编第1503节(有关恐吓证人、陪审员和法院工作人员)，第1510节(有关妨碍刑事侦查)，第1512节(影响证人、被害人或者举报人)和第1513节(报复证人、被害人或举报人)。

(i)羁押决定的内容。——司法官员根据本节(e)条规定作出的羁押决定应当包括以下内容——

(1)书面形式列明认定的事实和书面陈述羁押的理由；

(2)责令将被告交由检察官监管，在可行的情况下，应当将其与等候宣判或服刑或者在上诉期间的被告分开，在不同的矫正场所进行羁押；

(3)责令给予被告合理机会，与律师进行单独磋商；而且

(4)依法院命令或者根据检察官的要求，责令羁押被告的矫正场所负责人将被告移交给联邦法院法警以便其在相关法庭程序中出庭。

如果司法官员认定有必要释放被告以便其准备辩护或是存在其他有力的理由，司法官员可以作出后续决定，允许临时释放被告，将其移交给联邦

法院法警或者其他合适人员监管。

(j)无罪推定。——本节中的任何内容都不应当被解读为是对无罪推定的修改或者限制。

美国法典第18编第3145节

第3145节 就释放决定和羁押决定提起审查和上诉

(a)审查释放决定。——如果一个司法官(magistrate judge),或一个既不是对该罪行具有初始管辖权的法院的法官也不是联邦上诉法院法官的人,责令释放被告,

(1)检察官可以向对该罪行具有原管辖权的法院提出动议,要求撤销该决定或者对释放条件作出变更;而且

(2)被告可以向对该罪行具有原管辖权的法院提出动议,要求撤销该决定或者对释放条件作出变更。

法院应当就该动议迅速作出裁定。

(b)审查羁押决定。——如果司法官,或一个既不是对该罪行具有初始管辖权的法院的法官也不是联邦上诉法院法官的人,责令对被告予以羁押,被告可以向对该罪行具有初始管辖权的法院提出动议,要求撤销该决定或者对释放条件作出变更。法院应当就该动议迅速作出裁定。

(c)对释放决定和羁押决定提起上诉。——对释放决定和羁押决定提起上诉,或者对不支持撤销或不支持变更决定的裁定提起上诉,适用本编第3731节和第28章第1291节。法院应当就上诉迅速作出裁定。如果被告根据第3143(a)(2)款或者第(b)(2)款受到羁押,并且符合第3143(a)(1)款或第(b)(1)款规定的释放条件,如果有证据清楚证明存在特别的理由证明对该被告羁押是不恰当的,法官员可以在设定恰当的释放条件后对其予以释放。

美国法典第18编第3146节

第3146节 针对不出庭的刑罚

(a)罪行。——根据本章规定,任何被予以释放的人在明知的情况下——

(1)未遵守释放条件出庭;或者

(2)未根据法院命令自我交付给有关机关以便服刑;

应当根据本节第(b)条被处以刑罚。

(b)刑罚。——(1)本节规定的针对罪行的刑罚指——

(A)如果被告因受指控而处于保释,或在等待量刑宣告,或自我交付以便服刑,或者在定罪之后上诉或者申请调卷令,相关罪名属于下列情形之一——

(i)可被判处死刑、无期徒刑、15 年或 15 年以上有期徒刑、根据本编法律规定或被单处罚金或被单处不高于 10 年的有期徒刑或并罚;

(ii)可被处以 5 年或 5 年以上有期徒刑、根据本编法律规定或被单处罚金或被单处不高于 5 年的有期徒刑或并罚;

(iii)任何其他重罪,根据本编规定或被单处罚金或被单处不高于 2 年的有期徒刑或并罚;或者

(iv)轻罪,根据本编规定或被单处罚金或被单处不高于 1 年的有期徒刑或并罚;并且

(B)如果被告作为重要证人被保释,根据本章规定被单处罚金或被单处不高于 1 年的有期徒刑或并罚。

(2)根据本节判处的有期徒刑应当在因其他罪行而被判处的有期徒刑执行完毕后继续执行。

(c)积极的抗辩理由。——被告因本节规定而受到追诉,积极的抗辩理由包括无法控制的情形有碍被告出庭或者自我交付给有关机关,被告并未由于故意漠视出庭或者自我交付给有关机关的要求而导致该情形出现,被告在该情形消失后尽快出庭或者自我交付给有关机关。

(d)宣布罚没。——如果被告未能按照要求出庭,而且被告根据本编第 3142(b)条签署了一份保证出庭合同,或者被告根据本编第 3142(c)(1)(B)项的第(xi)或(xii)目规定,必须遵守释放条件,不论被告是否被指控犯有本节规定的罪行,司法官员可以宣布罚没根据本节指定的财产,缴纳国库。

美国法典第 18 编第 3147 节

第 3147 节 释放期间实施新罪的刑罚

被宣告有罪的被告在本编规定的释放期间实施新罪的，应当在已宣告罪名所规定的刑罚之外，被判处：

(1)如果已宣告的罪行为重罪，不超过 10 年的有期徒刑；或者

(2)如果已宣告的罪行为轻罪，不超过 1 年的有期徒刑。

根据本节判处的有期徒刑应当在其他有期徒刑执行完毕后紧接着开始执行。

美国法典第 18 编第 3156 节

第 3156 节 定义

(a)本章第 3141 节至第 3150 节所使用的——

(1)“司法官员”(judicial officer)这个词指，任何根据本编第 3041 节或联邦刑事诉讼规则获得授权，在美国法院审前或量刑宣判前或上诉前，作出羁押或者释放决定的人或者法院，以及任何哥伦比亚特区基层法院的法官，除非另有规定；

(2)“罪行”(offense)这个词指任何违反一项国会法案并且能够由任何经国会法案设立的法庭审判的刑事罪行，不包括可由军事法院、军事委员会、宪兵法庭或者其他军事审判机构审理的罪行；

(3)“重罪”(felony)这个词指最高刑可超过 1 年有期徒刑的罪行；

(4)“暴力犯罪”(crime of violence)这个词指——

(A)犯罪构成要件之一为使用或预备使用或威胁使用武力，危害他人或者他人财产的罪行；

(B)任何构成重罪的罪行，并且根据其性质，涉及在实施犯罪行为的过程中可能使用武力危害他人或者他人财产的重大危险；或者

(C)任何第 109A 章、第 110 章或者第 117 章所规定的重罪；而且

(5)“州”这个词包括美国的任何一个州、哥伦比亚特区，以及任何美国的联邦、领土或者属地。

(b)本章第 3152 节至第 3155 节所使用的——

(1)“司法官员”这个词指,任何根据本编第 3041 节或联邦刑事诉讼规则获得授权,在美国法院审前或量刑宣判前或上诉前,作出羁押或者释放决定的人或者法院,除非另有规定;

(2)“罪行”这个词指任何违反一项国会法案并且能够由任何经国会法案设立的法庭审判的联邦刑事罪行(不包括 B 级或 C 级轻罪或轻微违法行为,或者可由军事法院、军事委员会、宪兵法庭或者其他军事审判机构审理的罪行)。

4. 美利坚合众国诉索乐诺案件摘要

案号 481 U. S. 739 (1987)

安东尼·索乐诺和文森特·卡法罗被指控犯有多项 RICO 罪行(《反敲诈勒索和腐败组织法》,英文全名为 Racketeer Influenced and Corrupt Organizations Act,RICO),以及邮政和电信诈骗罪、敲诈罪和各种赌博罪名。公诉方申请要求法院对上诉人实施审前羁押,理由是任何保释条件均无法确保被告不对他人的人身安全和社区的安全构成危害。上诉人提出两点理由要求法院判定《保释改革法》无效,因为该法案有关条款允许法院基于被告未来的人身危险性对被告予以审前羁押。

A. 首先,上诉人声称《保释改革法》规定的惩罚违反了美国联邦宪法第五修正案有关正当程序的强制要求

联邦最高法院判定,《保释改革法》的本质是监管而非惩罚性的。

首先,从立法沿革来看,国会从未将审前羁押条款表述为是对危险分子的惩罚。相反,国会把审前羁押视为针对紧迫社会问题的潜在解决方案。预防社区所面临的危险无疑是一个合法的监管目标。而且,审前羁押的数量和国会力求达到的监管目标相比,并无过度之嫌。国会细致地规定了可以适用羁押的情形,将其仅限于最为严重的罪名。被羁押人有权获得及时的羁押听证,而且审前羁押的最长期限受到《速审法》所规定的时间期限的严格限制。《保释改革法》所预想的羁押条件“看似反映了政府执法时所依

据的监管目标。”本案争议的制定法还规定,“只要现实可行,必须在其他场所执行审前羁押,将被羁押人与等待服刑或正在服刑或处于上诉期间的被告分开羁押。”因此,审前羁押不构成违反正当程序条款的审前惩罚。

考虑到《保释改革法》的监管目的合法且极具说服力,并且提供了程序性保障,最高法院判定,该法并未违反宪法第五修正案的正当程序条款。

联邦最高法院对政府保障社区安全的监管法益和个体人身自由的法益进行权衡比较,认定政府预防被羁押人犯罪的法益既合法又极其重大(legitimate and compelling)。国会细致地规定了可以适用羁押的情形,这一做法满足了一个标准,即当政府的法益充分重大时,可以要求个人权利服从于更大的社会需求。《保释改革法》规定的可以适用羁押的情形非常有限,在这些情况下,预防犯罪这一社会利益处于最大值。该法案仅仅集中针对一个特别尖锐的问题,而在这个问题上,政府法益极其重大(legitimate and compelling)。该法案仅适用于因为涉嫌特定类别极其严重罪行而被逮捕的被告。国会得出明确结论,这些被告被逮捕后,更有可能需要对社区内的危险行为承担责任。该法案并不旨在采取漫无目的"一刀切"的做法使所有涉嫌这些严重犯罪的嫌疑人丧失犯罪能力。公诉方必须首先证明被羁押人实施了指控罪行,达到存在可能理由(probable cause)的证明标准,而且,这还不够。在完全采取对抗式的听证会上,公诉方必须举证说服一个中立的审判官员,任何保释条件均无法确保被告不对他人的人身安全和社区的安全构成危害,且达到明晰且令人信服(clear and convincing)的证明标准。政府预防犯罪的一般法益是重大且有压倒性的,当公诉方搜集到令人信服的证据证明被羁押人对社区构成明显危险时,这种法益尤甚。

而且,法院认定该法案制定的授权审前羁押的程序能够充分保障被告人的权利。司法官员遵循明确的程序评估构成未来人身危险性的可能性,这些程序设计得当,旨在进一步确定评估结论的准确度。被羁押人有权在羁押听证会上获得律师帮助。他们可以出席听证会亲自作证,在签订有条件提供信息合作协议的情况下提供信息,在不签署该协议的情况下提供信息,交叉询问出席听证会作证的证人。负责审查羁押是否合适的司法官员必须遵循法律规定,考虑各个法定因素,其中包括指控罪名的性质和情节、证据的力度、被告人的过往经历和个人特点,以及可能对社区构成的危险。公诉方必须达到明晰且令人信服的证明标准。最后,司法官员必须在羁押决定中写明已经查明的事实,书面陈述羁押理由。《保释改革法》中有关上诉的条款允许被告可就羁押决定立即提出上诉。

其次,上诉人主张《保释改革法》与联邦宪法第八修正案有关禁止过高保释金的规定相抵触。

尽管联邦最高法院同意保释金的主要作用是保障法院行使审判权判定被告有罪或无罪,但是联邦最高法院不同意上诉人提出的论点,即第八修正案绝对禁止政府通过监管审前羁押来保护其他极其重大的法益。如果某个案件可以适用保释,当设定的保释金额大于保证被羁押人出庭所必须的数额时,法院只需要判定这时的保释金是否过高。在判定公诉方的提议是否过度时,法院必须将公诉方的提议与公诉方力求通过提议的手段所保护的法益相比较。当公诉方承认其唯一力求维护的法益是预防被告逃逸时,那么,法院必须设定只能为该目的服务的保释金额,且不得高于为实现该目的所必需的金额。但是,第八修正案并不要求必须对被告予以保释。

因此,联邦最高法院判定,该法案并未违反联邦宪法第八修正案。

5. 纽约州上诉法庭1991年马克西安诉布朗案

1991年3月26日,美国纽约州上诉法庭对马克西诉布朗案作出判决。该法庭推定,在无逮捕令的情况下,在提讯前将所逮捕的当事人羁押超过24小时是不必要的。若无其他合理解释,该行为违反了要求对相关人员的提审应"避免不必要延误"的规定。

根据《刑事诉讼法》第140.20章第1条的规定:在无逮捕令的情况下,警察在将被逮捕的当事人带至当地刑事法院接受提讯的过程中,应避免不必要的延误。初审法院在审查了纽约州法律中关于逮捕程序的规定后认定:除非法庭接受警方对超期羁押的合理解释,逮捕后羁押超过24小时仍未接受提讯的当事人有权获得立即释放。上诉法庭肯定初审法院的判决,并授权释放被超期羁押的当事人。本法院不认为第 576 号和第 224 号记录会影响本法院的如下判决。

自 1991 年 1 月起,法律援助协会开始经常性地代表在提讯前[1]被羁押超过 24 小时的当事人对纽约市警察局和行为纠正委员会(Correction Commissioners)提起人身保护权利诉讼(Habeas Corpus Proceeding)。在 1990 年 4 月 20 日,此类在押的当事人的数量超过 9000 人。所罗夫大法官(Justice Soloff)将这些案件合并审理(朗德崔审理 the Roundtree proceeding)。在该审理决定作出时,所有的当事人都已接受过提讯。然而,所罗夫大法官援引了虚拟性例外(mootness exception)[2],因为这一围绕着提审前延期羁押的议题"足以引起重复程序,而规避复审"(capable of repetition, yet evading review)。当事双方无人质疑该争议在虚拟性例外下具备可复审性。

所罗夫大法官详细明确地说明了与几位原告相关的事实,其中包括:赛波(Sei Boo)是因无证贩卖雨伞被捕,在被捕 94.5 小时后接受了提讯;哈罗德·费南德斯(Harold Fernandez)是因贩卖毒品的 B 级重罪而被捕,并在被捕大约 45 小时接受了提讯。所罗夫大法官重新审查了第二巡回法院在威廉姆斯诉瓦德案(Williams v. Ward (845 F2d 374 [2d Cir 1988], cert denied 488 US 1020)的意见。该案判定:在曼哈顿、布朗克斯、布鲁克林和皇后区这几个行政区域内,把当事人逮捕后所羁押的时间不超过 72 小时的,并没有违反美国宪法第四修正案的规定。

所罗夫大法官对本案事实部分的结论与第二巡回法院在瓦德案中的判

---

〔1〕此处所指"传讯前"原文为"pre - arraignment"。将"Arraignment"翻译为"提讯"参照了北大法宝中"最高人民检察院、公安部关于人民检察院对看守所实施法律监督若干问题的意见"(2010 年 10 月 19 日生效)的英文译文。在美国法律体系中,提讯(arraignment)这一刑事司法程序是指刑事法庭传唤当事人,并在被告在场的情形下,告知当事人其被指控的罪名。被告可以对此作有罪答辩、无罪答辩和不愿争论的答辩(plea of nolo contendere)。在美国联邦法律体系中,提讯可以发生在两个阶段。第一个阶段被称为"首次提讯",它必须发生在当事人被捕后的 48 小时内(如当事人在周末被捕,则提讯必须发生在当事人被捕后的 72 小时内,且无须在周一之前出庭)。在首次提讯中,当时会被告知其被指控的罪名以及其有聘请律师的权利。法官也会在首次提讯中决定是否允许保释,以及保释金的数额。而第二次提讯则被称为"定罪后提讯"(post - indictment arraignment or PIA),当事人也被允许提出抗辩。——译者注

〔2〕在美国法中,虚拟性(mootness)指存在于学理中,而非产生于现实中的抽象争端。法院基于争端的虚拟性而拒绝受理案件,一般被称为"虚拟性例外"。——译者注

定基本一致。她总结出“逮捕—提审”的步骤往往遵循下文这一一般模式：被逮捕的当事人被带至执行逮捕警官的辖区办公室。在那里，一位更高级别的警官会对被捕者的案件进行审查，各种表格也会被填写，被捕者的指纹也往往被采集。下一步则是（将被捕者送往）中央拘留所（Central Booking）〔3〕进行拍照、首次或再次指纹采集（根据具体需要）和将所收集的指纹传送至奥尔巴尼（Albany）。与此同时，被告在中央拘留所还会接受一位刑事司法服务中心（Criminal Justice Agency，CJA）案件工作人员的询问，以获取法庭为确定被告在提审中的固定顺序所需要的信息。在中央拘留所，被捕者与警察是分开行动的。在等待指纹记录以及 CJA 工作期间，执行逮捕的警官会到地区检察官的起诉办公室对该案件进行评估，并确定起诉的理由。如果起诉办公室已经关门，警官会在第二天再次前来。在此期间，如果中央大街 100 号〔4〕的空间不够，使得被告无法直接从中央拘留所带至法院，则该被告必须被集中关押。一旦案件到达了法院，该案的所有文件都必须以案卷的形式存档，而（有关部门）必须为被逮捕者提供律师面谈、询问和提审。

所罗夫大法官的另一认定也与第二巡回法院在瓦德案中的判决一致：被捕后的最初 11 至 15 小时往往一般被上述警察部门的功能所消耗，而整个程序往往可以在 24 小时内完成，任何必须在纽约郡内完成的行程所花费的时间都包括在这 24 小时内。她发现所有的被捕者都被羁押超过 24 小时，而且基本上没有人解释这些延误发生的原因。初审法院的结论是：在此种情形下，根据《刑事诉讼法》第 140.20 章第 1 条的规定，超过 24 小时的延误已经足以被推定为不必要的，因此，执法机关必须对超级羁押作出解释。然而法院亦注意到，显而易见的，在许多情形下超级羁押是合理的，不管其是否比超期羁押 24 小时更严重。此外，鉴于此类程序的性质，不必要、不适合

〔3〕 该翻译依照 2012 年 11 月 6 日中国新闻网对“Central Booking”的译文，源自新闻“飓风后纽约闹油荒，华人称买油纠纷遭警察打伤拘捕”，载中国新闻网：http://www.chinanews.com/hr/2012/11-06/4304503.shtml。——译者注

〔4〕 在纽约郡（曼哈顿），大部分提讯都在纽约刑事法院进行，其地址就是中央大街 100 号。也有一下部分案件的提讯被安排在位于曼哈顿中城的中城社区法院进行，载纽约提讯信息网：http://www.new-york-arraignments.com/manhattan.htm。——译者注

(也不太可能)去认定并评估所有可能需要救济的程序。由此可见,对那些被关押超过 24 小时且无正当解释的当事人而言,所罗夫大法官准许了他们的人身保护请求并判定他们有权获得立即释放。

此后,法律援助协会继续为其他纽约郡中的、不基于逮捕令而被逮捕的当事人提起人身保护权利诉讼(路伟审理,the *Lovells* proceeding)。根据所罗夫大法官在朗德崔审理中对《刑事诉讼法》第 140. 20 章第 1 条和他自己对纽约州宪法第 1 条第 12 段(不合理的扣押, unreasonal seizure)和第 6 段(正当程序,due process)的解释,麦克圭林安法官(Justice McQuillan)批准了无正当理由超期羁押超过 24 小时的那部分人身保护请求。

上诉法院肯定了最高法院的两个判决(164 AD2d,第 56 段)。在回顾并确认了所罗夫大法官就(提审前程序)需要的必要时间长度的事实认定后,上诉法院同意所罗夫大法官的意见,认为就一般而言,没有理由不能在 24 小时内完成各项提审前程序(164 AD2d, 第 66 段)。因此,上诉法院也同意所罗夫大法官的指导意见,即"超过 24 小时的提审前羁押可以被推定不合理,除非有其他合理的解释,不然该行为可以被认定违反刑事诉讼法第 140. 20 章第 1 条的要求(164 AD2d, 第 68 段)。上诉法院准许了被告在本法院的上诉许可申请。

《刑事诉讼法》第 140. 20 章第 1 条规定:"警察在没有逮捕令的情况下逮捕当事人后,应无不必要延误地完成所有的记录、指纹收集和其他初步的特定案件所要求的警方职能,然后应无不必要延误地将被捕者带至当地的刑事法庭(此行为可由其他警察执行),并向法院提交明确了当事人被控告的罪行的相应起诉性文件。立法者并没有在《刑事诉讼法》第 140. 20 章第 1 条设定硬性的时间限制,本法院也不想把这一规定解释成那样(见 Matter of Ayers v Coughlin, 72 NY2d 346)。实际上,该法规要求提审前羁押的时间长度,不得多于将被捕者带至法院接受提审所需要完成的各项任务所花费的合理时间。

正如上诉法院在下文中确认的,鉴于超期羁押可能对被羁押者造成严重且持续的人身以及经济损害,(在提审前程序中避免不必要的延误)这一法定义务是十分重要的。超期羁押所能引起的损害之可能性是无法提前预测的,这实际上也意味着它可能最终被发现是不存在的(164 AD2d, 第 63 段)。本法院对上诉法院决定的复审,不仅有悖于上述背景,而且也有违现实,因为此种情形大量存在于纽约郡城市中心地区的逮捕程序中。上诉法院的结论是:一般而言,提审前的所有步骤可以在逮捕发生后的 24 小时内被完成;发生在以上任何两个合并审理程序中的延误,根据《刑事诉讼法》第 140.20 章第 1 条的规定,都是不必要的。本法院不认为存在任何理由驳回此项结论。

综上所述,上诉法院的命令应当被肯定,且无任何费用。

专题二

中国审前释放:历史与现实

第六章　中国刑事司法中的审前羁押问题*

麦高伟(Mike McConville)
萨特南・康(Satnam Choongh)
蔡迪云(Pinky Choy Dick Wan)
崔永康(Eric Chui Wing Hong)
伊恩・多宾森(Ian Dobinson)
卡罗尔・琼斯(Carol Jones)

一、现有文献与数据

在中国,犯罪嫌疑人没有保释权利。以往,部分犯罪嫌疑人在案件处理过程中一直处于羁押状态,法律规定被理解成无期限的“侦查羁押”。官方也承认其中的一些问题。[1]媒体也时有报道,在一些案件中甚至存在法外羁押的情况。[2] 比如,在一起杀人案件中,有报道河南省一名叫吴留锁的被告人于1984年被逮捕,然而直到1998年8月都未拿到最后判决,也就是说,他

---

* 译者注:节选自《中国刑事司法——一项实证调研(Criminal Justice in China—An Empirical Inquiry)》,爱德华・埃尔加(Edward Elgar)出版社2011年版, http://www.e-elgar.com/ 。

〔1〕 2009年在由公安部管理的一些看守所里出现了在押人员非正常死亡事件,由此,最高人民检察院开始采取一些行动来确保看守所的管理问题。参见“最高检察机关在被羁押者死亡后启动看守所安全行动(Top Prosecuting Body Starts Jail Safety Drive After Inmate Deaths)”,载《南华早报》2009年4月21日第x版。

〔2〕 参见杰米尔・安德里尼(Jamil Anderlini):“被惩罚的请愿者(Punished Supplicants)”,载《金融时报》2009年3月6日;艾丹・哈特利(Aidan Hartley):“北京‘黑监狱’的骇人秘密(The terrible secrets of Beijing “Black Jails”)”,载《旁观者报(The Spectator)》2007年10月10日,电子版见 https://www.spectator.co.uk/2007/10/the-terrible-secrets-of-beijings-black-jails/;安德鲁・雅各布斯(Andrew Jacobs):“找寻正义,黑监狱下的中国土地(Seeking Justice, Chinese Land in Secret Jails)”,载《纽约时报》2009年3月8日A1版。

被关押了整整14年。[3] 此外,尽管1996年刑诉法第64条第2款规定侦查机关应当在犯罪嫌疑人被拘留后的24小时之内通知其家属,但实践中侦查机关有时并未如此操作。这里,本文将讨论审前羁押问题,包括超期羁押,以及出于适当或不适当的羁押目的对被告人在法律规定的羁押期限内进行羁押。

全国各地都有报道一些超期羁押案件。新华网报道,据"权威部门"数据显示,从1993年到1999年,每年都有5万－8万嫌疑人被超期羁押。[4] 法制日报报道,截至2003年8月15日,中国有7415人被公安机关超期羁押。其中,6982人被超期羁押不到一年,369人被超期羁押一至三年,64人被超期羁押三年以上。[5] 据针对某市公安局所辖的八个区县720件卷宗(涉及951名嫌疑人)的调查显示(该调查系用于该局年度考评而意在强调正面效果),有41.5%的犯罪嫌疑人被超期羁押。[6] 在这些超期羁押中,最多的申请了400次延期,致使嫌疑人被羁押了三年零155天。

对于以上数据,应该慎重看待。公安机关可以通过"创造性地"适用规定来绕过这些法定期限。《人民检察》半月刊中的一篇评论文章指出,在有的案件中,犯罪嫌疑人在刑事拘留期限届满时被改为监视居住,过几天又被重新逮捕,并再次被刑事拘留。我们知道公安机关也会在羁押到期后"无条件地"释放犯罪嫌疑人,以便立即重新逮捕他们。[7]

中国的官方及非官方都在批评逮捕前后的长期和超期羁押。[8] 在2000年召开的一次关于刑诉法实施的会议上,全国人民代表大会常务委员会委

〔3〕 陈永生:"我国未决羁押的问题及其成因与对策",转引自"吴留锁案评论:因涉嫌故意杀人罪被非法羁押14年",载《广州青年报》1998年8月20日,载陈瑞华主编:《未决羁押制度的实证研究》,北京大学出版社2004年版。

〔4〕 "阳光羁押:公、检、法在行动",载新华网:http://www.humanrights-china.org/china/rqgz/rd20031114.asp。

〔5〕 翟慧敏:"公安部称:所有超期羁押案件全部得到纠正",载中新网,2004年1月20日。

〔6〕 张超:《公安机关实施刑事拘留期限状况调查报告》,载《中国刑事法杂志》2010年第5期。

〔7〕 王越、汉国、必华:《适用刑事拘留中的偏差不容忽视》,载《人民检察》1999年第3期。

〔8〕 参见孙谦:《关于完善我国逮捕制度的几点思考》,载《中国法学》2000年第4期;陈光中、宋英辉:《刑事诉讼法实施问题研究》,中国法制出版社2000年版。

员长承认这个问题确实存在。[9]同样,全国人民代表大会的内务司法委员会主任委员针对这个问题这样说道:“有很多久押不决的案件。然而,旧的超期羁押案件处理了,新的又冒了出来,还有变相超期羁押的案件也在增加。”[10]尽管官方已经注意到了这个问题,但实践中超期羁押仍然大行其道。我们将关于这方面的主要文献归纳总结如下:

(1)公安机关的惯用做法是利用刑诉法第69条中规定的例外情形将羁押时间延长至30天。[11]《中国人权》采访了上海和北京的学者及律师。被采访者表示,在所有羁押案件中,公安机关都利用该条将犯罪嫌疑人羁押满整整37天。[12]许多中国学者在学术期刊上也阐述了类似观点;[13]

(2)《人民检察》上的一篇评论文章指出,一些司法机关对所有流动人口都适用这个特殊的30天羁押期限,甚至用于那些在当地生活工作了很久的外来人口和那些多次作案的嫌疑人,却不管他们是否满足“重大嫌疑分子”(1996年刑诉法第69条的规定)这一法定条件;[14]

(3)《光明日报》和《法制日报》上的评论认为,问题的关键在于公安人员的思维模式,他们对法治和公平对待嫌疑人这些概念不够了解;[15]

(4)一些案件中之所以发生超期羁押,并不是因为公安人员需要更多的时间进行侦查,而是因为从一开始逮捕嫌疑人就是不当的,而延长羁押期限只不过是为了对这个权利已经受到侵害的被告人进行控制。

---

〔9〕“全国立法委员讨论刑事诉讼法实施”,新华社消息,2000年11月20日。(原始文献已无从查阅)类似论断参见 http://www.law-lib.com/fzdt/newshtml/20/20050818174854.htm。

〔10〕“中国人民代表大会听闻酷刑与非常规司法程序(China's assembly hears of torture, irregular judicial procedures)”,英国广播公司亚太监测(BBC Monitoring Asia Pacific),2000年12月29日。另参见孙长永主编:《侦查程序与人权保障——中国侦查程序的改革和完善》,中国法制出版社2009年版,第28-29页。

〔11〕李维驹:《论刑事拘留泛化的原因和解决对策》,载《铁道警官高等专科学校学报》2004年第1期。

〔12〕陈卫东主编:《刑事诉讼法实施问题调研报告》,中国方正出版社2001年版。

〔13〕示例参见陈瑞华:《审前羁押的法律控制》,载《政法论坛》2001年第4期;崔敏:《刑事诉讼法实施中的问题与建议》,载《现代法学》1998年第1期。

〔14〕王越、汉国、必华:《适用刑事拘留中的偏差不容忽视》,载《人民检察》1999年第3期。

〔15〕国庆:《“超期羁押”为何屡禁不止》,载《光明日报》2001年2月6日;朱国斌:《中国治理超期羁押尊重保护人权》,载《中国法律》2004年第4期;崔士鑫:《执法者岂能违法——广东东莞一起严重超期羁押案透视》,载《人民日报》2000年7月19日。

(5)一些执法人员不是针对一个嫌疑人在一起案件中的所有罪名提请逮捕,而是对每一项涉嫌罪名分别提请逮捕,从而将重复计算法定羁押期限的做法"合法化"。还有一些谎称在侦查时发现了新罪,故"有权"从所谓发现新罪之日起重新计算羁押期限。[16] 还有一些干脆直接以案情复杂或涉及跨区域作案为由,延长拘留期限。[17]

(6)由于侦查机关的过失或办案不力,检察院要求补充证据,于是不可避免地延长了嫌疑人的羁押时间,有时真是为了延长期限而要求补侦;

(7)一个主要问题是侦查机关内部业绩考评指标与干警的待遇、升迁甚至继续履职紧密相关。这些指标包括破案率和检察院的批捕率。比如,涉及被害人死亡的案件必须在一定期限内侦破。在这种情况下,是鼓励警察通过羁押以获取被告人口供来破案的。[18]

(8)一旦发生超期羁押,现有的法律制度缺失一个有效方法来审核和纠正这个羁押决定。[19]

2003 年 11 月 12 日,最高人民法院、最高人民检察院及公安部联合发布了《关于严格执行刑事诉讼法,切实纠防超期羁押的通知》(以下简称《通知》)。《通知》指出,超期羁押问题在全国许多地方没有得到有效遏制,并列出了五项举措要求各法院、检察院、公安厅(局)、解放军军事法院、军事检察院、总政治部保卫部改善超期羁押问题:

1)要实体法和程序法并重,尊重和保障犯罪嫌疑人、被告人的合法权益;

---

〔16〕 张利兆:《重新计算羁押期限适用中的两个问题》,载《河北法学》1999 年第 1 期。

〔17〕 蒋贤永:《刑事诉讼侦查阶段人权保障问题的几点思考》,载《行政与法》2004 年第 3 期。另参见谭华:《我国刑事拘留适用现状的实证分析》,载《经济与法》2010 年第 5 期;艾建国、闫俊瑛:《和谐视野中的审查逮捕机制优化》,载《人民检察》2006 年第 4 期;刘丽娜、王颖、安晶:《海淀检察院 2007 年作出捕后不起诉的盗窃和故意伤害案件情况研究》,载孙力、王振峰主编:《不起诉实务研究》,中国检察出版社 2010 年版;孙长永主编:《侦查程序与人权保障 - 中国侦查程序的改革和完善》,中国法制出版社 2009 年版;杨诚:《我国刑事强制措施制度的立法缺陷及完善》,载《黔南民族师范学院学报》2007 年第 4 期。

〔18〕 张颖、尚锡东:《"口供情结"之根源探析》,载《西部法学评论》2009 年第 4 期。

〔19〕 陈瑞华:《刑事程序中的公民权利》,载北京大学法学院人权研究中心主编:《司法公正与权利保障》,中国法制出版社 2001 年版。

2)严格遵守刑事诉讼法关于羁押期限的规定,严禁滥用退回补充侦查、撤回起诉、改变管辖等方式变相超期羁押犯罪嫌疑人、被告人;

3)凡符合取保候审、监视居住条件的,应当依法采取取保候审、监视居住;

4)确保司法机关互相制约;

5)追究造成犯罪嫌疑人、被告人超期羁押的人员的责任。

至于该《通知》的实际效果如何,没有可靠信息据以分析。但有一些研究指出,部分积案因此得到了处理。[20]

二、定性数据

我们针对一些法官、检察官和辩护律师的调查显示,超期羁押问题仍然存在。限于研究方法可能存在的漏洞,定性的调查材料可能带来一些自利性的答案,或者调查结果可能只反映了被采访者希望情况会怎么样,而不是实际情况是怎么样。对有些人来说,超期羁押仍是一个尚待解决的"问题"。一位 D 地的法官(D－K－03)提到超期羁押是一个长期问题,然而我们访谈的一些检察官(比如:K 地,检察官 K－W－01 和 K－W－02;以及 D 地,检察官 D－K－01)则表示他们在审查起诉时会审查是否存在超期羁押。一位 F 地的检察官(F－N－04)则表示,在一些案件中如果被告人已经被超期羁押了一段时间,他可能会决定不起诉。但是他并未给出一个具体例子表明他事实上确实这样做过。

根据我们的调查研究显示,一位 E 地的律师(E－L－04)表示,他每次都要问他的当事人是否有被超期羁押,如果有,他会替他们申诉或者投诉。另一位辩护律师(E 地,E－L－05)表示,他能为超期羁押的当事人所做的事情相当有限。他会更频繁地会见犯罪嫌疑人,检查一下他们的身体健康状况,并及时告知犯罪嫌疑人家属他们的近况。然而这些并不能促使法院早点开庭。F 地的一位律师(F－N－04)则表示,他曾赢得了一个法院判决,认

〔20〕 例如钟师楷:《人权组织概括中国司法改革成就(Human Rights Coceity Outlines China's Progress in Judicial Reform)》,英国广播公司亚太监测(BBC Monitoring Asia Pacific),2004 年 4 月 16 日;丁星瑜、路向前:《蚌埠市检察机关预防和纠正超期羁押工作的调研及思考——兼谈对我国羁押制度的立法完善》,载《中国刑事法杂志》2004 年第 2 期。

定他的当事人在某省被错误羁押了56天。尽管该律师也表示,检察院从中阻拦使得该判决实际上很难执行,但这至少说明有一些律师在督促当局遵守有关羁押的规定。

有证据表明,中国也存在一些自上而下的努力来清除超期羁押案件。来自H地的检察官(H-S3-003)透露,超期羁押的案件数是衡量他们工作业绩表现的一个指标。事实上,在我们调研期间,最高人民法院的一些领导视察了我们调研点中的一个,对该省的超期羁押问题进行了调查和"处理"。当地检察院非常担心最高法院视察结束之后会向中央做一个对他们不利的报告。地方官员私下告诉我们,确实有些案子是数年的超期羁押,时间之长令人无法接受。

各调研点的被访谈者对当局是否能够控制对超期羁押的过度使用看法不一。一位D地的律师(D-K-01)(他将超期羁押归咎于公安和检察院)表示,尽管过去这个问题很严重,但近些年已有显著改观。

D-KM-01:超期羁押是个问题。很多年前这是个大问题,但现在已经好些了。

然而,另一位E地的律师(E-L-03)则表示,情况并未改善:

E-L-03:…… 实践中超期羁押在每个阶段都很严重,大部分都超期了两个月。他们可以在法律文书里更改拘留时间。所以最高人民法院、最高人民检察院及公安部才联合发布了一份文件,要求法院、检察院以及公安机关清除超期羁押案件。

至于导致超期羁押的原因,我们的一些访谈对象的看法与前面文献综述中已经表明的类似。比如,C地的一位检察官(C-B3-04)指出最初警方的侦查就存在不足,导致检察机关有时要求他们补充侦查,甚至可能补侦两次,以致延长了羁押时间。另一位来自A地的访谈对象(A-B1-02)指出,国家各公权力机关之间的沟通也存在问题:例如,在法院决定休庭延期审理的情况下,除非法院提前通知了检察院会休庭多久,否则检察院或公安机关很可能就直接对被告人继续关押,直到案件重新开庭。

三、从拘留到提请逮捕的时间:定量数据

如前所述,97年刑诉法允许被告人在刑事程序中的侦查阶段被羁押很

长一段时间。尽管法律规定在普通刑事案件中，逮捕前的羁押期限不超过3天，但在"特殊情况"下可以延长至7天。如果涉及案件中的"重大嫌疑分子"涉嫌流窜作案、多次作案或结伙作案，该期限可以延长至30天。

我们的研究样本显示，只有极少数案件(2%)在96年刑诉法第69条规定的普通刑事案件3天的法定期限内由公安机关向检察院提请批准逮捕。而该法条允许的在特殊情况下在7天内提请批准逮捕的案件也很少(3%)。在这两类案件中，基层法院的案件(分别占1.3%和2.3%)相较中级法院的案件(分别占3.1%和4.1%)更少遵守这些法定期限的规定。[21]我们所掌握的数据显示，每1000件案子中仅有50件确实是由公安机关在3－7天内向检察机关提请逮捕的。但由于我们的数据有限，大家不要对这个反直觉的结论加以太多揣测。在绝大部分基层法院和中级法院审理的案件中(分别占74%和63%)，公安机关是在8－30天内提请逮捕的。[22]在基层法院(20.2%)和中级法院(19.4%)审理的约五分之一的案件中，公安机关用了12个月才开始提请逮捕。在1起基层法院审理的案件和4起中级法院审理的案件中，公安机关2年之内都没有提请逮捕；在另外4起中级法院审理的案件中，公安机关甚至在拘留了2年后都没有提请逮捕。[23]详细数据参见表1－3。

接下来我们会讨论关于取保候审和监视居住的问题。但在这里请注意，实际上适用这两种强制措施的人很少，大部分人仍然被关押在看守所。

表1　从最初刑事拘留到提请逮捕的时间：基层法院

	A地	B地	C地	D地	F地	G地	M地
3天内	2　1.6	2　1.5	0　0.0	1　1.6	0　0.0	4　6.3	0　0.0
3－7天	0　0.0	9　6.9	3　2.4	3　4.8	0　0.0	0　0.0	7　15.6

〔21〕张超的研究发现，刑事拘留后，14.5%的案件检察机关没有在收到侦查机关提请逮捕申请的法定7日之内作出逮捕决定，或者是卷宗内无清楚记录。参见张超：《公安机关实施刑事拘留期限状况调查报告》，载《中国刑事法杂志》2010年第5期。

〔22〕根据1996年《刑事诉讼法》第69条的规定，如果案件涉及"流窜作案、多次作案、结伙作案的重大嫌疑分子……"，提请逮捕审查和批准的期限可延长至30日。

〔23〕王心安：《未决羁押的实证分析》，载陈瑞华主编：《未决羁押制度的实证研究》，北京大学出版社2004年版。他的调查结果显示，在调查的128名被告人中，21%的人在刑事拘留后关押了不超过14天，大部分(62%)的关押了15－37天，17%的关押了38天甚至更长。

续表

	A地		B地		C地		D地		F地		G地		M地	
8-30天	35	28.5	111	85.4	117	92.1	56	88.9	54	88.5	46	71.9	35	77.8
31天到1年内	86	69.9	8	6.2	7	5.5	3	4.8	7	11.5	11	17.2	2	4.4
1-2年	0	0.0	0	0.0	0	0.0	0	0.0	0	0.0	0	0.0	1	2.2
2年以上	0	0.0	0	0.0	0	0.0	0	0.0	0	0.0	0	0.0	0	0.0
未知	34	--	11	--	26	--	7	--	4	--	6	--	25	--
共计	157	100.0	141	100.0	153	100.0	70	100.0	65	100.0	70	100.0	70	100.0

表2 从最初刑事拘留到提请逮捕的时间:中级法院

	E地		H地		I地		J地		K地		L地	
3天内	1	1.7	0	0.0	0	0.0	0	0.0	0	0.0	1	1.0
3-7天	25	42.4	6	16.2	5	7.4	1	1.7	4	5.8	16	16.3
8-30天	29	49.2	27	73.0	46	67.6	27	45.0	61	88.4	58	59.2
31天到1年内	2	3.4	4	10.8	15	22.1	32	53.3	3	4.3	20	20.4
1-2年	1	1.7	0	0.0	1	1.5	0	0.0	0	0.0	2	2.0
2年以上	1	1.7	0	0.0	1	1.5	0	0.0	1	1.4	1	1.0
未知	6	--	16	--	2	--	0	--	1	--	2	--
共计	65	100.0	53	100.0	70	100.0	60	100.0	70	100.0	100	100.0

表3 从最初刑事拘留到提请逮捕的时间:所有案件

	BC7地		IC6地		共计13地	
3天内	9	1.5	2	0.5	11	1.1
3-7天	25	4.1	57	14.6	82	8.2
8-30天	454	74.1	248	63.4	702	69.9
31天到1年内	124	20.2	76	19.4	200	19.9
1-2年	1	0.2	4	1.0	5	0.5
2年以上	0	0.0	4	1.0	4	0.4
未知	113	--	27	--	140	--
共计	726	100.1	418	99.9	1144	100.0

四、从逮捕到审查起诉的时间：定量数据

我们的研究人员还收集了从一个嫌疑人被逮捕到这个案子由公安机关移送检察院审查起诉的时间数据。这些数据显示在少数案件中（15.8%），公安机关在法律规定的普通案件2个月的逮捕后侦查羁押期限内作出了是否移送的决定。基层法院的案件（19.1%）在两个月内作出决定的比例高于中级法院的案件（10.1%），其中原因可能是中级法院审理的案件更加复杂，情节也更严重。据数据显示，三分之一的案件用了2－3个月移送到检察机关，近40%的案件用了3－5个月，8.3%的案件用了5－7个月（这样的案件在中级法院占13.1%，远高于基层法院的5.6%）。在中级法院，有4名嫌疑人在逮捕后等了1－2年，案子才被移送到检察院。还有2名被告不得不等了超过2年的时间。详细数据见表4－6。

五、移送审查起诉到提起公诉的时间：定量数据

案件一旦被移送至检察院后，在案件处理过程中可能出现更多的延误，导致犯罪嫌疑人被羁押更长时间。我们调研了检察院是否常规性地要求补充侦查——这是导致超期羁押的另一原因。调查数据见表7。

据数据显示，在卷宗里能找到相关信息的所有案件中，三分之一的案件要求了补充侦查。相较基层人民法院的案件（29%），补充侦查在中级人民法院的案件（43%）中占更大比例。检察院认为有必要进行补充侦查的案件比例之高，印证了有必要提高公安机关的侦查及取证能力这一观点。[24]

---

〔24〕　参见左卫民、马静华、胡建萍：《刑事证人出庭作证试点调研报告》，载左卫民等：《中国刑事诉讼运行机制实证研究》，法律出版社2007年版。侦查和起诉部门也可能互相借用期限。侦查人员常常不注意将案件交回起诉部门，有的甚至置之不理。参见徐美君：《侦查权的运行与控制》，法律出版社2009年版，第28页；季刚、刘晶：《公诉改革的理论与实践》，中国检察出版社2006年版，第91页；胡之芳、胡之慧：《论审查起诉中的补充侦查》，载《政法学刊》2009年第1期；孙晓玉：《论我国的补充侦查》，载《法制与社会》2009年第2期；程飞、程鸣：《关于补充侦查制度适用的几点思考》，载《湖北财经高等专科学校学报》2006年第6期；马景瑞、金雪梅、刘恒：《南关区院对刑事案件"退补率"偏高问题的调查分析》，载《检察实践》2005年第4期；和汝亚国：《审查起诉中犯罪嫌疑人权益的保护》，载《江苏警官学院学报》2007年第2期。

表4 从逮捕到案件移送检察院的时间:基层法院

	A地		B地		C地		D地		F地		G地		M地	
2个月以内	24	16.9	18	14.0	23	18.5	4	6.3	20	32.8	8	13.1	26	40
2至3个月	63	44.4	57	44.2	19	15.3	18	28.6	11	18.0	27	44.3	18	27.7
3至5个月	45	31.7	46	35.7	74	59.7	38	60.3	23	37.7	18	29.5	20	30.8
5至7个月	5	3.5	8	6.2	6	4.8	1	1.6	7	11.5	8	13.1	1	1.5
7个月至1年	5	3.5	0	0.0	2	1.6	2	3.2	0	0.0	0	0.0	0	0.0
1年至2年	0	0.0	0	0.0	0	0.0	0	0.0	0	0.0	0	0.0	0	0.0
2年以上	0	0.0	0	0.0	0	0.0	0	0.0	0	0.0	0	0.0	0	0.0
未知	15	--	12	--	29	--	7	--	4	--	9	--	5	--
共计	157	100.0	141	100.0	153	100.0	70	100.0	65	100.0	70	100.0	70	100.0

表5 从逮捕到案件移送检察院的时间:中级法院

	E地		H地		I地		J地		K地		L地	
2个月以内	1	1.7	0	0.0	5	7.4	0	0.0	5	7.7	27	31.0
2至3个月	26	43.3	6	16.2	0	0.0	1	1.7	54	83.1	46	52.9
3至5个月	29	48.3	27	73.0	41	60.3	27	46.6	4	6.2	13	14.9
5至7个月	2	3.3	4	10.8	16	23.5	25	43.1	1	1.5	1	1.1
7个月至1年	0	0.0	0	0.0	4	5.9	4	6.9	0	0.0	0	0.0
1年至2年	1	1.7	0	0.0	1	1.5	1	1.7	1	1.5	0	0.0
2年以上	1	1.7	0	0.0	1	1.5	0	0.0	0	0.0	0	0.0
未知	5	--	16	--	2	--	2	--	5	--	13	--
共计	65	100.0	53	100.0	70	100.0	60	100.0	70	100.0	100	100.0

表6 从逮捕到案件移送检察院的时间:所有案件

	BC7地		IC6地		共计13地	
2个月以内	123	19.1	38	10.1	161	15.8
2至3个月	213	33.0	133	35.5	346	33.9
3至5个月	264	40.9	141	37.6	405	39.7
5至7个月	36	5.6	49	13.1	85	8.3

续表

	BC7 地	IC6 地	共计 13 地
7 个月至 1 年	9　1.4	8　2.1	17　1.7
1 年至 2 年	0　0.0	4　1.1	4　0.4
2 年以上	0　0.0	2　0.5	2　0.2
未知	81　- -	43　- -	124　- -
共计	726　100.0	418　100.0	1144　100.0

表 7　检察官要求补充侦查的情况

	BC7 地	IC6 地	共计 13 地
要求	169　28.6	148　43.4	317　34.0
不要求	422　71.4	193　56.6	615　66.0
未知	135　- -	77　- -	212　- -
共计	726　100.0	418　100.0	1144　100.0

1996 年《刑诉法》第 140 条要求补充侦查必须在一个月内完成，并且规定“补充侦查以两次为限”，这是 96 年刑诉法针对以补充侦查为名将嫌疑人无期限关押这一做法的限制性规定。我们的调查数据显示，四分之一要求补充侦查的案件中，补侦了两次。如表 8 所示，就要求了两次补充侦查的案件比例而言，基层法院的案件（29%）高于中级法院的案件（20%）。

通过以上分析，我们可以清晰看出，从最初抓捕到提请逮捕，从逮捕到移送起诉，以及移送起诉之后的种种拖延，案件各个阶段的延期共同导致了整个羁押时间的延长。抛开那些完全非法羁押的案件——这类案件数量尚且未知，在保释权利缺失和法律规定不够完善的情况下，公权力机关被赋予了很大的自由裁量权，导致了在中国刑事司法体系中，不论是重大案件还是普通案件，超期羁押都是一个普遍现象。

表 8　根据检察官要求而进行的补充侦查次数

	BC7 地	IC6 地	共计 13 地
一次	83　70.9	57　80.3	140　74.5

续表

	BC7 地	IC6 地	共计 13 地
两次	34 29.1	14 19.7	48 25.5
未知	52 - -	77 - -	129 - -
共计	169 100.0	148 100.0	317 100.0

表 9 公安机关提请逮捕的结果

	BC7 地	IC6 地	共计 13 地
批准	474 99.6	381 99.0	855 99.3
不批准	2 0.4	4 1.0	6 0.7
未知	250 - -	33 - -	283 - -
共计	726 100.0	418 100.0	1144 100.0

第七章　论未决羁押与监所检察改革

——兼论羁押必要性审查机制的建立

但　伟[*]

【摘要】在我国刑事诉讼法中，未决羁押不是一个法定强制措施，而是刑事拘留和逮捕的附属状态。拘留和逮捕不再是抓捕到案的强制措施，而是具有长期关押功能的静态强制措施。逮捕制度和羁押制度在整个刑事司法制度中是和公民的人身自由紧密相连的，稍有不慎，就会造成对公民人身权利的侵犯，偏离惩罚犯罪、保障人权的诉讼目标。1997 年新的刑事诉讼法虽然把人权保护作为最重要的工作，但是由于审查批准逮捕没有严格按照法定的三个条件来进行，捕后又没有羁押必要性审查机制，犯罪嫌疑人和被告人被刑拘和逮捕后要想申请变更强制措施的可能性很小，“一捕到底”是我国刑事诉讼程序的常态。可以不被羁押而仍然被羁押，这本身说明了犯罪嫌疑人和被告人的合法权利没有得到有效保障。它不仅使“法律上无罪的人”受到了“预期刑罚”的处罚，而且也破坏了羁押的合法性和正当性。作为专为保护在押人员权利而设置的监所检察部门理应对这个方面工作履行监督职能。通过在全国二十个检察院试点“由驻所检察官根据在押人员的实际情况向办案单位提出变更强制措施检察建议的工作机制”，作者试图探索在现有法律框架内创新监所检察工作机制、切实保障在押人员合法权利的有效途径。

---

* 最高人民检察院检察理论研究所研究员。

我国刑事诉讼法中规定的强制措施有五种，其中拘留和逮捕是剥夺犯罪嫌疑人和被告人人身自由最严厉的两种。拘留由拥有侦查权的机关单方面决定和执行，时限可长达30天，加上检察机关审查逮捕的7天时限，实际时限可长达37天，不同于国外侦查机关紧急逮捕或无证逮捕所带来的短暂的24小时或48小时。[1] 逮捕由侦查机关报送检察机关审查批准，在程序上，拘留后和逮捕后的羁押不再需要任何部门的审查、复查。一旦决定拘留，羁押就可以长达37天，一旦批准逮捕，羁押就可以从侦查阶段开始一直持续到一审判决生效或二审程序终结。这样，逮捕不再是抓捕到案的强制措施，而是具有长期关押功能的强制措施，相当于西方国家的逮捕（无证逮捕、有证逮捕）与独立羁押制度的总和。[2]

一

由于犯罪嫌疑人在被逮捕前绝大部分都已被拘留，所以逮捕不能算作一种抓捕到案行为，[3] 而主要指被抓捕到案后犯罪嫌疑人人身自由被长时间剥夺的持续状态，也就是羁押。在这个意义上，我国的逮捕制度不是名副其实的“逮捕”制度，而是一种羁押制度。我国的拘留制度也并不是单纯的抓捕行为，而是可以长达一个月的羁押。从这个意义上说，在我国，“抓捕到案”的制度效果主要是拘留来完成，“羁押”的制度效果则被拘留制度和逮捕制度分割了。而在拘留或逮捕后随着侦查活动的深入，案件的事实和证据均会发生变化，犯罪嫌疑人和被告人是否仍然需要被羁押的条件也会发生相应的变化。不应该羁押的犯罪嫌疑人就应该变更非羁押强制措施。在我国刑事诉讼法中，非羁押强制措施有取保候审和监视居住两种。但是能够

---

〔1〕 参见陈瑞华：《问题与主义之间——刑事诉讼基本问题研究》，中国人民大学出版社2003年版，第201页。

〔2〕 参见陈瑞华：《问题与主义之间——刑事诉讼基本问题研究》，中国人民大学出版社2003年版，第202页。

〔3〕 一个例外是法院决定逮捕的情况，这种情况一般是指人民法院受理的公诉案件中，被告人未被羁押，在审理过程中发现有逮捕必要的，以及人民法院在审理自诉案件的过程中，对于可能判处有期徒刑以上的被告人，发现其确实企图自杀、逃跑或者可能毁灭、伪造证据或者继续犯罪的等。这种逮捕既有“抓捕”的行为，也有“羁押”的后果，因此是“捕”“押”合一的。

做出变更拘留和逮捕强制措施的主体仍然是以决定拘留和逮捕的机关为主。《刑事诉讼法》第65条规定:“公安机关对于被拘留的人,应当在拘留后的二十四小时以内进行讯问。在发现不应当拘留的时候,必须立即释放”。这里清楚地说明“发现不应当拘留”是公安机关自己来“发现”,如果没有发现或发现了也不纠正,如何办?第72条规定:“人民法院、人民检察院对于各自决定逮捕的人,公安机关对于经人民检察院批准逮捕的人,都必须在逮捕后的二十四小时以内进行讯问。在发现不应当逮捕的时候,必须立即释放。”第73条规定:“人民法院、人民检察院和公安机关如果发现对犯罪嫌疑人、被告人采取强制措施不当的,应当及时撤销或者变更。”这里也同样涉及“自我发现,自我纠正”的问题。逮捕后法律也没有明文规定羁押必要性审查机制、羁押司法救济机制和被羁押人的申诉机制。羁押期限的延长在侦查阶段由公安机关向检察机关书面报批决定,在起诉阶段则完全由上下级检察机关之间内部系统决定,在审判阶段也由上下级法院之间内部系统决定,当事人不能参与决定程序、无权发表意见,无从寻求救济。尽管根据《刑事诉讼法》第52条和第96条规定,被羁押的犯罪嫌疑人、被告人及其法定代理人、近亲属有权申请取保候审和犯罪嫌疑人被逮捕的,聘请的律师可以为其申请取保候审。而“有权”和“可以”申请的对象主要是侦查阶段的公安机关、起诉阶段的检察机关和审判阶段的法院,是否批准完全取决于三个单位的“自由裁量”。只要这三个单位不同意,申请就只能停留在申请上。

二

现有的这种羁押设置的目的不是为保全证据,防止犯罪嫌疑人、被告人再犯罪或逃跑,而是为了方便侦查、起诉、审判工作的需要。从《刑事诉讼法》中诸多条款都可看出羁押时间直接对应侦查、起诉、审判工作所需要的时间。羁押必要性完全等同于公检法三家的办案时间的必要性。《刑事诉讼法》第124条规定捕后的侦查羁押期限是2个月,案情复杂可延长1个月。第126条规定重大复杂案件可以再延长2个月。第127条规定对犯罪嫌疑人可能判处10年有期徒刑以上刑罚,可再延长2个月。第128条规定在侦查期间,发现犯罪嫌疑人另有重要罪行的,自发现之日起重新计算侦查羁押期限。因此,羁押的时间长短完全取决于侦查工作需要的时间。羁押使得犯罪嫌疑人沦为侦查或程序之客体。[4] 第138条规定了起诉阶段的羁押期限是1个月,重大复杂案件可延长半个月。第140条规定了检察机关可2次退回公安机关补充侦查,每次1个月。补充侦查完毕移送人民检察院后,人民检察院重新计算审查起诉期限(又是一个半月)。这样审查起诉羁押期限可长达5个月。法院一、二审期限也就是审判阶段的羁押期限。第168条规定法院一审案件受理时间为1个月,不超过一个半月,出现第126条规定情形之一的,可再延长1个月。改变管辖的案件,从改变后的收案之日起计算审理期限。检察院补充侦查的案件重新计算审理期限。这样一审判决时间如果没有改变管辖的话可以达3个半月。第196条规定二审至迟不得超过一个半月。有第126条规定情形之一的,可再延长1个月。这里的羁押期限不包括身份不明的无限期羁押和死刑复核时间,最高人民法院受理的上诉、抗诉案件的时间。从上我们可以看出羁押期限就是公检法三家的办案时间。办案时间的长短就是羁押时间的长短。办案需要成为了羁押的当然理由。关人的风险最小、成本最低、效益最高,又没有太多限制条款,所以"一押到底"是办案过程中最方便和安全的选择。

三

《刑事诉讼法》第69条规定:"公安机关对被拘留的人,认为需要逮捕的,应当在拘留后的三日以内,提请人民检察院审查批准。在特殊情况下,提请审查批准的时间可以延长一日至四日。对于流窜作案、多次作案、结伙作案的重大嫌疑分子,提请审查批准的时间可以延长至三十日。"这里对公安机关实施刑事拘留的三种情形的时限、延长理由都已作了明确规定。也就是说没有特殊情况,拘留时限只能在1至3天,没有流窜、多次、结伙作案,拘留期限只能控制在4至7天。实践中,大部分案件的拘留时间都无障碍地用到30天。[5] 而且检察院审查批捕时间也普遍不加区别地用到7天。没

〔4〕 林钰雄:《刑事诉讼法》(上册总论编),中国人民大学出版社2005年版,第265页。
〔5〕 笔者在全国200多个看守所内询问看守民警和随机抽样调查,80%以上的案件拘留时间都用到30天。

有特殊情况、没有流窜、多次、结伙作案的犯罪嫌疑人在拘留阶段被关到30天算不算错误拘留或任意羁押或超期羁押？法律清楚写明的条款在实践中变成一纸空文。因为拘留只需公安机关单方面决定，无须其他部门审批、审查，所以检察机关的侦查监督部门、监所检察部门也从来没有认为这是检察机关监督工作的范围。这里包括检察机关自侦部门决定的拘留也是监督的空白。

《刑事诉讼法》第60条规定的逮捕的三个条件：一、有证据证明犯罪事实（证据条件）；二、可能判处徒刑以上刑罚（刑罚条件）；三、采取取保候审、监视居住等方法尚不足以防止社会危险性，而有逮捕必要（必要性条件）在实践中被简化为只考虑有证据证明有犯罪事实这样一个条件，即"构罪即捕"，对逮捕的刑罚条件特别是对必要性条件则较少考虑。侦查机关在向检察机关报送的提请批准逮捕书里只需写明构成何罪，不需要写明是否可能判处徒刑以上刑罚和逮捕必要性。而且负责审查逮捕职能的检察机关在批准逮捕决定书[6]里也只写明构成何罪，批准逮捕的审查就停留在了构罪审查，其结果就导致了构罪即批。法律明文规定的条款在公安机关、检察机关的文书中就省略了，使逮捕必要性审查这一有效控制不当逮捕和羁押的关口被人为地打开了。这仅仅只是一个技术方面的原因。

主要原因还是打击犯罪的执法思想和稳定压倒一切的政治要求导致了逮捕的粗放使用。控制犯罪、维护社会秩序和安全仍是我国刑事诉讼最基本的价值目标，逮捕的适用主要还是考虑了追诉犯罪的要求。在这种指导思想下制定的公检法三家从上至下的绩效考核体系都对高逮捕率持正面评价。公安机关的拘留转捕率、捕后起诉率，检察机关的诉后有罪判决率是公检两家考核干警工作业绩的重要指标。绩效考核体系成为单位和个人评先评奖、个人职务晋升的重要量化标准，这些标准都强调高逮捕率、高起诉率、

---

〔6〕 检察院批准逮捕决定书的格式：《×××人民检察院批准逮捕决定书　×检刑批捕［1998］25号》××县公安局：你局于×年×月×日以×公捕字第38号提请批准逮捕书提请批准逮捕犯罪嫌疑人×××，经本院审查认为，此犯罪犯罪嫌疑人涉嫌抢劫、盗窃犯罪，符合《中华人民共和国刑事诉讼法》第61条第1款规定的逮捕条件，决定批准逮捕犯罪嫌疑人×××。请依法立即执行，并将执行情况3日内通知本院。××××年×月×日（院印）。

高有罪判决率，而办案人员根据案件实际情况依法作出的不捕、不诉在考核体系中得到的是负面评价。无罪判决率在检察机关的绩效考核中更是具有一票否决的地位。

数字化的考核指标造成了公检两家从拘留开始就追求有罪判决率。重打击、轻程序的惯性思维还在起主要作用。打击越多、打击越重，评价越高。法定程序被内部规定轻易地打破了。这些数字化的考核指标成为左右公安检察人员的“微型刑事诉讼法”，它们互为作用形成了案件办理的常规逻辑。高额指标使非羁押性措施的使用成为下位选择，普遍羁押成为办案机关的内部规范性要求。[7]

另外，现行法律对逮捕必要性的规定过于笼统，是造成忽视逮捕必要性审查的立法原因。2006 年 8 月最高人民检察院颁布的《人民检察院审查逮捕质量标准（试行）》第 7 条规定了犯罪嫌疑人没有逮捕必要的九种情形。[8] 应该说对严格把握逮捕标准，慎用逮捕措施是具有约束作用的，但对其中的“可能”没有具体界定，犯罪嫌疑人是否具有社会危险性、有无逮捕必要，仍然依靠办案人员的主观判断。

还有就是不逮捕出现犯罪嫌疑人外逃、自杀或再次危害社会的风险由谁承担的问题。这也一直是限制非羁押强制措施适用的一个重要因素。[9] 加之担心不捕会让别人认为自己与嫌疑人有什么关系以及担心怕被害人上访等因素，对构罪的犯罪嫌疑人一捕了之是最为安全的办法。

---

〔7〕 李昌盛：《为什么不羁押成为例外——我国侦查羁押常态化探因》，载《湘潭大学学报（哲学社会科学版）》2009 年第 33 卷第 2 期。

〔8〕（一）属于预备犯、中止犯，或者防卫过当、避险过当的；（二）主观恶性较小的初犯、偶犯，共同犯罪中的从犯、胁从犯，犯罪后自首、有立功表现或者积极退赃、赔偿损失、确有悔罪表现的；（三）过失犯罪的嫌疑人，犯罪后有悔罪表现，有效控制损失或者积极赔偿损失的；（四）因邻里、亲友纠纷引发的伤害等案件，犯罪嫌凝人在犯罪后向被害人赔礼道歉、赔偿损失，取得被害人谅解的；（五）犯罪嫌疑人系已满十四周岁未满十八周岁的未成年人或者在校学生，本人有悔罪表现，其家庭、学校或者所在社区以及居民委员会、村民委员会具备监护、帮教条件的；（六）犯罪嫌疑人系老年人或者残疾人，身体状况不适宜羁押的；（七）应当逮捕，但患有严重疾病，或者是正在怀孕、哺乳自己婴儿的妇女的；（八）可能判处三年以下有期徒刑、不予羁押确实不致再危害社会或者妨碍刑事诉讼正常进行的；（九）其他无逮捕必要的情形。

〔9〕 这样的风险不应该有具体办案人员来承担，更不应该启动责任追究机制。只要办案人员依法办案，被取保人逃跑、自杀和再犯罪都应该是被取保人个人的问题。这也是国际通行的做法。

“构罪即捕”不是现在才有的现象,而是过去几十年刑事司法工作中一直延续下来的惯性做法。只是1997年刑事诉讼法修改以后,新的庭审程序对人权的保护已成为刑事诉讼程序的重点,高逮捕率导致的高羁押率才凸显出来。逮捕三个条件的立法原意就是要限制逮捕的适用,而“构罪即捕”致使相当多的如果在审查逮捕时并列考虑三个条件就有可能不被逮捕的人蒙受了羁押之苦。我国审前程序中的高羁押率和超期羁押等问题,与“国家尊重和保护人权”的宪法宗旨已经相悖。

四

在国外,羁押是一个独立于逮捕制度之外的强制措施,设置的目的是限制羁押的不当使用。因为羁押不是短时关押,而是长时间地剥夺犯罪嫌疑人、被告人人身自由。根据无罪推定原则,犯罪嫌疑人、被告人的身份不是罪犯,不应提前承担监禁刑的惩罚,同时,在实际的判决中,犯罪嫌疑人、被告人中有被判处无罪、非监禁刑(社区矫正、缓刑、免刑、罚金刑)和短期监禁刑的可能,在未决阶段对犯罪嫌疑人、被告人采用以羁押为主的强制措施必然是有罪推定的表现,直接侵犯了犯罪嫌疑人、被告人的人身自由权。很多国家在刑事诉讼法中明文规定了羁押例外的原则并采用严格的司法审查机制和权利救济机制对未决羁押制度进行限制。如法国《刑事诉讼法》第137条的规定:“在预审阶段,应当假定犯罪嫌疑人无罪,一般来说,应使犯罪嫌疑人处于自由状态”。联合国《公民权利和政治权利国际公约》第9条规定:“等候审判的人被置于羁押状态下不应当是一般的原则”。联合国人权事务委员会在关于该条规定的“一般性评论”中明确指出:“审前羁押应是一种例外,并尽可能的短暂”。这些规定都表明,犯罪嫌疑人、被告人在被法院判决之前不应被长时间地剥夺人身自由,而未决羁押只能是例外。

同时,严格的司法审查机制和司法救济机制保证了羁押例外原则。主要表现为:(一)审查主体是第三方的客观力量:法官。除具有紧急抓捕功能的无证逮捕外,任何形式的关押都必须由法官签发逮捕令状和羁押令状;(二)羁押理由限定在是否有逃跑、破坏证据和再犯罪上,并以可能判处三年以上有期徒刑的重罪为主;(三)羁押期限普遍在4个月以内;(四)司法审查程序严格，当事人能够参与。英美法等国设立控辩双方参加的听审程序，德、日和我国台湾地区设立法官书面审查和直接讯问犯罪嫌疑人的程序。每次申请延长羁押都必须向法官重新提出羁押理由；（五）权利救济机制发达，被羁押人不服羁押裁决可以要求复审和上诉，在羁押过程中认为羁押不当可以向法院申诉；（六）保释社会化管理配套措施完善。

国外未决羁押阶段犯罪嫌疑人、被告人的羁押率均控制在 20% 以内，包括我国台湾地区、香港、澳门。

五

根据《中国法律年鉴》数据显示，自 1997 年修改后的《刑事诉讼法》实施以来的十年里，我国刑事犯罪羁押候审率超过 90%（见表 1）。[10]

表 1　1997—2006 年全国检察机关逮捕人数与起诉人数对照表

年度	批准、决定人数			决定起诉人数			羁押候审率（%）
	公安等移送	直接侦查	合计	公安等移送	直接侦查	合计	
2006	891620	15316	906936	999086	29966	1029052	88.13
2005	860372	16047	876419	950804	30205	981009	89.34
2004	811102	17078	828180	867186	30778	897974	92.23
2003	748756	16020	764776	793092	26124	819216	93.35
2002	765899	16161	782060	829530	25340	854870	91.48
2001	823167	18678	841845	817479	27827	845306	99.59
2000	696265	19568	715833	681254	27582	708836	100.99
1999	645632	17886	663518	647440	24927	672367	98.68
1998	582120	15981	598101	557929	26834	584763	102.28
1997	512978	24385	537363	493762	31557	525319	102.29

笔者于 2010 年 3 月统计了全国二十个基层检察院从 2004 年至 2009 年五年的逮捕率和羁押率，全部都在 90% 以上。职务犯罪的捕后羁押率更是

〔10〕　转引自李昌盛：《为什么不羁押成为例外——我国侦查羁押常态化探因》，载《湘潭大学学报（哲学社会科学版）》2009 年第 33 卷第 2 期。

高达98%以上。如某县人民检察院2004年至2009年受理公安报捕案件704人,不批准逮捕的是10人,批捕率为98.57%;受理审查本院自侦案件(职务犯罪:反贪和渎职案件)32人,全部逮捕,批捕率为100%。而全国法院每年判处三年以下有期徒刑、管制、拘役、独立附加刑、缓刑、免刑的占68%左右,其中判处管制、拘役、独立附加刑、缓刑、免刑占64%,总体轻刑率超过60%。2005年至2009年6月,全国被判决有罪的职务犯罪被告人中,判处免刑和缓刑的共占69.7%,[11]这中间大量的未成年人、老年人、轻微犯、初犯、偶犯、罪行轻微的职务犯罪嫌疑人、有固定职业、固定单位或固定收入来源、家庭关系、亲戚关系明确或有自首、积极退赃和赔偿等明显主观恶性小,社会危害性小等可以适用取保候审条件的犯罪嫌疑人、被告人被羁押在看守所。犯罪嫌疑人、被告人在羁押状态下接受侦查以及等候审判,成为了我国处理刑事案件的常规模式。这一现象长期不为公检法三部门所重视。不少基层检察院职务犯罪的捕后羁押率甚至为100%。职务犯罪的侦查特点是到了移送审查起诉阶段构罪证据已经固定。串供、伪造、毁灭证据的可能性和再犯罪的可能性可以肯定不足以为继续羁押的理由,如果没有合理的逃跑理由则可以考虑变更羁押措施,而实践中基本上没有适用过。高轻刑率直接反映出我国司法实践中羁押率过高、羁押为常态、羁押期间基本无比例性的现状,[12]也直接反映出高羁押率的合法性和正当性问题。

六

以羁押为主的强制措施对保障侦查、控制犯罪是成功的,但是,这种成功的代价是以牺牲大量不应该被羁押的犯罪嫌疑人和被告人的人权和国家司法公正为代价的。大量的国家司法资源被浪费,公民权利没有得到有效保护,司法机关没有正确履行职责,法律监督出现了漏洞,社会矛盾没有得到有效化解。

怎么改变这种状况?

---

〔11〕《职务犯罪轻刑化有违从严治吏》,载《法制日报》2010年11月22日,第1版。

〔12〕唐亮:《我国未决羁押实证分析》,载《法学》2001年第7期。

上面我们分析了我国拘留制度和逮捕制度的整体现状，比较了许多国家的具体做法和联合国相关文件规定，不难发现现有的拘留制度和逮捕制度有较大的改革空间，特别是修改刑事诉讼法的有关条文和建立独立的羁押制度，不是短时间可以实现的。因为，现有的拘留和逮捕制度已经不仅仅承担办案功能和羁押职能，还要承担社会控制职能。这是和长期以来政法工作的惯性思维、惯性做法紧密联系在一起的。而这种惯性思维和惯性做法又涉及整个司法管理体制乃至国家政治体制。思想观念的变化、法律制度的修改、政治体制的改革都是一个庞大的系统工程，要改变的东西很多、触碰的利益也很多，遇到的阻力太大，成本也太大，耗费时间会很长，而正在身受不当羁押之苦的当事人的权利却不能等到制度建好后再来保护。尽管中央要求“理性、平和、文明、规范执法”，但是在打击犯罪的实体要求下，各级政法机关仍然强调以严打为主，逮捕率、起诉率、有罪判决率是各级政法机关的硬性考核指标，要想通过严把逮捕的三个条件关来降低逮捕率从而降低羁押率阻力很大。目前建立有效的司法审查制度的条件还不成熟。

因此，笔者就考虑是否可在捕后寻找一个办法来降低羁押率，因为这样的思路不会和现有的考核指标冲突，也不会让一线干警承担打击不力的批评。笔者花了近三年时间去了全国200多个基层检察院、200多个看守所进行调研，召开了大量的工作会议，和5000多名在押人员进行交流，发现现有法律中关于犯罪嫌疑人和被告人权利的规定不少，但是缺乏有效的救济措施。出现了不当羁押的问题没有人管。“有权利必有救济”是权利的核心要素。权利体现了国家对公民的承诺，而救济则是国家对公民承诺能否兑现的保障。救济的缺失使得法律规定形成空转。在检察机关的职权配置中，监所检察部门均在看守所设有驻所检察室，其职责范围就是监督看守所的监管秩序和保障在押人员的合法权利。犯罪嫌疑人从被逮捕开始，甚至从拘留开始一直到刑罚执行开始这段被剥夺人身自由的时间里都处于驻所检察室的监督范围内，在这样一个完全封闭的场所里犯罪嫌疑人的合法权利的保护主要依赖于检察监督。法律规定监所检察部门“受理在押人员及其法定代理人、近亲属的控告、举报和申诉”。而这项受理工作不应该仅仅成为类似“邮局”或“收发室”的递送工作，应该成为一项有实质处分权力的刚性工作。人权的保护如果没有刚性条款做保障,模糊、抽象的保护几乎等于不保护。通过和五千多名在押人员面对面的交流,笔者感受到看守所内在押人员最大的人权是不被羁押权。可以不被羁押而仍然被羁押,这本身就说明了办案部门严重地侵犯了在押人员的合法权利,而检察机关的驻所检察室眼睁睁地看着这类情况不断发生,完全有责任对这方面的工作进行有效监督,并将这项工作纳入驻所检察室的职责范围。

根据目前法律对监所检察监督的相关规定以及上述综合调研的结果,笔者认为应该在犯罪嫌疑人被拘留和逮捕后,驻所检察官应该对其是否有羁押必要履行监督职责,并接受其不服羁押的申诉。为了便于开展这项工作,笔者拟定了“建立由驻所检察官根据在押人员的实际情况向办案单位提出变更强制措施检察建议的工作机制”和制作了《在押人员羁押必要性评估表》。〔13〕

工作机制分十一个具体步骤,从适用范围、实施主体、运行程序、工作方式等方面对这项工作进行了规范:1. 驻所检察官在履行驻所检察监督工作中除了正常的监督工作外,应重点监督在押人员羁押必要性;2. 驻所检察官对入所人员除进行台账记录外,应及时发放“在押人员羁押必要性评估表”,掌握入所在押人员案情和羁押必要性;3. 驻所检察官对认为应当提出变更强制措施的,或收到在押人员(犯罪嫌疑人或被告人)或其法律代理人或亲属提出的变更强制措施的请求时,应当进一步了解案件情况并结合在押人员(犯罪嫌疑人或被告人)实际情况对在押人员羁押情况进行再一次评估,并在和本院侦监部门或公诉部门联系查看在押人员案卷基础上决定是否需要向本院侦监部门或公诉部门提出变更强制措施的检察建议;4. 如有必要向办案部门提出变更强制措施的检察建议,则在向本部门负责人汇报后先口头与有关办案部门进行协商,听取办案部门关于是否变更强制措施的意见,如果同意变更,则不必提交书面检察建议;如果有不同意见,驻所检察官可根据评估表的结果和案卷情况写出“关于变更强制措施的检察建议”交

---

〔13〕 羁押必要性评估是指驻所检察官对已经在押的犯罪嫌疑人、被告人在诉讼期间是否有继续羁押的必要性进行量化评判的工作,根据量化评判的结果做出是否向有关办案单位发出变更强制措施的建议。

本部门负责人审定;5."关于变更强制措施的检察建议"由本院监所检察部门负责人审定后报分管副检察长审批;6.经分管副检察长审批后,驻所检察室的案件承办人员将"在押人员羁押情况评估表"和"关于变更强制措施的检察建议"盖上院章后送达可以决定变更强制措施的部门;7.分管副检察长认为案件较为复杂,应提交院检察委员会讨论决定时,由案件承办人员将案卷材料连同关于变更强制措施的检察建议送检察委员会办公室进行审查,经审查认为符合条件的,检委办提请检察长召开检察委员会讨论决定是否提出变更强制措施的检察建议;8. 相关部门接到驻所检察官提出的"关于变更强制措施的检察建议"后的五个工作日内应当给予是否变更强制措施的书面说明;9. 如相关部门同意驻所检察官提出的"关于变更强制措施的检察建议",驻所检察官应及时与相关部门商定释放日期、并监督变更执行;10.如相关部门不同意驻所检察官提出的"关于变更强制措施的检察建议",驻所检察官应及时要求相关部门出具不同意变更强制措施的书面说明并送部门负责人审查;11. 经部门负责人审查认为相关部门出具的不同意变更强制措施的书面说明不足以阐明羁押必要性,应报告分管副检察长决定是否提出纠正违法通知书。

评估表主要是把犯罪嫌疑人社会危险性的种类和大小进行分类量化,使驻所检察官能够准确地评估犯罪嫌疑人的羁押必要性。评估体系的内容均系现行刑法和《刑事诉讼法》所规定的法定条件,分为主体部分和附件部分两大块。主体部分列举了刑法、《刑事诉讼法》所规定的所有影响逮捕的条件和情节,由四部分组成:1."拘留和逮捕阶段分值标准",实际上是对原逮捕强制措施正当性的复查。2."涉案的犯罪行为可能对应的法定刑分值",分别赋予不同档次刑期或处刑类型以相应的分值。3."逮捕必要性分值",从犯罪结果、主观方面、犯罪主体、加重情节、其他有关社会危险性情况、与刑事诉讼活动顺利进行相关的情节等七个方面设定分值评估。4."明显无必要羁押的因素认定分值",包括"公诉机关已做不起诉决定""审判机关已作缓刑判决"两种情形。评估办法对所列项目设置相应分值,有利于被告人的项目为负分值,不利于被告人的项目为正分值。各评估项目正负相加后,总分在 -6 分以下的,认为无羁押的必要性; -6 分以上的,认为有羁押的必要性。

由于犯罪的类型较多，试验阶段主要限定在涉嫌交通肇事犯罪、涉嫌伤害(轻伤)犯罪、涉嫌盗窃犯罪，且涉案金额在一万元以下的初犯、偶犯、未成年人犯罪、其他法定刑在三年以下的轻微刑事案件等五类案件。

这个工作机制在全国20个基层检察院经过近一年的试点，普遍反映这个工作机制简便易行，对履行监所检察监督职能，及时发现羁押中存在的问题，提出检察监督建议提供切实可行的操作方案，使法律赋予驻所检察部门的监督职能得到了发挥，有效地降低了羁押率。试点单位山东省费县2009年共审查批准(决定)逮捕案件324件486人，批准逮捕率为86%。而被判处缓刑、独立适用附加刑和免于刑事处罚的，高达65%。建立2009年10月试点羁押必要性审查工作机制以来，驻所检察官提出变更强制措施检察意见46份，有37人在捕后被变更为取保候审。湖北省宜昌市从2009年7月开始试点，共对全市10个看守所433名在押人员进行了评估，针对其中35名无羁押必要性的在押人员，向相关办案部门提出了变更强制措施的建议，均被采纳。

最高人民检察院监所检察厅于2010年4月23日专门开会论证这个工作机制的可行性并已决定在全国十个省市扩大试点。这项工作可以说已经从小范围的实验走向了大范围的实践。

建立由驻看守所检察官主导的羁押必要性审查工作机制只是在相关法律没有修改、相关改革没有启动，而且在押人员的合法权利又必须保护的现实背景下出台的一个优化检察监督内部职能的工作方案，既可以节约司法改革的成本，又能够履行对羁押必要性进行监督和救济的职能。通过这个工作机制的试点，笔者感受到中国的司法改革完全可以在现有的法律框架内，用足本职工作的空间来促进公平正义的实现。因为这样做收效快，成本低，非常迅速地通过现有法律的授权达到公平正义，而不是老是停留在概念推敲、理论批评或"言必称希腊"，时间浪费了，当事人的合法权益牺牲了，大量的改革方案还在设想阶段，司法改革的进程延迟了。正如抗震救灾，是先描绘最新最美的家园，或建造坚固的楼房，还是以最快的速度架起帐篷，让灾民有栖身之地？同样在刑事诉讼程序中公民合法权利被侵犯的时候，司法机关也应该以最快的速度给予救助。这项试点的最大意义是提示我们司法改革中的大部分问题可以在现有法律框架内通过创新工作机制来解决。

第八章　论我国审前羁押制度的完善

卞建林*

【摘要】审前羁押在我国成为对待犯罪嫌疑人的常态化处置方式，其主要原因在于混同了逮捕与羁押从而导致司法审查的缺失以及司法救济的虚无。应当从根本上对审前羁押制度进行改革，实现逮捕与羁押相分离，将逮捕定位于羁押的前置程序并设置独立的羁押审查程序，以控制羁押的适用。在秉持司法授权原则、司法审查原则、司法救济原则以及比例原则等现代审前羁押制度通行原则的基础上，我国审前羁押制度可通过如下具体进路加以完善：坚持检察机关的审查主体定位，完善羁押审查程序，厘清羁押期限问题，强化羁押救济程序，丰富羁押替代措施。

审前羁押既是一种通过在一定期限内剥夺被追诉人人身自由以保障诉讼顺利进行的诉讼保障制度，[1]更是一种保障公民人身自由免受国家权力不当和恣意侵犯的人权保障制度。基于审前羁押在刑事诉讼制度中的重要地位，科学地构建审前羁押制度是我国实现刑事程序法治的一项重大课题。此次修改后的《刑事诉讼法》对审前羁押制度进行了较大幅度的调整和完善，以保证审前羁押适用的审慎性并扩大羁押替代措施的适用。鉴于此，本文将首先对我国现行审前羁押制度予以检讨和反思，并对本次《刑事诉讼

---

* 法学博士，中国政法大学诉讼法学研究院教授。该篇文章载于《法学家》2013 年第 3 期，第 81 ~ 88 页。

〔1〕 我国《刑事诉讼法》规定的审前羁押制度其实包括拘留和逮捕，其中逮捕是较长时间剥夺犯罪嫌疑人人身自由的强制措施。为保证论述的集中性，本文对我国审前羁押制度的研究主要围绕逮捕制度展开。

法》关于审前羁押制度的修改加以评论;在此基础上,本着现代审前羁押制度的通行原则,对我国审前羁押制度的完善进路提出具体设想,以期对审前羁押制度的科学构建有所裨益。

一、我国审前羁押制度现状之反思

(一)逮捕与羁押之辨析

"逮捕"与"羁押"是审前羁押制度中一组较易混淆的概念,需要予以区分。从语义学角度分析,逮捕指的是抓捕行为,具有暂时性;羁押则是一种剥夺相对人人身自由的状态,具有一定时间的持续性。[2] 从《公民权利和政治权利国际公约》的相关规定以及法治发达国家所确立的审前羁押制度来看,一方面,逮捕与羁押相互分离,羁押并非逮捕的必然后果。被逮捕者应当被迅速地带至司法官员面前,由司法官员来裁决是否需要对其予以一段时间的持续羁押,经司法官员裁决后,被逮捕者可能被继续羁押,也可能被释放。另一方面,逮捕与羁押又紧密联系,逮捕与羁押的分离仅仅意味着逮捕的行为不必然导致持续羁押的状态,而并不意味着逮捕与羁押是两种相互独立的强制措施,可以说,逮捕是羁押必要而不充分的条件,羁押是逮捕可能而非必然的后果。[3] 与国际通行做法不同,我国刑事诉讼中的逮捕既意味着抓捕的行为,也意味着羁押的状态,逮捕并非羁押的前置程序,其本身产生的后果却是羁押。一旦逮捕决定作出,则既应实施抓捕之行为,亦应随之将犯罪嫌疑人予以一段时间的持续羁押。

(二)审前羁押适用的立法规范

根据1996年《刑事诉讼法》的有关规定,审前羁押的适用主要是从条件和程序两个方面予以规范的。在适用羁押的条件方面,只有对有证据证明有犯罪事实,可能判处有期徒刑以上刑罚,且采取取保候审、监视居住尚不足以防止发生社会危险性,而有逮捕必要的,才能决定逮捕。《人民检察院刑事诉讼规则(试行)》第86条又将"有证据证明有犯罪事实"进一步解释为:"(1)有证据证明发生了犯罪事实;(2)有证据证明该犯罪事实是犯罪嫌

〔2〕 参见《辞海》,上海辞书出版社2002年版,第137、281、755、1945页。

〔3〕 参见陈瑞华:《审前羁押的法律控制——比较法角度的分析》,载《政法论坛》2001年第4期。

疑人实施的;(3)证明犯罪嫌疑人实施犯罪行为的证据已有查证属实的。”

在适用羁押的程序方面,除少量由法院直接决定的以外,审前羁押的批准和决定权均由检察机关行使。尽管在立法条文上该权力被表述为“逮捕”决定权,但因其实际上具有羁押的效力,实为“羁押”决定权。该决定得依公安机关请求作出,亦可由检察机关直接作出。公安机关请求检察机关批准羁押的,通常已将犯罪嫌疑人拘留,但仍只需将相关的文书、案卷、证据移送检察机关审查,而无须将犯罪嫌疑人交由检察机关聆讯审查。检察机关通过书面审查,认为符合法定的逮捕条件,即可作出批准逮捕的决定。2010年,最高检察院、公安部联合发布《关于审查逮捕阶段讯问犯罪嫌疑人的规定》,对人民检察院仅通过书面审查决定是否逮捕的审查方式予以修改,要求人民检察院办理审查逮捕案件,必要时应当讯问犯罪嫌疑人,并对应当讯问犯罪嫌疑人的案件范围作了规定。犯罪嫌疑人要求讯问的,一般也应当讯问。对被拘留的犯罪嫌疑人即使不予讯问,也应当审查听取其书面意见。无论经何种审查方式,逮捕决定均既可成为抓捕尚未被拘留的犯罪嫌疑人且将其予以羁押的依据,也可成为对已被拘留的犯罪嫌疑人继续将其羁押的依据。羁押期限由法律预先规定,但是如果案情复杂、案件重大复杂或者存在其他特殊原因从而期限届满不能侦查终结的,经检察机关批准可以再行延长侦查羁押的期限。被羁押人可以申请取保候审,超期羁押的,可以要求解除羁押。检察机关和公安机关发现审前羁押不当的,应当及时撤销或变更;发现超期羁押的,应当对犯罪嫌疑人予以释放或依法变更为其他强制措施。

(三)我国现行审前羁押制度之反思

虽然在立法意图上我国《刑事诉讼法》还是强调应审慎适用审前羁押,但在实践中审前羁押却已然成为对待犯罪嫌疑人的一种常态化处置方式,犯罪嫌疑人解除羁押的请求也很少受到重视。有论者考察后发现:1990 - 2009年的20年间,被公诉的刑事犯罪被告人被检察机关批准逮捕的比例高达94.84%。而2002 - 2009年的8年间,全国检察机关共批准、决定逮捕7024200人,全国法院审理刑事案件被告人判决生效6896571人,逮捕人数超过判决人数,二者之比为1.0185∶1。[4] 这当然有诉讼观念方面的原因,例如对羁押制度功能认识的偏差,尤其是对人权保障功能的忽视,也存在一些利益驱动的因素,但是更为主要的原因还是羁押制度的程序规制存在较大缺陷。概括而言,我国审前羁押制度在程序规制方面的主要不足在于司法审查制度的缺失和司法救济制度的虚无。

一方面,我国现行审前羁押制度没有区分"逮捕"与"羁押","逮捕"本身即意味着羁押,这使得存在于"逮捕"之后、"羁押"之前的防止羁押滥用的司法审查制度在我国无从确立。从国际通行的审前羁押制度来看,为防范对公民人身自由的不必要侵犯,法治发达国家均实行逮捕与羁押分离的制度,从而使得对公民人身自由的剥夺要经令状主义原则和司法审查原则的双重规制。正如日本学者田口守一所指出的,"逮捕前置主义的主要内容,是在逮捕时实施司法抑制,在羁押时也实施司法抑制,即保障双重检查。"[5] 但在我国,逮捕本身就意味着羁押,公安机关在依检察机关的逮捕决定抓捕犯罪嫌疑人后就当然享有对其予以持续羁押的权力,而无须再将犯罪嫌疑人交由检察机关审查,这就使得犯罪嫌疑人丧失了可能重获自由或者被适用非羁押性强制措施的机会,也使检察机关丧失了通过讯问犯罪嫌疑人以发现羁押不当或不必要之情形的机会,从而必然导致羁押适用范围的扩大化。此外,逮捕与羁押不分以及司法审查制度的缺失还使得检察机关在作出逮捕决定的时候易陷入两难境地:不批准逮捕,将可能导致有羁押必要的犯罪嫌疑人因未被羁押而实施妨害诉讼的行为;批准逮捕,因再无通过直接讯问犯罪嫌疑人以确定羁押必要性的机会,可能导致将并无羁押必要的犯罪嫌疑人予以持续羁押。

另一方面,尽管我国1996年《刑事诉讼法》原则上赋予了被羁押人申请取保候审的权利和要求解除超期羁押的权利,但是却没有为其规定实现权利的具体途径,如应当向谁提出申请、申请的效力如何、接受申请者应以何种方式审查该申请、审查后应作出何种处理以及该处理的效力如何等。这

---

[4] 参见刘计划:《逮捕审查制度的中国模式及其改革》,载《法学研究》2012年第2期。

[5] [日]田口守一:《刑事诉讼法》,刘迪、张凌等译,法律出版社2000年版,第54页。

使得被羁押人的救济实际上处于无法可依的状态，也往往导致公安、司法机关对被羁押人的救济请求置之不理，从而迫使被羁押人的亲友等通过“上访”或向新闻媒体披露等途径来实现其目的，使得本应作为法律问题、可以通过司法途径解决的问题，由于司法救济的路径不畅，演变成社会问题甚至政治问题。[6] 同时，1996 年《刑事诉讼法》虽然规定了有关机关发现羁押不当的应当及时撤销或变更强制措施以及发现超期羁押的应当对犯罪嫌疑人予以释放或依法变更为其他强制措施，但同样没有规定具体的复查途径、程序与效力等内容。有论者甚至认为，“从严格意义上讲，我国 1996 年《刑事诉讼法》没有规定任何质疑羁押合法性的条款，也没有确认被羁押者对审前羁押享有司法救济的权利。即在我国根本就不存在审前羁押不合法的问题，只要作出拘留、逮捕决定，法律就推定之后漫长的羁押都是合法的”。[7] 在实践中，检察机关作为法律监督机关，出于清除超期羁押的需要，可能会对羁押案件予以复查，但此种复查多以“专项行动”等方式开展，而没有形成稳定的法律制度。况且，检察机关对于超期羁押的犯罪嫌疑人，除自侦案件或审查起诉阶段自己决定逮捕的以外，并没有直接决定将其予以释放的权力，而只是建议释放，效果难免会打折扣。

二、此次《刑事诉讼法》修订对审前羁押制度的修改

2012 年《刑事诉讼法》修改的亮点之一就是对包括审前羁押制度在内的刑事强制措施进行了较大幅度的修改完善，以满足司法实践的切实需要，因应刑事司法的发展趋势。具体而言，对审前羁押制度的修改主要是从条件限制和程序限制两个方面进行的：

在羁押的适用条件方面，为解决司法实践中对于羁押要件理解和适用混乱的问题，修改后的《刑事诉讼法》将“社会危险性”细化规定为：可能实施新的犯罪；有危害国家安全、公共安全或者社会秩序的现实危险；可能毁灭、伪造、隐匿证据，干扰证人作证或者串供；可能对被害人、举报人、控告人实施打击报复；企图自杀或者逃跑。此外，还将特定重罪以及特定被追诉人列

---

〔6〕 参见陈瑞华：《未决羁押制度的理论反思》，载《法学研究》2002 年第 5 期。

〔7〕 薛竑：《论我国审前羁押的司法救济》，载《当代法学》2006 年第 3 期。

入了逮捕事由,即对有证据证明有犯罪事实,可能判处10年有期徒刑以上刑罚的,或者可能判处徒刑以上刑罚的,曾经故意犯罪或者身份不明的犯罪嫌疑人、被告人,应当予以逮捕。

在羁押的适用程序方面,针对我国当前审查逮捕程序存在的立法缺失以及实践混乱等问题,修改后的《刑事诉讼法》对检察机关审查批准逮捕的程序进行了明确和细化,规定检察机关审查批准逮捕可以讯问犯罪嫌疑人、询问证人等诉讼参与人并听取律师的意见;如果出现对是否符合逮捕条件有疑问、犯罪嫌疑人要求向检察人员当面陈述或者侦查活动可能有重大违法行为的情形,则应当讯问犯罪嫌疑人;如果辩护律师提出要求的,应当听取辩护律师的意见。同时,为避免不必要羁押和超期羁押,检察机关在逮捕后还负有对羁押必要性进行审查的义务,对于不需要继续羁押的,应当建议予以释放或者变更强制措施。

此外,为更好地保障被羁押人的合法权益,防止非法取证、超期羁押等侵犯被羁押人基本人权的行为发生,修改后的《刑事诉讼法》要求逮捕后应立即将被逮捕人送看守所羁押,除无法通知这一情形以外应当在逮捕后24小时以内通知被逮捕人的家属,并且重申了羁押期限届满后犯罪嫌疑人及其法定代理人、近亲属或者辩护人有权要求解除羁押措施。

从修法目的来看,本次《刑事诉讼法》修改试图从条件与程序两个方面强化对羁押适用的规制,以防范不应当或不必要的羁押,在大方向上体现了"非羁押为原则、羁押为例外"的基本理念,也能在一定程度上起到防止羁押泛滥适用的效果。但遗憾的是,修改后的《刑事诉讼法》并未触及审前羁押制度的一些根本性缺陷。首先,并没有改变现行审前羁押制度不区分"逮捕"与"羁押"的基本制度框架,从而也就仍然无从在"逮捕"与"羁押"之间建立有效的司法审查制度。其次,恐怕依旧难以改变当前审查羁押制度中司法救济虚无的现状。一方面,被羁押人请求复查羁押必要性或者申请取保候审的具体途径与程序仍然缺失,羁押救济难的问题难以从根本上得到缓解;另一方面,虽然法律规定检察机关对羁押必要性负有复查的职责,但却没有对检察机关启动复查的条件、期限等作出硬性规定,这很有可能导致检察机关怠于履行此项职责。更为重要的是,法律并没有赋予检察机关在羁押期限届满前能够因羁押之不必要而释放被羁押人的权力，而仅仅规定其具有建议权，即建议予以释放或者变更强制措施的权力，这种建议权在实践中能发挥多大的作用实堪忧虑。此外，针对超期羁押，修改后的《刑事诉讼法》对检察机关纠正超期羁押的具体方式、途径以及效力等依然规定不详，这同样可能导致针对超期羁押的司法救济难以实现。最后，并未解决羁押期限与办案期限混同的问题，对于羁押期限的延长亦缺乏明确的程序控制，从而使得办案机关仅凭办案需要来确定羁押期限的问题难以得到改善。

三、现代审前羁押制度的通行原则

林山田教授指出："强制处分虽然无可避免地限制或者剥夺个人之自由与权利，但并非对于受强制者个人之处罚，而只是为达下列目的之强制措施：(1)确实掌握犯罪嫌疑人或被告，使其确实得以在场，始终参与刑事程序；(2)发掘或保全刑事证据；(3)确保刑事诉讼程序之顺利进行；(4)确保审判结果之执行，以建立刑法与刑事程序之威信。"[8] 羁押系强制措施的种类之一，理当符合强制措施诉讼保障的功能定位，即只能用以保障刑事诉讼顺利进行、排除刑事诉讼不当妨碍。但是，除却诉讼保障之外，强制措施还有另外一个功能当予以特别强调，这就是人权保障。如果以诉讼保障作为强制措施唯一目的的话，就等于默许国家追诉机关可以基于追诉需要而无限制地适用强制措施尤其是羁押性强制措施，因为处于被羁押状态的被追诉人无论是在生理上还是心理上都更易受到控制。审前羁押制度就其本质而言，更是一种保护个人自由免受国家权力不当侵犯的人权保障制度，因此审前羁押制度的科学性关键取决于其是否具备以及充分显现人权保障功能。为实现这一目的，《公民权利和政治权利国际公约》以及法治发达国家的成熟做法均从程序与条件两个方面对审前羁押的适用予以规范与限制，并由此形成了现代审前羁押制度的通行原则。

（一）关于羁押程序规制之原则

从程序角度对审前羁押予以规制的基本原则就是程序法定原则。《公民权利和政治权利国际公约》第 9 条第 1 款规定："人人有权享有人身自由

---

〔8〕 林山田：《刑事程序法》，台湾五南图书出版有限公司 1998 年版，第 170 页。

和安全。任何人不得被任意逮捕或拘禁。除非依照法律所确定的根据和程序，任何人不得被剥夺自由。"根据程序法定原则，适用审前羁押的程序应由法律预先予以明确的规定，只有适格主体严格依照法定的程序，并依正当的理由才能作出羁押的决定。[9] 在程序法定这一总的原则之下，现代审前羁押制度还需遵循三个具体的程序性原则，包括司法授权原则、司法审查原则和司法救济原则。

司法授权原则，亦称逮捕前置及令状主义原则，是防止不应当或不必要之羁押的第一道防线。司法授权原则要求审前羁押必须以取得令状的合法逮捕为前提，且该令状应由中立的司法官签发。很多国家采行羁押中心主义，认为逮捕只是实现羁押的前置程序或必要手段，从这个角度来讲，逮捕前置及令状主义原则也可视为直接针对审前羁押的司法授权原则，尽管这一授权实际上仅仅意味着被授权者能够依此授权逮捕嫌疑人，而并不意味着被授权者依此授权即可对嫌疑人予以持续的羁押。司法审查原则要求被逮捕的人应被迅速地带至司法官员面前，由司法官员亲自聆听其辩解理由，并决定是否应当或需要对其继续羁押。司法审查原则是防止不应当或不必要之羁押的第二道防线。司法救济原则赋予被羁押人向中立的司法官请求终结不适当或不必要之羁押的权利，是防止不应当或不必要羁押的第三道防线。有些国家还规定了司法官员依职权主动进行羁押复查的制度。司法救济当然包括对超期羁押的救济，但更主要的是指在羁押期限以内，司法官员即可依申请或者依职权对羁押的必要性予以复查，并解除不必要的羁押。[10]

（二）关于羁押条件限制之原则

除了从程序上对审前羁押的适用予以规制以外，各国还从限定适用条件入手以防止审前羁押的滥用，而确定审前羁押适用条件的基本原则就是比例原则。比例原则是国家干预公民基本权利时必须遵守的基础性原则，即国家行使权力、干预公民基本权利所使用的"手段"与所欲达到的"目的"之间必须合乎比例。"任何刑事诉讼法典允许的强制措施的合法性，不仅决

〔9〕 参见隋光伟：《羁押属性及适用原则》，载《当代法学》2004年第3期。

〔10〕 参见宋英辉：《完善刑事强制措施的理念与总体构想》，载《人民检察》2004年第14期。

定于任何特定的法律规定，也决定于宪法性的比例原则。在考虑某措施的比例性的时候，必须平衡犯罪的严重性、嫌疑的程度、保护证据或信息的措施可能带来的价值和对所涉及的人带来的破坏或危害等因素。”[11]广义的比例原则一般被认为包括适合性原则、必要性原则与狭义比例原则：适合性原则是指强制措施的适用必须适合或有助于既定目的的实现；必要性原则是指国家机关唯有在无法采取其他更为有效且对公民基本权利限制更少的手段时，方能采取其预先设定的强制措施以实现特定目的；狭义比例原则是指适用强制措施对公民权利所造成的损害，在程度上不应超过其所欲维护的利益。比例原则在肯定国家公权力行使的前提下，通过强调权力行使必须审慎、必要且预先进行利益衡量进而实现法律对基本人权的保障，使得国家权力对公民的干预降至最低限度。[12]

四、我国审前羁押制度的完善

在我国，审前羁押的人权保障功能未得到应有重视，其诉讼保障功能也被异化，使得审前羁押事实上具备了惩罚教育、刑罚预支、证据发现以及犯罪预防等多重功能。[13] 司法实践中发生的以押代侦、公捕大会、超期羁押以及看守所深挖余罪等行为就是对上述功能异化的生动注脚。因此，要完善我国审前羁押制度，降低审前羁押适用比例，就必须首先从功能定位上使得羁押强制措施回归为诉讼保障和人权保障。此外，修改后的《刑事诉讼法》虽然试图在审查批准逮捕程序中引入犯罪嫌疑人、证人、辩护律师等多方诉讼参与人以保证羁押适用的审慎，但逮捕和羁押混同这一问题的症结仍未能得到彻底改变。笔者认为，逮捕和羁押是不同的强制措施，具有不同的法律后果，适用不同的诉讼情形，未来应当从根本上对我国审前羁押制度进行改革，将逮捕与羁押予以明确区分，实现逮捕和羁押相分离，将逮捕定位为羁押的前置程序，实行“逮捕前置主义”，继而设置独立的羁押审查程序，以

[11] 宋冰：《美国与德国的司法制度及司法程序》，中国政法大学出版社 1998 年版，第 384 页。

[12] 参见林钰雄：《刑事诉讼法》（上册、总论编），中国人民大学出版社 2005 年版，第 233 页。

[13] 参见卞建林：《我国刑事强制措施的功能回归与制度完善》，载《中国法学》2011 年第 6 期；刘计划：《逮捕功能的异化及其矫正——逮捕数量与逮捕率的理性解读》，载《政治与法律》2006 年第 3 期。

控制羁押的适用。这种以逮捕为前置程序的羁押制度，一方面能够适当放宽逮捕的适用条件和程序，以满足侦查机关侦查犯罪的现实需要；另一方面则能够更加严格羁押的适用条件和程序，通过强化羁押的司法审查来规范和控制羁押措施的适用。在此基础之上，本着现代审前羁押制度的通行原则，笔者对完善我国审前羁押制度提出如下设想：

（一）坚持检察机关的审查主体定位

在我国，由检察机关对审前羁押的必要性进行审查，在理论上不存在问题，亦不违反《公民权利和政治权利国际公约》的基本要求，并且司法实践操作起来切实可行。一方面，由检察机关担任羁押审查主体，符合我国《宪法》关于检察机关享有逮捕批准权的规定，对《人民检察院组织法》、《刑事诉讼法》等法律规定以及整个国家刑事法律制度的变动与冲击都是最小的；另一方面，检察机关具有专门负责审查批捕的机构和人员，在组织机构、人员配备、工作经验等方面都有进行羁押审查的良好基础。此外，侦查监督权与公诉权分别由检察机关不同部门行使，这在一定程度上也解决了具有人身保护性质的批捕审查权与具有追诉性质的公诉权的冲突问题。[14]

（二）完善羁押审查程序

基于逮捕和羁押相分离的设想，审前羁押的审查与批准应当包含三个方面的内容：首先是对逮捕的审查批准。检察机关在收到公安机关的逮捕申请之后，应当对犯罪嫌疑人是否符合逮捕要件进行书面审查。经审查决定批准逮捕的，检察机关应当签发逮捕令状并交由公安机关执行，逮捕的令状应当明确被逮捕人、逮捕事由和执行时间等。其次是逮捕后对被逮捕人是否予以羁押的审查。公安机关逮捕犯罪嫌疑人之后，认为需要对其予以羁押的，应当在逮捕之后的法定时间内（如 24 小时）向检察机关提出羁押申请。检察机关应当对羁押的事实依据、法律依据和羁押必要性进行审查。羁押审查应当以聆讯的方式进行，检察机关应当告知犯罪嫌疑人所涉嫌的犯罪事实以及罪名，告知其有权委托律师作为辩护人。审查时应当讯问犯

---

〔14〕 参见吴孟栓：《论侦查权与法律监督》，载孙谦、刘立宪主编：《检察论丛》（第 2 卷），法律出版社 2001 年版，第 212 页。

罪嫌疑人并听取其辩护律师的意见,可以要求办理案件的侦查人员到场说明情况,陈述羁押的理由与必要性。检察机关经审查后,应当根据具体情况作出批准羁押、不批准羁押或者予以取保候审、监视居住等决定。最后是羁押后对羁押必要性的审查。检察机关批准羁押之后,仍应当定期对羁押的必要性进行审查,对于因情况变化而不需要继续羁押的,应当及时解除羁押措施;需要采取其他强制措施的,亦应作出相应决定。

(三)厘清羁押期限

检察机关批准羁押的,应当签发羁押证并载明羁押期限。羁押期限即将届满,公安机关认为有继续羁押之必要,需要延长羁押期限的,应当在期限届满7日前向检察机关提交延长羁押的申请,检察机关决定延长羁押的,同样应当载明延长期限。如果羁押期限届满且公安机关没有向检察机关申请延长羁押或者申请未被检察机关批准的,应当及时解除对犯罪嫌疑人的羁押。当前,我国司法实践中检察机关纠正超期羁押主要采取侦查监督的方式进行,这种做法与宪法和法律赋予检察机关的职权不相符。根据《宪法》第37条的规定,检察机关享有对逮捕的批准和决定权,而公安机关只有逮捕执行权,即在任何情况下,公安机关都不享有决定逮捕的权力。犯罪嫌疑人之所以处在羁押状态下,完全是基于检察机关批准逮捕权的效力所在,即犯罪嫌疑人因检察机关批准而被羁押。如果羁押期限届满且又未获延长,则检察机关的批准逮捕权至此即告效力终结,再无法定理由或法定授权对犯罪嫌疑人继续羁押,因而只能解除其羁押状态。同理,羁押期间检察机关通过羁押必要性审查认为不应当继续羁押的,应当直接解除羁押措施而非仅仅建议予以释放,这是检察机关批准逮捕权的应有内容。关于羁押期限的另一问题就是将羁押期限与办案期限予以混同,从而导致羁押期限随着办案期限的延长而延长。[15] 羁押期限与办案期限是两个性质不同的概念:前者着眼于是否存在羁押事由,一旦羁押事由不复存在则羁押期限即行届满,而不论案件办理是否结束;后者则是公安司法机关办理刑事案件的期

---

〔15〕 参见陈永生:《未决羁押制度的困境与出路》,载陈瑞华主编:《未决羁押的实证研究》,北京大学出版社2004年版,第48页。

限总和,包括侦查、审查起诉以及审判期限。

(四)强化羁押救济程序

我国尚不存在完全意义上的羁押救济程序,仅规定被追诉人及其法定代理人、近亲属或者辩护人有权申请变更强制措施,以及对于超期羁押有权要求解除强制措施,这不仅在司法实践中收效甚微,更与国际通行的做法存在很大差距。“宣布基本权利的存在是一回事,保证防止发生侵犯这些权利的行为或对之进行惩罚,则是另一回事。因此,必须设立具有强制力的机构,而且必须保证受害一方随时可以得到它的保护。”〔16〕笔者认为,应当借鉴我国台湾地区针对羁押设置的“准抗告”制度,建立对羁押决定的救济程序。〔17〕检察机关批准羁押而被羁押人不服该决定的,有权向上一级检察机关提请复核,上一级检察机关应当立即复核并作出是否变更的决定,维持羁押决定的应当告知被羁押人理由。羁押期限尚未届满,但是被羁押人认为羁押事由已经消灭的,有权请求检察机关再行对羁押必要性进行审查并作出是否继续羁押的决定。羁押期限届满后仍处于羁押状态的,被羁押人及其近亲属以及辩护人有权要求羁押执行机关立即解除羁押措施;羁押执行机关拒不解除的,检察机关应当命令其解除,并视情形对超期羁押的违法行为作出相应的处理决定。

(五)丰富羁押替代措施

观察我国现行的强制措施体系,可以发现一个特点,就是羁押替代措施过于薄弱,公安、司法机关除羁押与释放被追诉人之外并不存在更多的选择空间:拘传主要用以强制被追诉人到案接受讯问,拘留则主要适用于案情紧急的现行犯和重大嫌疑分子,取保候审相对适用较多但现实约束力不强,监视居住难以执行且易于演变为变相羁押。羁押替代措施不足往往导致公安、司法机关在审前程序中选择强制措施时面临困境:选择现有的一些非羁押性强制措施往往不能有效保障刑事诉讼的顺利进行,选择羁押性强制措施虽然能够实现对被追诉人的充分控制但是又显得过于严厉。诸多权衡之

〔16〕[英]彼得·斯坦等:《西方社会的法律价值》,王献平译,中国法制出版社2004年版,第216页。

〔17〕参见林钰雄:《刑事诉讼法》(上册、总论编),中国人民大学出版社2005年版,第296页。

下，显然后者对于公安、司法机关而言是更为现实的选择，这也是造成我国司法实践中审前羁押率过高的一个重要因素。未来在对现有羁押替代措施加以修改完善的基础之上，也应当积极借鉴国外的经验创设其他限制人身自由程度不同、轻重有别的羁押替代措施，如定期报告行踪、限制从事特定活动、强制接受医疗检查与治疗等，并实现羁押替代措施的权利化改造，即除法律规定的特殊情形以外，被追诉人都有权向公安司法机关申请适用取保候审等羁押替代措施以不受羁押。[18]

〔18〕 参见孙长永：《比较法视野中的刑事强制措施》，载《法学研究》2005年第1期。

第九章 涉罪未成年人审前非羁押支持体系实证研究*

宋英辉 上官春光 王贞会**

随着我国经济社会快速发展,人口流动日益频繁,外来人员犯罪成为司法实践中面临的突出问题,在东部发达地区尤为严重。对于涉嫌犯罪的外来人员,即便符合法定的取保候审或者监视居住条件,由于他们往往无法提供适格的保证人且交不起保证金,实践中办案机关倾向于采取逮捕措施,造成大量涉嫌犯罪的外来人员在审前被羁押。其后果是,既侵害了外来人员获得平等保护的权利,也容易造成被羁押人员交叉感染,不利于对他们的矫治帮教和促其复归社会,还会导致司法成本的大幅增加。与成年人相比,未成年人身心尚未发育成熟,在思维观念和行为模式上容易受到外界因素的干扰。对涉嫌犯罪的未成年人(以下简称涉罪未成年人[1])适用逮捕措施,可能带来的负面影响更加严重。他们更容易受到其他犯罪嫌疑人、被告人的感染,如果犯罪后不加以有效疏导,往往难以正确认识自身行为的危害性;而一旦中断学业和工作,复归社会可能遇到更多障碍。针对未成年人适用强制措施存在的诸多问题,各地司法机关不断创新未成年人办案工作机制,积极探索扩大对涉罪未成年人适用非羁押措施的做法,并积累了一定经验。非羁押措施的主要做法是,将爱心企业、学校、敬老院等机构或组织作为

---

* 本文原载《政法论坛》2014 年第 1 期。

** 作者简介:宋英辉,北京师范大学刑事法律科学研究院教授、博士生导师;上官春光,法学博士,国家检察官学院副教授;王贞会,法学博士,2011 计划司法文明协同创新中心副教授,中国政法大学诉讼法学研究院副教授。

〔1〕 在实践中,一些涉嫌犯罪的年满 18 周岁的在校学生也参照涉罪未成年人的规定处理。

审前非羁押的社会支持机构，建立“观护基地”或“观护工作站”[2]，由其为在本地不具备取保候审条件的涉罪外来未成年人提供食宿、工作、教育培训条件和保证人。在取保候审期间，基地负责对观护对象进行监督管理，包括安排学校学习、提供力所能及的工作机会、进行技能培训、心理辅导，帮助他们确立积极的生活理想和人生目标，并保有一技之长。观护结束后，由基地对观护对象在基地期间的表现出具情况证明，提供给办案机关。人民检察院决定不起诉、人民法院确定刑期或者刑罚执行方式时，须将该情况证明作为考量因素。其后，这一机制也适用于不能提供保证人又不能交纳保证金的本地未成年人。

未成年人有其自身特点，在办理未成年人刑事案件时更应该注重教育、感化和挽救。对于未成年人刑事案件，不仅要在实体刑罚上体现区别对待原则，而且在诉讼程序上也应有所区别。刑事诉讼法确立了未成年人刑事诉讼程序的教育、感化、挽救方针和教育为主、惩罚为辅原则，规定对未成年犯罪嫌疑人、被告人应当严格限制适用逮捕措施。这意味着，对未成年犯罪嫌疑人、被告人，应当坚持以非羁押为原则，以羁押为例外。此外，刑事诉讼法区分取保候审和监视居住的适用情形，将监视居住定位为逮捕的替代措施，明确采取逮捕措施的具体情形，增加逮捕后羁押必要性审查等内容。这些规定为扩大涉罪未成年人审前非羁押提供了法律依据。

为了及时总结实践经验，评估实践效果，发现其中存在的问题，更好地贯彻落实刑事诉讼法关于对涉罪未成年人严格限制适用逮捕措施的规定，我们于2010年5月到2011年10月共历时18个月，对实践中通过建立“观护基地”来扩大未成年人审前非羁押的做法作了全面系统的调查研究。

一、调查地点与研究方法

（一）调查地点概况

我们主要在S市、J省W市和J省C市作了调查。

1. S市

依托社会观护体系对涉罪未成年人适用非羁押措施是S市创新未成年

---

[2] 有的地方叫作“观护基地”“管护基地”“关护基地”，并无本质区别。本文统称为“观护基地”，同时基于研究资料的原始性考虑，在介绍各调查地点时使用其特定名称。

人刑事司法工作机制的重点环节之一。2003 年 5 月,M 区检察院在 S 市率先启动未成年人取保候审社会观护体系的探索。2004 年 10 月,M 区未成年人社会观护体系工作总站揭牌成立,2005 年将这一工作机制由审查起诉阶段向前延伸至侦查阶段。[3] 2007 年 4 月,M 区检察院与区公安分局、区社工站会签《关于加强对涉罪未成年人教育考察及衔接工作的规定》,形成由相关职能部门参与,依托 1 个未成年人社会观护总站,以全区 13 个社工点为工作载体,以 85 名青少年事务社工为主要力量,以居住在本区的涉嫌违法犯罪的未成年人为观护对象,侧重对涉嫌违法犯罪的外来未成年人进行观护的维权帮教网络。社会观护体系建立后,M 区涉罪未成年人被取保候审的数量大幅提升,由 2004 年的 23 人升至 2008 年的 61 人,增幅达 165%。外来未成年人在取保候审总人数中所占的比例逐步提高,从 2004 年的 17.4% 升至 2008 年的 65.6%,2009 年为 76.9%,2010 年达到 90%。取保候审期间脱保、重新犯罪的未成年人,由 2005 年到 2006 年的 17 人降至 2007 年的 5 人,2008 年以后无脱保、重新犯罪现象发生。到 2010 年 12 月,S 市 18 个区县均建立了各自的社会观护体系。

2. J 省 W 市

2008 年 8 月,J 省最先在 W 市区内尝试建立涉罪外来未成年人观护基地的做法,随后逐步推广到 W 市其他区县,[4] 观护对象也扩大至全部涉罪外来人员,及部分符合取保候审条件但无法提供保证人和保证金的本地涉罪人员。2010 年 9 月,W 市成立涉嫌犯罪外来人员管护教育基地工作领导小组,[5] 负责协调管护教育基地的相关工作。领导小组在 W 市检察院下设办公室,负责处理和协调管护教育基地的日常工作。大多区县也设立了各自辖区内的管护教育基地工作领导小组,统一负责本辖区内的管护教育工

〔3〕 截至 2010 年年底,共有 29 名被取保候审的涉罪未成年人在侦查阶段被纳入观护体系。

〔4〕 有的叫"关护基地",有的叫"管护基地",大多出台了专门的规范性文件。例如,W 市 B 区先后出台了《关于建立关护教育基地平等保护涉罪外来人员取保候审权利的工作意见》《关于成立涉罪外来人员关护基地领导小组的决定》《关于建立首批涉罪外来人员关护基地的决定》《外来人员关护基地工作实施细则》等。

〔5〕 领导小组由社会治安综合治理委员会、人民法院、人民检察院、教育、公安、民政、司法行政、财政、人力资源和社会保障、共青团、妇联、关工委等 12 家单位负责人组成。

作。截至2011年8月,W市已经建成管护教育基地55个,其中民营企业42家、社区6个、社会福利机构(敬老院)7家,包括被取保候审、被不起诉和判刑后社区矫正等各类涉罪人员共239人曾经或者正在管护教育基地接受支持、帮教和矫正,其中未成年人55名。

3. J省C市

C市检察院于2007年底开始探索以"企业帮护"模式扩大对涉罪未成年人适用非羁押措施的做法。2008年底,专门针对未成年犯罪嫌疑人的"德春青少年帮护基地"在C市X区成立。2010年,观护基地工作机制在C市全面铺开,各区县检察院与区政法委、法院、公安局、司法局、关工委等部门组成工作领导小组,有的区县制定了专门的规范性文件。[6] 截至2011年6月,C市已经建成17个观护基地,包括国有企业、民营企业、社区等,有的针对涉罪未成年人,有的针对涉罪外来人员,有的针对女性涉罪人员。据统计,2010年C市89人进入基地接受帮教,其中未成年人29名,多为外来未成年人。

(二)研究方法

1. 问卷调查。调查共发放问卷300份,收回有效问卷253份,回收率为84.3%。其中,警察与检察官问卷87份、审判人员问卷58份、保证人问卷38份、未成年人问卷43份。

2. 访谈。对参与观护基地工作的办案人员、保证人及作为观护对象的涉罪未成年人进行了集中访谈和个别访谈。集中访谈16次;个别访谈51人次,其中警察和检察官14人次、法官4人次、保证人15人次、涉罪未成年人18人次。

3. 文献分析。对调查过程中收集到的文献资料进行了整理、分析,其中包括:各地制定的规范性文件;试点单位存留的个案档案;反映试点动态与发展的简报、总结性文件;典型案例案卷;其他研究成果。

---

〔6〕 例如,C市J市制定了《关于建立管护教育基地保护涉罪未成年人取保候审权利的工作意见》《涉罪未成年人管护教育基地工作实施细则》《办理涉罪未成年人入驻管护教育基地工作流程》等。

二、运行状况

建立观护基地，旨在完善审前非羁押的社会支持机制，探索对涉罪未成年人扩大适用非羁押强制措施的新路径。根据调查显示，实践中观护基地运行状况如下。

（一）观护基地的类型

按照限制自由程度的不同，观护基地分为开放式和半开放式两种。开放式的观护基地，观护对象可以自由出入基地，但需要遵守基地相关纪律。S市采取开放式。半开放式的观护基地，观护对象在基地期间原则上不得离开观护基地而外出活动；若有事确需外出，应经批准。实践中多数地区采取这种类型。根据调查，J市除有半开放式基地以外，也建立了开放式的"关爱教育基地"。这种区分情况而实行不同程度的限制人身自由的观护方式，为探索多元化的监视居住、取保候审的执行方式提供了实践样本，也为我国建立强制程度不同的层级式非羁押措施体系提供了有益经验。

按照监督方式的不同，可以将观护基地分为集中监督式和个别监督式两种。集中监督，是指将若干观护对象安排在一个基地进行监督，统一集中安排住处；个别监督，是指基地分别指定不同的保证人对观护对象进行一对一的监督，并对其身份保密。在个别监督的情况下，不仅一般员工不了解他们的身份，观护对象之间也不知悉彼此身份。除S市以外，其他调查地区普遍采取集中监督的方式。

按照是否采取分类监管，可以将观护基地分为分类式和非分类式两种。分类式的观护基地，按照性别、是否成年或者其他可区分标准，将观护对象放在适宜其自身特点的基地，并采取有针对性的观护方法进行监督帮教。这种方式是随着实践探索而逐步发展起来的，S市、C市、J市的部分基地采取了该方式。非分类式的观护基地，不对观护对象进行区分而置于同一基地，并采取相同的观护方法进行监督帮教。

（二）适用条件

为促使非羁押措施与观护体系的有效衔接，各地普遍规定了进入观护基地的条件。根据调查显示，各地对进入观护基地的条件设置有所差异，有的将进入观护基地的条件与取保候审的条件加以区分，必须同时满足进入观护基地和取保候审两方面的条件方可;有的则将二者合并,符合进入观护基地的条件则可以适用取保候审。

S市采取的是两步走模式。首先办案机关对涉罪未成年人采取取保候审,然后再将被取保候审人纳入观护体系。因此,进入观护基地的条件与取保候审的条件是分别规定的,且不完全相同。[7] 相反,W市则将进入观护基地与取保候审的条件合二为一。涉罪未成年人符合观护教育条件的,则由办案机关对其办理取保候审手续,并将其纳入观护基地接受监督管理。[8] C市观护基地的做法大体上与W市一致,未明确区分进入观护基地与取保候审的条件,符合进入观护基地条件的,也就表明可以对涉罪未成年人适用取保候审。

虽然各地进入观护基地的条件不尽相同,但内容基本一致。归纳来看,各地对可以进入观护基地执行非羁押措施的情形主要包括:(1)初犯、偶犯、过失犯罪的;(2)共同犯罪中的从犯、被教唆犯;(3)属于犯罪预备、犯罪中

---

〔7〕 例如,S市M区检察院与区公安分局会签的《关于对未成年犯罪嫌疑人慎用羁押性强制措施的若干规定(试行)》,从两个方面规定了对未成年犯罪嫌疑人适用非羁押措施的条件。第一,对未成年犯罪嫌疑人可不适用羁押性强制措施的情形,主要包括:(1)主观恶性较小的初犯、偶犯,过失犯罪的;(2)属于犯罪预备、犯罪中止、犯罪未遂或防卫过当、避险过当的;(3)共同犯罪中的从犯、胁从犯、被教唆犯;(4)犯罪后具有自首情节或有立功表现的;(5)到案后如实供述犯罪事实并积极退赃或赔偿损失的;(6)得到被害人谅解并可能达成刑事和解的;(7)具有其他轻微情节的。第二,适用取保候审、监视居住等非羁押强制措施的条件,主要包括:(1)未成年犯罪嫌疑人在沪有固定住所或相对固定的学习、就业场所;(2)有合适的保证人或有能力提供合适的保证金;(3)本人有悔改表现,其家庭、学校或所在社区、居民委员会、村民委员会、企事业单位、社会团体等具有监护、帮教条件的;(4)不致再危害社会并能保证诉讼正常进行的。相应地,进行社会观护需要具备的条件则规定在《关于建立M区未成年人社会观护体系的实施意见》中。根据规定,可以纳入社会观护体系的对象包括:(1)涉嫌犯罪且符合取保候审条件的本区"三失"(失学、失业、失管)未成年人;(2)涉嫌犯罪且符合取保候审条件的暂住在本区的外省市籍未成年人;(3)其他符合观护条件的未成年人。由此可见,取保候审与观护的条件并不相同,能够被取保候审的涉罪未成年人不一定都进入观护体系。

〔8〕 例如,W市《涉嫌犯罪外来人员管护教育基地工作条例》规定,涉嫌犯罪的外来人员可能被判处3年以下有期徒刑刑罚,无逮捕必要,无法提供保证金或者保证人保证,符合除保证以外的其他取保候审条件,并且具有下列情形之一的,可以申请进入管护教育基地:(1)初犯、偶犯、过失犯罪的;(2)从犯、胁从犯;(3)犯罪预备、中止、未遂的;(4)防卫过当或者紧急避险过当的;(5)犯罪后自首或者有立功表现的;(6)犯罪情节轻微,有悔过表现,积极退赃、赔偿,并且取得被害人谅解的。因此,涉罪未成年人符合进入观护基地条件的,也就意味着可以被取保候审。

止、犯罪未遂或防卫过当、避险过当的；(4)犯罪后自首或有立功表现的；(5)犯罪情节轻微，有悔过表现，积极退赃或赔偿损失的；(6)得到被害人谅解并可能达成刑事和解的。

(三)进入观护基地前的风险评估

经调查发现，各地大都规定了进入观护基地之前对涉罪未成年人的风险评估。有的地区将风险评估延伸至对已被羁押的未成年人是否具有继续羁押必要性的评估。

S 市对涉罪未成年人实施动态风险评估。一是将风险评估推进至侦查阶段；二是引入了多次评估的做法。侦查阶段进行风险评估之后，在检察机关审查批捕和审查起诉阶段分别进行再次评估，目的是掌握涉罪未成年人风险度的动态变化，以便及时变更为其他强制措施。例如，M 区检察院区分审查批捕和审查起诉阶段分别制作了《未成年犯罪嫌疑人非羁押措施可行性评估表》和《未成年犯罪嫌疑人继续羁押必要性评估表》。前者适用于审查批捕阶段，包括犯罪行为、个人情况、家庭情况和保障支持等四项评估内容，下设犯罪类型、责任年龄、监管情况、学校教育等 26 项评估因素。后者适用于审查起诉阶段，包括犯罪行为、个人情况、家庭与保障支持等三项评估内容，下设漏罪或重新犯罪、刑事和解及赔偿、监管情况等 20 项评估因素。此外，M 区检察院还制作了《未成年犯罪嫌疑人非羁押措施风险跟踪评估表》，以强化对观护对象在观护期间的非羁押措施风险变化情况进行及时跟踪评估。从 2011 年开始，S 市进一步推进涉罪未成年人适用非羁押措施的改革探索，要求对涉罪未成年人决定取保候审和进行观护，要听取包括办案人员、被害人及其诉讼代理人在内的诉讼各方意见，以增加风险评估的客观性。

根据 W 市的有关规定，涉罪未成年人进入观护基地需要经过告知、申请、风险评估、审批决定等环节。办案机关在接到涉罪未成年人申请后启动风险评估程序。风险评估的内容包括社会调查和法律评估两个方面。社会调查主要是对其家庭情况、个性特点、一贯表现、管护教育条件、再犯可能性等进行调查，由司法行政机关协助办案机关完成；法律评估根据涉罪未成年人的申请理由，侧重于对涉嫌犯罪的社会危害性、人身危险性、是否会妨害诉讼进行、犯罪事实是否已经查清、可能判处的刑罚等进行评估，主要由办案机关来负责完成。办案机关根据风险评估的情况，提出是否同意涉罪人员进入观护基地的建议，报领导小组办公室批准。

C市进入观护基地前的风险评估与W市较为接近，有的地区在风险评估的内容上略有差别。例如，X区主要围绕“是否影响诉讼顺利进行、是否会重新犯罪、是否有条件帮教”三项内容，从“基本情况、品行表现、悔罪表现、帮教条件”四个方面进行评估。有的地区规定对涉罪未成年人在决定取保候审和进入观护基地之前必须进行两次风险评估。例如，T区对涉罪未成年人的风险评估程序是：首先，对涉罪人员适用取保候审开展必要的调查评估，要求案件承办人从犯罪的社会危害性、人身危险性、是否会妨害刑事诉讼的正常进行、犯罪事实是否已经全部查清、犯罪嫌疑人可能被判处的刑罚等方面进行审查评估，按照高、中、低三种风险进行综合评估，高风险批准逮捕，低风险不予批准逮捕，中风险经部门负责人审核后报分管检察长决定；其次，本着自愿原则，由本人提出申请，未成年的须征得其监护人同意，并在接到申请后，启动入驻观护基地前的调查评估程序。由领导小组办公室从涉罪人员的年龄、成长经历、家庭情况、性格特点、作案动机等方面，对涉罪人员进行风险评估，确保在管护期间不具有社会危险性。某些涉罪未成年人被取保候审后也可能不能进入观护基地。

综合来看，试点地区均积极推行严格的风险评估程序，在评估过程中力求详尽考察各种风险因素，这不仅有助于取保候审的正确适用，也有利于非羁押措施与观护体系的良性衔接。

（四）提供保证人或保证金

有合适的保证人或者交纳保证金是对涉罪未成年人适用取保候审的前提。经调查发现，各地在探索中均强调观护基地对适用非羁押措施的支持作用，借助观护基地作为取保候审的社会支持机构，为那些无法提供合适的保证人且交不起保证金的人提供保证条件。有的由诉讼外第三方代为交纳保证金，有的由观护基地提供保证人，尽可能对涉罪未成年人适用非羁押措施。

对于涉罪未成年人无法提供合适的保证人且不能交纳保证金的情形，

S 市检察机关尝试了“第三方担保”模式，即由爱心企业、社会团体作为诉讼外第三方代为交纳保证金，以扩大对涉罪未成年人适用非羁押措施。

在 W 市和 C 市，涉罪未成年人无法提供保证人又交不起保证金的，可以由观护基地指定合适的人担任他的保证人，由保证人来履行对观护对象在取保候审期间的监督和及时报告义务。保证人通常是观护基地的领导、保卫部门的负责人或员工，有的是观护基地的普通员工。基地设在学校的，通常由涉罪学生的班主任或辅导员担任保证人。一般情况下，保证人还要负责对涉罪未成年人进行监督教育和传授劳动技能。

在观护基地里，保证人与观护对象主要是一种监督教育的关系。保证人对涉罪未成年人进行监督教育通常采取思想汇报、工作交流、心理辅导、学习教育等方式。在访谈中，多数保证人认为比起严格的取保候审监管措施，这些有针对性的监督教育方式能够使保证人与观护对象更好地沟通交流，对观护对象的教育效果往往也更好。实践中，保证人并没有因为自己无须承担不利后果而疏于对观护对象的监督和教育，观护对象也比较愿意接受保证人的监督教育，双方关系比较融洽。根据访谈，大多数保证人都乐于担当这一职责，而且能尽职尽责地履行相应义务。有的保证人还尝试通过多样化方式增进与观护对象的交流与沟通。例如，同吃同住、一起参加劳动、举办文艺晚会等。

（五）对涉罪未成年人进行监督教育

观护基地不仅为涉罪未成年人提供住宿和基本生活条件，还要对其进行监督教育。经调查发现，有的地区保证人与对观护对象实施监督教育、心理辅导的人是同一人，有的地区由不同人员担任。观护基地的功能包括以下方面：

1. 根据情况适当约束观护对象的活动范围

为便于对涉罪未成年人进行监督，防止观护对象在基地期间脱逃或再次违法犯罪，各地通常对观护对象的活动范围施加一定约束。有的要求不得离开所居住的区县，如 S 市；有的要求不得离开观护基地，如 W 市和 C 市。因正当事由确需离开的，必须提前向保证人或观护基地请假，并征得执行机关的同意。大部分观护基地都对观护对象的请假、销假等制作了格式化文件进行规范管理。如果观护对象没有按时返回基地,保证人或观护基地要及时报告执行机关。在J市,有完全开放式的观护基地,观护对象基本上是自由的。经调查发现,多数观护对象都能认真遵守观护基地的管理规定,只有个别观护对象存在违反规定的情形。例如,在批准的假期结束后,未能按时返回基地。违反规定情节较轻的,通常会被责令具结悔过,写出书面检讨;情节严重的,由办案机关依法作出相应处罚或变更强制措施。

2. 定期进行思想汇报

思想交流和沟通是观护基地对涉罪未成年人进行监督教育的一种方式。未成年人的思想观念不够稳定,波动性较大,各地尝试以思想汇报的方式及时掌握涉罪未成年人的思想动态,以便顺利实现监督教育目标。

在S市,观护对象接受监督教育的时间通常为3到6个月,负责教育工作的社工每个星期都要与涉罪未成年人面谈一次,每次时间为1到2小时;每两个星期让观护对象提交一次书面的思想汇报,社工负责审阅和点评。在J市,通常要求观护对象每3天记录一次工作或学习体会,每10天提交一份综合情况的详细记录,负责对观护对象进行教育的人定期查看记录,并写出评阅意见或个人看法,利用这种方式与观护对象进行思想交流。评阅意见的内容主要包括:(1)写出肯定和鼓励意见;(2)指出涉罪未成年人的错误认识;(3)解释某些社会现象;(4)解答问题的同时也提出某些问题;(5)在饮食、保暖、健康等方面进行关心和问候;(6)提出进一步的要求;(7)标出错别字。听取或查看观护对象的思想汇报是管护教育小组[9]全面了解涉罪未成年人思想动态的途径。在访谈过程中,多数保证人也反映,听取或查看思想汇报(日记)是了解观护对象思想状况的主要方式,也是进行监督教育的重要形式。经调查发现,J市检察院还在积极探索新的监督教育措施,推动监督教育方式的多样化。2011年,J市检察院与J市共青团市委联合,组织观护对象参观革命烈士纪念园等爱国主义教育基地,通过参观学习进行思想教育。同时,J市检察院还把观护基地作为检察院青年干警进行社会实践

〔9〕 管护教育小组一般由办案人员、观护基地所在街道的综治办、司法所工作人员、观护基地负责人和保证人组成。

的基地，全院青年干警利用业余时间与观护对象进行面对面交流，积极参与对观护对象的监督教育工作。

3. 开展心理咨询和辅导

大多观护基地都很重视对观护对象的心理咨询和辅导，有的把心理咨询和辅导作为观护工作中的必备环节。自2004年起，C市所辖的L市检察院启动对涉罪未成年人的心理咨询和辅导工作，着重对有心理疾病的涉罪未成年人进行心理辅导，2010年后，心理辅导工作走向专业化、规范化。借助《犯罪嫌疑人心理测试——个性分测验》《明尼苏达多相人格测定》等专业软件，对涉罪未成年人的气质类型、性格特点、自控能力及智力能力作出科学分析和评价。对于有心理疾病的观护对象，针对其社会背景、成长经历等具体情况，挑选合适人员与其交流，通过深度沟通消除其心理疾病，促使其从内心深处真诚悔改，复归社会。[10] 调查还发现，一些观护基地通过与周边学校合作，建立"校基联培"模式，由学校的心理老师对观护对象进行心理辅导，有的则聘请职业心理咨询师对观护对象进行心理辅导。

4. 进行法制教育

调查发现，文化程度低、法制意识淡薄与未成年人犯罪紧密关联。试点地区把开展法制教育作为增强涉罪未成年人法制意识的重要途径。在W市C区，管护教育小组每周至少为观护对象上一堂法制课，目的是普及法律知识，增强守法意识，避免"二次犯罪"。法制课由检察机关承办案件的办案人员负责组织。C市Q区建立了"帮教导师制度"，由承办案件的办案人员担任涉罪未成年人的个人指导老师，实行"一对一"的法制教育。教育方式包括面谈、电话、网络视频、QQ聊天、电子邮件等。

5. 开展劳动技能培训

观护基地通常根据观护对象的性别、年龄及个体兴趣等方面的差异，选择和安排适当的技能培训。培训内容主要包括安全生产常识以及劳动生产技能，目的是使观护对象掌握一定的劳动技能，提高其回归社会后的生存能力。调查发现，有的观护基地对观护对象发放适当的生活补贴，有的观护基

〔10〕 截至调查时，L市观护基地接收的6名观护对象中无一人重新犯罪。

地对观护对象与正式工人一样,同工同酬。[11]

随着观护基地实践探索的不断深入,劳动技能培训的方式也在不断创新和发展。调查发现,J市检察院对原有的观护基地教育培训模式进行了拓展。请职业学校参与对观护对象的教育培训活动,通过与厨师学校或其他技校合作共建,请职业学校对观护对象进行职业培训。职业学校的参与,使得对观护对象的劳动技能培训更具专业性和实用性。

(六)出具情况证明

涉罪未成年人进入观护基地后,基地通常都会对观护对象独立建档。帮教人员会填写跟踪考察表,定期记录观护对象的活动和教育内容。观护结束后,观护基地要针对涉罪未成年人在观护基地的表现作出情况证明。情况证明可能会对案件处理产生一定影响。其主要包括三种情况:(1)在公安机关移送审查起诉时将情况证明提交检察机关,为是否作出起诉决定提供参考。尤其是在检察机关作出酌定不起诉决定时,该情况证明往往成为评估犯罪嫌疑人社会危险性的重要参考。(2)在检察机关提起公诉时把情况证明随案移送法院,作为对涉罪未成年人定罪量刑的参考。(3)在提供书面情况证明的基础上提出量刑建议,作为法院量刑的参考。

C市T区法院与新希望社会实践基地建立起联合工作机制,构筑审判前考察和审判后观护两项措施,以扩大对涉罪未成年人进行观护教育的空间。对于法院拟判处非监禁刑的未成年被告人,发出"判前观护通知书",送交新希望社会实践基地进行观护,并定期到基地了解情况,将观护基地的考察报告作为量刑的依据之一。法院对未成年被告人依法判处非监禁刑后,向其发出"判后观护通知书",送交新希望社会实践基地进行观护。法院定期到基地与观护对象开展谈心活动,了解观护对象的思想状况和学习、工作、生活情况,帮助观护对象回归社会。

(七)进入观护基地案件的办案期限

各地都对进入观护基地的案件规定了较短的办案期限,以求加快案件

---

〔11〕 例如,C市X区"德春基地"对进入该基地的观护对象,均根据相应的工作岗位来发放报酬,与其他工人一样。

处理的速度。以W市C区为例，对进入观护基地的未成年人刑事案件，区公安分局应当在取保候审后7日内侦查终结；检察院经审查认为应当提起公诉的，必须在移送审查起诉后7日内提起公诉；法院应当在受理案件后15日内作出宣判。检察院经审查认为可以不起诉的，一般应当在受理案件后30日内作出不起诉决定。相比刑事诉讼法规定的办案期限，涉罪未成年人进入观护基地的案件的侦查期限、审查起诉期限和审判期限都明显缩短，程序运行速度大幅提高，既有利于提高办案效率，也可以降低观护期间发生脱逃或重新犯罪的风险。

三、效果分析

通过构建以观护基地为基础的社会支持体系，扩大对涉罪未成年人适用非羁押措施，体现了对涉罪未成年人这一特殊群体的关注，符合儿童利益最大化原则和我国法律政策关于对未成年人严格限制适用逮捕措施的规定。

（一）对审前羁押的影响

根据《刑事诉讼法》第67条的规定，保证人应当具备以下条件：与本案无牵连；有能力履行保证义务；享有政治权利，人身自由未受到限制；有固定的住处和收入。保证人的义务是监督被保证人遵守有关法律规定，并在发现被保证人可能发生或已经违反法律规定时，及时向执行机关报告。在实践中，涉罪未成年人的保证人多是其法定代理人或近亲属。对于涉罪外来未成年人而言，父母或其近亲属要么不在涉案地，要么在当地无固定住所和固定收入，大大限制了非羁押措施的适用。观护基地作为非羁押措施的支持体系，扩大了取保候审保证人的来源范围。当涉罪未成年人无法提供保证人且交不起保证金时，通过观护基地由其他合适的人承担保证人责任，以扩大取保候审的适用。

扩大对涉罪未成年人适用非羁押措施，也就意味着审前羁押数量的减少。在其他条件相同的情况下，观护基地作为非羁押措施的支持体系，为涉罪未成年人提供保证人或交纳保证金，使涉罪未成年人可以适用非羁押措施，从而降低未成年人审前羁押率。例如，通过建立社会观护体系，S市M区涉罪未成年人取保候审的数量由2004年的23人升至2008年的61人，增幅达165%。其中涉罪外来未成年人在取保候审总人数中的比例由2004年的17.4%升至2009年的76.9%,大大提高了涉罪外来未成年人的取保候审率。再如C市W区和J市,自2007年采用观护基地的做法以来,与2006年未开展观护基地的数据相比,W区对涉罪未成年人的取保候审率从2006年的8.8%提高到2007年的17.2%,再到2010年的36.0%,尽管在2008年和2009年对涉罪未成年人的取保候审率有所下降,但仍然高于2006年,总体上有所提升。J市对涉罪未成年人的取保候审率从2007年的4.0%逐年上升,到2010年达到13.6%,与2006年未开展观护基地时的1.0%相比,增幅明显(见图1)。

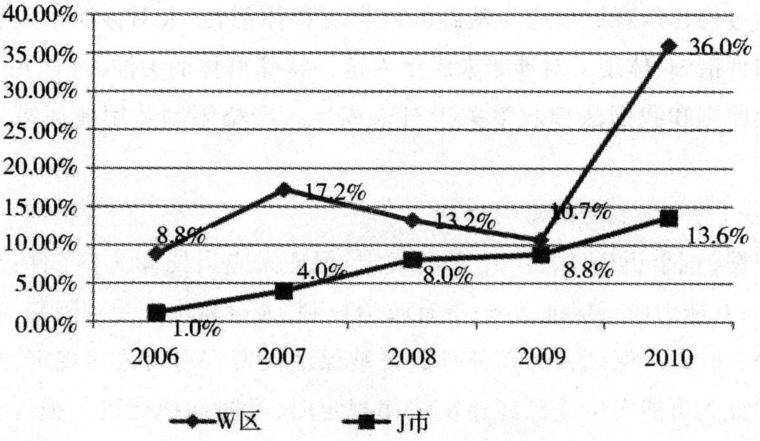

图1 涉罪未成年人取保候审率

对比观护基地试点前后类似案件在处理结果上的差别,也能体现出观护基地对审前羁押的影响。

[**案例一**]沈某,16岁,汉族,初中文化,河南省人。初犯,无前科,涉嫌盗窃2100元。案发在试点观护基地以后。根据司法局的诉前调查评估报告与社区矫正工作小组的心理咨询报告,检察机关认为,沈某涉案时仅有16周岁,属于未成年犯罪嫌疑人,且无前科劣迹,犯罪情节较轻,悔改表现良好,社会危险性较小,系无逮捕必要,建议安排沈某进入观护基地接受监护和帮教。经观护基地对案件情况进行评估,同意接收沈某入驻基地。经过观护基地帮教,检察机关最终对沈某作出了不起诉决定。

[**案例二**]颜某某,17岁,汉族,小学文化,无业,四川省人。初犯,无前科,涉嫌盗窃2400余元。案发在试点观护基地以前。诉讼过程中,颜某某被检察院批准逮捕。法院最终判处其拘役3个月,并处罚金1000元。

对上述两个案例的处理情况进行比较,可以发现观护基地在降低审前羁押方面的作用。对于沈某,由于通过观护基地得以适用取保候审,从而避免了对其予以羁押,最终被检察机关作出不起诉决定;对于颜某某,涉嫌罪名一样,情节相似,数额相近,犯罪嫌疑人的状况也无根本差别,但由于无法提供保证人又交不出保证金,没有观护基地可以使其适用取保候审,从而被适用逮捕措施,最终被法院判处拘役3个月,并处罚金1000元。可见,观护基地的存在,可以使办案机关对无法提供保证人又交不出保证金的涉罪未成年人适用取保候审,进而减少对涉罪未成年人的审前羁押。

(二)对定罪量刑的影响

通过观护基地使涉罪未成年人在审前不被羁押,也在一定程度上影响着法院最终的定罪量刑。我们随机抽取了5个观护基地,对在2010年到2011年期间进入这5个观护基地且已经法院审判完毕的未成年人刑事案件作了分析。分析发现,在26名已经定罪量刑的涉罪未成年人中,有24人被判处有期徒刑缓刑、拘役缓刑、管制和单处罚金,轻刑化处理的比例占到92.3%(见图2)。可见,法院对进入观护基地的涉罪未成年人通常都判处较轻的刑罚与量刑幅度,刑罚轻缓化表现得较为明显。

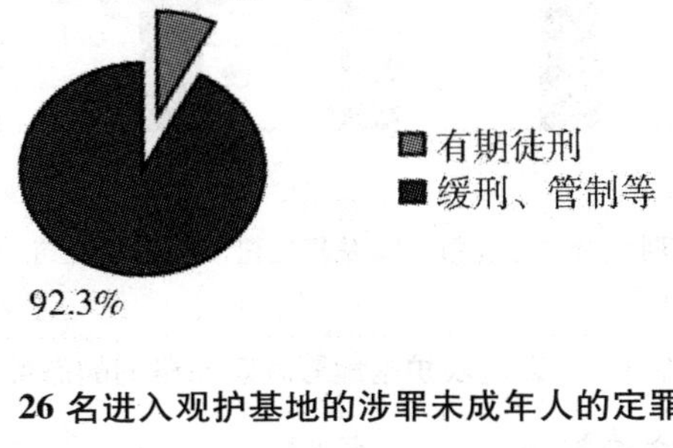

图2　26名进入观护基地的涉罪未成年人的定罪量刑

考察法官对观护基地这一做法的认知态度,也可以反映出观护基地对法院定罪量刑有无影响。与办理过未成年人刑事案件的法官访谈发现,对于进入观护基地的涉罪未成年人,大多数法官表示在作出判决时会参考观护基地出具的情况证明,除特殊情况,通常会判处非监禁刑。有的法官是在判决书中以认罪态度好、有悔罪表现等表达方式来吸收观护基地情况证明,进而予以从轻处罚;有的法官表示不仅会将观护基地的情况证明作为量刑参考,而且会在判决书中直接体现出来。

问卷调查显示,有 38 名法官表示会对接受观护的涉罪未成年人适用缓刑,占 65.5%;有 29 名法官表示会对接受观护的涉罪未成年人减轻处罚,占 50%;有 33 名法官表示会对接受观护的涉罪未成年人从轻处罚,占 56.9%;有 11 名法官表示会对接受观护的涉罪未成年人免予处罚,占 18.97%,有 2 名法官表示不会对接受观护的涉罪未成年人从轻或减轻处罚,占 3.45%(见图 3)。根据问卷调查所反映的信息,多数法官会考虑对帮教效果较好的涉罪未成年人适用缓刑、减轻处罚、从轻处罚或免除处罚。这说明,涉罪未成年人是否进入观护基地以其在观护期间的表现与法官定罪量刑存在一定联系。

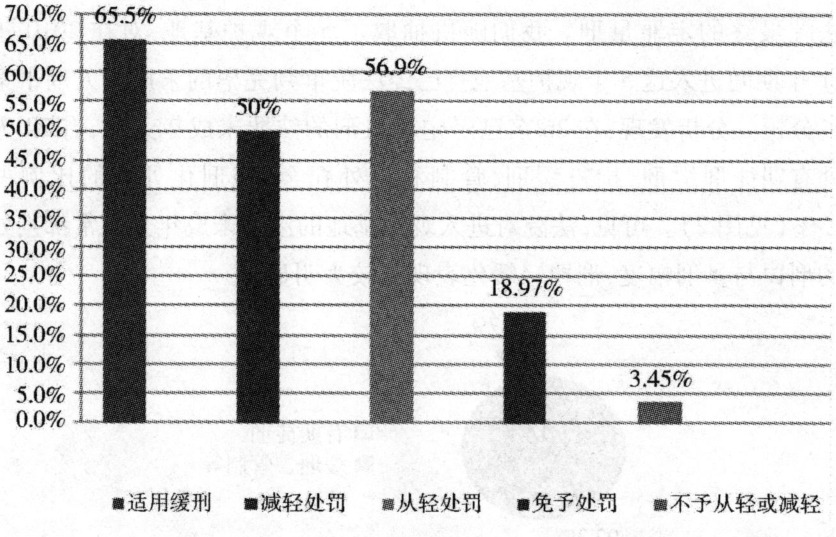

图 3　法官对观护基地影响定罪量刑的态度

(三)对复归社会的影响

1. 生活技能的提升

调查发现,未成年人犯罪类型主要集中在盗窃罪、抢劫罪、诈骗罪等侵财性犯罪,占全部未成年人犯罪的79.1%,其他犯罪占20.9%(见图4)。而且,多数涉罪未成年人的文化程度较低,43名涉罪未成年人中仅有3人具有中专学历,占7.0%;其余40人均为初中及以下学历。其中,具有初中学历的25人,占涉罪未成年人总数的58.1%,具有小学及以下学历的15人,占涉罪未成年人总数的34.9%(见图5)。可见,文化程度较低,缺少适合的工作机会,缺乏基本的生活技能,没有稳定的经济来源,是未成年人实施犯罪行为的主要原因。如果能够帮助未成年人恢复学业或掌握一定的生活技能,就可以降低未成年人重新犯罪的概率,并帮助其顺利回归社会。

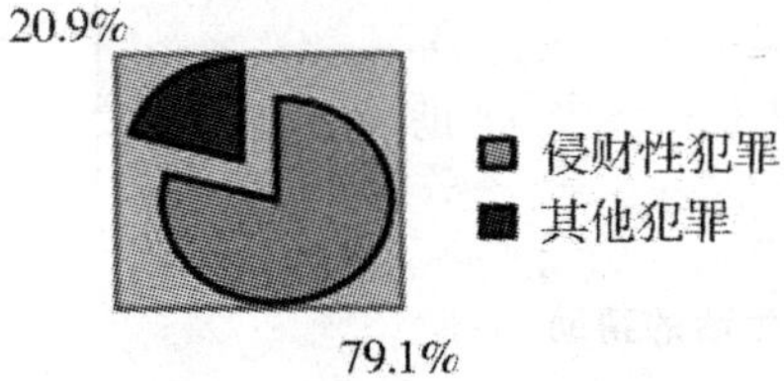

图4　涉罪未成年人的罪名

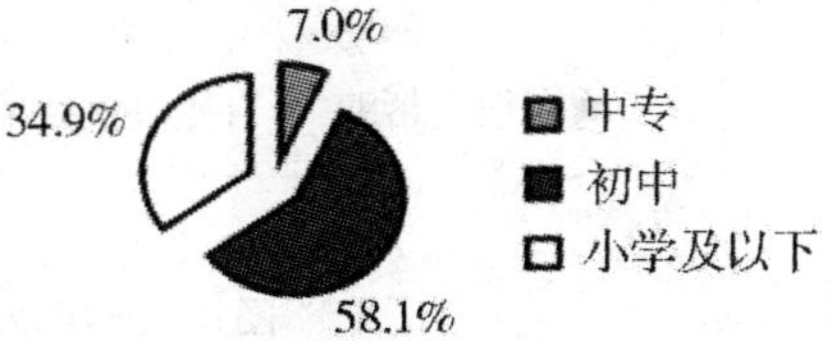

图5　涉罪未成年人的学历

观护基地通过对涉罪未成年人进行生活技能培训,可以提升其满足自身生活需求的能力。问卷调查显示,超过八成的涉罪未成年人认为在观护基地学到的技能对将来生活有帮助。43名涉罪未成年人中,有36人认为在观护基地所学技能对将来生活有帮助,占83.7%;其中10人表示有很大帮助,占23.3%;有21人表示有较大帮助,占48.8%;有5人表示有帮助但帮助不大,占11.6%。有5人表示所学技能对将来生活没有任何帮助,占11.6%。此外,还有2人表示不清楚所学技能对将来生活是否有帮助,占4.7%(见图6)。与羁押相比,在观护期间对涉罪未成年人进行生活技能培训,可以提高他们自食其力的能力,更加有利于其顺利复归社会。而且,观护基地可以在一定程度上节省帮助涉罪未成年人重新融入社会的成本。[12]

---

〔12〕 例如,刘某涉嫌盗窃案:刘某,19岁,初中文化,非本地户籍,系初犯,案发前在某工厂打工,无取保候审条件。刘某因涉嫌在某工地盗窃建材被公安局拘留,公安机关向检察院提请批准逮捕后,检察院认为刘某盗窃数额较小,年龄刚满18周岁,且认罪态度较好,符合进入观护基地的条件,从而以无逮捕必要对其不予批准逮捕。公安机关对刘某决定采取取保候审,并送入观护基地J有限公司。经过观护教育,检察院依法对其作出不起诉决定。事后,刘某留在J公司并成为一名正式员工。

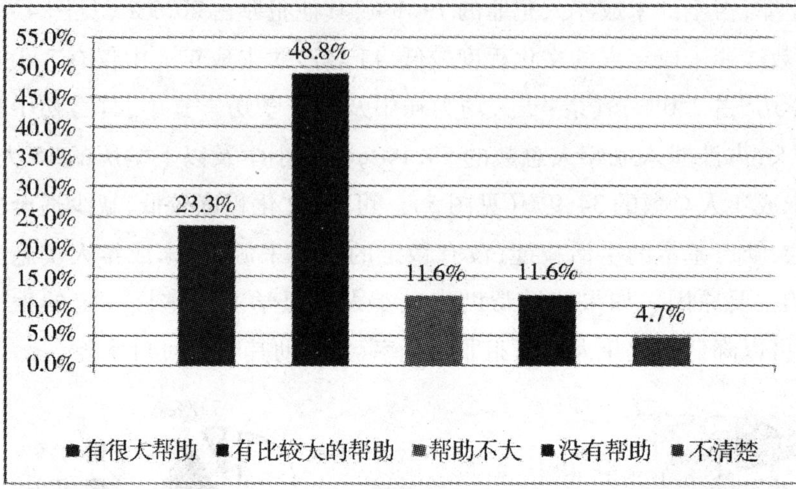

图 6　所学技能对将来生活的帮助

2. 涉罪未成年人对未来生活的态度

涉罪未成年人对未来生活的态度也可以表明观护基地在帮助其复归社会方面的效果。资料显示，进入观护基地的涉罪未成年人，个人综合素质得到一定提升，对未来生活持较为积极乐观的态度，绝大多数人以“参加工作”“返回学校学习”等形式开始新的生活。通过社会观护，2011 年 S 市有近 90% 的涉罪未成年人得以复学、就业。[13] 问卷调查发现，43 名正在观护基地接受观护的涉罪未成年人中，有 39 人对未来生活持乐观态度，占 90.7%；只有 4 人对未来生活较为悲观，占 9.3%（见图 7）。此外，接受访谈的 18 名涉罪未成年人均对未来生活持较为积极的态度，15 人表示“很后悔、想回家”，将来要读书或学技术；3 人提出“不希望别人知道自己违法的事情”。访谈中，一些涉罪未成年人特别谈到观护基地工作人员进行的心理疏导有助于其及时反省自身行为。

对 16 名观护对象的回访记录也表明，绝大多数涉罪未成年人在离开观护基地以后都以复学或参加工作的形式顺利回归社会，生活状态较为稳定，

---

〔13〕《检察志：上海市检察机关未检工作获各界赞誉》，载正义网：http://news.jcrb.com/jxsw/201203/t20120311_822680.html，2012 年 1 月 13 日访问。

仅有 1 人再次犯罪并被判处有期徒刑(见图 8)。S 市 M 区自开展社会观护体系以来,未成年人取保候审期间脱保、重新犯罪的数量由 2005 年到 2006 年的 17 人减少到 2007 年的 5 人,2008 年以来无一人脱保、重新犯罪。

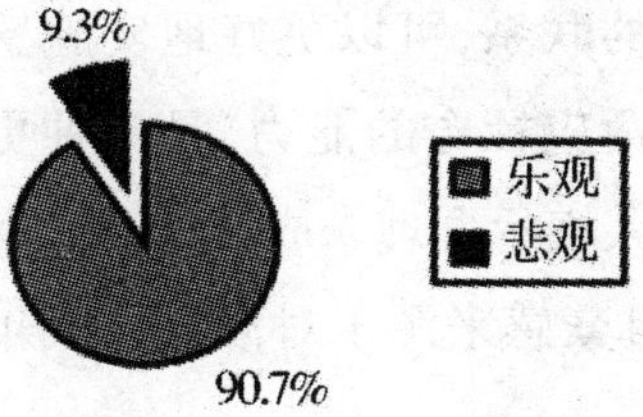

图 7　涉罪未成年人对未来生活的态度

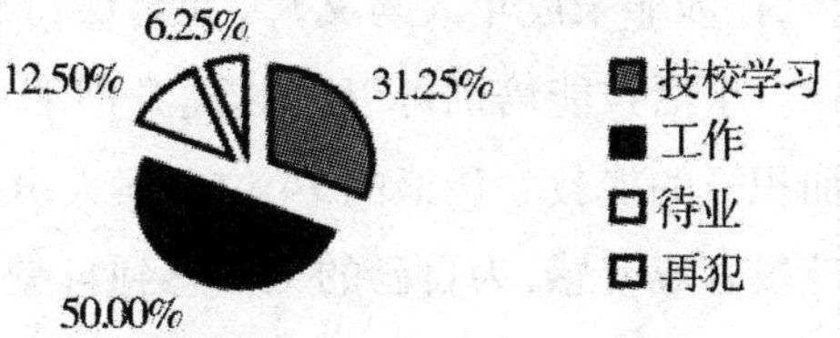

图 8　观护对象的回访记录

（四）对办案人员司法理念的影响

课题组对 14 位办理过此类未成年人刑事案件的警察和检察官进行了个别访谈。大多数办案人员表示,观护基地的实践探索对其司法理念产生了积极影响。

观护基地的实践探索,深化了办案人员对涉案未成年人进行教育的认识。第一,未成年人刑事案件中的教育者角色可以多样化。教育者可以不只是办案人员,通过建立观护基地,使对涉罪未成年人进行教育的实施者由办案人员扩展到观护基地及其他社会组织的工作人员。第二,对涉罪未成年人进行教育的内容可以具体化和实用化。访谈中,不少办案人员提到,对涉罪未成年人进行教育的内容不再是认识和纠正犯罪行为的危害性,还可以扩展到爱国思想教育、劳动技能培训、心理干预等诸多方面。第三,对涉罪未成年人进行教育的时间和空间可以继续拓展。观护基地的工作人员有更多的时间与观护对象接触,有更多机会与其进行面对面的交流。在教育的空间上,可以扩展到共同工作的车间、同住的宿舍等任何方便场所。在访谈中,很多办案人员认为,观护基地与取保候审相衔接,进一步深化了未成年人刑事司法工作的教育性,使教育的形式多样化,很好地发挥了刑事司法机制的社会效果,对涉罪未成年人的健康成长、社会和谐稳定均有积极意义。

有的办案人员表示,观护基地的实践探索使其开阔了思路,认识到对未成年人的感化可以通过多种形式进行，挽救也可以体现出不同的含义。通过观护基地扩大取保候审的适用，可以避免对涉罪未成年人长期关押和交叉感染，这本身就是挽救。观护基地可以让涉罪未成年人感受到社会的温暖，让涉罪未成年人与父母、社会保持较为密切的联系，可以更好地实施感化。生活技能培训可以有效提升涉罪未成年人适应社会的能力，是一种更加积极的挽救。访谈的14位办案人员中，有10人表示办理未成年人观护案件很有成就感，为自己的工作感到自豪，而这种自豪感来源于对涉罪未成年人的成功感化和挽救。

观护基地的实践探索，使办案人员认识到，对涉罪未成年人是否适用逮捕措施、是否作出起诉决定和如何定罪量刑，不仅要考虑未成年人实施犯罪的动机和目的、犯罪性质、情节和社会危害程度，是否初犯、偶犯，归案后是否悔罪等因素，还要对未成年人的成长经历、家庭环境、个性特点、社会交往等情况进行调查，从而更加全面地掌握未成年人案件情况，作出适当处理。

观护基地的实践探索，使办案人员恢复对涉罪未成年人适用非羁押措施的信心，逐步扩大适用非羁押措施。调查显示，办案人员不愿对涉罪未成年人适用非羁押措施的主要原因是担心脱逃，有的办案人员认为羁押有利于调查取证。依靠观护基地执行取保候审强化了对涉罪未成年人取保候审期间活动的监管力度，力求通过风险评估与基地管理来降低脱逃风险。相比传统意义上的取保候审执行机制，观护基地可以降低涉罪未成年人脱逃的风险，这在一定意义上有助于消除办案人员对适用取保候审的顾虑。

四、存在问题与建议

（一）观护基地的职能定位

实践中，观护基地大都承担了诸如扩大适用非羁押措施、对被不起诉的涉罪未成年人进行帮教和对罪犯进行社区矫正等多项职能，各项职能没有主次之分，相互之间的界限也不是十分清楚，这不仅可能造成不同观护对象相互影响，而且容易混淆不同观护对象的界限。因此，应当梳理观护基地的各项职能，对不同的观护对象开展差别化、有针对性的观护工作，以最大程度地发挥观护基地的作用。

实践中探索观护基地这一做法的初衷是对那些不能提供保证人又交不

起保证金的涉罪未成年人提供保证人和临时住所，以扩大非羁押措施的适用。对涉罪未成年人要严格限制适用逮捕措施，这一原则已经被修改后的刑事诉讼法明确规定。因此，观护基地首先应当定位为审前非羁押的支持体系，致力于扩大对涉罪未成年人适用非羁押措施。基于这一职能定位，对于既不能提供保证人又交不起保证金的未成年人，由观护基地提供食宿、工作、教育条件和保证人。在基地期间，由基地负责对观护对象进行监督管理，包括安排学校学习、提供力所能及的工作机会、进行技能培训、心理辅导等。

除作为审前非羁押的支持体系以外，观护基地还可以承担对被不起诉的涉罪未成年人进行帮教和对罪犯进行社区矫正的职能。一方面，对于被不起诉的涉罪未成年人，由观护基地开展有针对性的帮教、心理矫治和技能培训等。刑事诉讼法规定了对涉罪未成年人的附条件不起诉，要求被附条件不起诉的涉罪未成年人应当按照考察机关的要求接受矫治和教育。将观护基地与附条件不起诉衔接起来，由观护基地协助对附条件不起诉的涉罪未成年人进行矫治和教育，对于贯彻刑事诉讼法的规定具有积极意义。另一方面，对于已经判处刑罚的罪犯，进行社区矫正。包括心理矫正、行为矫正等，让其认识到自身行为的社会危害性，预防再犯。观护基地可以聘请心理咨询专家或者与心理咨询机构合作，依靠心理专家对涉罪未成年人进行心理辅导。观护基地也可以与社区矫正机制相衔接，共享教育资源，强化判刑后的帮教措施。技能培训也可以作为一种预防重新犯罪的矫正措施来实施。

但是，也必须看到，被取保候审、监视居住的犯罪嫌疑人、被告人与被社区矫正的人不同。被取保候审、监视居住的犯罪嫌疑人、被告人，因法院尚未对其作出判决，他们不是法律上的犯罪人，不是服刑人员，不能采取矫正、改造的方法。观护基地及其保证人对被取保候审、监视居住的犯罪嫌疑人、被告人，主要是协助执行机关监督其遵守取保候审或者监视居住的法律规定，保证其不逃避侦查、起诉和审判，不妨碍诉讼顺利进行。当然，涉罪未成年人正处于接受教育的阶段，观护基地应当根据当事人情况和意愿，有针对性地安排其学习或者接受技能培训；对于因家庭等原因存在心理健康问题的涉罪未成年人，可以进行心理疏导和治疗。

（二）观护基地与办案机关的关系

根据刑事诉讼法的规定，取保候审和监视居住由公安机关执行。实践表明，公安机关由于警力不足，往往无法承担这一任务，常常使取保候审、监视居住的执行流于形式。在各地的探索中，观护基地工作主要是由检察机关积极推进，联合公安、法院，由企业、学校、社会福利机构等单位成立观护基地，为不能提供保证人又交不起保证金的未成年人提供保证条件。对公安机关提请审查批捕的未成年人，检察机关认为符合观护条件的，可以不予批准逮捕，送交观护基地进行监管教育。涉罪未成年人在观护基地期间的监督、教育和报告等事项均纳入基地的工作日程，公安机关作为取保候审和监视居住的执行机关直接参与观护基地的整体工作。在未来观护基地的建设中，应当进一步理顺观护基地与办案机关的内在关系，强化作为取保候审、监视居住执行机关的公安机关的监管作用和作为法律监督机关的检察机关的监督作用。

（三）观护基地权利和义务的平衡

实践中，存在观护基地的权利和义务不平衡的问题。[14] 在权利义务不平衡的情况下，观护基地参与刑事诉讼程序的积极性就会大打折扣。正所谓“有权利才有责任”，由于观护基地的权利和义务失衡，当基地疏于监管而造成涉罪未成年人脱逃或者再次犯罪时，就缺少追究基地及有关人员责任的正当性。既然观护基地和保证人等没有享有相应的权利，也就很难要求他们必须承担相应的责任。调查发现，责任追究机制欠缺也是办案人员在实践探索中普遍担心的问题。访谈中大多数办案人员承认，观护基地和保证人没有享受足够的权利，不应要求它们承担过多义务。

应当进一步完善观护基地的权利和义务体系，规定观护基地和保证人等相关人员享有的权利，以调动企业、社会组织等积极参与其中。例如，有

〔14〕 W市《涉嫌犯罪外来人员管护教育基地工作若干意见（试行）》规定，管护教育基地享有获得领导小组指导与帮助、获得表彰与奖励的权利；管护教育基地须履行的义务包括为观护对象推荐合适保证人、保障基本生活条件、提供技能培训、投保人身意外伤害险、私自离开及时报告、承担相应责任等。

权获得政府提供的补助,有权在税收等方面获得适当优惠等。同时还需要明确它们应当承担的义务。例如,为观护对象提供合适的保证人,为观护对象提供日常生活必需的衣物、食宿条件,监督观护对象是否遵守法律规定和基地纪律,在观护对象未经批准离开观护基地时及时向办案机关报告等。观护基地消极履行监管职责的,办案机关可责令检讨或具结悔过;发生观护对象脱逃、再次犯罪等严重情形的,除撤销其观护基地资格外,还可以对该基地处以罚款或追究基地负责人的责任。

(四)风险评估的落实

调查发现,对涉罪未成年人的风险评估通常是由办案人员进行的,司法行政机关在必要时予以协助。从实践情况来看,风险评估环节缺少律师和被害人等主体的参与,同时对社会力量的利用也还不够充分。由办案人员负责风险评估工作,可能会受到办案时间和日常工作量的影响,难以形成客观全面的风险评估报告。而对于律师提供的风险评估报告,办案人员通常持不信任的态度。

访谈发现,观护基地的初衷是为了实现对涉罪外来未成年人的平等保护,随着实践经验的积累,观护对象的范围有所扩展。但是,哪些涉罪未成年人可以进入观护基地,哪些不可以,在具体操作时一直比较慎重。例如,有的未成年人虽然涉案数额不大,但办案人员认为其危险性较大,仍然不将其送入观护基地。因此,如何进一步规范风险评估的客观性和公正性,以及切实发挥风险评估的作用,都是亟待完善的问题。

办案机关可以吸纳多元化主体参与,借助社会力量开展风险评估。由办案机关负责对涉罪未成年人的法律问题进行评估,如犯罪类型、犯罪情节、社会危害性等;由司法行政机关或者委托社会力量,如律师、学校、居(村)民委员会、心理咨询机构等,进行特定事项的调查评估。涉罪未成年人的家庭背景、一贯表现、犯罪事实与悔罪表现等,都是风险评估的考量因素。必要时,可以对涉罪未成年人取保候审前的风险评估举行听证,听取涉罪未成年人、被害人、律师等诉讼参与人对取保候审的意见。还要正确看待风险评估后的脱逃问题。取保候审后的脱逃现象只要控制在一定幅度内,不应以结果倒查风险评估的责任。

(五)对涉罪未成年人的监管

实践中,对涉罪未成年人的监管有多种方式。开放式的监管,观护对象可以自由出入基地,只需遵守基地相关纪律;半开放式的监管,观护对象原则上不得离开观护基地外出活动,经观护基地和执行机关的批准可以外出。个别监督有利于保障涉罪未成年人不受歧视,从而更好地融入社会,但是需要投入的社会资源也相应较多,从而如何有效统筹社会资源是个别监督面临的主要问题。集中模式便于基地进行管理,但是容易造成交叉感染和受到歧视。如何避免涉罪未成年人受到歧视和信息不外泄是集中监督面临的主要问题。

对于不存在风险或风险较小的涉罪未成年人,应当采取开放式的、按照一定标准进行分类的个别监督观护方式。对于具有一定风险性但又不应当或不需要羁押的,可以采取半开放式的甚至更为严格的监管措施。

(六)技能培训效果的提升

观护基地的技能培训效果较为显著,多数涉罪未成年人能学到一定的技能,有利于其重新融入社会。调查发现,有的涉罪未成年人已经担任企业的技术骨干。但也有部分涉罪未成年人感觉在基地学不到什么技能或者所学技能对将来的生活帮助不大。究其原因,一方面是企业的工作岗位本身难以向未成年人提供适当的技能培训;另一方面是未成年人自己对企业提供的培训并不感兴趣,对学习相应的技能不够积极。应根据涉罪未成年人的自身情况,尽可能选择相应的技能培训项目。对于在校学生应当首先考虑安排其进入学校学习,接受正规教育。不愿意入校学习的,可以进行技能培训。在学习和培训期间,可以安排心理辅导,作为教育的组成部分,但不是对未成年犯罪嫌疑人、被告人的改造矫治。愿意从事一定劳动的,可以为其安排力所能及的劳动,但不能强迫劳动,应当与对判处刑罚的罪犯的劳动改造严格区别开来。

(七)与办案机关考评考核机制的协调

公安机关、检察院和法院内部都有相应的考评考核机制,考评考核的目的在于督促办案人员依法履行职务,考核结果与办案人员的奖金、晋升等切身利益相关。访谈发现,办案人员在办案时往往会顾忌考评考核指标的影响。例如,破案率不高、批捕率过低或不起诉率过高,都可能影响公安机关内部的考评考核结果。观护基地在根本上是通过观护基地扩大适用非羁押措施,降低羁押措施的适用率,与办案机关的考评考核机制存在一定冲突。

应当根据法律效果、社会效果来设定考评指标,评价进入观护基地案件的办案效果。观护基地取保候审不作为批捕率的统计数据。观护对象被不起诉的案件,不作为公安机关侦查质量的考评范围。观护对象被判处缓刑、管制的案件,不作为检察机关公诉质量的考评范围。

第十章　检察机关羁押必要性审查制度的实践运行探析

蓝向东　王　然*

【摘要】通过对检察机关羁押必要性审查工作情况进行实证分析，可以发现检察机关在贯彻落实审查制度、试点探索审查机制等方面初获成效，但也存在总体适用率不高、审查方式、审查标准有待明确、审查配套措施不完善等问题。为此，立足于羁押必要性制度设计价值目标，建议扩大检察机关羁押必要性审查结果运用的决定权范围、优化羁押必要性审查方式、完善羁押必要性审查配套措施，以切实提高羁押必要性审查案件适用率。

新《刑事诉讼法》对捕后羁押必要性审查制度的增设，彰显了尊重和保障人权的立法精神。根据这一制度，在犯罪嫌疑人、被告人从被逮捕后到法院判决生效前的整个羁押过程中，人民检察院均有义务依职权或者依当事人申请对羁押必要性进行跟踪审查，以确定被羁押人是否应当继续被羁押，认为不需要继续羁押的，应依法建议有关机关予以释放或者变更强制措施。[1] 该制度的设置，加大了检察机关对未决羁押的审查力度，将对限制人身自由的审查从逮捕这一起点延伸到捕后羁押全过程，一定程度上实现了捕、押的适当分离，凸显了保障诉讼与保障人权的有机统一，体现了刑事立法

---

* 蓝向东，中国政法大学刑事法学院博士研究生、北京市东城区人民检察院检察长；王然，北京市东城区人民检察院研究室干部，法学博士。

〔1〕《刑事诉讼法》第93条规定：犯罪嫌疑人、被告人被逮捕后，人民检察院仍应当对羁押的必要性进行审查。对不需要继续羁押的，应当建议予以释放或者变更强制措施。有关机关应当在十日以内将处理情况通知人民检察院。

的发展与进步。为贯彻落实此项制度,各地检察机关纷纷展开探索,在审查工作机制创新方面取得了一定成效,也存在一些问题亟待解决。笔者拟立足于对A直辖市检察机关羁押必要性审查情况开展实证分析,重点剖析羁押必要性审查制度落实过程中存在的问题及原因,进而基于羁押必要性审查制度价值目标,提出若干完善建议,以期对此项制度的检察实践运行有所裨益。

一、检察机关羁押必要性审查制度落实情况分析

从全国各地开展的羁押必要性审查实践数据来看,2013年检察机关共计对不需要继续羁押的23894名犯罪嫌疑人建议释放或者变更强制措施,充分体现了羁押必要性审查制度确立以来,我国相关领域人权保障事业的长足发展。[2] 然而,不容忽视的是,相对于我国刑事案件总体数量来看,对羁押必要性审查的深入推进仍有广阔的空间,羁押必要性审查实际适用率不高的问题在短时间内还难以解决。

(一)羁押必要性审查制度落实的整体情况

新《刑事诉讼法》第93条将检察机关羁押必要性审查明确规定下来,但囿于对羁押必要性审查制度的价值目标、制度内涵等方面认识尚不够一致,在具体制度操作层面也存在诸多争议。为此,全国各级检察院对如何贯彻落实羁押必要性审查制度进行了广泛而深入的探索。以A直辖市检察机关的探索为例,2013年年底A直辖市检察院在各基层检察机关先期试点的基础上,统一制定了《关于羁押必要性审查工作的规定》,对于全市范围内的羁押必要性审查工作进行指导。依照该规定,A市检察机关开展羁押必要性审查工作主要分为两种类型:一种类型是检察机关相关职能部门在办理案件过程中,依照诉讼职能对犯罪嫌疑人的羁押必要性进行审查,进而作出是否继续羁押的决定。例如,侦查监督部门在办理延长侦查羁押期限案件过程中,应同时开展羁押必要性审查,认为期限届满能够侦查终结的案件,应作出不批准延长侦查羁押期限的决定。又如,在审查起诉阶段,公诉部门依照自身职权或者依照当事人的申请,启动羁押必要性审查程序,作出是否变更

---

〔2〕 数据援引自2014年3月10日最高人民检察院曹建明检察长在全国人民代表大会上所作的《最高人民检察院工作报告》,载《人民日报》2014年3月11日,第2版。

强制措施的决定。

另一种类型是依照诉讼监督职权开展羁押必要性审查,继而向相关职能部门提出释放或变更强制措施的建议。依照具体诉讼阶段的不同,检察机关侦查监督部门依照诉讼监督职能,可以向侦查机关提出变更强制措施的建议,公诉部门可以向法院提出变更强制措施的建议,监所检察部门可以向侦查机关、检察机关的其他职能部门和法院提出释放或者变更强制措施的建议。例如,2013 年间 A 市监所检察部门共计启动羁押必要性审查程序 380 人次,其中提出释放或者变更强制措施建议共计 367 人次,被本院相关职能部门、侦查机关、审判机关采纳建议并实际变更强制措施 331 人次,建议采纳率为 90.2%。

从羁押必要性审查程序的启动主体和启动程序来说,既可以由犯罪嫌疑人、被告人及其法定代理人、近亲属或者辩护人向检察机关提出申请,也可以由侦查监督部门、公诉部门、监所检察部门在日常工作中,依照职权启动羁押必要性审查程序。

以 A 市 B 区检察院开展羁押必要性审查并实际释放或变更强制措施案件为例(见表 1),该院 2014 年启动羁押必要性审查案件共计 51 件 55 人,其中相比 2013 年全年 29 件 32 人而言,上升 76%,这反映出新刑事诉讼法实施以来,羁押必要性审查工作逐步深化落实的情况。从该院开展羁押必要性审查工作的启动方式来看,其中依申请启动共计 41 件 44 人,依职权启动 39 件 43 人,体现出检察机关开展羁押必要性审查的主动性特点,但也一定程度上反映出犯罪嫌疑人依法申请羁押必要性审查的法律意识仍显不足。

表 1　A 直辖市 B 区检察院羁押必要性审查开展情况(2013 年 1 月至 2014 年 4 月)

部门 时间/类别	侦监部门	公诉部门	监所检察	合计
2013 年	1 件 1 人	13 件 16 人	15 件 15 人	29 件 32 人
2014 年	26 件 28 人	17 件 19 人	8 件 8 人	51 件 55 人
依申请启动	19 件 21 人	19 件 20 人	3 件 3 人	41 件 44 人
依职权启动	8 件 8 人	11 件 15 人	20 件 20 人	39 件 43 人
合计	27 件 29 人	30 件 35 人	23 件 23 人	总计:80 件 87 人

依照羁押必要性审查承办部门划分，A市B区检察院侦监部门开展羁押必要性审查27件29人，占全部羁押必要性审查案件的33.75%；公诉部门开展羁押必要性审查30件35人，占全部羁押必要性审查案件的37.5%；监所检察部门开展羁押必要性审查23件23人，占全部羁押必要性审查案件的28.75%。从监所检察部门提出的变更强制措施建议来看，向侦查机关提出3件3人，向本院公诉部门提出17件17人，向审判机关提出3件3人。上述检察机关不同承办部门实际承办羁押必要性审查案件数量对比，反映出在不同诉讼阶段，羁押必要性审查工作的比重有所不同，同时也符合羁押必要性是随着案件诉讼进程的推进随时变化的特点。一般来说，在捕后侦查阶段，由于犯罪嫌疑人涉嫌犯罪的全部证据还没有完全固定下来，为保障诉讼程序的正常开展，启动羁押必要性审查并实际变更强制措施的人数不多，而在公诉部门受理审查起诉后，鉴于全案证据已经基本固定，羁押必要性审查后作出变更强制措施的可能性也就更大。从监所检察部门主要向本院公诉部门提出变更措施建议（占全部提起案件的73.91%）的数据也能反映出检察机关开展羁押必要性审查的主要办案环节是在审查起诉环节。

表2　A直辖市B区检察院羁押必要性审查案件类型统计

（2013年1月至2014年12月）

案件类型 / 数量	破坏社会主义市场经济秩序犯罪	侵犯人身权利犯罪	侵犯财产犯罪	妨害社会管理秩序犯罪	交通肇事罪
件数/人数	23件25人	13件15人	25件27人	18件19人	1件1人

从开展羁押必要性审查案件涉嫌罪名来看（见表2），A市B区检察院羁押必要性审查案件类型涉嫌非法经营、信用卡诈骗、出售非法制造的发票等破坏社会主义市场经济秩序犯罪共计23件25人、涉嫌盗窃、诈骗等侵犯财产犯罪案件共计25件27人、涉嫌妨害公务、寻衅滋事等妨害社会管理秩序犯罪案件中18件19人、涉嫌故意伤害罪13件15人。开展羁押必要性审查案件类型分布反映出羁押必要性的审查主要集中在案件事实清楚、证据确实充分且情节相对轻微的经济类犯罪和人身伤害犯罪。究其原因，是涉嫌该类犯罪的嫌疑人在审查起诉阶段普遍积极赔偿被害人损失，与被害人

达成谅解，一定程度上弥补了犯罪所造成的损失，使得对其羁押的必要性大为下降。

(二)羁押必要性审查工作机制探索

为贯彻落实羁押必要性审查，A直辖市各级检察机关立足实践，广泛试点，不断对羁押必要性审查方式、评估标准以及相关配套机制进行探索创新，取得了先期的试点经验，同时也面临诸多困难。以下结合各地试点情况加以分析。

1. 羁押必要性审查听证机制探索

为强化检察机关审查批捕工作的公开透明，实现审查批捕程序公正，全国多地检察机关开展羁押必要性审查听证试点工作。以A市B区检察院羁押必要性审查听证试点为例，该院结合2013年以来羁押必要性审查案件听证工作的做法和经验，制定了《审查逮捕案件羁押必要性审查听证工作办法》。按照该工作办法的规定，羁押必要性审查听证主要适用于可能被判处三年以下有期徒刑的，案件事实清楚、证据确实充分的案件。审查听证由承办部门负责人或者案件承办人主持，具体有犯罪嫌疑人的法定代理人、近亲属及委托人或辩护人以及侦查机关代表参加听证。听证会主要围绕犯罪嫌疑人的羁押必要性进行，并不涉及案件实体问题。承办部门根据审查听证情况作出是否变更强制措施的决定。目前，A市B区检察院已经审查听证案件23件25人，其中审查后维持犯罪嫌疑人羁押状态4件4人，变更强制措施为取保候审19件21人。审查听证工作得到了参加听证各方的一致认可。为此，参加审查听证的辩护律师专门向检察机关书面表达了参加听证会的感受，并就听证工作的完善提出了全程录音录像、限定各方发言次数等中肯的建议。总之，羁押必要性审查听证工作的展开实现了审查逮捕案件程序的透明公开以及行为人社会危害性及羁押必要性评价的客观全面。

然而，纵观各地开展羁押必要性审查听证工作的整体情况，由于该项审查工作机制尚处于试点阶段，且尚无统一的规范性文件可供执行，故在审查听证的具体启动方式、参与人员、听证内容等方面仍然存有诸多争议。例如，在听证启动方式层面，听证能否依照辩护律师的申请启动，还是仅依办案部门职权启动；在审查听证参与人员方面，是否邀请人民监督员或人大代表参与听证，是否邀请驻所检察官就犯罪嫌疑人在所表现发表意见，都有不同处理意见；在听证内容方面，能否听证案件实体问题，辩护律师提出无罪辩解意见时如何处理也有争议。尽管羁押必要性审查听证面临上述诸多亟待解决的问题，但是其仍然不失为检察机关羁押必要性审查工作的一种有益方式，相信随着对该项工作机制的不断深入探索，最终将为充分发挥检察机关羁押必要性审查的职能作用提供有力帮助。

2. 流动人口轻微刑事犯罪不适用逮捕工作机制探索

随着我国市场经济持续发展，人力资源配置的市场化带来了城市流动人口的激增，与此对应流动人口犯罪日益严重。[3] 如2010年上半年，A直辖市批准逮捕的10127名涉嫌犯罪人员中，流动人口犯罪为7572人，占批准逮捕数量的74.44%。[4] 流动人口犯罪发案率高、适用逮捕率高以及被判处实刑的比率高，已经成为该类犯罪的典型特点，而流动人口犯罪的此类特点影响到宽严相济刑事政策的贯彻落实，造成司法资源的大量浪费，甚至有违反罪责刑相适应原则的嫌疑[5]。司法实践中普遍存在涉嫌犯罪的流动人口批捕率高于本地涉嫌犯罪人员批捕率的状况，由此带来适用羁押性强制措施的差异性导致同案不同判的实体不公等问题，而一旦被逮捕，由于流动人口缺乏提供保证金的能力，又无法提供切实有效的保证人，致使其在逮捕后很难通过羁押必要性审查制度受益。[6] 为此，各地检察机关深入开展流动人口轻罪不捕制度探索，以维护流动人口的合法权益，保证不适用逮捕措施的平等待遇。以A直辖市C区检察院制定的《流动人员涉嫌轻微犯罪不捕工作办法》为例，该院在探索和实践轻微刑事犯罪不捕的主要做法包括：

一是明确风险评估等级，打分决定捕与不捕。在对流动人口审查批捕

[3] 本文中流动人口是指离开户籍所在地到其他省市以工作、生活等为目的的异地居住人口，有别于统计学意义上的流动人口。

[4] 参见张新宪、许宁：《外来流动人口犯罪的现状、特征、原因及预防、打击对策》，载《流动人口犯罪专题论坛文集》，转引自蓝向东、韩殿云、郭兴华：《流动人口轻罪不捕风险评估机制》，载《人民检察》2012年第3期。

[5] 蓝向东、韩殿云、郭兴华：《流动人口轻罪不捕风险评估机制》，载《人民检察》2012年第3期。

[6] 吴宏耀等：《刑事强制措施制度的立法发展与实施状况》，载《国家检察官学院学报》2014年第3期。

过程中,设置评估项目,量化逮捕标准,其中共设置了四类十四项评估项,分别对犯罪嫌疑人行为的社会危害性、嫌疑人个体情况、嫌疑人犯罪后表现、犯罪嫌疑人是否有帮教条件四个方面进行评估。上述评估内容,每项设置高、中、低三档风险值,通过量化综合评估将风险值相加,按照最终分值情况得出犯罪嫌疑人的风险程度。二是严格审查非羁押条件,确保不捕措施严格依法进行。在审查中,将犯罪嫌疑人或未成年犯罪嫌疑人的监护人在本市是否有相对固定的工作单位或住所,或者是否在本市连续工作、学习、居住一年以上作为重要考量因素,同时实行不捕流动人口定期报告制度,即要求犯罪嫌疑人每半个月以电话方式向检察机关报告情况,对其实行动态监督。同时在对犯罪嫌疑人的监管方面加强与司法局、派出所等相关部门的信息共享机制建设,加强信息沟通,及时掌握流动人口犯罪嫌疑人的生活、工作动态,保证犯罪嫌疑人在案和及时到案。三是加强联动机制建设,确保流动人口不捕工作取得社会效果。结合区域实际,加强与公安、法院、政府职能部门及学校、企业、社区、村(居)委会等机构的沟通合作,依托乡镇检察联络室,对采取取保候审的犯罪嫌疑人开展心理、生活上的教育引导。

2012 年至 2013 年间,A 直辖市 C 区检察院侦查监督部门共计受理公安机关提请批准逮捕案件 648 件 933 人,其中流动人口犯罪嫌疑人共计 545 人,占提捕总人数的 58.4%。通过对流动人口涉嫌犯罪不捕工作机制的探索与实践,2012 年、2013 年两年间,该院不批准逮捕犯罪嫌疑人数分别为 94 件 158 人、60 件 96 人,其中不批准逮捕流动人口犯罪嫌疑人分别为 82 人、47 人,分别占当年总不批准逮捕人数的 51.9% 和 48.9%,基本保证了流动人口不适用逮捕措施的平等待遇。[7] 上述流动人员涉嫌轻微犯罪不捕工作办法虽然是针对逮捕必要性的审查工作机制,但是对于捕后羁押必要性审查工作同样具有重要借鉴意义,相关工作机制的建立和完善对于流动人口犯罪嫌疑人羁押必要性的审查和判断提供了有效途径。

---

〔7〕 与此对应,在尚未推行流动人口不捕风险评估机制的 2008 年至 2010 年三年间,流动人口犯罪的批捕率平均达到 85.11%,不捕率为 14.89%,以无逮捕必要作出不捕决定的流动人口嫌疑人数仅占全部不捕人数的 24.31%。

二、羁押必要性审查检察实践中存在问题分析

(一)逮捕适用率偏高,羁押必要性审查适用率偏低

2013年全国检察机关共受理提请批准逮捕犯罪嫌疑人人数为1062063人,作出批准逮捕的人数为879817人,全年批捕率为82.8%,虽然经过羁押必要性审查作出建议释放或者变更强制措施的犯罪嫌疑人人数高达23894人,但相对于全年批准逮捕人数来说,仅占全部批准逮捕人数的2.72%。[8]总体来说,全国刑事案件批准逮捕率偏高、羁押必要性审查适用率偏低的主要原因包括以下几个方面:一是从刑事实体法上看,中国刑事犯罪圈的划定较窄,入罪门槛较高。在中国法律语境下,社会危害性显著轻微的行为,通常被作为行政违法行为,以治安管理处罚的方式实现其法律责任,而非以西方国家法律语境中那样,被作为"违警罪"处理。因此,刑事侦查机关所提请逮捕的行为社会危害性一般偏重,适用逮捕的可能性更大,同时入罪门槛的设置也降低了逮捕率计算的基数,一定程度上造成了逮捕率偏高,而一旦适用逮捕措施,再启动羁押必要性审查,仍然有对涉嫌犯罪行为的社会危害性进行考量,同样影响到对犯罪嫌疑人释放或者变更强制措施决定的作出。二是从刑事司法层面来看,虽然侦查机关与检察机关肩负不同职责,但侦查机关提请逮捕和检察机关审查批准逮捕适用相同的法律标准。侦查机关若严格按照法律标准提请逮捕,自然也就带来批准逮捕率的提升。与此相应,对无羁押必要的刑事案件,侦查机关并不需要向检察机关提请批准逮捕,而是直接移送审查起诉。因而,只有逮捕后羁押必要性发生变化时,才有变更强制措施的可能,但是并非所有案件都会发生显著变化。三是羁押替代措施执行不力,难以保证嫌疑人及时到案。新刑事诉讼法将取保候审作为逮捕强制措施的唯一替代措施,同时将符合逮捕条件但羁押不能的犯罪嫌疑人适用监视居住措施。然而由于经济科技发展水平的制约,社会保障和个人信用体系的建设尚未健全,而取保候审等相关执法配套设施匮乏,导致适

---

[8] 数据援引自2014年3月10日最高人民检察院曹建明检察长在全国人民代表大会上所作的《最高人民检察院工作报告》,载《人民日报》2014年3月11日,第2版。由于办案周期等因素的影响,逮捕率与羁押必要性审查比率的准确计算,应当以该年度受理案件后最终处理意见为准,文中将同一年度批捕数和审查数作为计算基数,仅具有参考意义。

用逮捕外的其他强制措施难以有效保证犯罪嫌疑人到案接受刑事诉讼。因此,案件承办人员为保证诉讼进程的顺利开展,不愿启动羁押必要性审查,作出释放或者变更强制措施的建议。

(二)羁押必要性审查操作规范有待明确,适用标准不统一现象仍大量存在

首先,从判定有无羁押必要的判定标准来看,虽然各地检察机关通过制定具体标准抑或是量化考核的方式确定被羁押人的羁押必要性,但是操作标准仍然弹性较大。羁押必要性判定不是"有无"的问题,而是"大小"的问题,难以准确把握进而作出合理建议。其次,从检察机关依职权启动羁押必要性审查的案件范围来看,其缺乏明确标准。由于法律知识的匮乏和委托辩护人比率过低,[9]相当数量的犯罪嫌疑人并没有提请羁押必要性审查的维权意识,而依职权启动羁押必要性审查就显得尤为必要,但是对于何种情形下应当启动羁押必要性审查并没有较为统一的标准,有待实践部门进一步的探索。最后,犯罪嫌疑人申请启动羁押必要性审查被驳回的,缺乏相应的申诉救济措施,能否再次申请也没有明文规定。此外,犯罪嫌疑人申请羁押必要性审查的次数、合理时间间隔如何把握,也有待于进一步的明确。

(三)检察机关内部职能部门羁押必要性审查职责分工不尽合理

根据刑事诉讼法相关规定以及高检院《关于人民检察院监所检察部门开展羁押必要性审查工作的参考意见》等相关文件,监所检察部门负有对案件在侦查阶段、审查起诉阶段、法院审理阶段羁押必要时审查的全程审查责任。从监所检察部门的工作内容来看,其更容易实时、全面的了解犯罪嫌疑人自身情况是否适于被羁押,从而向相关案件办理部门提出羁押与否的建议。然而,据A市检察院监所检察部门提请变更强制措施原因来看,因为案情或者证据变化导致没有继续羁押必要而建议变更强制措施的占所有建议案件的80%,而因为犯罪嫌疑人、被告人身体原因(如重病、怀孕、哺乳等)提出建议的仅占20%。由此可以看出,监所检察部门为顺利开展羁押必要性

[9] 根据北京市律协相关统计数据分析,2012年至2013年间,北京地区刑事案件律师参与率尚不足30%,且集中在经济类、职务犯罪类等涉案犯罪数额较大类型案件。参见王隽主编:《北京律师发展报告》,社会科学文献出版社2013年版,第36页。

审查工作，不得不通过调阅卷宗、讯问嫌疑人等途径了解案情，从而实际上承担了侦查监督、审查起诉、法院审理部门开展羁押必要性审查的工作职责。因此，如何协调监所检察部门与其他部门开展羁押必要性审查的关系，厘清各自职责范围，避免羁押必要性审查工作的重复性，仍然是今后继续需要努力探索的方向。

三、羁押必要性审查制度的完善建议

（一）扩大检察机关羁押必要性审查结果运用的决定权

刑事诉讼法对于检察机关羁押必要性审查结果的运用除部分具有释放或者变更强制措施的决定权外，对于侦查机关和审判机关仅具有提出或者变更强制措施的建议权，而非决定权。笔者认为，依照诉讼阶段的不同，应当赋予检察机关羁押必要性审查结果运用更大范围的决定权。具体来说，对于案件处于捕后侦查阶段的，侦查监督部门或者监所检察部门应当享有对羁押必要性审查结果运用的决定权，即经审查认定犯罪嫌疑人不宜继续羁押的，可以径行作出释放或者变更强制措施的决定。对于案件处于审查起诉阶段的，监所检察部门仍然可以向公诉部门提出建议，是否采纳由公诉部门决定。对于案件处于法院审理阶段的，监所检察和公诉部门仅享有羁押必要性审查结果运用的建议权，是否采纳法院仍然有权决定。扩大检察机关羁押必要性审查结果运用的决定权，不仅有利于提高检察机关依职权开展羁押必要性审查工作的积极性，同样这也是对检察机关批准逮捕权的自然延伸，符合检察机关开展诉讼监督工作的职能定位。当然，同样应当赋予相关办案部门提请复议、复核的权利，以发挥《刑事诉讼法》办案机关间相互配合、相互制约的诉讼原则。

（二）优化羁押必要性审查方式，规范制度运行

一是要建立完善书面审查与听证审查相结合，日常审查与定期审查相结合的审查工作方式，不断完善审查听证制度，拓展听证适用范围，建立完善定期审查常态工作机制。新《刑事诉讼法》实施之前，我国检察机关就存在诉讼职权意义上的羁押必要性审查，如侦查监督部门在办理延长侦查羁押期限案件过程中，对犯罪嫌疑人羁押必要性的审查，而新《刑事诉讼法》增设了监督职权意义上的羁押必要性审查。笔者认为，鉴于依申请启动羁押

必要性审查的案件比重不高，有必要建立依职权启动的羁押必要性定期审查工作机制。考虑到当前侦查羁押期限延长、补充侦查、审查起诉、法院审理的期限一般为一至两个月，选取 15 日至 30 日作为定期审查的时间节点比较合适，在此时间节点内，要求案件承办人员填写羁押必要性定期审查意见表，提出相关审查意见。此外，对于超期羁押案件和羁押期限已经超过嫌疑人可能被判处刑期的案件，建立羁押必要性强制审查制度，对于此类案件应当作出释放或者变更强制措施的决定或建议。

二是建立科学合理的羁押必要性评估体系。应从社会危害性、人身危险性与诉讼可控性三个方面，综合考量犯罪事实、主观恶性、悔罪表现、身体状况、可能判处刑罚等情况，制定详尽的羁押必要性审查评估表，合理设计各项目的分值权重，通过量化打分的方式明确羁押必要性的判断标准，实现捕后羁押必要性审查工作的客观公正与规范高效。

三是加强检察机关内部职能部门的协作与监督，建立检察机关内部的信息共享机制，合理配置检力资源，具体包括发挥案件管理部门对羁押必要性审查的统筹协调作用，在案件流转过程中注意提醒和监督相关部门在侦查羁押期限延长、退回补充侦查、决定起诉时羁押必要性的审查工作，同时尽快建立自侦部门、监所检察部门、公诉部门、侦监部门共享的网络信息平台，并要求相关职能部门及时录入涉及羁押必要性的各种信息，实现对案件及被羁押人相关情况的动态掌控，保证职能部门及时了解羁押必要性改变的最新情况，提高羁押必要性审查工作质效。

（三）完善羁押必要性审查配套措施，提高审查适用率

一是要继续完善羁押替代性措施，保证犯罪嫌疑人及时到案。创新对非在押犯罪嫌疑人的监控方式，积极借助外力，探索依托社区矫正机构、社区网格力量保障羁押替代性措施的监控效果。[10] 同时拓展监控手段，积极应用现代科技成果，通过电子手铐等监控设备的司法应用，实现对被监控人的动态监管。此外，在社会信用体系逐步完善、监管措施得以落实后，探索

〔10〕 有必要进行说明的是，社区矫正机构是对被判处缓刑、裁定假释、决定监外执行的已决犯的监管机构，此处仅是建议借助其监管力量监管未经判决的犯罪嫌疑人。

建立嫌疑人保释制度，赋予犯罪嫌疑、被告人保释权利。

二是完善羁押必要性审查的相关救济程序。现有法律条文关于依申请提出羁押必要性审查的规定缺乏权利救济程序，为保障被羁押人权利，需进一步补充权利人对检察机关不同意变更强制措施决定的复议权和向上一级检察机关提请复核的权利，同时对于被驳回申请后，再次提出审查的时间间隔应明确规定，以保障犯罪嫌疑人再次提出羁押必要性审查的申请权利。此外，探索建立科学合理的羁押必要性审查决定不当赔偿制度，即对于申请启动羁押必要性审查程序未获释放或变更强制措施的，如果事后认定申请时确实没有羁押必要，检察机关作出继续羁押建议或决定不当的，则应当对嫌疑人继续被羁押的期限予以赔偿。如果申请启动羁押必要性审查程序时有羁押必要，检察机关基于此作出了继续羁押的建议或决定，则对此后的羁押不予赔偿。

三是建立完善羁押必要性审查的案件质量评查制度。将羁押必要性审查工作纳入案件质量考核体系中，作为案件质量评查工作的一项重要指标。对于应当开展羁押必要性审查而没有开展的，应当降低考评等级。对于开展羁押必要性审查并作出变更强制措施决定时，符合办案规范和相关判定标准的，即使在案件的后续处理过程中，犯罪嫌疑人又脱保的，也不应问责案件承办人员、降低案件质量考评等级，从而确立起对案件承办人员的激励与奖惩机制。

第十一章　逮捕审查中的"社会危险性"条件

——基于实证的效果、对策分析*

李洪亮**

【摘要】本文结合审查逮捕司法实践，提出社会危险性审查存在的一些问题，分析背后深层次的原因，找出更为实际的对策，希望能为立法、司法实践提供参考。

一、"社会危险性条件"概述

众所周知，逮捕有三个条件，即"罪行条件""刑罚条件""社会危险性条件"（必要性条件）。[1] 三个条件中，"社会危险性条件"相对主观，属于一个变量，这可以从两个方面来说明：第一，社会危险性随着犯罪嫌疑人情况的变化而改变。如果犯罪后嫌疑人真诚悔罪，愿意接受改造，社会危险性实际是减小的；如果犯罪后嫌疑人不思悔改，预谋重新实施犯罪、逃避追诉等，则社会危险性是增加的，即社会危险性条件不像"罪行条件"在犯罪后就相对固定，不再改变，而属于一个变量。第二，从审查逮捕的角度来说，是否满足社会危险性条件需要检察官结合一定的证据进行主观判断，自由裁量空间大。

---

* 此文系在纽约大学法学院亚美法研究所和广州大学2014年6月广州举行的审前羁押国际研讨会上提交的会议论文。

** 李洪亮，广州市花都区人民检察院。

〔1〕 新《刑事诉讼法》于2012年3月14日开始实施，《规则》也于2012年11月22日正式发布，将必要性条件改为社会危险性条件。参见孙谦主编：《人民检察院刑事诉讼法规则（试行）理解与适用》，中国检察出版社2012年版，第234页。

强制措施的性质是预防性措施,而不是惩戒性措施。[2] 逮捕作为一种最严厉的强制措施,其适用的目的也是保证刑事诉讼的顺利进行,防止发生社会危险。因而“社会危险性”条件的特点决定了:第一,社会危险性条件应该成为对嫌疑人是否适用逮捕羁押措施的一个重要判断标准,如果嫌疑人不具有社会危险性,就不能作出逮捕决定;第二,即使适用了逮捕羁押措施,也应随着嫌疑人社会危险性条件的变化而予以变更或者解除。“要避免一旦羁押既不再审查的‘一劳永逸’做法,而要在每一诉讼阶段的开始,对羁押的理由进行持续的审查,并在发现理由不复存在时,立即结束审前羁押的适用。”[3]

从司法实践来看,正是上述两个方面出现的一系列问题导致我国的逮捕羁押制度饱受诟病,表现在:第一,审查逮捕时,基本上是“够罪即捕”,社会危险性条件不受重视;第二,我国的逮捕羁押措施具有一劳永逸的特征,即一旦对犯罪嫌疑人采取了逮捕羁押措施,则之后的审查起诉、审判阶段都不需要再审查羁押理由,故我国的逮捕羁押具有“一捕到底”“一押到底”的特征。

针对上述问题,《刑事诉讼法》与《人民检察院刑事诉讼规则(试行)》[4]作出相应的修改,这种修改的效果如何呢?

二、审查逮捕中的“社会危险性”分析

如前所述,造成我国逮捕羁押率偏高的一个重要原因在于审查批捕的检察官只重视了罪行条件、刑罚条件,而忽视甚至忽略了社会危险性条件(必要性条件)的审查,诸多学者均认为造成该种现象的一个重要原因是旧的《刑事诉讼法》对社会危险性条件的规定过于概况、笼统,不具有可操作性。为此,《刑事诉讼法》第 79 条第 1 款对社会危险性条件的规定进行了细化。笔者认为,由于追诉主义思维及现行考核制度没有发生根本的改变,上述修改并不会让负责审查批捕的检察官对该条件有所重视。

1. 原因是多方面的,笔者认为其中一个重要原因是检察机关对逮捕案

---

〔2〕 陈光中主编:《刑事诉讼法》(第三版),北京大学出版社、高等教育出版社 2009 年版,第 209 页。

〔3〕 陈瑞华:《未决羁押制度的理念反思》,载《清华法学》2002 年第 5 期。

〔4〕 以下不作注明,均指新《刑事诉讼法》和新《人民检察院刑事诉讼规则(试行)》。

件质量的认定标准具有这样一种导向性:重视逮捕的“罪行条件”而轻视“社会危险性条件”。

《人民检察院审查逮捕质量标准》第三章规定了“逮捕质量问题的认定”,第 21 条规定:“逮捕质量问题包括错捕、错不捕和办案质量有缺陷。”第 22 条规定:“审查逮捕时,案件证据不能证明有犯罪事实或者依法不应当追究刑事责任而批捕逮捕的,为错捕。”第 25 条规定,“具有以下情形之一的,属于错不捕:(一)对有逮捕必要的犯罪嫌疑人不批准逮捕,致使犯罪嫌疑人实施新的犯罪或者严重影响刑事诉讼正常进行的;(二)对有逮捕必要的犯罪嫌疑人作出不批准逮捕决定后,经上一级人民检察院复核,在案件事实、证据无变化的情况下改为批准逮捕,经法院审理判处有期徒刑以上刑罚并已发生法律效力的;(三)上级人民检察院发现下级人民检察院不批准逮捕的决定违反刑事诉讼法和本标准的有关规定,改为批准逮捕,经人民法院审理判处有期徒刑以上刑罚并已发生法律效力的。”第 26 条规定“具有以下情形之一的,属于办案质量有缺陷:(一)批准逮捕后,犯罪嫌疑人被依照刑事诉讼法第 142 条第 2 款(新《刑事诉讼法》第 173 条第 2 款)决定不起诉或者被判处管制、拘役、单处附加刑或者免予刑事处罚的。……(二)对不适宜羁押且无逮捕必要的犯罪嫌疑人批准逮捕的;……”

由此可以看出:第一,在审查是否满足“罪行条件”上犯错误可能被认定为“错捕”;第二,在审查“社会危险性条件”上犯错误且不批准逮捕的可能被认定为“错不捕”;第三,即使犯罪嫌疑人没有社会危险性而被批准逮捕,只要最终认定构成犯罪,即使做了相对不起诉、或者被告人没有被判处有期徒刑以上刑罚,也不会牵涉“错捕”的问题,至多被认为“办案质量有瑕疵”。

如上文所分析的,“社会危险性条件”相对主观,属于一个变量,比如,谁能 100% 的保证在审查批捕时认为没有社会危险性而不批准逮捕的犯罪嫌疑人不会实施新的犯罪呢? 然而,从“错不捕”的认定标准来看,基本属于一种结果决定论,这自然会引导检察官不考虑“社会危险性条件”而“够罪即捕”——即使被评价为“办案质量有瑕疵”,也不愿意轻易适用“社会危险性条件”而作出不批准逮捕处理——即使概率很小,也存在被评定为“错不捕”的可能。

上述认定又有什么区别呢?《人民检察院审查逮捕质量标准》第四章规定了“逮捕质量责任”,根据该章规定,对于因故意或者重大过失造成错捕或者错不捕的,应当依照有关法律和《检察人员执法过程责任追究条例》《检察人员纪律处分条例(试行)》等有关规定,追究主要责任人和其他直接责任人的纪律责任或者法律责任,而对于办案质量有瑕疵的,最坏是作为各级人民检察院侦查监督部门及其工作人员进行工作指导和实绩检查、考核的依据。两相对比,孰轻孰重一目了然,这种评价导向自然让检察官在审查批捕时只会关注“罪行条件”,而不予重视“社会危险性”条件,甚至对没有社会危险性条件且不批准逮捕的案件格外谨慎,以防出现“错不捕”情况的发生。

2. 司法实践中的一个侧面可以间接印证上述情况。《刑事诉讼法》第86条规定了听取辩护律师意见制度,笔者从2013年1月1日(《刑事诉讼法》开始实施的日期)到2014年4月30日,对我院审查逮捕案件中听取律师意见的情况作了一个实证分析[5],发现在该段时间内:

辩护律师在审查逮捕阶段提出意见的案件共有28人[6],其中:(1)辩护意见为“事实不清、证据不足”的为9人,采纳律师意见作出不批准逮捕决定的为6人,其余3人批准逮捕;(2)辩护意见为“无社会危险性”的为12人,采纳律师意见不批准逮捕的为2人,以事实不清、证据不足不批准逮捕的为3人,其余7人均批准逮捕;(3)同时提出“事实不清、证据不足”和“无社会危险性”的有6人,以事实不清、证据不足不批准逮捕的为1人,其余5人均批准逮捕;(4)同时提出“情节显著轻微不构成犯罪”和“无社会危险性”的有1人,该案最终以情节显著轻微不构成犯罪作出不批准逮捕处理。综上可以看出,在28人中,批准逮捕的为15人,不批准逮捕的为13人;在不批准逮捕的13人中,以证据方面存在问题而不批准逮捕的为11人,以无社会危险性而不批准逮捕的仅有2人,占不批准逮捕的比例仅为15.38%。可见,即使《刑事诉讼法》对社会危险性条件作出细化规定,在实践中并没有引起足够的重视。

---

〔5〕 数据统计由我院的温馨检察官完成,在此予以引用。

〔6〕 这里的人数指的是犯罪嫌疑人的人数。

3. 如何理解《刑事诉讼法》第79条第3款的问题

实践中有这样一个案例:嫌疑人有抢劫罪前科,在贩卖毒品时,民警当场对其进行抓捕,嫌疑人持刀抗拒抓捕,民警鸣枪警告无效后开枪将嫌疑人腿部打伤。之后,公安机关以"患有严重疾病"为由对嫌疑人采取了监视居住措施,监视居住期满又以"不能在规定的侦查羁押期限内办结,需要继续侦查"为由采取了取保候审措施;取保候审期间,公安机关以贩卖毒品罪提请批准逮捕嫌疑人。经核实:嫌疑人虽然拒不承认实施了贩毒行为,但并没有违反取保候审规定。那么,能否对嫌疑人适用逮捕措施呢?讨论时形成如下三种观点:

第一种观点认为嫌疑人持刀抗拒抓捕,且拒不认罪,社会危险性较大,公安机关对其适用取保候审措施就是错误的,应当予以逮捕;第二种观点认为嫌疑人曾经故意犯罪,符合《刑事诉讼法》第79条第2款之规定,应当予以逮捕;第三种观点认为嫌疑人在取保候审期间并没有违反取保候审的规定,不符合《刑事诉讼法》第79条第3款之规定,不应予以逮捕。

笔者认为:《刑事诉讼法》第79条第2款"径行逮捕的条件"只能适用于公安机关在对犯罪嫌疑人刑事拘留期间即向检察机关提请批准逮捕的案件;嫌疑人被取保候审或者监视居住期间,公安机关提请批准逮捕的,只能适用第79条第3款来判断是否符合逮捕条件,而不能再适用第79条第2款。也就是说,即使嫌疑人的该次犯罪行为可能判处10年以上有期徒刑,或者曾经故意犯罪、身份不明的,只要嫌疑人在取保候审或者监视居住期间没有违反取保候审或者监视居住的相关规定,就不符合逮捕条件,不应予以逮捕。理由如下:

(1)《公安机关办理刑事案件程序规定》(以下简称《规定》)第105条规定:公安机关对符合逮捕条件,但患有严重疾病、生活不能自理的,可以监视居住。该案中,公安机关以"患有严重疾病"为由对嫌疑人采取监视居住措施符合法律规定。《规定》第78条规定:"对累犯,犯罪集团的主犯,以自伤、自残办法逃避侦查的犯罪嫌疑人,严重暴力犯罪以及其他严重犯罪的犯罪嫌疑人不得取保候审,但犯罪嫌疑人具有本规定第77条第1款第3项、第4项规定情形的除外。"第77条第1款第4项是"羁押期限届满,案件尚未办结,需要继续侦查的。"可见,公安机关以"不能在规定的侦查羁押期限内办结,需要继续侦查"为由对嫌疑人采取取保候审措施并无不妥之处,故第一种观点不成立。

(2)《刑事诉讼法》第79条第3款规定:"被取保候审、监视居住的犯罪嫌疑人、被告人违反取保候审、监视居住规定,情节严重的,可以予以逮捕。"而《刑事诉讼法》第69条、第75条规定的取保候审、监视居住相关规定显然不包括第79条第2款列出的3种应当予以逮捕的情况。

(3)强制措施是一种预防性措施,而非惩罚性措施,适用的目的是保障刑事诉讼活动的顺利进行。强制措施的适用应遵循必要性原则、比例性原则。[7] 如果采取较轻的强制措施即可以达致上述目的,自然没有必要采取重的强制措施,这也是《刑事诉讼法》规定的"尊重和保障人权"的重要体现。案例中,嫌疑人虽然有犯罪前科,但其随传随到,并没有实施新的犯罪或者妨碍刑事诉讼活动,公安机关直接移送审查起诉就可以达到追诉目的。如果对嫌疑人转而采取逮捕这种最为严厉的强制措施自然不符合必要性、比例性原则,也增加了不必要的未决羁押,浪费了司法资源。

(4)法的一个重要作用是对群众的行为产生一种正向引导,即遵纪守法而非漠视法律规定。案例中,如果嫌疑人认真遵守取保候审的规定也要被逮捕,则嫌疑人是否遵守取保候审的规定又有什么意义呢?这样的执法只会损害法律的权威性和安定性。

(5)根据《规则》第100条第3款规定,"需要对上述犯罪嫌疑人予以逮捕的,可以先行拘留;已交纳保证金的,同时书面通知公安机关没收保证金。"在嫌疑人没有违反取保候审规定的情况下,就要没收保证金,这对于嫌疑人同样是不公平的。

实际上,争议中的第一、二两种观点正是重视打击犯罪,忽视人权保障的传统司法思维的重要体现,由此可见,在司法实践中真正落实对社会危险性条件之审查的难度。

---

〔7〕 陈光中主编:《刑事诉讼法》(第三版),北京大学出版社、高等教育出版社2009年版,第212页。

三、捕后羁押必要性审查问题分析

新《刑事诉讼法》第93条规定了捕后羁押必要性审查机制，即检察机关对已经在押的犯罪嫌疑人、被告人在诉讼期间是否存在继续羁押的必要性进行审查的工作制度，是指综合犯罪嫌疑人、被告人逮捕时依据的条件的变化、羁押期间的具体表现、诉讼期间证据保全情况等因素，评判有无继续羁押的必要性，根据评判结果作出是否向有关办案单位发出变更逮捕羁押措施的建议。

实质上，捕后羁押必要性审查是"社会危险性条件"在捕后羁押期间的适用，如果能够真正得到实施，可以防止"一捕到底""一押到底"的情况，从根本上治理超期羁押。但从实施效果来看，笔者怀疑存在陈瑞华教授提出的"刑事程序失灵"问题。以笔者所在的基层检察院为例，从新《刑事诉讼法》于2013年3月14日实施以来，2013年3月14日至2013年12月31日，该院所实施的捕后羁押必要性审查案例仅为17件27人，建议侦查机关释放或变更强制措施4件4人；前者占全年批捕案件数1640件的1.04%、批捕人数2358人的1.14%；后者占全年批捕案件数1640件的0.24%、批捕人数2358人的0.17%。2014年1月1日至今，实施的捕后羁押必要性审查案例为0件0人。如此低的比例基本上可以忽略不计，可见实施效果并不理想，其中很重要的原因就在于：

1. 成本与效率制约实施效果。"法律程序的设计经常会涉及诉讼成本的投入问题。作为一种需要投入人力、物力和时间等司法资源的活动，刑事诉讼活动的效率问题是需要人们认真对待的。任何一项刑事司法改革方案，如果动辄会带来诉讼效率的下降和诉讼结案周期的延长，就不可能具备任何现实的基础。"[8]第一，捕后羁押必要性审查必然带来巨大的工作量，提高诉讼成本。在启动羁押性必要性审查后，检察官需要审查相关材料，向侦查机关了解案件进展情况，向监所部门了解被逮捕的犯罪嫌疑人、被告人羁押表现情况，讯问犯罪嫌疑人，必要情况下针对犯罪嫌疑人、被告人是否存在羁押必要性组织公开听证等。第二，捕后羁押必要性审查制度也会降低

---

〔8〕 陈瑞华：《刑事诉讼的中国模式》，法律出版社2010年版，第303页。

诉讼效率。比如,成功适用取保候审的后果就是检察机关建议公安机关变更逮捕羁押措施,一般变更为取保候审措施,但取保候审的增多会导致矛盾的增多:(1)如何对外来打工人员适用取保候审的问题;(2)适用取保候审后,侦查机关、检察机关需要询问犯罪嫌疑人时,客观上会增加很多工作量,加深案多人少的矛盾;(3)适用取保候审后,到案率难以保证,致使相关案件办理处于停滞状态,或在检察机关、公安机关之间流转,占用过多司法资源,造成案件积压,加深程序公正与司法效率的矛盾,也可能引起被害人一方对司法低效率的不满。

2. 程序实施机制缺乏。刑事诉讼法没有建立较为完善的程序实施机制,使得捕后羁押必要性审查程序先天就具有被规避和搁置的风险。[9] 新《刑事诉讼法》只有第 93 条对此作出规定,新《规则》第 616 - 621 条虽对此作出细化,但仍然较为原则化,实施起来存在诸多模糊之处。比如,《规则》第 616 条第 2 款规定了捕后羁押必要性审查的两种启动方式:"人民检察院发现"的主动启动模式,"根据犯罪嫌疑人、被告人及其法定代理人、近亲属或者辩护人的申请"的被动启动模式,但检察院通过什么渠道发现,对如何启动审查、符合什么条件时启动审查、犯罪嫌疑人如何申请启动等都没有明确规定。

3. 部分设计科学性不足。第一,从新《刑事诉讼法》第 93 条的文意来理解,对所有检察院批准及决定逮捕的案件和对法院决定逮捕的案件,人民检察院都应该没有例外的进行羁押必要性审查。但从司法实践来看,基层检察院的侦查监督部门本身就面临着案多人少、事务繁杂的问题,对每起案件都做到详尽的审查不太现实。第二,《规则》规定了主动启动、被动启动两种模式。但由检察机关发现而启动审查的制度不可避免地带有行政主导的"司法审查"特征,而不具有最基本的诉讼形态,[10] 在法律没有明确必须审查的情况下,希望检察机关主动、积极启动审查是不切实际的。从利益分析的角度来看,只有犯罪嫌疑人才有切实的动力申请这种审查,并推动捕后羁押

---

〔9〕 参见陈瑞华:《刑事诉讼法的中国模式》,法律出版社 2010 年版,第 13 页。
〔10〕 参见陈瑞华:《程序性制裁理论》,法律出版社 2010 年版,第 228 页。

审查制度的完善。然而由于当事人对该种制度知悉较少，实际上导致当事人真正申请的很少。第三，在审查起诉和审判阶段继续由公诉部门负责羁押必要性的审查并不合理。虽然我国的检察官具有较为明显的中立性，公诉是以站在中立的立场上作出客观判断为基础的[11]，但公诉部门至少在表面上是与被告及辩护人相对立的一方，受追诉思维以及案件考核机制的影响，在判断是否需要对被告人解除羁押时，自然会倾向于否定的态度。

4. 没有制定程序性违法后果。对于检察机关在符合条件时没有主动启动审查或者在相关嫌疑人申请时没有启动审查，或者消极审查的，法律并没有规定违法性后果，也没有规定相关嫌疑人享有的救济权利，故检察机关并不会有程序上的压力。

四、改进建议

（一）慎用逮捕羁押措施。表面上看，只要被告人最终经法院判决有罪，未决羁押就不会对其权益造成损害——因为未决羁押期限可以用来折抵刑期，但实际逮捕是一种最严厉的强制措施，具有高风险性：第一，未决羁押期间，犯罪嫌疑人的人身自由受到限制，其供述的真实性、客观性不能充分得到保证，这也是造成冤假错案的最重要原因。第二，未决羁押的最大风险就在于被告人可能被作出无罪判决，故未决羁押具有很大的风险性。故审查批捕的检察官应改变“够罪即捕”的传统思维模式，更加重视社会危险性审查，并慎用逮捕措施。

（二）充分完善羁押替代性措施。在将逮捕羁押措施变更为非羁押措施后，必须强化后者的实施效果，防止犯罪嫌疑人不到案、影响诉讼活动的进行。因而，充分完善羁押替代性措施：1. 在目前难以对保证人形成有效约束的情况下，建议依法适度提高保证金的适用比例。由司法机关对犯罪嫌疑人是否有犯罪前科、是否有正当职业、经济能力和社会关系等因素进行综合考量，收取一定数额的保证金，对被取保候审人形成实际约束。2. 进一步完善取保候审保证人制度。强化对保证人的住所、收入等方面条件的审查，限制具有不良社会信用记录的人员担任保证人，强化违反保证义务的责任追

[11] 朱孝清：《论诉讼监督》，载《国家检察官学院学报》2012 年第 5 期。

究机制。探索由犯罪嫌疑人的工作单位担任保证人，对其在取保候审期间的动向进行监管。3. 注重取保候审、监视居住、逮捕措施的适用梯度。依法适度提高监视居住措施的适用比例，对无逮捕必要性，没有固定住处，不能提出符合条件的保证人且无力交纳保证金，适用取保候审措施可能产生较大诉讼风险的犯罪嫌疑人，依法适用指定居所监视居住，集中力量进行监控。

（三）科学设计、完善细则。

1. 审查逮捕制度。(1)检察机关审查逮捕时，应严格审查案卷材料中涉及逮捕条件的内容和相应证据材料是否齐备。如果侦查机关未对犯罪嫌疑人社会危险性进行说明、未移送相关证据的，检察机关应当要求侦查机关及时说明或移送；侦查机关在规定时间内仍不说明或移送的，根据现有材料，无法认定犯罪嫌疑人具有法定社会危险性情形的，检察机关应当依法作出不批准逮捕决定。(2)《审查逮捕案件意见书》中必须体现对社会危险性条件的审查、论证说明。对于辩护律师提出的犯罪嫌疑人无社会危险性、不适宜羁押等意见及相关证明材料，应当听取、认真审核，并制作笔录附卷。

2. 捕后羁押必要性审查制度。(1)将捕后羁押必要性审查的重点放在轻型犯罪案件上，以减少工作量。轻型案件的犯罪分子一般人身危险性较小，反社会倾向性小，故应重点审查这种情况下的羁押必要性，即对于可能被判处三年以下有期徒刑、拘役、管制、缓刑、免予刑事处罚、未完成形态的犯罪分子、过失犯罪分子、具有自首立功情节的犯罪分子、共同犯罪的从犯、初犯、偶犯及未成年犯罪分子、由于身体、生理等原因不适合羁押的犯罪分子、积极退赃或赔偿的犯罪分子、同被害人达成刑事和解的犯罪分子的捕后羁押审查应从宽。对于可能判处十年以上有期徒刑的犯罪分子、共同犯罪的首要分子、主犯、累犯、涉嫌危害国家安全、黑恶势力、毒品犯罪等的犯罪分子审查应从严，努力达致控制犯罪与保障人权的平衡。(2)建立以当事人申请启动审查为主的模式，减弱其“权力实现”色彩，而赋予其更为浓厚的“权利救济”特征。换言之，应当尽量由被逮捕羁押的犯罪嫌疑人发动有关请求，而不应过多强调检察机关“依据职权”主动启动纠正程序的正当要求。[12] (3)规定侦查阶段、审查起诉阶段、审判阶段的羁押必要性审查由侦查监督部门负责。公诉部门、监所检察部门发现不需要继续羁押的,可以提出释放犯罪嫌疑人、被告人或者变更强制措施的建议。

(四)修改评价标准。《刑事诉讼法》《规则》对“社会危险性条件”的重视应该体现在检察机关内部考核标准上,应对逮捕案件质量标准作出修改,强化“社会危险性条件”在逮捕案件评价标准中的比重,比如对缺乏社会危险性证明、论理说明的《审查逮捕案件意见书》应评定为质量有瑕疵案件;修改“错不捕”的定义,使得检察官因适用社会危险性条件而不批准逮捕时不会顾虑重重。

〔12〕 参见陈瑞华:《程序性制裁理论》,法律出版社2010年版,第227页。

第十二章　从重新定位逮捕权的功能谈制约体系的配置*

林　兰**

逮捕，是《刑事诉讼法》规定的执法机关依照法定的程序对可能判处有期徒刑以上刑罚的犯罪嫌疑人、被告人采取的有时限地剥夺其人身自由的最严厉的刑事强制措施。2012 年我国刑事诉讼法修订后对原来较宽泛的逮捕必要条件之一的"社会危险性"情形作了列举式的严格规定，立法初衷和目的就是限制逮捕这一强制措制的滥用，凸显人权保障。从 2013 年 1 月 1 日修订后刑事诉讼法正式施行后，因不具有第 79 条所列"社会危险性"情形的犯罪嫌疑人被检察机关作出不批准逮捕决定的比例必然会有所上升。如以笔者工作的广州市萝岗区人民检察院为例，近三年来因不具有"社会危险性"而不捕的案件占全部不捕案件的比例为 2011 年的 18.7%、2012 年的 31.13% 和 2013 年的 58.5%。笔者作为行使批准逮捕权的检察机关侦查监督部门办案人员，结合工作实践，认为有必要对我国逮捕权功能进行重新定位，厘清立法修订引发的困惑，结合法条规定配置较完善的制约体系，使得检察机关的逮捕权适用恰当。

一、逮捕权功能的重新定位

传统的法学理论，将逮捕权的主要功能定位为：保障侦查、审查起诉、审判、刑罚执行等诉讼活动的顺利进行，即具有程序保障功能。有的学者认

---

* 此文系在纽约大学法学院亚美法研究所和广州大学 2014 年 6 月广州举行的审前羁押国际研讨会上提交的会议论文。

** 林兰，广州市萝岗区人民检察院侦查监督科科长。

为，逮捕的根本目的是保障刑事诉讼活动的顺利进行，除此之外，逮捕并无其他刑事诉讼法上之目的，也不应对逮捕附加任何其他目的。[1] 但笔者认为除此以外，无论是来自立法的赋予，还是执行逮捕应然产生的效果，都必然使得逮捕权具有多元复合的功能。

一是惩罚和预防犯罪功能。结合修订后《刑事诉讼法》第79条第1款将“可能实施新的犯罪”规定为属于应当逮捕的“社会危险性”情形之一以及第2款新增的“迳行逮捕”的情形，即“对有证据证明有犯罪事实，可能判处十年有期徒刑以上刑罚的，或者有证据证明有犯罪事实，可能判处徒刑以上刑罚，曾经故意犯罪或者身份不明的，应当予以逮捕”，笔者认为立法认同了逮捕权还有重罪惩罚功能和预防犯罪功能。正如有的学者提出的，审前羁押已经成为多功能的手段，可以用于惩罚和预防犯罪。[2] 这就解释了为什么检察院的工作报告，往往将批准逮捕工作视作“打击刑事犯罪，维护社会和谐稳定”的重要内容，体现了司法机关对于犯罪的及时反应，顺应了民众关于“犯罪就应坐牢”的朴素观念，彰显了法律不可侵犯的权威。

二是预判功能。根据《刑事诉讼法》第79条关于逮捕的规定，检察机关在审查逮捕时要做出两个预先判定：第一，“有证据证明有犯罪事实”，要预先判定犯罪嫌疑人的行为是否构成犯罪；第二，“可能判处徒刑以上刑罚”，要预先判定对犯罪嫌疑人的量刑适用。只有在符合这两个“预判”的大前提下，才会考察犯罪嫌疑人、被告人“是否具有社会危险性”或“迳行逮捕”情形等其他条件。这种“预判”必然会顺延至审查起诉，乃至审判阶段。

逮捕权的“预判功能”不但体现在定罪、量刑的预判上，还体现在是否适用缓刑的预判上。认真比照法条，不难发现刑事诉讼法设置的取保候审条件与适用缓刑条件是互通的。《刑事诉讼法》第79条第1款规定，除上述2个前置条件外，第三个必要条件就是“采取取保候审尚不足以防止发生下列社会危险性”（所列举的五种“社会危险性”情形），言下之意就是如果不具有

---

〔1〕 万毅：《逮捕并非“打击刑事犯罪”的手段——检察机关不宜向人大汇报批捕人数》，载《法学》2009年第2期。

〔2〕 [德]托马斯·魏根特：《德国刑事诉讼程序》，岳礼玲、温小洁译，中国政法大学出版社2004年版，第95－96页。

所谓的"社会危险性",则可以采取取保候审的强制措施,而不适用逮捕。《刑事诉讼法》第65条规定了对具有以下四种情形的犯罪嫌疑人、被告人可以取保候审:(一)可能判处管制、拘役或者独立适用附加刑的;(二)可能判处有期徒刑以上刑罚,采取取保候审不致发生社会危险性的;(三)患有严重疾病、生活不能自理,怀孕或者正在哺乳自己婴儿的妇女,采取取保候审不致发生社会危险性的;(四)羁押期限届满,案件尚未办结,需要采取取保候审的。再看我国《刑法》第72条规定的缓刑的适用条件是:对于被判处拘役、三年以下有期徒刑的犯罪分子,同时符合下列条件的,可以宣告缓刑,对其中不满十八周岁的人、怀孕的妇女和已满七十五周岁的人,应当宣告缓刑:(一)犯罪情节较轻;(二)有悔罪表现;(三)没有再犯罪的危险;(四)宣告缓刑对所居住社区没有重大不良影响。这四种情形实际上是对《刑法修正案(八)》出台前关于"适用缓刑确实不致再危害社会"条件的细化,与上述的取保候审适用常见的第二、三种情形设置的条件是相通的,这就必然引发在实际执法过程中,对于因不具有所谓的"社会危险性"而不批准逮捕而适用取保候审的犯罪嫌疑人、被告人,在审判阶段获判适用缓刑的概率较高。以笔者所在的广州市萝岗区人民检察院办理的案件为例,2013年因上述情形不批准逮捕获判缓刑的有45人,占此类不批准逮捕人数的近70%。

三是侦查监督功能。我国的逮捕权由检察机关的侦查监督部门行使,履行对公安机关的立案、侦查活动的法律监督职能。具体包括实体监督和程序监督,前者注重审查犯罪疑人有无实施犯罪以及其行为是否应受刑罚处罚,对于不构成犯罪、情节显著轻微、不认为是犯罪或者不具有"社会危险性"以及未达到"有证据证明有犯罪事实"的事实不清、证据不足的犯罪嫌疑人作出不批准逮捕的决定。后者注重对侦查机关收集证据的程序、形式的合法性进行审查,对于非法证据进行提前排除等。修订后刑事诉讼法对逮捕条件规定地更为严格,对证据要求更高,以致各地不捕率普遍呈上升趋势。如2013年最高人民检察院工作报告中提及全国检察机关对涉嫌犯罪但无逮捕必要的决定不批捕82089人,比上年上升2.8%;对证据不足和不构成犯罪的决定不批捕100157人,同比上升9.4%

四是促成和解功能。有的学者提出"逮捕也被附加为强制当事人达成赔偿协议,缓和群众情绪平息上访的一个有利手段",[3]这是因为捕前和捕后犯罪嫌疑人及家属的心理差异较大,捕前犯罪嫌疑人一方意识不到自己行为的法律后果,不愿意赔偿;捕后心理发生剧烈变化,不愿意被限制人身自由,所以与被害人达成和解的意愿会增强。这种情况在轻刑伤害案件中尤为常见。笔者在此将之定义为逮捕权的衍生功能——促成和解功能。

二、厘清逮捕权行使的困惑

在对逮捕权的功能重新定位后,我们有必要厘清在司法实践中关于逮捕权行使的几个困惑。

一是认为"尽可能少捕或不捕"才能体现宽严相济。有的观点认为,大量逮捕导致的短期自由刑比例过高,虽然有惩罚犯罪、隔离犯罪、威慑犯罪、矫正犯罪的良好愿望,却往往难以实现。[4] 认为强迫罪犯脱离原先的生活环境,会造成其反社会化倾向;罪犯入狱后会造成"交叉感染",还可能引发更严重的犯罪。还有的观点认为,短期自由刑不可能改造罪犯,反而会使之恶化,由于短时期在看守所、监狱被拘禁,丧失对拘禁的恐惧感,使自尊心低下,开始步入走向累犯的道路。[5] 笔者认为,上述观点体现了对人权保障的重视,符合社会和谐发展的规律和要求。但在目前我国的司法环境下如果一味强调求"宽",将会顾此失彼,不但忽视了对被害人一方的权益保障,甚至会造成全社会"罪有应得"价值观的颠覆和失衡。由于我国尚未建立完善的个人信用评价体系,加之大量农村人口外出流动工作、生活,是否曾经犯罪对再就业和生活的影响少之又少,犯罪的低成本使得外来人口犯罪高发成为必然结果。遭受人身自由的剥夺似乎是犯罪后唯一的惩罚。而逮捕权的预判功能的应然存在,让我们不得不反思对于轻微刑事犯罪,如何才能实现"罪当其罚"。如因为不批准逮捕而被判处缓刑,仅仅羁押 10 天至 37 天不等(以《刑事诉讼法》第 89 条关于刑事拘留后呈捕的最短和最长期限为例),这种"惩罚"程度能让社会公众信服吗?能让被害人一方获得抚慰吗?

---

〔3〕 贾莉萍:《捕后轻刑案件分析探讨——以 2009 - 2013 年上半年刑事案件数据为视角》,载《今日中国论坛》2013 年第 15 期 。

〔4〕 张海峰:《逮捕权运行的实证分析》,载《西南政法大学学报》2011 年 6 月第 13 卷第 3 期。

〔5〕 马克昌:《比较刑法原理——外国刑法学总论》,武汉大学出版社 2002 年版,第 858 页。

能体现司法的权威性吗？由于被羁押多少天才是最恰当、最符合社会公众相对一致的内心愿望没有具体的衡量标准，所以我们更应对是否作出不批准逮捕慎之又慎，严谨程度不应亚于作出批准逮捕决定。

二是认为逮捕前置条件之一的"可能判处徒刑以上刑罚"是指实际量刑，而非法定量刑。有的学者认为，如果仅以刑法规定的有可能判处徒刑以上刑罚为标准，那么几乎所有的刑事案件都符合，所谓的刑罚条件也就成了空话。因此对于"不可能判处有期徒刑以上刑罚的"就不应适用逮捕，即可能判处拘役、缓刑的案件不适用逮捕。[6] 这一观点无异在强化扩大逮捕权的预判功能，等同于侦查监督部门的检察官要以审判人员的角度换位思考，在决定是否逮捕权时揣测一下犯罪嫌疑人是否可能被判处拘役或者缓刑。有的检察院还把批捕逮捕后被判处拘役或者缓刑作为衡量案件质量的标准，使得办案人员在作出批准逮捕时有诸多顾虑，甚至还要比照法院的量刑指导意见办案。笔者认为，诚然，我国刑法对绝大部分犯罪的量刑均规定了适用徒刑以上刑罚，但仍有少部分犯罪，如危险驾驶罪仅规定"处拘役，并处罚金"，对于此部分犯罪嫌疑人直接排除批准逮捕是正确的。但若要求承办人员在短短七天的办案期限内要如同法官一般判案，特别是量刑情节尚未完全查清的情况下，要做到准确预判是否"不可能判处有期徒刑以上刑罚"，显然是脱离实际的。因此，"可能判处徒刑以上刑罚"应理解为法定量刑，更符合立法原意和实践操作。

三是将逮捕率作为衡量公安机关和检察机关工作成绩的重要标准。为了提高工作效率，实现司法机关功能，各地公安机关、检察机关在进行内部效能评价方面作了许多有益的尝试。因为逮捕权具有惩罚和预防犯罪功能，被批准逮捕的犯罪嫌疑人的人数理所当然地成为衡量司法机关是否为称职的国家机器的指标，以致公安机关一味追求逮捕率，在呈捕时有意忽视对犯罪嫌疑人是否具有"社会危险性"的调查取证。有的地方检察机关侦查监督工作的其中一个考核指标是"人均审结逮捕案件数"，每逮捕一人计一分，以致承办人员出现"可捕可不捕全捕"的倾向。这些不科学的考核方向

---

〔6〕 张海峰：《逮捕权运行的实证分析》，载《西南政法大学学报》2011年6月第13卷第3期。

标已经直接影响着办案人员的执法理念,甚至背离重视和保障人权的执法原则,必须马上"叫停"。

四是逮捕权应交由法院行使才能实现最中立公正的司法审查。虽然我国并非如大多数国家一样,将逮捕的司法审查交由法院行使,但同样实现了逮捕批准决定权和执行权的分离。正如有的学者指出的,批准逮捕权的存在,本身就体现了司法分权制衡的原则,从而监督、限制逮捕措施的运用,进而确保了公民的基本人权。〔7〕检察机关基于法律监督的地位行使批准逮捕权是符合我国的司法权配置现状的,其目的就是过滤公安机关不必要和不合法的逮捕申请,排除错误羁押,以保障人权。因此,认为逮捕权仅有程序保障功能而忽视其侦查监督功能,以致认为应选择所谓中立的审判机关行使批准逮捕权的观点未免有失偏颇。

三、制约逮捕权行使的补充配置

正因为逮捕权功能的复合多元性,使得我们有必要对其行使时应慎之又慎,除了办案人员自身执法理念的调整外,合理地配置制约体系才是保证该项公权恰当适用的根本。学理界作了许多有益的探讨,有的学者提出行政法的比例原则,按比例要求及时变更或解除强制措施,包括逮捕。〔8〕有的学者建议由专门的社区矫正管理机构对取保候审或者监视居住的犯罪嫌疑人进行管理。〔9〕有的学者提出要引入量化评估体系、扩大报上一级检察机关备案审查的案件范围以及赋予被逮捕人对逮捕措施不服向法院提出的申诉权和上诉权。〔10〕笔者认为,无论是哪种设想,都必须符合我国现今的法律规定和执法环境,缺乏现实可行性的建议并不具有生命力,而充分剖析现有的逮捕权制约体系是查漏补缺、补正完善的大前提。现有的逮捕制约体系包括以下几方面:

一是法条设置。包括:1. 羁押必要性审查。《刑事诉讼法》第93条属修

〔7〕万毅:《逮捕并非"打击刑事犯罪"的手段——检察机关不宜向人大汇报批捕人数》,载《法学》2009年第2期。

〔8〕王孔容、吴强:《澳门刑事强制措施的启示》,载《攀登》2013年第5期。

〔9〕张海峰:《逮捕权运行的实证分析》,载《西南政法大学学报》2011年6月(第13卷)第3期。

〔10〕邱庆丽、赖善明:《论逮捕的风险控制》,载《西南石油大学学报(社会科学版)》2011年9月(第13卷)第5期。

订后新增规定,即犯罪嫌疑人、被告人被逮捕后,人民检察院仍应当对羁押的必要性进行审查。对不需要继续羁押的,应当建议予以释放或者变更强制措施。有关机关应当在十日以内将处理情况通知人民检察院。2. 上一级复议、复核。《刑事诉讼法》第 90 条规定,公安机关对人民检察院不批准逮捕的决定,认为有错误的时候,可以要求复议,但是必须将被拘留的人立即释放。如果意见不被接受,可以向上一级人民检察院提请复核。上级人民检察院应当立即复核,作出是否变更的决定,通知下级人民检察院和公安机关执行。3. 延长羁押上提审批。《刑事诉讼法》第 154 条规定,对犯罪嫌疑人逮捕后的侦查羁押期限不得超过两个月。案情复杂、期限届满不能终结的案件,可以经上一级人民检察院批准延长一个月。最高人民检察院还联同公安部、海关总署专门制定了延长羁押期限的相关规定,对批准延长的标准和审批程序进行进一步限制和规范。

二是内部制约。分为内设部门相互间制约和上级对下级制约。前者指的是有的检察机关的案件管理中心开展的年度案件质量评查和纪检监察部门的不捕案件复查。后者指的是内部文件规定批准逮捕后报上一级检察机关复查或者备案的做法。如涉外案件、附条件逮捕案件等。

三是外部制约。司法实践中包括政法委定期启动的案件复查专项工作以及人大代表、人民监督员就个案提出监督意见。

笔者认为,立法新增羁押必要性审查规定解决了有的学者提出的逮捕救济缺失的问题;通过相关部门联合发文对延长羁押期限严格限制能较好地防范逮捕权的滥用;检察机关内部制约机制日渐完善,体现了慎用逮捕权观念的主动强化。现笔者就如何更好地补充逮捕权制约体系配置提出如下思考:

一是启动配置。对于羁押必要性审查,2013 年 1 月 1 日开始施行的《人民检察院刑事诉讼规则(试行)》配合修订后刑事诉讼法在第十四章"刑事诉讼法律监督"部分专门新增规定了第五节——羁押和办案羁押监督,其中第 616 条规定,犯罪嫌疑人、被告人被逮捕后,人民检察院仍应当对羁押的必要性进行审查。人民检察院自行发现或者根据犯罪嫌疑人、被告人及其法定代理人、近亲属或者辩护人的申请,经审查认为不需要继续羁押的,应当建议有关机关予以释放或者变更强制措施。但对于何种情况必须启动羁押必要性审查并没有作出硬性规定，使得这项工作带有随意性。笔者建议应由最高人民检察院会同公安部、海关总署联合制定文件，明确规定对于需要申请延长羁押的案件、犯罪嫌疑人、被告人及其法定代理人、近亲属或者辩护人提出申请、检察院公诉部门发现捕后双方当事人达成和解等需要重新评价“社会危险性”等多种情形一律应启动羁押必要性审查。同时应规定在进行延长羁押审批过程中，必要时应调阅案卷和提审犯罪嫌疑人，以加大司法亲历性促进谨慎延羁。有的学者还提出检察机关应与公安机关共同建立“案件信息平台”，使得检察机关随时了解跟踪犯罪嫌疑人的情况和刑讼进展，[11] 以便视情况启动羁押必要性审查。

二是听证配置。引入社会公众参与监督和制约逮捕权的行使。对于公安机关、当事人提出不服批准逮捕或者不批准逮捕决定的案件，视案件办理的实际情况决定是否在捕前召开法定代理人、被害人、辩护人、近亲属参与的听证会。有的学者提出还可以邀请与案件无利害关系的人大代表、人民监督员、人民调解员、学校、单位、居民委员员或村民委员会以及专家、学者参加。[12] 亦可在捕后启动羁押必要性审查过程中召开听证会，以保证羁押决定的合理性。

三是复查配置。其一，我国司法改革若正式建立检察机关人财物直管体制，则应由上级检察机关定期组织对逮捕案件的上下级、平级交叉复查，其中不捕案件应是复查重点；其二，明确规定案件管理部门应定期对案件质量进行评查，特别是不捕案件、捕后不起诉、捕后撤案、捕后无罪等案件应作为必查对象。

四是考核配置。反对以逮捕数或者逮捕率作为工作业绩或者效能的考核标准，公安机关、检察机关内部应各自由下至下地设定统一、科学的考核项目和标准，重点考核不构成犯罪逮捕、捕后判无罪等能直接反映是否存在

〔11〕 邱庆丽、赖善明：《论逮捕的风险控制》，载《西南石油大学学报》（社会科学版）2011 年 9 月（第 13 卷）第 5 期。

〔12〕 杨春雷：《论审查批捕公开听证程序——去行政化趋诉讼化的转变》，载《黑龙江省政法管理干部学院学报》2013 年第 1 期。

逮捕权滥用的情况。同时对于现行的《人民检察院审查逮捕案件质量标准》进行相应修改,现在规定中关于"错捕"和"错不捕"的界定或者单一或者复杂,不利于掌握。

第十三章　羁押必要性审查的实证分析*

吴明来　孙寒梅**

修改后的《刑事诉讼法》实施以来，检察机关充分行使羁押必要性审查监督职责，对打破“够罪即捕、一押到底”的局面，减少不必要的羁押、防止错误羁押和超期羁押，保障人权均起到非常重要的作用。但由于羁押必要性审查制度仍属于比较新的制度，在实践中受各种因素的影响，运行时仍存在一些问题和障碍，本文拟结合我省该制度的运行情况进行分析，提出问题并探索相应的对策。

一、我省羁押必要性审查的现状

2013 年 1 月至 2014 年 4 月，我省检察机关积极探索羁押必要性审查工作，共向侦查机关提出释放或者变更强制措施建议案件 333 件 488 人，侦查机关采纳 213 件 290 人。具体情况如下。

(一)审查的案件类型和原因比较集中

审查的案件类型主要集中在故意伤害、交通肇事、盗窃、信用卡诈骗以及寻衅滋事等几类案件，其中故意伤害案件为 104 件 133 人，交通肇事案件 55 件 55 人，盗窃案件 35 件 45 人，信用卡诈骗案件 14 件 15 人，寻衅滋事案件 8 件 16 人。提出建议的理由主要集中为：捕后赔偿被害人损失、取得谅解或者情节轻微，捕后固定证据以及撤销附条件逮捕决定等，其中以捕后赔偿被害人损失、取得谅解的情形最多。

---

* 此文系在纽约大学法学院亚美法研究所和广州大学 2014 年 6 月广州举行的审前羁押国际研讨会上提交的会议论文。

** 吴明来，广东省人民检察院侦查监督一处处长；孙寒梅，广东省人民检察院侦查监督一处科长。

（二）审查具有广泛性和及时性

审查的广泛性表现在：一是审查对象的广泛性，据了解，既有本省人，也有外省人，其中省内人员案件为58件65人，外省人员为275件423人；既有进城务工人员、农民、无业人员，也有公司职工、企业主等。二是审查启动的广泛性，既有检察机关根据犯罪嫌疑人本人、家属或辩护人申请开展的审查，也有主动审查或者其根据其他部门建议或移送线索开展的审查，其中以犯罪嫌疑人和被害人达成和解协议后检察机关主动审查的情形居多。审查的及时性主要表现在从检察机关批捕到开展审查间隔的时间短，大多数案件都是捕后一个月内开展审查，有相当一部分甚至在捕后不到10天即启动审查。

（三）审查工作的开展地区不平衡

一是开展审查工作存在地区不平衡。全省审查的案件数有333件488人，但各地开展的不平衡，多的地方如佛山有139件204人，但目前还有四个市开展审查案件数为0。二是侦查机关对建议的采纳率不平衡。其中有9个市的建议采纳率为100%，如云浮提出建议17件21人，侦查机关采纳17件21人。但部分地区采纳率偏低，仅为13%。

（四）各地对审查工作开展了积极探索

面对在审查中遇到的问题，各个地区开展了各种探索尝试。如佛山针对案多人少的情况，制定捕后变更强制措施可能性研判机制，即对所有的批准逮捕案件，要求承办人对捕后案件变更强制措施的可能性进行预判、分析，并说明理由。同时，制作《捕后羁押必要性审查案件登记表》，对因符合"一般逮捕"条件而批准逮捕，捕后变更强制措施可能性较高的案件登记造册，从而方便了对案件的捕后跟踪，缩小了审查范围。江门市院侦监部门与监所、驻镇街检察室联合建立捕后羁押必要性审查机制。由辖区检察室负责听取犯罪嫌疑人及其法定代理人、近亲属、辩护人等相关人员意见，并提供犯罪嫌疑人的家庭状况资料、当地群众代表的评价意见，作为认定犯罪嫌疑人是否具有社会危险性、悔罪表现等的依据；监所部门负责调查犯罪嫌疑人在羁押期间的行为表现，并制作详细书面说明移交侦监部门审查；侦监部门审查有关材料，向侦查机关了解侦查进展情况，听取有关办案人员的意见后作出决定。东莞市院联合侦查机关推进羁押替代性制度的建设，为社会危险性审查提供更好的配套措施，针对未羁押的涉罪未成年人建立教育关护基地，保证对涉罪未成年人适用未羁押措施的效果。

二、存在的问题

（一）各种主客观因素的制约导致实践动力不足

目前，全省开展审查案件的总数不多，主要受多种因素影响：1. 趋利避害、减少风险的思想导致办案人员审查的动力不足。一方面，将在押人员解除羁押，相对于继续羁押而言，无疑会增加办案风险，不排除会出现《刑事诉讼法》第 79 条所列举的五种社会危险性情形之一，案件承办人不愿为改变羁押状态承担风险；另一方面，在现行办案质量考核机制下，犯罪嫌疑人处于羁押状态，既有利于案件顺利办理，又不会带来任何负面评价，案件承办人也不会因错误或不当变更强制措施而承担相应责任。2. 羁押必要性论证困难制约了审查的动力。司法过程中的论证有法律论证和事实论证。所谓法律论证，旨在探寻法律的真意并和裁判事实相对应；事实论证，则通过将诸多证据材料融入逻辑中以确立需要处理的法律事实[1]。而羁押必要性的法律和事实论证与传统论证不同。其法律论证的对象是社会危险性，而社会危险性本身具有抽象性和主观性，不像传统论证所针对的是比较具体、客观的犯罪构成。其事实论证针对的是犯罪嫌疑人不予羁押后是否会出现《刑事诉讼法》第 79 条所规定的情形，针对的是将来可能发生的不确定情形，不像传统论证针对的是已经发生的犯罪事实。这种特殊性会导致承办人最终的审查意见具有不确定性，这无疑会增加办案的风险。3. 工作负荷过重影响开展审查工作的积极性。侦查监督部门作为检察机关一线业务部门，案多事多人少压力大，且面临各种专项行动，导致侦监人员疲于应对各种日常性业务，没有足够的时间和精力开展羁押必要性审查工作。

（二）制度的不足制约了审查的开展

在制度层面，相关工作机制有待进一步完善。1. 侦监、公诉、监所三部门之间的分工协作不明确。《诉讼规则》第 617 条规定侦监、公诉分别在侦查、审判阶段负责羁押必要性审查，监所在监所检察工作中发现不需要羁押

---

[1] 刘松、刘中发：《羁押必要性审查制度研究》，载《第三届刑事诉讼监督论坛论文集》，第 197 页。

的，可以提出建议。但该建议是向侦监、公诉部门提出还是直接向侦查机关提出，法律并未明确，实践中有的地方由监所向侦监或公诉提出，由侦监和公诉具体审查，有的地方由监所直接向侦查机关提出，各地做法并不统一。同时法律规定各个部门都有建议权，却未规定各部门之间如何协作，导致实践中，由于部门之间缺乏协作，审查部门往往信息掌握不够全面充分，限制了审查决定的准确性、高效性。2. 审查建议无强制力。根据《刑事诉讼法》要求，检察机关经审查只能向侦查机关提出释放或者变更强制措施的建议，由侦查机关自身决定是否采纳建议。这也意味着即使侦查机关不采纳建议，检察机关也无能为力，这在一定程度上不仅导致检察机关耗费了精力却达不到效果，而且有损检察权威。

（三）外部环境的不支持制约了审查的开展

1. 侦查机关与审判机关对羁押必要性审查存在抵触心理。对于侦查机关而言，对犯罪嫌疑人的羁押不仅有利于保证其在传讯、办理各种手续时犯罪嫌疑人随时到案，而且有利于获取犯罪嫌疑人的口供，突破案件，有的地方侦查机关甚至将逮捕率作为考核的标准；对于审判机关而言，对被告人羁押能确保被告人开庭时到案，保证案件审理的顺利进行，有的法院甚至还将被告人在押作为受理案件的必要条件。2. 社会公众方面认识错误形成的压力。大部分普通百姓对强制措施的适用与追究刑事责任二者存在错误理解，认为人被"抓"就是构成犯罪，要追究刑事责任，不羁押被"放"就是放纵犯罪，不追究刑事责任。导致实践中很多案件尤其是有被害人的案件，一旦犯罪嫌疑人被解除羁押变更为其他强制措施，被害人就会上访缠访。3. 维稳的压力。对犯罪嫌疑人不予羁押，一方面在某种程度上可能对打击犯罪有一定影响；另一方面可能会引起群众上访，增加社会不稳定因素。出于维稳的压力，政府部门可能更倾向羁押措施的适用，甚至会对某些不予羁押的案件进行协调，在目前司法没有完全独立的情况下，这无疑给检察机关开展审查工作造成一定的压力。

（四）配套制度未能给予充分的支持，羁押替代性措施对诉讼的保障性不强

我国的非羁押强制措施主要包括监视居住和取保候审，但监视居住往

往需要耗费大量的人力、物力,从经济角度出发,侦查机关很少适用。而现在的社会管控体系和造成人户分离的户籍制度无法保证流动人口在取保候审期间不逃跑。而执行取保候审的基层派出所承担的任务往往复杂多样,且人手不足,很难对辖区内被取保候审人员进行有效监督管理。负责执行取保候审的派出所很少能及时发现犯罪嫌疑人、被告人违反取保候审的规定并及时将相关情况告知决定机关。因此,实践中取保候审很难取得预期效果。

三、解决问题的建议

(一)以创新破除顾虑,激发审查动力

1. 改革考核制度,调动审查的积极性。一方面,树立不羁押少量脱逃事件是法治建设中的正常现象,也是法治建设过程中难以避免的必要代价的观念,对于承办人没有违反法律程序或者徇私舞弊情形,根据当时的事实和证据,经过严格分析能认定犯罪嫌疑人无羁押必要性的,即使犯罪嫌疑人不予羁押后有违反《刑事诉讼法》第 79 条的五种情形的,也不能认定为错案;另一方面,改革考核制度,将羁押必要性审查纳入考核范围,对于成功建议侦查机关对犯罪嫌疑人采取释放或者变更强制措施,且诉讼程序顺利进行的,应当予以肯定。

2. 探索羁押必要性论证的新方式。针对羁押必要性论证的特殊性,可以探索建立量化评估论证。所谓量化评估论证是指事先设置一定的规则,对与羁押相关的因素分别设置一定的比值,然后根据这些比值总体评估论证,从而对羁押必要性作出评判。羁押必要性论证方法的客观量化,在国内外都有尝试。国外的如美国联邦司法部使用的精细评估方法。为了使风险评估避免个人偏见和主观随意性,美国现在采用的是"精算方法"。"精算方法"罗列各种影响犯罪嫌疑人审前风险的因素,并给不同的因素赋予不同的影响比重,即风险比(Odds ratio)[2],然后综合计算出犯罪嫌疑人的审前风险。审前服务官据此向法官报告审前风险,并提出释放或羁押的建议,法官据此作出是否羁押的决定。这种对审前风险评估的标准化、客观化,能够有

---

〔2〕 姚莉、邵劭:《论捕后羁押必要性审查》,载《法律科学》2013 年第 5 期。

效弥补主观评价的偏差。我国也有实务部门展开了类似的工作。近几年在最高人民检察院的统一部署下,部分检察机关开展了继续羁押必要性审查量化评估试点,从反馈的情况来看,继续羁押必要性审查机制试点顺利,量化评估结论易被各方接受,且简便易行。但也有一些需要继续完善的地方,如各种考察因素的设定、不同考察因素的权重系数的设定等,还需要进一步论证。故建立量化评估论证继续羁押必要性机制要坚持循序渐进的原则,先在部分检察机关试点,在取得成功经验后,再在全国推广施行。

（二）完善制度,增强运行的可操作性

1. 明确侦监、公诉和监所的分工,建立以侦监、公诉审查为主,监所配合的分工模式。在侦查阶段由侦监部门主要负责对羁押必要性进行审查符合司法规律:一是符合侦查监督的职能性质,对羁押必要性的审查本身就是一种侦查活动监督。二是对羁押必要性审查是行使批准逮捕权的延续。由于我国的逮捕措施的特殊性,羁押是逮捕的必然延续、对羁押必要性进行审查考虑的因素与逮捕必要性考虑因素很大部分是重合的,故对羁押必要性审查实质上是批准逮捕权的延续。三是符合办案的实际规律:从对犯罪嫌疑人的批准逮捕到延长羁押,都是由侦查监督部门办理,故其对整个案件情况比较了解,且对犯罪嫌疑人有无羁押必要性的掌握比较全面,判断也更为敏锐。同时也有利于节约司法资源,提高工作效率。此前,曾有学者认为,侦监部门负责案件的批准逮捕,再把捕后侦查环节羁押必要性审查权交给侦监部门,若发现批准工作中出现不当逮捕或错误逮捕的情况,很难期待侦监部门监督、纠正自己的错误,进而提出应当建立由驻看守所检察官根据在押人员实际情况向办案机关提出变更强制措施检察建议的机制。此种观点可以理解。但《刑事诉讼法》所确立的捕后羁押必要性审查制度,针对的是“继续”羁押的必要性,而非“初始”逮捕是否准确,如果发现“初始”的逮捕是错误的,则根据《刑事诉讼法》第 94 条应当直接撤销逮捕决定,而不是进行羁押必要性审查。侦监部门进行羁押必要性审查,是根据“此时”掌握的情况对案件进行审查,而不涉及对犯罪嫌疑人当初羁押必要性的审查。因此,由侦监部门负责侦查阶段羁押必要性的审查,不存在其不中立而不愿监督、纠正自己错误的问题。

审查起诉阶段,公诉部门可根据情况自行决定是否需要对犯罪嫌疑人予以羁押。在审判阶段,由于公诉部门是负责案件审查起诉、出庭支持公诉并对审判活动是否合法依法进行监督的部门,对案件非常熟悉,,由其对该阶段的被告人进行羁押必要性审查,与本职工作最为密切,因此是最好的选择。但由检察机关在审判阶段对被告人的羁押必要性进行审查是否符合刑事诉讼的规律以及能否达到相应效果还有待进一步研究。

由监所部门负责捕后羁押必要性的审查工作,相比侦监部门和公诉部门来说有一个重大不足,即监所部门不参与办案,对案件情况不了解,很难全面、准确地对继续羁押的必要性进行审查。如果想达到侦监部门和公诉部门对案件的了解程度,就需要再投入相当的人力,花费更多的时间,显然,这是不现实的。但是,监所部门在其工作中对一些案件的犯罪嫌疑人、被告人是否需要继续羁押,也确能掌握一些情况,故侦监、公诉部门在进行审查时,应当征求监所部门的意见。监所部门应予以配合,提供相关情况或线索。

2. 明确审查建议的性质。审查建议属于检察监督权,将其定位于建议权具有合理性,也有利于保证侦查机关独立办案权。况且检察机关提出检察建议后,侦查机关必须认真对待,如果其不同意变更的,应当说明理由。侦查机关未说明理由或者理由不成立的,检察机关可以提出纠正意见。且侦监部门可以将有关情况向上级侦监部门或者公诉部门反映,上级侦监部门在决定是否延长羁押、公诉部门在审查起诉时决定是否继续羁押犯罪嫌疑人时都可以以此作为依据。

(三)加强沟通,争取外部支持

1. 为争取侦查机关与审判机关的理解,应当及时与侦查机关、审判机关进行沟通,会签相关执法文件,统一执法理念,建立公检法联动工作机制。同时建立羁押必要性审查中的信息沟通机制,明确羁押必要性审查过程中公安、检察与审判机关之间互通案件相关情况及审查结果的责任。2. 借助媒体的力量宣传羁押必要性以及取保候审等非羁押强制措施的法律意义,一方面使被取保候审的犯罪嫌疑人、被告人的社会关系网中的其他成员能够准确理解取保候审的意义,对被取保候审的犯罪嫌疑人、被告人加强约束力;另一方面也有助于通过长期的社会宣传,对潜在被害人进行观念革新,缓解被害人因不服对犯罪嫌疑人、被告人采取取保候审措施而给司法机关带来的闹访、上访压力。

(四)完善非羁押措施,保证捕后羁押必要性审查结论的可执行性

羁押替代措施的完备性直接影响捕后羁押必要性审查机制作用的发挥。如果没有可供选择的替代性措施,即使不再有羁押必要性,也别无选择,只能继续羁押;即使检察机关建议办案单位变更或撤销羁押,这种建议也只能被搁置。因此,要使捕后羁押必要性发挥实效,必须增强羁押替代措施的多样性和可行性。

1. 完善取保候审保证方式。目前我国取保候审的保证方式没有得到完善,保证人未能很好地尽到监督责任,财保也只有保证金这一种方式。这就导致已无羁押必要的人,因缺乏合适的保证人又无力提供财保,只能继续被羁押。因此,一方面,扩大作为保证金的财物范围。实践中,对于部分犯罪嫌疑人,无力缴纳现金作为保证金,可以参照国外经验,将其他有价实物、证券,甚至可以用房屋等不动产抵押的方式当作保证金。另一方面,要完善保证人制度。加强对保证人的资格审查,强化保证人监管的责任义务,对于保证人违反监管义务的,要依法追究相应法律责任。2. 完善对取保候审的监管方式。一是建议在公安机关内设专门科室,负责管理被取保人员,以保证其随传随到。同时,由该机构实行对保证人的管理,使其自觉、忠实地履行保证义务。二是将派出所监督与社区矫正相结合,发挥社区在监督中的积极作用。三是调动企业等社会组织的社会责任,发挥企业在监管中的作用。四是引入电子监控技术,加强对无固定住所和工作的流动人员的监管。3. 完善被取保人的责任义务告知制度,减少"无意识"脱保行为。嫌疑人取保候审后脱逃的,既可能是为了逃避法律追究的有意脱保行为,也也可能是一种无意识的脱保行为,即不知道自己取保期间应承担的义务。因此,侦查机关对犯罪嫌疑人采取取保候审时,应当送达书面的权利义务告知书和相关规定说明,同时还应当口头重点告知以下内容:首先是取保候审制度的具体含义,让其明确在取保候审期间应当遵守的规定;其次是违反取保候审规定的严重法律后果,让其能对取保候审责任义务引起重视且不敢轻易违反取保候审规定。

附录二 中国法律

1. 中华人民共和国刑事诉讼法(节选)

第九十三条 犯罪嫌疑人、被告人被逮捕后,人民检察院仍应当对羁押的必要性进行审查。对不需要继续羁押的,应当建议予以释放或者变更强制措施。有关机关应当在十日以内将处理情况通知人民检察院。

第九十四条 人民法院、人民检察院和公安机关如果发现对犯罪嫌疑人、被告人采取强制措施不当的,应当及时撤销或者变更。公安机关释放被逮捕的人或者变更逮捕措施的,应当通知原批准的人民检察院。

2. 人民检察院刑事诉讼规则(试行)(节选)

第六百一十四条 人民检察院依法对羁押期限和办案期限是否合法实行监督。

第六百一十五条 对公安机关、人民法院办理案件的羁押期限和办案期限的监督,犯罪嫌疑人、被告人被羁押的,由人民检察院监所检察部门负责;犯罪嫌疑人、被告人未被羁押的,由人民检察院侦查监督部门或者公诉部门负责。对人民检察院办理案件的羁押期限和办案期限的监督,由本院案件管理部门负责。

第六百一十六条 犯罪嫌疑人、被告人被逮捕后,人民检察院仍应当对羁押的必要性进行审查。

人民检察院发现或者根据犯罪嫌疑人、被告人及其法定代理人、近亲属或者辩护人的申请,经审查认为不需要继续羁押的,应当建议有关机关予以释放或者变更强制措施。

第六百一十七条 侦查阶段的羁押必要性审查由侦查监督部门负责;审判阶段的羁押必要性审查由公诉部门负责。监所检察部门在监所检察工作中发现不需要继续羁押的,可以提出释放犯罪嫌疑人、被告人或者变更强制措施的建议。

第六百一十八条 犯罪嫌疑人、被告人及其法定代理人、近亲属或者辩护人可以申请人民检察院进行羁押必要性审查,申请时应当说明不需要继续羁押的理由,有相关证据或者其他材料的,应当提供。

第六百一十九条 人民检察院发现有下列情形之一的,可以向有关机关提出予以释放或者变更强制措施的书面建议:

(一)案件证据发生重大变化,不足以证明有犯罪事实或者犯罪行为系犯罪嫌疑人、被告人所为的;

(二)案件事实或者情节发生变化,犯罪嫌疑人、被告人可能被判处管制、拘役、独立适用附加刑、免予刑事处罚或者判决无罪的;

(三)犯罪嫌疑人、被告人实施新的犯罪,毁灭、伪造证据,干扰证人作证,串供,对被害人、举报人、控告人实施打击报复,自杀或者逃跑等的可能性已被排除的;

(四)案件事实基本查清,证据已经收集固定,符合取保候审或者监视居住条件的;

(五)继续羁押犯罪嫌疑人、被告人,羁押期限将超过依法可能判处的刑期的;

(六)羁押期限届满的;

(七)因为案件的特殊情况或者办理案件的需要,变更强制措施更为适宜的;

(八)其他不需要继续羁押犯罪嫌疑人、被告人的情形。

释放或者变更强制措施的建议书应当说明不需要继续羁押犯罪嫌疑人、被告人的理由及法律依据。

第六百二十条 人民检察院可以采取以下方式进行羁押必要性审查:

（一）对犯罪嫌疑人、被告人进行羁押必要性评估；

（二）向侦查机关了解侦查取证的进展情况；

（三）听取有关办案机关、办案人员的意见；

（四）听取犯罪嫌疑人、被告人及其法定代理人、近亲属、辩护人，被害人及其诉讼代理人或者其他有关人员的意见；

（五）调查核实犯罪嫌疑人、被告人的身体健康状况；

（六）查阅有关案卷材料，审查有关人员提供的证明不需要继续羁押犯罪嫌疑人、被告人的有关证明材料；

（七）其他方式。

第六百二十一条　人民检察院向有关办案机关提出对犯罪嫌疑人、被告人予以释放或者变更强制措施的建议的，应当要求有关办案机关在十日以内将处理情况通知本院。有关办案机关没有采纳人民检察院建议的，应当要求其说明理由和依据。

对人民检察院办理的案件，经审查认为不需要继续羁押犯罪嫌疑人的，应当建议办案部门予以释放或者变更强制措施。具体程序按照前款规定办理。

第六百二十二条　人民检察院侦查部门、侦查监督部门、公诉部门在办理案件过程中，犯罪嫌疑人、被告人被羁押的，具有下列情形之一的，应当在作出决定或者收到决定书、裁定书后十日以内通知负有监督职责的人民检察院监所检察部门或者案件管理部门以及看守所：

（一）批准或者决定延长侦查羁押期限的；

（二）对于人民检察院直接受理立案侦查的案件，决定重新计算侦查羁押期限、变更或者解除强制措施的；

（三）对犯罪嫌疑人、被告人进行精神病鉴定的；

（四）审查起诉期间改变管辖、延长审查起诉期限的；

（五）案件退回补充侦查，或者补充侦查完毕移送审查起诉后重新计算审查起诉期限的；

（六）人民法院决定适用简易程序审理第一审案件，或者将案件由简易程序转为普通程序重新审理的；

（七）人民法院改变管辖，决定延期审理、中止审理，或者同意人民检察院撤回起诉的。

第六百二十三条 人民检察院发现看守所的羁押期限管理活动有下列情形之一的，应当依法提出纠正意见：

（一）未及时督促办案机关办理换押手续的；

（二）未在犯罪嫌疑人、被告人羁押期限届满前七日以内向办案机关发出羁押期限即将届满通知书的；

（三）犯罪嫌疑人、被告人被超期羁押后，没有立即书面报告人民检察院并通知办案机关的；

（四）收到犯罪嫌疑人、被告人及其法定代理人、近亲属或者辩护人提出的变更强制措施、羁押必要性审查、羁押期限届满要求释放或者变更强制措施的申请、申诉、控告后，没有及时转送有关办案机关或者人民检察院的；

（五）其他违法情形。

第六百二十四条 人民检察院发现公安机关的侦查羁押期限执行情况有下列情形之一的，应当依法提出纠正意见：

（一）未按规定办理换押手续的；

（二）决定重新计算侦查羁押期限、经批准延长侦查羁押期限，未书面通知人民检察院和看守所的；

（三）对犯罪嫌疑人进行精神病鉴定，没有书面通知人民检察院和看守所的；

（四）其他违法情形。

第六百二十五条 人民检察院发现人民法院的审理期限执行情况有下列情形之一的，应当依法提出纠正意见：

（一）在一审、二审和死刑复核阶段未按规定办理换押手续的；

（二）违反刑事诉讼法的规定重新计算审理期限、批准延长审理期限、改变管辖、延期审理、中止审理或者发回重审的；

（三）决定重新计算审理期限、批准延长审理期限、改变管辖、延期审理、中止审理、对被告人进行精神病鉴定，没有书面通知人民检察院和看守所的；

（四）其他违法情形。

第六百二十六条 人民检察院发现同级或者下级公安机关、人民法院超期羁押的，应当报经本院检察长批准，向该办案机关发出纠正违法通知书。

发现上级公安机关、人民法院超期羁押的，应当及时层报该办案机关的同级人民检察院，由同级人民检察院向该办案机关发出纠正违法通知书。

对异地羁押的案件，发现办案机关超期羁押的，应当通报该办案机关的同级人民检察院，由其依法向办案机关发出纠正违法通知书。

第六百二十七条 人民检察院发出纠正违法通知书后，有关办案机关未回复意见或者继续超期羁押的，应当及时报告上一级人民检察院处理。

对于造成超期羁押的直接责任人员，可以书面建议其所在单位或者有关主管机关依照法律或者有关规定予以行政或者纪律处分；对于造成超期羁押情节严重，涉嫌犯罪的，应当依法追究其刑事责任。

第六百二十八条 对人民检察院办理的直接受理立案侦查案件或者审查逮捕、审查起诉案件，在犯罪嫌疑人侦查羁押期限、办案期限届满前，案件管理部门应当依照有关规定向本院侦查部门、侦查监督部门或者公诉部门进行期限届满提示。发现办案部门办理案件超过规定期限的，应当依照有关规定提出纠正意见。

3. 人民检察院办理羁押必要性审查案件规定（试行）

第一章 总 则

第一条 为了加强和规范羁押必要性审查工作，维护被逮捕的犯罪嫌疑人、被告人合法权益，保障刑事诉讼活动顺利进行，根据《中华人民共和国刑事诉讼法》、《人民检察院刑事诉讼规则》等有关规定，结合检察工作实际，制定本规定。

第二条 羁押必要性审查，是指人民检察院依据《中华人民共和国刑事诉讼法》第九十三条规定，对被逮捕的犯罪嫌疑人、被告人有无继续羁押的必要性进行审查,对不需要继续羁押的,建议办案机关予以释放或者变更强制措施的监督活动。

第三条 羁押必要性审查案件由办案机关对应的同级人民检察院刑事执行检察部门统一办理,侦查监督、公诉、侦查、案件管理、检察技术等部门予以配合。

第四条 羁押必要性审查案件的受理、立案、结案、释放或者变更强制措施建议书等应当依照有关规定在检察机关统一业务应用系统登记、流转和办理,案件管理部门在案件立案后对办案期限、办案程序、办案质量等进行管理、监督、预警。

第五条 办理羁押必要性审查案件过程中,涉及国家秘密、商业秘密、个人隐私的,应当保密。

第六条 人民检察院进行羁押必要性审查,不得滥用建议权影响刑事诉讼依法进行。

第二章 立 案

第七条 犯罪嫌疑人、被告人及其法定代理人、近亲属、辩护人申请进行羁押必要性审查的,应当说明不需要继续羁押的理由。有相关证明材料的,应当一并提供。

第八条 羁押必要性审查的申请由办案机关对应的同级人民检察院刑事执行检察部门统一受理。

办案机关对应的同级人民检察院控告检察、案件管理等部门收到羁押必要性审查申请后,应当在一个工作日以内移送本院刑事执行检察部门。

其他人民检察院收到羁押必要性审查申请的,应当告知申请人向办案机关对应的同级人民检察院提出申请,或者在两个工作日以内将申请材料移送办案机关对应的同级人民检察院,并告知申请人。

第九条 刑事执行检察部门收到申请材料后,应当进行初审,并在三个工作日以内提出是否立案审查的意见。

第十条 刑事执行检察部门应当通过检察机关统一业务应用系统等途径及时查询本院批准或者决定、变更、撤销逮捕措施的情况。

第十一条　刑事执行检察部门对本院批准逮捕和同级人民法院决定逮捕的犯罪嫌疑人、被告人，应当依职权对羁押必要性进行初审。

第十二条　经初审，对于犯罪嫌疑人、被告人可能具有本规定第十七条、第十八条情形之一的，检察官应当制作立案报告书，经检察长或者分管副检察长批准后予以立案。

对于无理由或者理由明显不成立的申请，或者经人民检察院审查后未提供新的证明材料或者没有新的理由而再次申请的，由检察官决定不予立案，并书面告知申请人。

第三章　审　　查

第十三条　人民检察院进行羁押必要性审查，可以采取以下方式：

（一）审查犯罪嫌疑人、被告人不需要继续羁押的理由和证明材料；

（二）听取犯罪嫌疑人、被告人及其法定代理人、辩护人的意见；

（三）听取被害人及其法定代理人、诉讼代理人的意见，了解是否达成和解协议；

（四）听取现阶段办案机关的意见；

（五）听取侦查监督部门或者公诉部门的意见；

（六）调查核实犯罪嫌疑人、被告人的身体状况；

（七）其他方式。

第十四条　人民检察院可以对羁押必要性审查案件进行公开审查。但是，涉及国家秘密、商业秘密、个人隐私的案件除外。

公开审查可以邀请与案件没有利害关系的人大代表、政协委员、人民监督员、特约检察员参加。

第十五条　人民检察院应当根据犯罪嫌疑人、被告人涉嫌犯罪事实、主观恶性、悔罪表现、身体状况、案件进展情况、可能判处的刑罚和有无再危害社会的危险等因素，综合评估有无必要继续羁押犯罪嫌疑人、被告人。

第十六条　评估犯罪嫌疑人、被告人有无继续羁押必要性可以采取量化方式，设置加分项目、减分项目、否决项目等具体标准。犯罪嫌疑人、被告人的得分情况可以作为综合评估的参考。

第十七条 经羁押必要性审查，发现犯罪嫌疑人、被告人具有下列情形之一的，应当向办案机关提出释放或者变更强制措施的建议：

（一）案件证据发生重大变化，没有证据证明有犯罪事实或者犯罪行为系犯罪嫌疑人、被告人所为的；

（二）案件事实或者情节发生变化，犯罪嫌疑人、被告人可能被判处拘役、管制、独立适用附加刑、免予刑事处罚或者判决无罪的；

（三）继续羁押犯罪嫌疑人、被告人，羁押期限将超过依法可能判处的刑期的；

（四）案件事实基本查清，证据已经收集固定，符合取保候审或者监视居住条件的。

第十八条 经羁押必要性审查，发现犯罪嫌疑人、被告人具有下列情形之一，且具有悔罪表现，不予羁押不致发生社会危险性的，可以向办案机关提出释放或者变更强制措施的建议：

（一）预备犯或者中止犯；

（二）共同犯罪中的从犯或者胁从犯；

（三）过失犯罪的；

（四）防卫过当或者避险过当的；

（五）主观恶性较小的初犯；

（六）系未成年人或者年满七十五周岁的人；

（七）与被害方依法自愿达成和解协议，且已经履行或者提供担保的；

（八）患有严重疾病、生活不能自理的；

（九）系怀孕或者正在哺乳自己婴儿的妇女；

（十）系生活不能自理的人的唯一扶养人；

（十一）可能被判处一年以下有期徒刑或者宣告缓刑的；

（十二）其他不需要继续羁押犯罪嫌疑人、被告人的情形。

第十九条 办理羁押必要性审查案件应当制作羁押必要性审查报告，报告中应当写明：犯罪嫌疑人或者被告人基本情况、原案简要情况和诉讼阶段、立案审查理由和证据、办理情况、审查意见等。

第四章 结 案

第二十条 办理羁押必要性审查案件,应当在立案后十个工作日以内决定是否提出释放或者变更强制措施的建议。案件复杂的,可以延长五个工作日。

第二十一条 经审查认为无继续羁押必要的,检察官应当报经检察长或者分管副检察长批准,以本院名义向办案机关发出释放或者变更强制措施建议书,并要求办案机关在十日以内回复处理情况。

释放或者变更强制措施建议书应当说明不需要继续羁押犯罪嫌疑人、被告人的理由和法律依据。

第二十二条 人民检察院应当跟踪办案机关对释放或者变更强制措施建议的处理情况。

办案机关未在十日以内回复处理情况的,可以报经检察长或者分管副检察长批准,以本院名义向其发出纠正违法通知书,要求其及时回复。

第二十三条 经审查认为有继续羁押必要的,由检察官决定结案,并通知办案机关。

第二十四条 对于依申请立案审查的案件,人民检察院办结后,应当将提出建议和办案机关处理情况,或者有继续羁押必要的审查意见和理由及时书面告知申请人。

第二十五条 刑事执行检察部门应当通过检察机关统一业务应用系统等途径将审查情况、提出建议和办案机关处理情况及时通知本院侦查监督、公诉、侦查等部门。

第五章 附 则

第二十六条 对于检察机关正在侦查或者审查起诉的案件,刑事执行检察部门进行羁押必要性审查的,参照本规定办理。

第二十七条 人民检察院依看守所建议进行羁押必要性审查的,参照依申请进行羁押必要性审查的程序办理。

第二十八条 检察人员办理羁押必要性审查案件应当纳入检察机关司

法办案监督体系，有受贿、玩忽职守、滥用职权、徇私枉法、泄露国家秘密等违纪违法行为的，依纪依法严肃处理；构成犯罪的，依法追究刑事责任。

第二十九条　本规定自发布之日起试行。

本书作者简介

中文作者

卞建林

中国政法大学诉讼法学研究院院长，诉讼法、证据法学博士研究生导师。中国政法大学诉讼法学博士。曾任中国法治研究所所长、中国政法大学研究生院常务副院长。著有《刑事起诉制度的理论与实践》《刑事诉讼的现代化》等。

但伟

最高人民检察院检察理论研究所研究员、教授、《中国刑事法杂志》副主编、中国检察官协会专职副秘书长，研究方向主要是刑法、刑事诉讼法的比较研究。1999 年在武汉大学取得博士学位。至今已出版了关于中国刑事司法的五部专著及 50 余篇论文。

蓝向东

浙江省遂昌县人，法学博士。现任北京市东城区人民检察院检察长。1991 年毕业于中央民族学院法律系，获得法学学士学位，2001 年获北京大学法律硕士学位；2015 年获中国政法大学法学博士学位。1991 年参加检察工作，先后在北京市丰台区人民检察院、北京市人民检察院、北京市怀柔区人民检察院和北京市东城区人民检察院工作。对刑事诉讼及检察理论与实务有较为深入的研究，历年来，在《法学杂志》《人民检察》《中国刑事法杂志》等刊物发表论文 20 余篇，并主编译作《卓越与底线——美国检察官奖惩机制研究》。

王然

山东济宁人，北京市东城区人民检察院研究室干部，法学博士。

李洪亮

广州市花都区人民检察院侦监科检察官。2009 年 7 月毕业于西南政法大学,2011 年至 2014 年连续 4 年被广州市花都区人民检察院评为“调研工作先进个人”,2013 年获“广州市侦查监督十佳检察官”称号。多篇文章在国家级、省市级刊物上发表。

林兰

广州市萝岗区人民检察院侦查监督科科长、主诉检察官。毕业于广东财经大学法律系,获法学学士和经济法硕士学位。从事审查逮捕、审查起诉刑事案件工作 18 余年,累计审批和办理批准逮捕案件近 2000 件。2012 年调任为批准逮捕职能部门负责人。

上官春光

法学博士,国家检察官学院副教授。曾任中南财经政法大学职务犯罪侦查教研部副主任、讲师。研究方向为职务犯罪侦查理论与实践、检察理论、诉讼法学理论与实践、证据法学。

宋英辉

北京师范大学刑事法律科学研究院教授、博士生导师。中国政法大学诉讼法学博士。曾任中国政法大学诉讼法研究中心常务副主任、执行主任,兼刑事诉讼法学研究室主任。著有《刑事诉讼目的论》《刑事诉讼原理导读》等。主要研究领域为刑事诉讼法学、证据学。

孙寒梅

广东省人民检察院侦查监督二处办案科科长,硕士研究生学历。办理了大批重大案件,业务经验丰富,法律理论功底深厚,先后在《侦查监督指南》《中山大学法律评论》《法治研究》等重要期刊发表文章多篇。

王贞会

河北辛集人,中国政法大学诉讼法学研究院副教授、司法文明协同创新中心研究人员。河北经贸大学法学院法学学士,中国政法大学诉讼法学硕士、诉讼法学博士,北京师范大学刑事法律科学研究院博士后。主要研究领域为刑事诉讼法学、司法制度。

吴明来

广东省人民检察院检委会委员，法律硕士，现担任广东省人民检察院侦查二处处长，先后担任过广东省人民检察院公诉二处副处长、侦查监督二处、一处处长，有着丰富的检察业务实践经验和深厚的理论基础。同时担任广东省法学会常务理事，在重要期刊发表多篇文章。

英文作者

柏恩敬（Ira Belkin）

纽约大学亚美法研究所首任执行主任，纽约大学兼职教授。在 2012 年 9 月加入本所之前，柏先生担任福特基金会北京办事处官员，任期五年，主要关注法律与权利保障问题。在加入福特基金会之前，柏先生将他对中国的浓厚兴趣与自己作为美国律师和联邦检察官的职业轨迹结合了起来。柏先生曾经两度被派驻美国驻北京大使馆任法律顾问，也曾作为研究员在耶鲁大学法学院中国法中心从事研究工作一年。1982 年，柏先生自纽约大学法学院毕业，此后的十六年间，他一直担任联邦检察官。他曾任罗德岛州首府帕维登斯市联邦检察官办公室刑事组主任长达十年之久，还担任过纽约市布鲁克林区联邦检察官办公室普通刑案组副主任。在法学院就读之前，柏先生曾在米德伯理学院（又称明德大学）教授中文。历年来，他多次受邀举行讲座，用中文向中国听众介绍美国的刑事司法制度，同时也向美国听众介绍中国的法制改革。除了纽约大学法学博士（J. D.）学位，柏恩敬先生还拥有美国西顿霍尔大学中国研究的硕士学位和纽约州立大学奥尔巴尼分校学士学位。

克莱尔 · 布鲁克（Claire Brooker）

美国刑事司法系统分析专家，专长领域为审前阶段的刑事司法。布鲁克女士曾就职于科罗拉多州杰斐逊郡刑事司法协调委员会近八年，其工作始终致力于帮助刑事司法决策者了解并改进美国保释制度及审前程序，更好地促进以实证为基础的司法实践。

柯恩（Jerome A. Cohen）

又名孔杰荣，美国著名的中国及东亚法律专家、纽约大学法学院教授、纽约大学亚美法研究所所长。他曾任外交关系协会 C. V. Starr 高级研究员和亚洲部主任长达数年，现兼任资深研究员。柯恩于 1951 年毕业于耶鲁大学（Phi Beta Kappa 优秀毕业生），1955 年获得耶鲁大学法学博士（J. D.）学位，在校期间担任《耶鲁法律杂志》主编。1955 年至 1956 年，他先后担任最高法院首席大法官厄尔·沃伦和费利克斯·弗兰克福特大法官的法官助理。柯恩于 1959 年加入加州大学伯克利分校法学院，担任法学教授，1964 年受聘成为哈佛大学法学院专职教授。他于 1981 年离开哈佛大学，加入全球知名律所宝维斯律师事务所。1964 年至 1979 年，他曾担任 Jeremiah Smith 讲席教授、哈佛大学东亚研究中心主任和哈佛大学法学院副院长，开创性地把对东亚法制度的研究引入哈佛大学的法学教育。与此同时，在政治上，他极力主张对华关系正常化。1972 年，柯恩以美国科学家联盟访问团团员的身份首次访问中国大陆，受到周恩来总理的接见。1977 年，他陪同参议员泰德·肯尼迪前往北京，与邓小平会面。他于 2000 年从律所退休，不再担任专职商法律师，但是他仍然在与亚洲相关的国际贸易争端中担任仲裁员和调解员，并且为中国大陆和台湾的受羁押人士的家属提供法律咨询。科恩在台湾有较大影响力，台湾上任领导人马英九在哈佛法学院深造时是他的学生。柯恩出版了多部有关中国法律的著作，其中包括《中华人民共和国刑事司法过程 1949 到 1963》（哈佛大学出版社 1968 年版），《人民的中国和国际法》（普林斯顿大学出版社 1974 年版）和《中华人民共和国合同法》。如今，柯恩教授仍然在研究亚洲的法律，并且发表专著，重点研究方向为法律机构、刑事司法改革、争端解决、人权和国际法的作用。

迈克尔·琼斯（Michael Jones）

自 2010 年起任美国审前研究所方案执行主任，负责指导美国司法援助局的“智能审前工作演示”计划，通过设计可带来制度性变化的策略方案，帮助各州及地方司法辖区理解并落实以实证为基础的审前司法政策及实践。同时还作为技术资源支持人员供职于美国国家矫正研究所。之前，他曾作为刑事司法策划部经理在科罗拉多州杰斐逊郡任职长达九年。

彼得·科尔斯(Peter Kiers)

纽约市刑事司法服务中心(CJA)业务部主任,美国国家审前服务机构委员会(NAPSA)审前标准委员会成员,纽约州审前机构委员会(NYAPSA)董事会成员。之前,科尔斯先生曾担任 NAPSA 主席、NAPSA 教育委员会主席、NYAPSA 主席和 NYAPSA 奥尔加蒂奖的获得者。这是 NYAPSA 的最高奖项,代表了获奖者在刑事司法领域和推进审前服务方面的杰出贡献。

克里斯托弗·T. 罗文坎普(Christopher T. Lowenkamp)

美国联邦法院行政管理局社会科学研究员、密苏里大学堪萨斯分校讲师。罗文坎普先生曾担任辛辛那提大学刑事司法研究中心主任、缓刑与审前服务办公室缓刑行政官员。

麦高伟(Mike McConville)

香港中文大学荣誉教授,社会学及法学领域的知名学者,擅长领域为实证研究。麦高伟教授的研究方向包括警察讯问、法律援助、辩诉交易、陪审团审判、不动产代理人的工作实践以及法律史等问题。他还为拉脱维亚、马拉维、土耳其、秘鲁等处于重大社会转型期的国家提供相关建议。

蒂莫西·施奈克(Timothy Schnacke)

美国法律与循证实践中心执行主任。该中心重点关注对审前释放与审前羁押的研究及相关法律教育。施奈克先生曾致力于改进科罗拉多州的保释管理工作。这项工作从"杰斐逊郡保释计划"开始,通过总结实践中的最佳做法,最终促成了一部以此为基础的新刑事保释法的颁布,以确保审前司法公正。

巴利·维纳尔(Barry Weiner)

美国联邦罗德岛州的前缓刑监督官、缓刑办公室主任,现任罗德岛州狱政局社区矫正部主任。维纳尔先生 1980 年获得哥伦比亚大学社会工作学院硕士学位,曾担任毒品与酒精治疗法律顾问、中途之家的副局长、纽约市的缓刑监督官,以及佛罗里达中部地区(坦帕市)的缓刑监督官。

玛丽·范诺斯特朗德(Marie VanNostrand)

在亮度刑事司法咨询公司担任司法课题组项目经理。在创建亮度公司之前，范诺斯特朗德女士担任过缓刑/保释官、审前服务机构的经理以及刑事司法研究员。她希望通过同时建立风险评估机制和风险管理机制来重塑美国的审前司法体系，实现司法面前人人平等。

组织机构

劳拉和约翰·阿诺德基金会(The Laura and John Arnold Foundation，简写为 LJAF)

基金会旨在运用以实证为基础的多学科方法，从根源上寻找解决问题的有效办法，以应对美国国内最为严峻持久的一些挑战。基金会系统检验社会中存在的阻碍人类进步发展的因素，然后运用严谨全面并具有创造性的方法来攻克这些社会顽疾。基金会的刑事司法项目旨在减少犯罪，提高公共安全，尽量保障刑事司法系统公平有效地运行。

审前司法研究所(Pretrial Justice Institute)

审前司法机构旨在促成一个对于未成年和成年人都安全、公平和有效的审前司法体系及政策，以尊重和保障所有人的权利。该机构通过教育重要利害部门，督促这些部门采取行动，在重要的州呼吁变革，利用信息、故事和媒体报道的方式支持变革，联通各地司法辖区以取得相互支持等方式来促使政策制定者与司法体系的利害部门积极行动，推行相关政策与措施。

维拉司法研究所(Vera Institute of Justice)

维拉司法研究所旨在应对当今最严峻的各种社会不公正问题，包括从大规模监禁的原因与后果、种族不平等及大众对执法部门的信任缺失，到弱势群体、边缘人群及犯罪和暴力的受害者的需求得不到满足。该机构也积极运用新方法解决问题，诸如使用大数据揭发不公正现象，通过潜在的竞争找出最积极活跃的领导者，重视沟通的重要性。通过运用这些特有的问题解决机制，该机构乐观地相信，即使是病入膏肓的体系也能通过改革走向重生。改革结果就是建立一个保障公平、促进安全、强化社区的司法体系。

致　谢

本书是纽约大学法学院亚美法研究所与中外刑事司法改革专家合作，在中国开展的为期多年的项目成果总结。本书关注的议题是审前羁押与释放。2013 年至 2014 年，我们在中国多地召开了研讨会，邀请来自美国以及其他国家和地区的专家与中国的同行分享他们的经验。研讨会激发的讨论是重要而宝贵的，我们相信，与更多读者分享我们的所得将是大有裨益的。为此，我们为本书收集了资料，并进行了中英文互译，以供使用中文、英文的学者和实务界人士参考。

如果没有大量合作者在时间上的付出及专业经验的共享，我们将无法完成上述研讨会和本书的编译。限于篇幅，我们无法一一列举每期研讨会的参加者，并感谢他们为项目贡献的真知灼见。但我们必须向下列参与研讨会并促成本书出版的专家表达特别的感谢，否则那将是极大的怠慢：他们分别是美国联邦纽约州东区法院法官琼·安斯阮科、美国联邦纽约州东区法院前法官约翰·格里森、美国联邦纽约州东区法院司法官（治安法官）史蒂文·格尔德、纽约市刑事司法服务中心业务部主任彼得·科尔斯、中国北京市东城区人民检察院检察长蓝向东、最高人民检察院检察理论研究所研究员但伟、美国联邦罗德岛州缓刑办公室前主任巴利·维纳尔、北京师范大学刑事法律科学研究院副院长宋英辉、中国西北政法大学公安学院院长毕成、中国人民公安大学侦查学院副院长毕惜茜、中国政法大学诉讼法学研究院院长卞建林、中国政法大学诉讼法学研究院名誉主任及教授陈光中、中国人民大学法学院教授陈卫东、中国政法大学诉讼法学研究院名誉主任樊崇义、中国西北政法大学公安学院教授冯雪、北京师范大学刑事法律科学研究院名誉院长高铭暄、中国政法大学诉讼法学研究院副院长顾永忠、中国西北政法大学前校长贾宇、广州大学法学院副院长李明、福建师范大学法学院教授刘方权、北京师范大学刑事法律科学研究院教授王秀梅、福特基金会中国办事处法律项目官员魏梦欣、中国政法大学诉讼法学研究院教授吴宏耀、中国最高人民检察院检察理论研究所副所长谢鹏程、北京师范大学刑事法律科学研究院院长赵秉志、四川大学法学院教授左卫民、中国人民公安大学教授杨玉娟。

如果没有纽约大学法学院亚美法研究所创始人兼主任孔杰荣教授的领导、支持和积极参与，我们是不可能出色完成这个项目的。亚美法研究所的研究员也在这个项目上投入了大量工作，我们对他们所做的贡献深表感谢：感谢陈玉洁博士、韩羽女士、李玲博士、刘超女士和高原女士。殷驰女士、白得胜先生、林蔚然先生收集了本书所有的中英文文章，并进行了准确而精彩的翻译。我们还想感谢研究所从事行政后勤工作的同事们，我们的项目经理杨秀清（Trinh Duong Eng）女士、项目助理莫莉（Melissa Lefkowitz）女士和夏时雨（Alexis Sanborn）女士，以及我们的实习生林疏影、张一帆、艾斯德尔蔡、罗兰、赵靖和利维亚·怀特莫尔。

图书在版编目(CIP)数据

审前羁押制度演变的比较研究：汉英对照／柏恩敬等编译. -- 北京：法律出版社，2018

ISBN 978-7-5197-2213-5

Ⅰ. ①审… Ⅱ. ①柏… Ⅲ. ①拘留-司法制度-研究-中国-汉、英 Ⅳ. ①D924.04

中国版本图书馆 CIP 数据核字(2018)第 088764 号

审前羁押制度演变的比较研究:汉英对照
SHENQIAN JIYA ZHIDU YANBIAN DE BIJIAO YANJIU: HANYING DUIZHAO

柏恩敬 等 编译

策划编辑 王旭坤
责任编辑 涂俊华
装帧设计 鲍龙卉

编辑统筹 市场研发部
出版 法律出版社
开本 720 毫米×960 毫米 1/16
总发行 中国法律图书有限公司
总印张 37.25
经销 新华书店
总字数 510 千
印刷 天津嘉恒印务有限公司
版本 2018 年 5 月第 1 版
责任印制 张建伟
印次 2018 年 5 月第 1 次印刷

法律出版社／北京市丰台区莲花池西里 7 号(100073)
网址／www.lawpress.com.cn
投稿邮箱／info@lawpress.com.cn
举报维权邮箱／jbwq@lawpress.com.cn
销售热线／010-63939792
咨询电话／010-63939796

中国法律图书有限公司／北京市丰台区莲花池西里 7 号(100073)
全国各地中法图分、子公司销售电话：
统一销售客服／400-660-6393
第一法律书店／010-63939781/9782　西安分公司／029-85330678　重庆分公司／023-67453036
上海分公司／021-62071639/1636　深圳分公司／0755-83072995

书号:ISBN 978-7-5197-2213-5　**总定价**:86.00 元
(如有缺页或倒装,中国法律图书有限公司负责退换)

The Evolution of Pretrial Detention Law:

A Comparative Study

(Chinese–English version)

Ira Belkin
Chi Yin
Allen Clayton-Greene
N. Elias Blood-Patterson
| *Compile*

法律出版社
LAW PRESS · CHINA

Contents

Introduction

Ira Belkin *

This book is the product of a multi – year project undertaken by the U. S. – Asia Law Institute at New York University School of Law to work with Chinese and international experts on criminal justice reform challenges suggested by China's 2012 amendments to its *Criminal Procedure Law* ("CPL"). This volume focuses on the topic of pretrial detention and release, one of the primary concerns addressed by the amendments.

One of the fundamental challenges for any criminal justice system is how to deal with individuals suspected of a crime before there has been an adjudication of guilt or innocence. The power of the state to detain an individual on suspicion of committing a crime is one of the greatest powers the state has over an ordinary citizen. Under principles of international human rights and fundamental fairness, individuals who have not been convicted of a crime should be presumed innocent and not subject to any form of punishment, including incarceration, unless and until an appropriate tribunal has considered their case and determined that they are guilty and deserving of punishment. At the same time, there is a real risk to the judicial process and society when a potentially dangerous individual is released from custody. It is certainly foreseeable that some of the individuals suspected of criminal activity will abscond before their case is

* Executive Director, U. S. – Asia Law Institute, NYU School of Law.

decided; some may even interfere with the legal process by destroying evidence or intimidating witnesses and some may commit new crimes if released while awaiting trial. Accordingly, every criminal justice system needs to have a process to determine which defendants can be released while awaiting trial, and under what conditions, and which defendants must be held in detention until their adjudication is final. The question we address in this book is how to strike the appropriate balance among these competing concerns.

The chapters in this book tell the story of how two different criminal justice systems, those in the United States and the People's Republic of China, address this challenge. The reason we chose to focus on this issue at this time is because China recently enacted a significant reform concerning pretrial detention as part of the 2012 amendments to the CPL. The amended CPL requires Chinese prosecutors to determine whether pretrial detention of a criminal suspect is "necessary."[1] There is no question that this reform is a step forward but, as with any new legislation, it is not entirely clear how the new law will be implemented.

When we at the U. S – Asia Law Institute first learned of the 2012 reforms concerning pretrial detention and release, we thought that there was an opportunity for criminal justice experts to share information about how different criminal justice systems resolve this common challenge and that we might be able to serve as a bridge between Chinese legal experts and their counterparts in other jurisdictions. During 2013 and 2014, we convened a series of workshops in several locations in China and invited experts, including judges, prosecutors, pretrial service officers, defense lawyers and academics from the United States and other jurisdictions to share their experiences with Chinese counterparts.

[1] China is currently considering another amendment. Without commenting more broadly on the PRC's proposed *Detention Center Law* — issued for public comment by the Ministry of Public Security on June 15, 2017 — it is promising that Article 34 of the draft would create a specific mechanism for reviewing the necessity of detention.

During these workshops, we also demonstrated how federal pretrial service officers in the United States conduct pretrial investigations to determine the risk of flight and risk of dangerousness posed by individual defendants. We also demonstrated a mock detention hearing conducted under U. S. federal law. Chinese prosecutors, judges and other experts shared their experience implementing the new CPL.

The discussions stimulated by the workshops were valuable and important and we thought that it would be useful to share the information we learned with a broader audience. To that end, we gathered the materials in this book, translated the Chinese articles into English and the English materials into Chinese so that scholars and practitioners literate in either language could access the materials.

Chapters 1 through 5 tell the story of how, beginning in the 1960's, American legal experts began to question whether American courts were living up to the ideals of the American Constitution and the public's perception of the meaning of "presumption of innocence" and equal treatment under the law as it related to pretrial detention. In what came to be known as the "Manhattan Bail Project," researchers used a new set of empirical research tools to discover and report on how laws and procedures worked in practice. What they discovered was that poor people, and people who were members of racial and ethnic minorities, were detained in disproportionate numbers and with no apparent consideration of their risk of flight or risk of dangerousness to society. The study led to changes in the laws and procedures governing pretrial detention and release and also led to the greater use of empirical research methods to promote criminal justice reform.

Over time, United States courts and legislatures have redefined the challenge of balancing the risk that those charged with criminal offenses abscond or commit additional crimes against the presumption of innocence and the social and financial burdens of pretrial detention. In many parts of the United States, courts and the agencies that serve them, conduct evidence – based risk assessments to determine whether an individual defendant is likely to flee or commit another crime if released. The risk assessment tools are constantly updated and improved. At the same time, American courts and law enforcement agencies have developed alternatives to pretrial detention, such as electronic surveillance and monitoring by probation officers. These alternatives provide greater freedom to individuals charged with crimes while, at the same time, substantially reducing the high financial and social costs of detention. Those who present little or no risk can be released without any restrictive conditions and continue to work, help their families and assist in their own defense. Those who present some risk may be released under some restrictive conditions such as wearing an electronic monitoring device. Only those defendants who present the greatest risk need to be detained.

Using New York City as an example, studies show that the risk assessment tool used there is 90% accurate, meaning that of the defendants released, only 10% either fail to appear in court as scheduled or commit a crime while released.[2] New York City's approach has been replicated in some but not all of the jurisdictions in the United States. As the Arnold Foundation reports in a study reproduced in Chapter 5 reflects, not every city or state in the United States has the financial resources to hire professionals to interview every arrestee and use the kind of risk assessment tools used by New York City courts. The single greatest expense in that process is the costs associated with having a face – to – face interview with every criminal defendant to assess their risk of flight and danger to society. To remedy this cost issue, the Arnold Foundation has developed a risk assessment tool that can be used without an in – person inter-

[2] In 2013, within New York City, 11% of individuals charged with felony arrests failed to appear in court after being released before trial (data from 2013). The rate of non – appearance for non – felony arrests has been slightly higher, at 14% (data from 2014). See "New York Criminal Justice Agency Annual Report" (2014), available at www.nycja.org/research – in – progress/#.

view of the defendant. According to this tool, the defendant's criminal history, family circumstances, employment and education circumstances and other factors have a predictive effect on whether that person will likely abscond or commit another crime if released.

With this information in hand and compared to historical empirical evidence, judges can make evidence-based decisions about whether to detain or release a defendant or whether to release a defendant with certain conditions. American principles of due process and the adversarial system require that the court give the prosecution and the defendant the opportunity to present evidence and argue for detention or release but the pretrial background investigation and the risk assessment tool permit the court to make a decision based upon facts and not just intuition.

According to the most recent statistics available in the United States, from October 2013 to September 2014, 53.9% of all the U.S. citizens charged in federal court with a felony were released pretrial. 31.2% of all felony defendants, citizen and non-citizen alike, were released.[3] In state courts, where the vast majority of cases in the U.S. are prosecuted, roughly 60% of defendants were released.[4]

The second story told by this book concerns how pretrial detention and release decisions have been made in the People's Republic of China. We begin in 1979, the beginning of the Reform era but apply a greater focus to how the 2012 amendments to the CPL are being or should be implemented.

Since the end of the Cultural Revolution and the beginning of the Reform Era in 1979, China has been engaged in an impressive project to build a society under the rule of law. As part of this project, in 1979, the People's Republic of China promulgated its first criminal law and the CPL. Over the years there

[3] Federal Justice Statistics, 2014-Statistical Tables - Table 3.2. March 2017 (bjs.gov).

[4] Pretrial Release of Felony Defendants in State Courts, Bureau of Justice Statistics, 1990-2004, (November 2007).

have been many amendments with especially large – scale amendments to the CPL in 1996 and 2012. During each phase of legislative reform, there has been an effort to improve China's legal regime for handling the detention and release of individuals suspected of crime.

Since 1979, the CPL has provided that criminal suspects can be held by the police for investigatory detention for a specific period of time after they were placed in police custody. During that initial phase of detention, the police could act unilaterally and did not need approval from any other agency. After that initial period, however, the police would have to apply to Chinese prosecutors for permission to hold the suspect in custody under the rubric of "daibu." The prosecutors can approve "daibu" if there is sufficient evidence to charge the suspect with a criminal offense punishable by a term of imprisonment. At the same time, if prosecutors approve daibu, they simultaneously confirm the results of the police investigation and order the suspect to continue to be held in detention. There is no way to split the daibu decision into its two separate components, for example, by confirming the investigation and then declining to order the suspect detained. The consequence of prosecutorial approval of "daibu," then, is the detention of the suspect until the conclusion of the case, unless a subsequent release is granted. In other words, "daibu" is a formal review process conducted exclusively by Chinese prosecutors and includes a confirmation of a preliminary charging decision as well as the consequence that the defendant will be detained.

Initially, in 1979, the time limits for the police to seek approval for "daibu" were fairly strict. Article 48 of the 1979 CPL stipulated that the police must seek approval for "daibu" within 3 days and that in special circumstances that time period could be extended to 7 days. That time period proved to be difficult to apply in practice and within a shorttime, China launched a series of "strike hard" campaigns and suspended the time limits. By 1996, the next time the CPL underwent a major amendment, the problem of indefinite detention had become so pronounced that one of the primary goals of the1996 CPL reform was to impose enforceable time limits on police detention.

Article 69 of the 1996 CPL limited police detention tothree days, except that in special circumstances, the nature and scope of which were not defined, the time limit could be extended by one to four days and "with regard to major suspects committing crimes from one place to another, repeatedly committing crimes or committing gang crime, the time limit for submitting requests for approval may be extended to 30 days." In practice, the police generally extend the time limit to 30 days without any recourse available to the suspect. If the police want to detain someone for a period of time longer than 30 days they then must apply to the appropriate prosecutors' office for approval of "daibu." The prosecutor must issue a decision to approve or reject daibu within 7 days.

For the first few years after the 1996 amendments went into effect, Chinese media reported many instances of "extended detention," detention beyond the CPL's stipulated time limits. In other words, many suspects were held by the police for longer than 37 days and by the prosecutors and the courts for periods longer than the CPL allotted for the consideration and adjudication of charges, respectively. There were many reported cases of individuals held for years before their cases were resolved. After a major political campaign to clean up the backlog of "extended detention" cases in 2002, the problem of extended detention was largely resolved. However, the legally stipulated time limits, which are quite generous to the authorities, remained in place. Moreover, as detailed in some of the articles included in this volume (See Dan in Chapter 7, Bian in Chapter 8), almost all suspects were detained from their initial interrogation by the police through the final outcome of their cases.

Both the 1979 and 1996 CPL provided for alternatives to detention and "daibu," namely obtaining a guaranty pending trial and residential surveillance. However, neither version of the CPL provided for a procedure at which a determination of the appropriate form of "compulsory measure," that is, detention, release with a guaranty, or residential surveillance, or simply release, would be determined. It was left up to the public security authorities and the prosecutors to decide and neither had the responsibility to make a determination whether detention was "necessary." Naturally, the police and the prosecutors made detention decisions based upon their own judgment as to what was most convenient for them and did not subject those decisions to any outside review. According to one study cited in Professor Bian Jianlin's article, the rate of pretrial detention during the period from 1990 to 2009 was almost 94.8%. Professor Dan Wei cites official Chinese statistics showing that the rate of detention for the ten years following the 1996 CPL reform exceeded 90%.

When the CPL came up for another major revision in 2012, Article 93 was added, requiring that Chinese prosecutors review whether "detention was necessary." No standards for making this determination were provided and no procedures were specified.

In Chapters 6 through 13, experts on the Chinese system discuss how pretrial detention and release decisions are made in China and how the reforms, including the 2012 amendments, have affected the day to day decisions in prosecutor's offices in China. Three of the chapters (chapters, 7,8 and 9) were authored by distinguished Chinese criminal procedure law scholars, Professor Dan Wei, a senior researcher at the Supreme People's Procuratorate think tank, the Institute of Procuratorial Theory, Professor Bian Jianlin and his colleagues at China University of Political Science and Law, and Professor Song Yinghui and his colleagues at Beijing Normal University. Chapters 10, 11, 12 and 13 were contributed by leading prosecutors from Beijing and Guangzhou.[5]

Our Chinese contributors have defined the challenge of addressing pretrial detention in China in similar terms. Professor Dan Wei notes that pretrial deten-

[5] Chapter 6 by Professor Michael McConville and his colleagues at Chinese University of Hong Kong. Their conclusions are similar to the one reached by Professors Bian and Research Dan, that is, that the vast majority of criminal suspects in China are detained.

tion rates in China are above 90% even though 40% of criminal defendants will, in the end, receive sentences less than a term of imprisonment. Simply as a matter of mathematics, it seems that China could release at least, 30% more defendants without any negative impact on the criminal justice process. Given that China prosecutes nearly 1 million people a year, a 30% decrease in the rate of pretrial detention would add up to about 300,000 individuals who, although charged with a minor criminal offense, could continue to work, go to school and contribute to society and support their families instead of being held in a detention facility. Moreover, that number does not include all those individuals who may be sentenced to a term of imprisonment but who pose no danger to society and no risk of flight and therefore may also be released while awaiting trial.

Professors Dan Wei (Chapter 7) and Bian Jianlin (Chapter 8) provide detailed analysis for how China has ended up with a pretrial detention system that is so over – inclusive.

First, for reasons which may have been lost to history, when China promulgated its first CPL, it conflated the concepts of "arrest" and "detention." Chinese prosecutors were charged with acting as a check on the "arrest" and "detention" power of the police. The law tasked prosecutors with reviewing cases within 3 days of the police taking someone into custody. As written, the CPL determined that if the prosecutors found that the police had properly done their job and had gathered sufficient evidence to charge someone with a crime, then the prosecutor's determination to that effect, approval ofdaibu, would also automatically have the effect of approving pretrial detention of the suspect throughout the remainder of the case. The conflation of those two ideas, confirming the investigation and detaining the suspect, have remained inextricably bound in one decision – making procedure, the approval of daibu. Every Chinese contributor to this volume has identified this confusion as one of the fundamental challenges facing those who wish to see a more balanced, rational process for deciding pretrial detention and release.

Second, Dan Wei acknowledges that it might make sense for China to follow the practice of other countries and the*International Covenant on Civil and Political Rights*, and take the authority to make pretrial detention and release decisions from prosecutors and give it to more neutral courts.

He opines:

> [S] tringent mechanisms of judicial oversight and judicial remedies ensure that theprinciple that pretrial detention shall be an exceptional measure are followed. This is primarily evident from: (1) review by an independent third party, namely a judge. With the exception of a warrantless arrest made under exigent circumstances, any form of arrest or custody requires a warrant issued by a judge. (2) There is a limited list of justifications for custody, typically confined to the presence of a risk of escape, a risk of destruction of evidence, a risk of committing another crime after being released, or the presence of a serious criminal charge with a potential sentence of over three years. (3) Detention typically cannot exceed four months. (4) Strict processes of judicial oversight in which the detainee can participate. Countries that follow the Anglo – American common law system have established adversarial hearings in which the prosecution and defense both participate. In Germany, Japan, and Taiwan, judges can review written materials and question criminal suspects directly. Any time there is an application for an extension of the period of detention, the prosecution must submit a new application to the court and state the reasons for extension. (5) The mechanism for seeking judicial remedies is highly developed. Detainees dissatisfied with the custody decision can request a review or file an appeal. (6) Alternatives to detention that safeguard the community are well established.

Other commentators have also suggested that providing judicial remedies for improper detention decisions would be beneficial. (See Bian in Chapter 8). However, most of the Chinese contributors to this volume seem to still believe that prosecutors are best situated to make these decisions. Even Dan Wei acknowledges that changing the structure of Chinese criminal justice system would be "a gargantuan task" and, assuming it could be adopted at all, would take a substantial amount of time and that the need for reform is more urgent. Dan Wei candidly suggests that given the current political – legal climate and the emphasis on social stability and fighting crime, such a large scale overhaul of the system of pretrial release and detention is unlikely in the near term.

All of this suggests that the best hope for improving the overall system and reducing the rate of pretrial detention is to work within the current structure of the Chinese CPL to find opportunities to appropriately release more defendants and suspects.

To that end, our Chinese experts suggest that the 2012 CPL may provide the best path forward by requiring prosecutors to review the "necessity of detention" for individual suspects. This reform sounds like it could be the elusive "process" missing from the 1996 reforms that provided for alternatives to detention but did not provide an effective mechanism for selecting among them. Thus, the third aspect of the analyses of our Chinese experts is focused on those reforms. Our Chinese experts seem to agree that the 2012 CPL presents an improvement over thepast, however, there is also a consensus that the reforms are flawed and have not delivered fundamental change. As Beijing prosecutor Lan Xiangdong notes citing official statistics, in 2013, Chinese prosecutors nationwide approved 879,817 out of 1,062,063 applications for daibu, an approval rate of 82.8%. During post – daibu reviews of the necessity of detention, prosecutors recommended release or a downgrading of compulsory measures to non – custodial measures in only 23,894 cases, or 2.72% of the total.

Not surprisingly, our Chinese experts agree that the necessity of detention review process is flawed. Their criticisms include the following: 1) prosecutors do not have any incentive to conduct the review and, in fact, are discouraged by the process and their personnel performance evaluation criteria from recommending any outcome short of detention; 2) the law does not provide sufficient guidance as to which cases should be reviewed, how they should be reviewed and what standards should be used to decide whether a suspect should be detained or released; and 3) there are no time limits on detention and no requirement for periodic reviews so that the period of pretrial detention will be as long as it takes for the police to complete their investigation, the prosecutors to make their charging decision and the courts to reach a judgment.

In addition, Guangdong prosecutor Li Hongliang, in Chapter 11, finds fault with the CPL's definition of "danger to the community" and how that factor is applied, or, rather, how that factor is not rigorously applied by prosecutors and police in their "necessity of detention" judgments. As Prosecutor Li demonstrates, the personnel evaluation system criteria, which rewards prosecutors who approve detention and punishes those who order release, has rendered the "danger to the community" factor superfluous. It is generally ignored.

Fourth, our Chinese experts have not simply offered criticism of the currentsystem, they have also offered concrete reform proposals that could be implemented under the current infrastructure of the criminal justice system. These include: 1) requiring review of the necessity of detention in all cases, starting with minor cases; 2) adopting the use of risk assessment tools to assist prosecutors to make more objective, evidence – based decisions concerning who may be released and who must be detained; 3) adopting public hearings for the purpose of making pretrial detention and release decisions; 4) allowing for some appeals process, either to a higher level prosecutors' office or a court; 5) strengthening the available alternatives to detention to increase confidence that released defendants will appear as required and avoid further violations of law; 6) make prosecutors decisions final and not merely advisory; and 7) modify the personnel evaluation criteria to reward prosecutors for ordering the release of suspects and defendants who should be released and protect prosecutors from punishment if a released suspect happens to abscond or commits another crime, provided the decision to release was reasonable, based on the evidence and not the product of corruption or other improper motives.

Finally, several experts described pilot projects and experiments already underway to try out many of their reform ideas.

Professor Song Yinghui and his colleagues provide a detailed description of several pilot projects in different places in China experimenting with the release of juvenile suspects with a guaranty pending trial (Chapter 9). The pilot projects described and analyzed by Professor Song all include "probation centers" that provide housing, food, education, work opportunities and counseling to juveniles selected for participation in the program. These pilots have produced impressive results. In many cases, based upon the evaluation of the probation center, law enforcement officials have dropped charges against the juvenile suspects and the centers have set them on a path to employment and a law – abiding life. Moreover, the pilots studied by Professor Song and his team have offered a solution to the challenge of how to deal with the members of China's large floating population who are suspected of crimes. The probation centers in the pilot projects accept migrants as well as residents and since they provide a place to live they solve the issue of how to release migrants who may have no fixed address in the city where they are being prosecuted. Professor Song's report provides a strong basis for re – thinking the effectiveness of China's pretrial detention system and the benefits of offering alternatives to detention.

The pilots in Professor Song's study point to an effective solution for juveniles and young adults suspected of minor offenses. The methodology may even be expanded to include some adult offenders. However, their application is still limited and only addresses one of the problems identified above, thatis, the strengthening of alternatives to detention.

Professor Dan Wei describes a pilot project that has more general applicability Chapter 7. His pilot takes advantage of the special role Chinese prosecutors have as officials charged with ensuring the legality of the conduct of all other government officials and the fact that prosecutors are stationed in each detention center in China. In Dan Wei's pilot, he empowered detention center – based prosecutors to review "the necessity of detention" for the detainees held at their detention centers. Moreover, he provided them with a risk assessment tool that he developed and an 11 – step process to seek approval from the prosecutors overseeing the investigation of the case, as well as the investigating agencies and the leadership of the prosecutors' office. In two of the pilot districts he studied the results were modest but promising. In two detention centers, prosecutors recommended release of 46 and 35 detainees, respectively. In one district, 37 out of 46 recommendations were accepted. In the other, all 35 recommendations were accepted. These results suggest that when even a little more attention is paid to each individual case, there is ample room to release more detainees from custody. An expansion of Dan Wei's pilot would likely result in a significantly lower detention rate but, as he acknowledges, implementing the pilot measures nationwide would still not solve all of the challenges to reforming the pretrial detention system in China.

The next set of pilots discussed in this volume concern various experiments studied by Lan Xiangdong, Chief Prosecutor of Dongcheng District in Beijing (Chapter 10). In these pilots, prosecutors use risk assessment tools, convene open hearings and employ non – custodial forms of compulsory measures for migrant suspects. The results, albeit on a small scale, are impressive:

> For example, in 2013, in City A, the prosecutors responsible for supervising detention centers initiated reviews of the necessity of detention for 380 detainees, recommended release or a modification of compulsory measures for 367 people, leading to 331 people being released or having their compulsory measures altered. The prosecutors' recommendations

were adopted in 90.2% of the cases.

While our Chinese experts have approached the challenges of making pretrial release and detention decisions from different perspectives there is general agreement about the root causes of the problem and the reforms necessary to overcome them. Perhaps the sole outlier is LinLan, another prosecutor from Guangzhou (Chapter 12). Unlike the other contributors, Lin Lan believes that pretrial detention can and does serve a useful punitive purpose. She also seems to believe that using pretrial detention to "encourage" suspects to pay compensation to their victims is an appropriate use of the coercive power of the state. Yet even she proposes some meaningful changes to China's pretrial detention regime, including the use of risk assessment tools, public hearings and the improvement of non-custodial measures instead of detention. In a sense, Lin Lan represents a conservative point of view about the use of the criminal process to fight crime without a great deal of regard for human rights such as the presumption of innocence. It is unknown how many Chinese prosecutors and other influential figures in Chinese legal circles share Lin Lan's views but it is significant that even she believes there is a need for significant reform.

Summing up the eight articles in this volume contributed by PRC experts, one can draw a few significant conclusions. First, Chinese experts have a deep understanding of their own system, its flaws and some of the prescriptions, long term and short term, needed to improve it. Second, these articles document the impressive ingenuity of Chinese legal experts, including prosecutors and other law enforcement and government officials, and their willingness to innovate within the current Chinese legal system. Third, they have clearly identified the problem and its root causes, and have made concrete proposals for positive reforms. At the same time, they are realistic about the prospects for reform in the near term. It is our hope that the openness of this discussion and the depth of the analyses will contribute to prompt and sustainable reform of China's pretrial detention system and that unnecessary pretrial detention of suspects in China can be significantly reduced, if not eliminated.

The two criminal justice systems this book describes are as different as the societies within which they are embedded. Yet they each face a common problem and there is some overlap in the struggles each has faced in its efforts to improve the institutional mechanisms it uses to address this common challenge. Comparative study can be beneficial to criminal justice scholars, practitioners and reformers from these jurisdictions as well as counterparts in the rest of the world. We hope that they will all benefit from this book.

Preface

Jerome A. Cohen

Like its already – published companion volume on police interrogation of criminal suspects, this innovative two – language analysis of the different ways the People ' s Republic of China (PRC) and the United States have sought to cope with the dilemmas of pre – trial criminal detention focuses on some of the most fundamental problems of individual freedom. How to protect detained persons against the arbitrary exercise of government power without unduly limiting the capacity of the state to protect society against antisocial behavior is a universal challenge.

In every political system the power to detain is the power to destroy human life. Of course, the criminal process is not the only way that states exercise their detention powers. As a substitute for or evasion of criminal procedures, states often resort to administrative detention to enforce the law in fields as diverse as mental illness, immigration, drug addiction and minor misconduct. Certain civil proceedings can also result in coercive confinement. As infamous Chinese and American experiences have illustrated, even in the modern era, insecure governments sometimes extend military detentions to those who are ordinarily not within military jurisdiction.

Yet the formal criminal process is understandably the cynosure of attention amid every country ' s concern for civil liberty. This volume demonstrates the critical importance of pre – trial detention in that process. It explains not only the many difficulties that pre – trial detention policies and practices have encountered in striking the right balance between individual rights and the broader interests of society and government, but also the progress that has been made in the pre – trial detention arrangements of the jurisdictions that are the main subject of discussion.

I confess to a personal interest in the national stories presented here. As a prosecutor in Washington, D. C. early in my career, it was my task to interview police and the suspects they brought in every morning in order to decide whether to recommend arrest and, if so, whether to suggest bail or detention. And, of course, as a scholar specializing in the PRC's criminal justice system, I shared my colleague Ira Belkin's excitement when we learned that the 2012 amendments to the PRC's *Criminal Procedure Law* ("CPL") would introduce a provision authorizing prosecutors to review the necessity of continuing the detention of newly – arrested suspects.

To be sure, as made clear by Professor Belkin's splendid introduction, Professor Dan Wei's interesting preface and the thoughtful contributions to this volume of the other respected Chinese experts, much still remains to be done in both legislation and practice to bring China's pre – trial detention procedures up to international standards. Presumably this is one of the factors thathas delayed PRC ratification of the International Covenant on Civil and Political Rights, which it signed almost two decades ago. The many decisions concerning China of the United Nations Working Group on Arbitrary Detention ("WGAD") also provide an ample basis for relevant law reform.

My particular hope is that China's National People's Congress (NPC), in its next amendments to the CPL, will enable criminal suspects to challenge pre – trial detentions in court, especially those that rest upon erroneous interpretations of national legislation. Perhaps the most blatant distortion of legislative intent is the long – standing police practice of giving themselves the power to detain all suspects for up to thirty days before requesting procuracy approval of a formal arrest warrant.

I am confident that this book's groundbreaking research, comprehensive commentary and imaginative proposals will stimulate further law enforcement progress in China and the United States. NYU Law School's US - Asia Law Institute is pleased to sponsor its publication.

November 3, 2017

Preface

Is Pretrial Detention a Minor Issue in Chinese Criminal Procedure?

Dan Wei *

Ever since human civilization began developing legal systems, pretrial detention has been considered a reasonable and legitimate state act. Arresting criminal offenders and detaining them in jail has been taken for granted as a necessary measure to protect society and the judicial process. However, whether detainees should have any rights while in custody, or whether detention could be changed to other non - custodial measures after a detention decision has been made, is an issue that many countries' justice systems have notaddressed. Furthermore, most societies accept this. Like post - trial imprisonment, pretrial detention is also regarded as a useful tool, inherently legitimate and just, necessary to control and punish crime. Meanwhile, since pretrial detention is widely believed not to affect either conviction or sentencing, many people view it as an unambiguous social good. Due to the above - mentioned reasons, pretrial detention is regarded as a small and uncontroversial issue in the justice systems of many countries, including China's.

---

* Researcher at the Research Institute of Prosecutorial Theories of the Supreme People's Procuratorate of People's Republic of China.

In 1979, China promulgated its first *Criminal Procedure Law* ("CPL"). For the thirty years preceding that, pretrial detention had been dealing with criminals and enemies using the procedures of the revolutionary era. The 1979 CPL did not specifically stipulate either the definition of detention or the time limit on detention periods. Rather, it merely provided that detention began when an application for "daibu" (arrest)[1] was approved. According to the 1979 CPL, after daibu was approved, a suspect could be detained for the entire period of investigation, review for prosecution and trial. From a linguistic point of view, the term of "daibu" is a verb, the action of which lasts for a short period of time. The term, "jiya" (detention), is a noun that represents a static situation. Despite the temporal disparity between the two concepts, these two measures of depriving suspects of their liberty were merged with one another in the 1979 CPL legislation and considered one "compulsory measure" called "daibu."

The same legislation persists today. Despite the fact that the 1979 CPL has gone through two major amendments, in 1996 and 2012, the provisions regarding detention and detention periods remain as they were in the 1979 CPL. The combined working period of the police officers, judges, and prosecutors is still equivalent to the detention period of a suspect or a defendant, and the authority to change a detention measure is still controlled, respectively, by the police officers during the investigation period, the prosecutors during the review and prosecution period, and the judges during the trial period. Meanwhile, detention centers are still administered by the police.

The CPL stipulates that, if the responsible agency discovers that detention is improper, that agency each has the authority to suspend detention and replace it with an alternative compulsory measure. However, the clause "if they find" is hypothetical. What if they do not find it improper? Furthermore, the 2012

[1] See *Explanatory Notes Regarding the Translation of Chinese Legal Terms*.

CPL also provides that a detained suspect or defendant, his agent ad litem, or his close relatives may apply for release by obtaining a guaranty pending trial. But in practice, if the case - handling agency rejects such an application, the applicant does not have any recourse.

The direct consequence of the above - mentioned provisions is that in China, the pretrial detention rate has been above 80% since 1979. However, each year, Chinese courts sentence 70% of defendants nation - wide to fixed - term imprisonment below 3 years, or to non - custodial punishments including, supervised release, short - term imprisonment, supplementary punishments, suspended sentences, or conviction with exemption from criminal punishment. Only approximately 40% of defendants are sentenced to serve time in prison.[2] A large number of defendants who are not sentenced to imprisonment, or those who are acquitted, are nonetheless detained throughout the pretrial period. Once they are detained they are detained for the duration of the case.

It can be said that, under the current system where all power is wielded by government officials according to their official positions, the authorities generally do not initiate discovery of improper detention and do not accept the defendants' applications for pretrial release with a guaranty pending trial. Even worse, in October 2000, when the Standing Committee of the National People's Congress carried out its first nationwide inspection of the CPL implementation, serious violations of the CPL's stipulated time limits — cases of arbitrary "extended detention" — were widely exposed. It has been reported that it is not uncommon for cases of extended detention to lead to wrongful convictions.

In 1978, the "opening and reform policy" reintroduced China to international society and allowed China to see the global state of the rule of law. Some principles of rule of law, such as human rights protection, due process, and the

[2] Translators' note: Under the Chinese criminal justice system, only defendants whose remaining imprisonment time is more than three months at the time of sentencing are transferred to a prison to serve their time. Otherwise, they serve their term of imprisonment in a detention center.

presumption of innocence, gradually crossed the boundaries of different ideologies and were absorbed in China's Constitution, Criminal Law and Criminal Procedure Law. However, China's legislation on pretrial detention and China's extremely high detention rate still reflect arbitrarily enforced state power and the absence of checks and balances. It is hard to reconcile this situation with: 1) the provisions in Paragraph 4, Article 9 of the International Covenant on Civil and Political Rights of the United Nations, which provides "[i]t shall not be the general rule that persons awaiting trial shall be detained in custody"; 2) the principle of pretrial release in rule-of-law countries where pretrial detention is considered only as an exception; 3) the strict judicial review systems, judicial remedy systems, and bail systems that insure the implementation of this principle in these countries; and 4) pretrial detention rates commonly lower than 20% in these countries. Furthermore, depriving suspects and defendants of the right to personal liberty facilitates the practices of extorting confessions by torture and the illegal collection of evidence in China. Problems derived from illegal evidence, flawed evidence, and fabricated evidence are leading to a crisis of justice in China's system of evidence that affects both convictions and sentencing decisions.

From the perspective of the number of defendants sentenced to prison every year, there are approximately 400,000 defendants per year who are not sentenced to prison but nevertheless are still incarcerated throughout the pretrial phase. Even among those who are ultimately sentenced to imprisonment, there are some defendants who do not need to be detained pending trial. Of the people who are "once detained then detained to the end," that is, detained throughout the criminal process, there are a large number of minors, elderly citizens, minor offenders, first-time offenders and opportunistic offenders (偶犯).[3] Also included are people who have regular jobs, fixed sources of in-

[3] See *Explanatory Notes Regarding the Translation of Chinese Legal Terms.*

come, a permanent residence, and/or strong family ties. These people could have been released with a guaranty pending trial. Instead, they were held in custody in detention centers. This leads to serious injustices. If we added up the number of illegally and wrongfully detained people through the past thirty years, it would exceed ten million, which means that more than ten million individuals and families have suffered catastrophic pain from this injustice. Therefore, pretrial detention is not a minor issue that we can afford to ignore. Instead, it is a serious issue that concerns the right to personal liberty of thousands upon thousands of citizens, the criminal justice system, the level of a nation's progress toward the rule of law, and its degree of human rights protection.

Since pretrial detention is an important issue, it should be addressed immediately. However, once it comes to possible resolutions, we inevitably encounter the power of the state authorities responsible for controlling crime. On the scales of justice, one end represents the protection of human rights while the other represents the prevention of crime. Every increment of improvement on the end of human rights protection comes at the cost of an equal or greater increment limiting the degree of freedom of action for those fighting crime. In order to protect the right to personal liberty of suspects and defendants, law enforcement agencies have to curb the freedom with which they exercise their authority. That would increase their workload, make their jobs more difficult and enhance risk. Therefore, law enforcement lacks incentives to support reforms to enhance human rights protection. They may even actively raise obstacles to such enhancements. Additionally, in a country where both the state and the public are inclined towards prioritizing public safety over human rightsprotection, and efficiency over justice, the actual implementation of the human rights protections written down on paper is very difficult.

This can be seen from the gap between legislation and implementation of Article 93 of the 2012 amended CPL. This article, concerning "review of the necessity of detention," stipulates that after the initial arrest of a criminal suspect or defendant, the prosecutors' office shall continue to review the necessity of their detention. Release or a change of compulsory measures shall be suggested for those for whom there is no necessity for further detention. According to the statistics released by the Supreme People's Procuratorate, in 2013, all levels of Chinese prosecutors' offices approved daibu for 879,817 people, and engaged in Article 93 review with respect to 23,894 people. In 2014, the number of persons subjected to daibu was 879,615, and Article 93 review was conducted for 33,495 people. In 2015, the number of person subjected to daibu was 873,148, and Article 93 review was conducted for 29,211 people. For these three years, only 5% of those detained under daibu were eventually released pursuant to Article 93. This demonstrates that the purpose of the law has not been achieved. We are still on the road to resolving this important issue.

Mr. Ira Belkin, the executive director of the US – Asia Law Institute (USALI) of New York University School of Law, has long focused on the reform of China's criminal justice system. He has acutely observed the severe problems of pretrial detention in China and has enthusiastically undertaken studies and research on this issue. For years, USALI has been inviting American judges who make pretrial release/detention decisions, as well as other officers and officials of pretrial services programs, to visit China and share their experiences.

I myself, as a researcher advocating for the establishment in China of a mechanism for review of the necessity of detention, have benefitted from face – to – face discussions with these foreign experts. I have observed that Article 93 does not provide any incentives to law enforcement because it designates the power of review and release to the very same agencieswho, respectively, approve and execute the arrest in the first place. In order to facilitate the implementation of Article 93, I designed a risk evaluation form, named "*Detention Necessity Assessment Chart for Detained Persons*" (在押人员羁押必要性评估表) which is similar to forms used by pretrial release programs in the United

States. My chart includes more than eighty risk evaluation factors, each reflecting a positive or negative score. My suggestion is that, after suspects or defendants are detained, the prosecutor should calculate a score of the defendant's individual risk level by filling out the form. If the score is lower than the designated threshold risk level, the case - handling prosecutor may initiate the process of reviewing the necessity of detention, including reviewing case files and interviewing the detainee. If the detainee fulfills the requirements of obtaining a guaranty pending trial, the prosecutor may recommend to the police to release the detainee. This review process could also be initiated by the application of detainees. In practice, however, prosecutors show no alacrity in evaluating detainees, and they ignore detainees' applications for review. There are no adverse consequences for failing to detect illegal detentions because of nonfeasance. Therefore, Article 93 has become, in fact, a provision that lacks certainty. In order to solve the problems of China's pretrial detention, we need to start at the beginning.

First, we need to make two kinds of "separations:" (1) the unity of daibu and detention needs to be broken up. They need to be separated. Daibu should no longer be confused with the static "detention;" and (2) the time limit for completing the work of a criminal case, the phases of investigation, prosecutorial review and trial, should be separated from the time limit for keeping a suspect or defendant in custody. We should acknowledge that how much time the police, the prosecutor and the court need to handle a case should not determine how long a suspect or defendant should be detained pending trial.

Second, we need to enshrine in the CPL the principle that pretrial detention should be the exception and not the rule for a person awaiting trial. In accordance with international standards, our laws already state that pretrial release is a right of suspects and defendants. Third, we should, as soon as possible, establish an objective and neutral mechanism for the review of detention and bail decisions. The above - mentioned three considerations are not my inventions.

Rather, they are methods of addressing issues of pretrial detention that have proved reliable in other countries, as will be discussedin this book.

This book is a collection of papers published in both Chinese and English. It will help readers from other countries to learn the laws and practices of pretrial detention in China. I would like to take the opportunity to emphasize that it took international society about 400 years, from 1628, when the British Parliament passed the*Petition of Right*, to the present, to recognize pretrial release as a human rights concern worthy of intense effort. Although it is only in the last 30 years that China started proposing the idea of "rule of law," the determination to achieve rule of law has already become a common goal of both the government and the people. I believe that, since we have this common goal, we will in due course overcome many of the obstacles to achieving it. We will solve the problem of pretrial detention, and perhaps will do so in the near future, because it is one of the most important issues concerning criminal justice.

Part I

U. S. Pretrial Release History and Practice

Chapter 1 The History of Bail and Pretrial Release*

Timothy R. Schnacke
Michael R. Jones
Claire M. B. Brooker **

A. Introduction [1]

While the notion of bail has been traced to ancient Rome,[2] the American understanding of bail is derived from 1,000 – year – old English roots. A study of this "modern" history of bail reveals two fundamental themes. First, as not-

---

* This version published, September 24, 2010 by the Pretrial Justice Institute.

** Timothy R. Schnacke, Michael R. Jones and Claire M. B. Brooker, were, as at the time of original publication, employed in the Jefferson County, Colorado, Criminal Justice Planning Unit.

[1] While much of the text in this section is attributed to its source by footnote, any un – attributed statements were derived primarily from the following sources: F. Pollock & F. Maitland, *The History of English Law* (2d Ed. 1898) [hereinafter Pollock & Maitland]; Caleb Foote, *The Coming Constitutional Crisis in Bail: I and II*, 113 Univ. Pa. L. Rev. 959, 1125 (1965) [hereinafter Foote]; Wayne H. Thomas, Jr., *Bail Reform in America* (Univ. CA Press 1976) [hereinafter Thomas]; Gerald P. Monks, *History of Bail* (1982); June Carbone, *Seeing Through the Emperor's New Clothes: Rediscovery of Basic Principles in the Administration of Bail*, 34 Syracuse L. Rev. 517 (1983) [hereinafter Carbone]; Stevens H. Clarke, *Pretrial Release: Concepts, Issues, and Strategies for Improvement*, 1 Res. in Corrections, Issue 3:1; Evie Lotze, John Clark, D. Alan Henry, & Jolanta Juszkiewicz, *The Pretrial Services Reference Book*, Pretrial Servs. Res. Ctr. (Dec. 1999) [hereinafter Lotze, et al.]; Marie VanNostrand, *Legal and Evidence Based Practices: Application of Legal Principles, Laws, and Research to the Field of Pretrial Services* (Crime & Just. Inst., Nat'l Inst. of Corrections (2007)) [hereinafter VanNostrand]; and material found on the Pretrial Justice Institute's website, at http://www.pretrial.org/ Carbone, in turn, cites to E. De Haas, *Antiquities of Bail* (1940), as well as to Pollock & Maitland for additional "thorough studies on the origins of bail." All links to websites are current to September 23, 2010.

[2] *See* Lotze, et al., *supra* note 1, at 2 n. 3.

ed in June Carbone's comprehensive study of the topic, "[b]ail [originally] reflected the judicial officer's prediction of trial outcome."[3] In fact, bail bond decisions are all about prediction, albeit today about the prediction of a defendant's probability of making all court appearances and not committing any new crimes. The science of accurately predicting a defendant's pretrial conduct, and misconduct has only emerged over the past few decades, and it continues to improve. Second, the concept of using bail bonds as a means to avoid pretrial imprisonment historically arose from a series of cases alleging abuses in the pretrial release or detention decision-making process. These abuses were originally often linked to the inability to predict trial outcome, and later to the inability to adequately predict court appearance and the commission of new crimes. This, in turn, led to an over-reliance on judicial discretion to grant or deny a bail bond and the fixing of some money amount (or other condition of pretrial release) that presumably helped mitigate a defendant's pretrial misconduct. Accordingly, the following history of bail suggests that as our ability to predict a defendant's pretrial conduct becomes more accurate, our need for reforming how bail is administered will initially be great, and then should diminish over time.

B. Anglo-Saxon Roots

To understand the bail system in medieval England, one must first understand the system of criminal laws and penalties in place at that time. The Anglo-Saxon legal process was created to provide an alternative to blood feuds to avenge wrongs, which often led to wars. As Anglo-Saxon law developed, wrongs once settled by feuds (or by outlawry or "hue and cry," both processes allowing the public to hunt down and deliver summary justice to offenders) were settled through a system of "bots," or payments designed to compensate

[3] June Carbone, *Seeing Through the Emperor's New Clothes: Rediscovery of Basic Principles in the Administration of Bail*, 34 Syracuse L. Rev. 517 (1983), at 574.

grievances.[4] Essentially, crimes were private affairs (unlike our current system of prosecuting in the name of the state) and suits brought by persons against other persons typically sought remuneration as the criminal penalty. In a relatively small number of cases, persons who were considered to be a danger to society ("false accusers," "persons of evil repute," and "habitual criminals,") along with persons caught in the act of a crime or the process of escaping, were either mutilated or summarily executed.[5] All others were presumably considered to be "safe," so the issue of a defendant's potential danger to the community if released was not a primary concern.

Nevertheless, the Anglo – Saxons were concerned that the accused might flee to avoid paying the bot, or penalty, to the injured (as well as a "*wite*," or payment to the king). Prisons were "costly and troublesome," so an arrestee was usually "*replevied* (*replegiatus*) or *mainprised* (*manucaptus*)," that is, "he was set free so soon as some sureties (*plegii*) undertook (*manuceperunt*) or became bound for his appearance in court."[6] Thus, a system was created in which the defendant was required to find a surety who would provide a pledge to guarantee both the appearance of the accused in court and payment of the bot upon conviction. The amount or substantive worth of that pledge, called "bail" (akin to a modern money bail bond), was identical to the amount or substantive worth of the penalty. Thus, if an accused were to flee, the responsible surety would pay the entire amount to the private accuser, and the matter

---

[4] *Id.* at 519 – 520.

[5] *See id.* at 520 – 521, and accompanying notes.

[6] F. Pollock & F. Maitland, *The History of English Law* (2d Ed. 1898), p. 584. Indeed, even those unable to pay the "bot" were typically handed over to the victim for either execution or enslavement. June Carbone, *Seeing Through the Emperor's New Clothes: Rediscovery of Basic Principles in the Administration of Bail*, 34 Syracuse L. Rev. 517 (1983), p. 521 n. 18. If they fled, they were declared "outlaws," subject to immediate justice from whoever tracked them down. Apparently, however, certain offenses were considered to be "absolutely irreplevisable," requiring some form of prison to house the offenders. *See* F. Pollock & F. Maitland, *The History of English Law* (2d Ed. 1898), pp. 584 – 585.

was done.

According to Carbone, "[t]he Anglo - Saxon bail process was perhaps the last entirely rational application of bail."[7] Because the amount of the pledge was identical to the amount of the fine upon conviction, the system accounted for the seriousness of the crime and fulfilled the debt owed if the accused did not appear for trial. All prisoners facing penalties payable by fine were bondable, and the bail bond was perfectly linked to the outcome of trial-money for money.

C. The Norman Conquest to 1700

The system became significantly more complex after the Norman Conquest, beginning in 1066:

> In the period following the Norman invasion, criminal justice gradually became an affair of the state. Criminal process could be initiated by the suspicions of a presentment jury as well as the sworn statements of the aggrieved. Capital and other forms of corporal punishment replaced money fines for all but the least serious offenses, and the delays between accusation and trial lengthened as itinerant royal justices administered local justice.[8]

Summary mutilations and executions were gradually phased out, but the overall use of corporal punishment increased, giving many offenders a greater incentive to flee. System delays also caused many persons to languish in primitive jails, and the un - checked discretion given to judges and magistrates to release defendants led to instances of corruption and abuse. Moreover, as the penalties changed, ideas about which persons should be bondable also shifted.

---

[7] June Carbone, *Seeing Through the Emperor's New Clothes: Rediscovery of Basic Principles in the Administration of Bail*, 34 Syracuse L. Rev. 517 (1983), p. 520.

[8] *Id.* at 521 (footnotes omitted).

The first to lose any right to bail whatsoever were persons accused of homicide, followed by persons accused of "forest offenses" (i. e., violating the royal forests), and finally a catch – all discretionary category of persons accused "of any other*retto* [wrong] for which according to English custom he is not *replevisable* [bailable]."[9]

In medieval England, magistrates rode a circuit from county (shire) to county to handle cases. The shire's reeve (now known as the sheriff) was given the duty of holding individuals accused of crimes until the magistrate arrived. Because of the broad discretion given to these sheriffs to hold persons pretrial, bail administration varied from county to county, and instances of abuse became more frequent. Indeed, "[b]ail law developed in the twelfth and thirteenth centuries as part of an assertion of royal control over the authority of the sheriffs," which had grown increasingly corrupt.[10]

Following exposure of widespread abuse in the bail bond – setting process, Parliament passed the first Statute of Westminster, which assembled and codified 51 existing laws-many originating from the Magna Carta — and which covered, among other things, bail. Importantly, the Statute departed from traditional Anglo – Saxon customs by establishing three criteria to govern bailability: (1) the nature of the offense (categorizing offenses that were and were not bailable); (2) the probability of conviction (requiring the sheriff to examine all of the evidence and to measure such variables as whether or not the accused was held on "light suspicion"); and (3) the criminal history of the accused, often referred to as the bad character or "ill fame" of the accused. According to Carbone, "[i]n defining the criteria to govern bail, the Statute of Westminster rearticulated rather than abandoned the conclusion of the Anglo – Saxons that the bail process must mirror the outcome of the trial. Despite the overlapping

---

[9] *Id.* at 523 (internal quotation and footnote omitted).

[10] *Id.* at 522 n. 29.

and conflicting concerns of the statute's criteria, each criterion can be reduced to a simple standard: the seriousness of the offense offset by the likelihood of acquittal."[11] Indeed, this standard governed English bail bond determinations for the next five centuries.

During that 500-year period, Parliament occasionally passed legislation defining the bailability of crimes not mentioned in the Statute of Westminster. Mostly, however, Parliament focused on adding safeguards to the bail process to protect persons from political abuse and local corruption. For example, due to the vague nature of the terms "ill fame" and "light suspicion," as applied by local justices of the peace, in 1486 Parliament required the approval of two justices, rather than one, to release a prisoner and to certify the bailment at the next judicial session. In 1554, Parliament required that the bail bond decision be made in open session, that both justices be present, and that the evidence that was weighed be recorded in writing, essentially introducing the notion of a preliminary hearing into the law.

Over time, additional abuses led to additional reforms. For example, bailability under the Statute of Westminster was initially based on a recitation of a formal charge. Nevertheless, in 1627, King Charles I successfully ordered local judges to hold five knights with no charge, circumventing the Statute, as well as provisions in the Magna Carta upon which the Statute was based. Parliament responded by passing the Petition of Right, prohibiting detention by any court without a charge. In 1676, an individual known only as Jenkes was arrested and held for two months on a charge that, by law, required admittance to bail. Jenkes' case, and cases like it, ultimately led to Parliament's passage of the Habeas Corpus Act of 1679, which established procedures to prevent long delays before a bail bond hearing was held. This reform was only a minor hurdle for some of the stubborn and unruly judges of that time, who learned that the

[11] *Id.* at 526.

monetary amount of a bail bond could also be used to detain a defendant indefinitely. According to Foote, "[t]he Act of 1679 stopped the procedural runaround to which Jenkes had been subjected, but by setting impossibly high bail the judges erected another obstacle to thwart the purpose of the law on pretrial detention."[12] Addressing this matter, the English Bill of Rights of 1689, accepted by William and Mary as they assumed the throne, stated that "excessive bail ought not be required," a phrase similar to that found in the Eighth Amendment to the U. S. Constitution.

D. Bail In the United States

Caleb Foote summarized the state of English law on bail at the time of American Independence as follows:

> [A]s the English protection against pretrial detention evolved it came to comprise three separate but essential elements. The first was the determination of whether a given defendant had the right to release on bail, answered by the Petition of Right, by a long line of statutes which spelled out which cases must and which must not be bailed by justices of the peace or (in the early period) by sheriffs, and by the discretionary power of the judges of the king's bench to bail any case not bailable by the lower judiciary. Second was the simple, effective habeas corpus procedure which was developed to convert into reality rights derived from legislation which could otherwise be thwarted. Third was the protection against judicial abuse provided by the excessive bail clause of the Bill of Rights of 1689.[13]

Generally, the early colonies applied English law verbatim, but differences

---

[12] Caleb Foote, *The Coming Constitutional Crisis in Bail: I and II*, 113 Univ. Pa. L. Rev. 959, 1125 (1965), p. 967.

[13] *Id.* at 968.

in beliefs about criminal justice (including the belief that the English laws were unnecessarily confusing), differences in colonial customs, and even differences in crime rates between England and the colonies led to more liberal criminal penalties and, ultimately, changes in the laws surrounding the administration of bail. Even before some of England's later reforms, in 1641 Massachusetts passed its Body of Liberties, creating an unequivocal right to bail for non-capital cases, and re-writing the list of capital cases.[14] In 1682, "Pennsylvania adopted an even more liberal provision in its new constitution, providing that 'all prisoners shall be Bailable by Sufficient Sureties, unless for capital Offenses, where proof is evident or the presumption great.'"[15] The Pennsylvania language introduced consideration of the evidence for capital cases, and, "[a]t the same time, Pennsylvania limited imposition of the death penalty to 'willful murder.' The effect was to extend the right to bail far beyond the Massachusetts Body of Liberties and far beyond English law."[16] The Pennsylvania law was quickly copied, and as the country grew "the Pennsylvania provision became the model for almost every state constitution adopted after 1776."[17]

This is especially important, given that the United States Constitution itself

---

[14] It is noted that the substantive criminal law of this period of time is often considered barbaric by today's standards. For example, despite the relatively liberal bail law in Massachusetts, along with homicide that Colony still punished by death (and therefore made unbailable) the offenses of idolatry, witchcraft, blasphemy, cursing or smiting a parent, and stubbornness or rebelliousness on the part of a son against his parents. See id. at 981. Moreover, many persons were imprisoned by the colonies for simply being impoverished: "In 1788, a year before Congress was to consider what was to become the eighth amendment, Massachusetts enacted legislation which ... provided for compulsory work in houses of correction for, inter alia, 'all rogues, vagabonds and idle persons ... common railers or brawlers, such as neglect their callings or employment, misspend what they earn, and do not provide for themselves for the support of their families ... and of ... vagrant, strolling and poor people.'" *Id.* at 990. By 1830 there were roughly three times as many persons imprisoned for debt as were imprisoned for crime. *Id.* at 991.

[15] June Carbone, *Seeing Through the Emperor's New Clothes: Rediscovery of Basic Principles in the Administration of Bail*, 34 Syracuse L. Rev. 517 (1983), p. 531 (quoting 5 American Charters 3061, F. Thorpe ed. 1909) (footnotes omitted).

[16] *Id.* at 531-32 (footnotes omitted).

[17] *Id.* at 532.

only explicitly covers the right of habeas corpus in Article 1, Section 9, and the prohibition against "excessive bail" in the Eighth Amendment, which has been traced back to the 1776 Virginia Declaration of Rights.[18] There is no explicit right to bail in the U. S. Constitution, and the Constitution does not define which crimes are bailable, nor which defendants can be detained.[19] Nevertheless, also before the first Congress in the spring and summer of 1789 was Section 33 of the Judiciary Act, which granted an absolute right to bail in non-capital federal criminal cases.[20] To Foote,

> "advancing the basic right governing pretrial practice in the form of a statute while enshrin ing the subsidiary protection ensuring fair implementation of that right in the Constitu tion itself" was an anomaly that Congress likely did not recognize.[21] Still, through the Judiciary Act, the federal government joined a number of states, which, through their respective constitutions, provided a right to bail for nearly all defendants. Accordingly, at least in the federal justice system, "[p]rinciples of the early American bail system-set forth in the Judiciary Acts of 1789 and the U. S. Constitution's Eighth Amendment-were: (1) Bail should not be excessive, (2) A

---

[18] Article 1, Section 9 of the United States Constitution states that "[T]he privilege of the writ of habeas corpus shall not be suspended, unless when, in cases of rebellion or invasion, the public safety may require it." The Eighth Amendment to the Constitution states that "[E]xcessive bail shall not be required, nor excessive fines imposed, nor cruel and unusual punishments inflicted."

[19] Professor Foote argues that the founding fathers meant to include a right to bail provision, such as that found in the Statute of Westminster, but inadvertently left it out. *See* Caleb Foote, *The Coming Constitutional Crisis in Bail: I and II*, 113 Univ. Pa. L. Rev. 959, 1125 (1965), pp. 971-989.

[20] The Judiciary Act provided a detailed organization of the federal judiciary that the constitution had sketched in only general terms. Section 33 of that Act read: "And upon all arrests in criminal cases, bail shall be admitted, except where the punishment may be death, in which cases it shall not be admitted but by the supreme or a circuit court, or by a justice of the supreme court, or a judge of a district court, who shall exercise their discretion therein, regarding the nature and circumstances of the offence, and of the evidence, and the usages of law."

[21] Caleb Foote, *The Coming Constitutional Crisis in Bail: I and II*, 113 Univ. Pa. L. Rev. 959, 1125 (1965), p. 972.

right to bail exists in non-capital cases, and (3) Bail is meant to assure the appearance of the accused at trial."[22]

E. The Practical Administration of Bail In England And America

As American law governing release on bail bonds was being established, cultural differences between the colonies and England also led to changes in the administration of bail. As discussed previously, under the Anglo-Saxon system of laws persons accused of committing serious offenses, persons with lengthy criminal histories, and those caught in the act of committing an offense were often summarily executed. For less serious crimes, the Anglo-Saxon system provided for pretrial release. This was partly due to the fact that the magistrates tasked with hearing these cases traveled from county to county, and were often only present in a particular locality a few months of the year. Because most persons were released, jails were rarely necessary, and those that did exist were primitive.

Under the Anglo-Saxon system of pretrial release, the sheriffs relied on a surety, or some third party custodian who was usually a friend, neighbor, or family member, to agree to stand in for the accused if he absconded. As the bot system evolved, with penalties for most crimes payable by fine, sureties were allowed to pledge personal or real property in the event the accused failed to appear. Before the Norman invasion, the pledge matched the potential monetary penalty perfectly. After the invasion, however, with increased use of corporal punishment, it became frequently more difficult to assign the amount that ought to be pledged, primarily because assigning a monetary equivalent to either cor-

---

[22] Spurgeon Kennedy, D. Alan Henry, John Clark, & Jolanta Juszkiewicz, *Pretrial Release and Supervision Program*, *Training Supplement*, Pretrial Servs. Res. Ctr. (Wash. D.C., 1997), p.2.

poral punishment or imprisonment is largely an arbitrary act.[23] Moreover, the threat of corporal punishment led to increasing numbers of offenders who refused to stay put. As noted by Carbone, these changes in the substantive criminal law, as well as other factors such as procedural delays, led to complexities that required a "new equation" between pretrial release and the criminal sanctions:

> The accused threatened with loss of life or limb had a greater incentive to flee than the prisoner facing a money fine, and judicial officers possessed no sure formula for equating the amount of the pledge or the number of sureties with the deterrence of flight. At the same time, the growing delays between accusation and trial increased the importance of pretrial release and the opportunities for abuse and corruption. The determination of whom to release became a far more complicated issue then calculating the amount of the bot.[24]

The colonies faced these same complications, with some additions. As noted by author Wayne H. Thomas, Jr.:

> First, unlike English law, the Judiciary Act of 1789 and the constitutions of most states provided for an absolute right to have bail set except in capital cases. Second, the absence of close friends and neighbors in frontier America would have made it very difficult for the court to find an acceptable personal custodian for many defendants, and third, the vast unset-

[23] According to one commercial bail bondsman website, "Bonds are ... an arbitrary number set for court appearance, and are not normally lowered over time." http://www.austinbailbonds.net/faq/. The arbitrary nature of bail bond amounts is typically overlooked or even ignored by actors in the criminal justice system because more meaningful alternatives have not been pursued.

[24] June Carbone, *Seeing Through the Emperor's New Clothes: Rediscovery of Basic Principles in the Administration of Bail*, 34 Syracuse L. Rev. 517 (1983), p.522.

tled American frontier provided a ready sanctuary for any defendant wanting to flee. Commercial bonds, never permitted in England, were thus a useful device in America.[25]

F. The Rise of the Commercial Money Bail Bondsman

Arbitrary money bail bond amounts, coupled with a growing number of defendants who were unable to pay them (either by themselves or with the help of friends or relatives), combined to give birth to a profession unique to the field of American criminal justice-the commercial money bail bond industry. There is some debate on when, exactly, this profession got its start. *Taylor v. Taintor*,[26] the U. S. Supreme Court case that is commonly cited as the authority for bail bondsmen to act as bounty hunters, was decided in 1872, but it is not clear that the sureties in that case were acting in a commercial capacity. It is commonly believed that the first true commercial money bail bondsmen, persons acting as sureties by pledging money or property to fulfill money bail bond conditions for a criminal defendant in court, were Peter and Thomas McDonough in San Francisco, who began underwriting bonds as favors to lawyers who drank in their father's bar. When these brothers learned that the lawyers were charging their clients fees for these bonds, the brothers began to charge as well. By 1898, the firm of McDonough Brothers, established as a saloon, found its business niche by underwriting bonds for defendants who faced charges in the nearby Hall of Justice, or police court. The company, which became known as "The Old Lady of Kearny Street," rose and fell in only fifty years, leaving a legacy prototypical of the growing commercial surety industry. In an account of the firm's demise, Time Magazine reported the following:

---

[25] Wayne H. Thomas, Jr., *Bail Reform in America* (Univ. CA Press 1976), pp. 11 - 12.
[26] 83 U. S. 366 (1872).

The Old Lady helped San Francisco be what many a citizen wanted it to be-a wide open town. She furnished bail by the gross to bookmakers and prostitutes, kept a taxi waiting at the door to whisk them out of jail and back to work. But she was also a catalyst that brought underworld and police department into an inevitably corrupt amalgam. At her retirement the San Francisco Chronicle waxed nostalgic: "The Old Lady ... will take to her rocking chair, draw her shawl about her ..." But many a citizen thought simply: "Good riddance."[27]

With a growing number of defendants facing increasingly higher money bail bond amounts, the professional bail bond industry flourished in America. If anyone ever saw these businesses as problematic, however, it was rarely reported.

Nevertheless, by the 1920s Arthur L. Beeley studied records of the Municipal and Criminal Court of Cook County, Illinois, and in 1927 published his landmark study, *The Bail System in Chicago*, "which publicized the inequities of the bail system and explored the possibility of using alternatives to surety bail to effectuate pretrial release."[28] As Thomas recounts:

> Beeley found that bail amounts were based solely on the alleged offense and that about 20 percent of the defendants were unable to post bail. He also noted that professional bondsmen played too important a role in the administration of the criminal justice system and reported a number of abuses by bondsmen, including their failure to pay off on forfeited bonds. Beeley concluded that 'in too many instances, the present system ... nei-

[27] The Old Lady Moves On (Aug. 18, 1941), found, at http://www.time.com/time/printout/0,8816,802159,00.html.

[28] Wayne H. Thomas, Jr., *Bail Reform in America* (Univ. CA Press 1976), p. 13, citing Arthur L. Beeley, *The Bail System in Chicago* (Chicago: Univ. of Chicago Press, 1927; reprinted 1966).

ther guarantees security to society nor safeguards the right of the accused.' It is 'lax with those with whom it should be stringent, and stringent with those with whom it could safely be less severe.' Among Beeley's recommendations were a greater uses of summons to avoid unnecessary arrests and the inauguration of fact-finding investigations so that bail determinations could be tailored to the individual.[29]

G. *Stack v. Boyle* and *Carlson v. Landon*

Little happened in the history of bail and the pretrial process between 1927 and 1951, the year the Supreme Court decided*Stack v. Boyle*, the first major Supreme Court case concerning issues in the administration of bail.[30] In that case, a number of federal defendants moved the trial court to reduce their money bail bond amounts on the ground that they were excessive under the Eighth Amendment. In support of their motion, the defendants submitted proof of their financial resources, family ties, health, and prior criminal records. It was undisputed that the money bail bonds set for each of the defendants was fixed in a sum much higher than that usually imposed for offenses with like penalties. The government produced no evidence relating to these four defendants, and rested its case on the fact that four other persons previously convicted of the same crimes had forfeited their bail bonds. The defendants' motions were denied, and the case was ultimately reviewed by the United States Supreme Court.

In its opinion, the Court held the government's actions unconstitutional, writing that "[t]o infer from the fact of indictment alone a need for bail in an unusually high amount is an arbitrary act."[31] Specifically, the Court wrote as follows:

The modern practice of requiring a bail bond or the deposit of a sum of

---

[29] *Id.* at 13-14.

[30] *Stack v. Boyle*, 342 U.S. 1 (1951).

[31] *Id.* at 6.

money subject to forfeiture serves as additional assurance of the presence of an accused. Bail set at a figure higher than an amount reasonably calculated to fulfill this purpose is 'excessive' under the Eighth Amendment.[32]

Because the government produced no evidence to justify why the money bail bond amount for each of the defendants was higher than that usually fixed for similar crimes, the Court remanded the case to the trial court for new bail bond hearings.

Being the first expression of the Supreme Court's views on bail, the case is known for more than just its holding. First, the Court articulated the reasons for a federal right to bail:

> [f]rom the passage of the Judiciary Act of 1789, to the present Federal Rules of Criminal Procedure, Rule 46 (a)(1), federal law has unequivocally provided that a person arrested for a non-capital offense shall be admitted to bail. This traditional right to freedom before conviction permits the unhampered preparation of a defense, and serves to prevent the infliction of punishment prior to conviction. Unless this right to bail before trial is preserved, the presumption of innocence, secured only after centuries of struggle, would lose its meaning.[33]

Second, the case includes ample language to support the notion that bail should only be based on an individualized assessment of each defendant. The Court wrote as follows:

> Since the function of bail is limited, the fixing of bail for any individ-

[32] *Id.* at 5.

[33] *Id.* at 4 (internal citations omitted).

ual defendant must be based upon standards relevant to the purpose of assuring the presence of that defendant. The traditional standards, as expressed in the Federal Rules of Criminal Procedure, are to be applied in each case to each defendant.[34]

This notion was amplified by Justice Jackson in his frequently quoted concurrence to the opinion, which eloquently summarized his position on individualized bail assessments:

> It is complained that the District Court fixed a uniform blanket bail chiefly by consideration of the nature of the accusation, and did not take into account the difference in circumstances between different defendants. If this occurred, it is a clear violation of Rule 46(c).
>
> Each defendant stands before the bar of justice as an individual. Even on a conspiracy charge, defendants do not lose their separateness or identity. While it might be possible that these defendants are identical in financial ability, character, and relation to the charge – elements Congress has directed to be regarded in fixing bail – I think it violates the law of probabilities. Each accused is entitled to any benefits due to his good record, and misdeeds or a bad record should prejudice only those who are guilty of them. The question when application for bail is made relates to each one's trustworthiness to appear for trial and what security will supply reasonable assurance of his appearance.[35]

---

[34] *Id.* at 5, 6. In addition to granting a right to bail, at that time Rule 46 also required the bail bond to be set to "insure the presence of the defendant, having regard to the nature and circumstances of the offense charged, the weight of the evidence against him, the financial ability of the defendant to give bail and the character of the defendant." *Id.* at 6 n. 3.

[35] *Id.* at 9.

Four months after *Stack*, however, the Supreme Court clarified that the traditional right to freedom before conviction in the federal system was not, in fact, absolute. In *Carlson v. Landon*, the Court wrote that,

> [t]he bail clause was lifted, with slight changes, from the English Bill of Rights Act. In England, that clause has never been thought to accord a right to bail in all cases, but merely to provide that bail shall not be excessive in those cases where it is proper to grant bail. When this clause was carried over into our Bill of Rights, nothing was said that indicated any different concept. The Eighth Amendment has not prevented Congress from defining the classes of cases in which bail shall be allowed in this country. Thus, in criminal cases, bail is not compulsory where the punishment may be death. Indeed, the very language of the Amendment fails to say all arrests must be bailable.[36]

With these two cases, the Supreme Court established that while a right to bail is a fundamental precept of the law, it is not absolute, and its parameters must be determined by federal and possibly state legislatures. Where a bail bond is permitted, however, there must be an individualized determination using standards designed to set the bail bond at "an amount reasonably calculated" to assure the defendant's return to court; when the purpose of a money bail bond is only to prevent flight, the monetary amount must be set at a sum designed to meet that goal, and no more.

H. Empirical studies and the Manhattan bail project

Empirical studies on the administration of bail, akin to Arthur Beeley's 1927 study, continued after Stack and Carlson. In 1954, Caleb Foote examined the Philadelphia bail system and demonstrated fundamental inequities in bail

[36] *Carlson v. Landon*, 342 U. S. 524, 545 – 546 (1952) (footnotes omitted).

bond setting practices.[37] At the time, Foote observed that for minor offenses, bail bonds were generally based solely on police evidence. For major offenses, a bail bond was set based on the District Attorney's recommendation approximately 95% of the time. Moreover, Foote observed that those who remained in detention pretrial were mostly poor and unable to raise the bond amount. Finally, Foote found that those defendants who were unable to pay their money bail bond amounts were more likely to be convicted and to receive higher sentences than those defendants who were able to pay their money bail bond amounts. Other studies in the 1950s and early 1960s showed similar outcomes, and laid the foundation for the bail reform movement of the 1960s:

> [these] studies had shown the dominating role played by bondsmen in the administration of bail, the lack of any meaningful consideration to the issue of bail by the courts, and the detention of large numbers of defendants who could and should have been released but were not because bail, even in modest amounts, was beyond their means. The studies also revealed that bail was often used to 'punish' defendants prior to a determination of guilt or to 'protect' society from anticipated future conduct, neither of which is a permissible purpose of bail; that defendants detained prior to trial often spent months in jail only to be acquitted or to receive a suspended sentence after conviction; and that jails were severely overcrowded with pretrial detainees housed in conditions far worse than those of convicted criminals.[38]

Perhaps the most notable of these studies, and one of the first to explore alternatives to release on financial conditions (money bail bonds), was conducted

---

[37] Caleb Foote, *Compelling Appearance in Court: Administration of Bail in Philadelphia*, 102 Univ. of Pa. L. Rev. 1031 – 1079 (1954).

[38] Wayne H. Thomas, Jr., *Bail Reform in America* (Univ. CA Press 1976), p. 15.

by the Vera Foundation (now the Vera Institute of Justice) and the New York University Law School beginning in October of 1961. That study, named the Manhattan Bail Project, was designed "to provide information to the court about a defendant's ties to the community and thereby hope that the court would release the defendant without requiring a bail bond [i. e., release on the defendant's own recognizance]."[39] The success of the program quickly became evident:

> In its first months the Project recommended only 27 percent of their interviews for release. After almost a year of successful operation, with the growing confidence of judges, the Project recommended nearly 45 percent of arrestees for release. After three years of operation, the percentage grew to 65 percent with the Project reporting that less than one percent of releases failed to appear for trial.[40]

The project generated national interest in bail reform, and within two years programs modeled after the Manhattan Bail Project were launched in St. Louis, Chicago, Tulsa, Washington D. C., Des Moines, and Los Angeles.

I. Rising Dissatisfaction with Compensated Sureties

In Illinois, dissatisfaction with the commercial money bail bond system in Chicago led to state legislation in 1963 known as the Illinois Ten Percent Deposit Plan. Under this plan, Illinois retained the use of money bail bonds as the predominant form of release, but eliminated the need for commercial money bail bondsman:

[39] *Id.* at 4.

[40] Evie Lotze, John Clark, D. Alan Henry, & Jolanta Juszkiewicz, *The Pretrial Services Reference Book*, Pretrial Servs. Res. Ctr. (Dec. 1999), p. 4; *see also* Wayne H. Thomas, Jr., *Bail Reform in America* (Univ. CA Press 1976), pp. 4–6.

Under this legislation, the 10 percent bonding fee that had previously been paid to the bondsman was to be paid to the court, which was now required to release the defendant on less than full bond. Moreover, the fee paid to the court, unlike the fee paid to a bondsman, is refunded to the defendant upon completion of the case, less a small service fee.[41]

By 1963 the courts, too, were also questioning the desirability of a system that was based on secured bonds and dominated by commercial money bail bondsmen, who had, in turn, become the focus of numerous inquiries into their often abusive and corrupt practices.[42] As one court explained:

> The effect of such a system is that the professional bondsmen hold the keys to the jail in their pockets. They determine for whom they will act as surety-who, in their judgment, is a good risk. The bad risks, in the bondsmen's judgment, and the ones who are unable to pay the bondsmen's fees, remain in jail. The Court and the Commissioner are relegated to the relatively unimportant chore of fixing the amount of bail.[43]

J. The National Conference on Bail and Criminal Justice

Statements such as the one quoted above got the attention of U. S. Attorney General Robert Kennedy, who in March of 1963 instructed all United States Attorneys to recommend the release of defendants on their own recognizance "in

---

[41] Thomas, *supra* note 1, at 7 (footnote omitted); see also *Id.* pp. 183 – 89. For a more detailed description of the Illinois plan, *see The National Conference on Bail and Criminal Justice*, *Proceedings and Interim Report*, pp. 240 – 246 (Washington, D. C. April 1965). The Illinois system was upheld as constitutional against Due Process and Equal Protection challenges in *Schilb v. Kuebel*, 404 U. S. 357 (1971).

[42] *See* Wayne H. Thomas, Jr., *Bail Reform in America* (Univ. CA Press 1976), pp. 15 – 16.

[43] *Pannell v. U. S.*, 320 F. 2d 698, 699 (D. C. Cir. 1963) (concurring opinion).

every practicable case."[44] He then convened the National Conference on Bail and Criminal Justice in May of 1964, bringing together over 400 judges, prosecutors, defense lawyers, police, bondsmen, and prison officials to present "for analysis and discussion specific and workable alternatives to [money] bail based on the experience of the Manhattan Bail Project and some others which followed in its wake."[45] Opened with statements by Kennedy and Chief Justice Earl Warren, the Conference analyzed topics involving release on recognizance, release on police summons, setting high money bail bonds to prevent pretrial release for public safety purposes (so-called "preventative detention"), pretrial release based on money or other conditions generally, and pretrial release of juveniles. Attorney General Kennedy closed the conference with the following statement:

> For 175 years, the right to bail has not been a right to release, it has been a right merely to put up money for release, and 1964 can hardly be described as the year in which the defects in the bail system were discovered.
>
> * * * *
>
> What has been made clear today, in the last two days, is that our present attitudes toward bail are not only cruel, but really completelyillogical. What has been demonstrated here is that usually only one factor determines whether a defendant stays in jail before he comes to trial. That factor is not guilt or innocence. It is not the nature of the crime. It is not the character of the defendant. That factor is, simply, money. How much money does the defendant have?[46]

K. 1960s Bail Reform

Also in 1964, on the eve of the National Bail Conference, Senator Sam

---

〔44〕 *National Conference on Bail and Criminal Justice*, *Proceedings and Interim Report* (Washington, D. C. Apr. 1965), p. 297.

〔45〕 *Id.* at XIV.

〔46〕 *Id.* p. 296.

Ervin introduced a series of bills designed to reform bail practices in the federal courts. Hearings on the bills ultimately led to passage, in 1966, of the*Federal Bail Reform Act*. This Act, the first major reform of the federal bail system since the Judiciary Act of 1789, contained the following provisions: (1) a presumption in favor of releasing non – capital defendants on their own recognizance; (2) conditional pretrial release with conditions imposed to reduce the risk of failure to appear; (3) restrictions on money bail bonds, which the court could impose only if non – financial release options were not enough to assure a defendant's appearance; (4) a deposit money bail bond option, allowing defendants to post a 10% deposit of the money bail bond amount with the court in lieu of the full monetary amount of a surety bond; and (5) review of bail bonds for defendants detained for 24 hours or more.[47] Generally, the Act provided that non – capital defendants were to be released pending trial on their personal recognizance or on "personal bonds" unless the judicial officer determined that these incentives would not adequately assure their appearance at trial. In those cases, the judge was to choose the least restrictive alternatives from a list of conditions designed to secure appearance. Those charged with a capital offense, or who were convicted and were awaiting sentencing or appeal, were given a different standard that included public safety: they were to be released unless the judge had reason to believe that they might flee or be a danger to the community.

After passage of the Federal Bail Reform Act of 1966, many states passed similar statutes. By 1971, at least 36 states had enacted statutes authorizing the release of defendants on their own recognizance. By 1999, "virtually every state [had] established by statute or case law the practice of pretrial supervised release."[48]

Moreover, by 1965, fifty – six jurisdictions reported operational bail pro-

---

[47] *See* Evie Lotze, John Clark, D. Alan Henry, & Jolanta Juszkiewicz, *The Pretrial Services Reference Book*, Pretrial Servs. Res. Ctr. (Dec. 1999), p. 5. The Act was codified at 18 U. S. C. § § 3141 – 3151.

[48] *The Supervised Pretrial Release Primer*, Pretrial Servs. Res. Ctr. (BJA, August 1999).

jects modeled after the Manhattan Bail Project, and two statewide projects were reported to be operating in New Jersey and Connecticut. According to Thomas,

> [t]he procedure adopted for the release of defendants prior to trial in each of these jurisdictions was the written promise to appear. No money was required to secure such release. Although in limited use prior to the Vera experiment, written promises to appear became much more widely used as a result of the Manhattan Bail Project. The terminology varied from one jurisdiction to another, but whether it was known as own recognizance (O. R.), personal recognizance, pretrial parole, nominal bond, personal bond, or unsecured appearance bond, the result was the same. The defendant was released without posting money bail. In theory, the mechanisms differed; for example, nominal bond required the defendant to post one dollar. In practice, however, this was usually never posted. Also, unsecured appearance bonds, in theory, required the defendant to pay the full bond amount should he fail to appear, but this was rarely more than an idle threat. Likewise, most own recognizance releases involved criminal penalties for failure to appear, but these too were rarely enforced. The result was that defendants were released on their personal promises to appear, and this alone proved a sufficient guarantee of their appearance in court. Defendants released on O. R. appeared as well as or better than those on money bail. The Manhattan Bail Project reported a failure to appear rate of less than seven-tenths of 1 percent.[49]

The gradual change from bail projects fashioned after the Vera experiment to contemporary pretrial services programs began in the District of Columbia. Although the Bail Reform Act of 1966 specified factors to be considered in re-

---

[49] Wayne H. Thomas, Jr., *Bail Reform in America* (Univ. CA Press 1976), p. 25.

leasing defendants pretrial, it left unclear who should gather the necessary information. Pretrial services agencies, beginning with the District of Columbia Bail Agency, evolved to fill in this gap. In 1968, "[t]he D. C. Bail Agency assumed much greater responsibility in seeing that bail practices were carried out as mandated. In addition to interviewing, collecting background information, verifying information, [and] producing reports and recommendations to the court, the Pretrial Services programs began supervising defendants on various release conditions."[50]

L. Professional Standards

With interest growing in bail reform and more attention being given to the pretrial release decision, professional organizations began issuing standards designed to address relevant bail and pretrial release, detention, and supervision issues at a national level. The American Bar Association (ABA) was first, with its Standards Relating to the Administration of Criminal Justice in 1968,[51] followed by the National Advisory Commission on Criminal Justice Standards and Goals,[52] the National District Attorneys Association (NDAA), with its National Prosecution Standards,[53] and the National Association of Pretrial Services Agencies (NAPSA), with its Performance Standards and Goals for Pretrial Release.[54] Initially, each of these sets of professional standards were based on reforms codified in the 1966 federal act, and each reflected the view that the cur-

[50] *History of Pretrial Services Programs*, at http://www. pretrial. org/PretrialServices/HistoryOfPretrialRelease/Pages/ default. aspx.

[51] *See American Bar Association Standards for Criminal Justice* (*3rd Ed.*) *Pretrial Release* (2007) [hereinafter ABA Standards].

[52] *National Advisory Commission on Criminal Justice Standards and Goals* (*Corrections*, *Courts*) (1973).

[53] *See National Prosecution Standards* (*2d Ed.*), Nat'l Dist. Atty's Assoc. (1991) [hereinafter Prosecution Standards]. The NDAA has released a third edition to its standards, albeitto members only through its website found at http://www. ndaa. org/.

[54] *See Standards on Pretrial Release* (*3rd Ed*), Nat'l Assoc. of Pretrial Servs. Agencies (Oct. 2004), pp. 11 – 12 [hereinafter NAPSA Standards].

rent bail system was flawed, primarily due to its emphasis on money bail bonds and commercial sureties. In its first expression on the topic, the ABA stated:

> [t]he bail system as it now generally exists is unsatisfactory from either the public's or the defendant's point of view. Its very nature requires the practically impossible task of transmitting risk of flight into dollars and cents and even its basic premise-that risk of financial loss is necessary to prevent defendants from fleeing prosecution-is itself of doubtful validity. The requirement that virtually every defendant must post bail causes discrimination against defendants and imposes personal hardship on them, their families, and on the public which must bear the cost of their detention and frequently support their dependents on welfare.[55]

Though virtually identical to the 1966 Bail Reform Act, these standards added input on two important issues: (1) potential danger to the community as a factor that should be considered by the judicial officer in making his decision (so-called preventative detention), and (2) abolition of surety bail for profit as an option.

(i) Preventative Detention

The first of these issues, often referred to as the issue of "preventative detention" of arrestees who are considered threats to society, had been recognized as a common, albeit secretive

practice for some time. Addressing the National Conference on Bail and Criminal Justice in 1964, one commenter noted:

---

[55] American Bar Association Project on Standards for Criminal Justice, *Standards Relating to Pretrial Release-Approved Draft*, 1967 (New York: American Bar Association, 1968), p. 1 (reprinted in *American Bar Association Standards for Criminal Justice* (*3rd Ed.*) *Pretrial Release* (2007), p. 31).

> [w]hile we lack a statistical statement of the problem, it is apparent: (1) that many factors other than those which indicate the likelihood of flight are considered in the setting of bail; and (2) that bail is used, in current practice, to detain individuals in custody-not for assuring their appearance at trial-but rather because of the belief that the defendant, if allowed to go free, is likely to commit additional crimes or is apt to intimidate witnesses or victims.[56]

The elusive nature of this issue is apparent in the following statement, written in 1967: "[a]lthough it has never been proven, there have been repeated suggestions that the bail setter often sets bail with the intention of keeping a defendant in jail to protect society or a certain individual. That this manipulation of the bail system takes place is practically unprovable, since the bail setter has such wide discretion."[57] In the literature, persons often describe this practice as furthering a "sub rosa" purpose of bail, since the purpose of bail bonds until this time had always been only to assure the appearance of a defendant at trial.

Indeed, deterring flight wasso ingrained as the sole purpose of bail that Congress left appearance of the defendant at trial as the sole standard for weighing the bail bond decision in the Federal Bail Reform Act. Thus, in non-capital cases the 1966 law did not expressly permit a judge to consider the defendant's future dangerousness or community safety during the release decision. The District of Columbia was particularly critical of this aspect of the Bail Reform Act, which allowed the release of potentially dangerous non-capital suspects.

Moreover, this criticism found an audience with the Nixon administration,

---

[56] *National Conference on Bail and Criminal Justice*, *Proceedings and Interim Report* (Washington, D. C. Apr. 1965), p. 151 (statement of Herman Goldstein, Executive Director to the Superintendent of Police-Chicago, Ill.).

[57] John V. Ryan, *The Last Days of Bail*, 58 J. of Crim. Law, Criminology, and Police Sci., 542, p. 548 (1967) (footnote omitted).

an administration that had campaigned on a law – and – order platform. A proposed amendment to the Bail Reform Act to allow for preventative detention was voted down. Nevertheless, as a compromise in 1970, Congress changed the 1966 Act as it applied to persons charged with crimes in the District of Columbia to allow judges to consider dangerousness to the community, along with risk of flight, in setting bail bonds in non – capital cases.[58]

This was the beginning of a vigorous debate over whether or not community safety should be formally recognized as a factor for judges to weigh in setting bail bonds. This particular debate, the debate over preventative detention, would continue until passage of the Comprehensive Crime Control Act of 1984, which is discussed later in this paper.

(ii) Compensated Sureties

The second issue raised in the newly adopted professional standards concerned abolition of compensated sureties. Increased use of nonfinancial release options during the period of bail reform in the 1960s reduced the courts' reliance on commercial money bail bondsmen. Over time, the courts and others realized that the administration of bail using commercial sureties was fundamentally flawed, and began to openly oppose the compensated surety system. The 2007 edition of the ABA standards provides the rationale for its long – standing position against compensated sureties:

> There are at least four strong reasons for recommending abolition of compensated sureties. First, under the conventional money bail system, the defendant's ability to post money bail through a compensated surety is completely unrelated to possible risks to public safety. A commercial bail bondsman is under no obligation to try to prevent criminal behavior by the

[58] District of Columbia Court Reform and Criminal Procedure Act of 1970, Pub. L. No. 91 – 358, 84 Stat. 473 (1970).

defendant. Second, in a system relying on compensated sureties, decisions regarding which defendants will actually be released move from the court to the bondsmen. It is the bondsmen who decide which defendants will be acceptable risks-based to a large extent on the defendant's ability to pay the required fee and post the necessary collateral. Third, decisions of bondsmen-including what fee to set, what collateral to require, what other conditions the defendant (or the person posting the fee and collateral) is expected to meet, and whether to even post the bond-are made in secret, without any record of the reasons for these decisions. Fourth, the compensated surety system discriminates against poor and middle-class defendants, who often cannot afford the non-refundable fees required as a condition of posting bond or do not have assets to pledge as collateral. If they cannot afford the bondsmen's fees and are unable to pledge the collateral required, these defendants remain in jail even though they may pose no risk of failure to appear in court or risk of danger to the community.[59]

Today, as it was in 1968, the ABA's call for abolition of compensated sureties is adamant: "[T]heir role is neither appropriate nor necessary and the

[59] *American Bar Association Standards for Criminal Justice* (3rd Ed.) *Pretrial Release* (2007), p.45 (footnote omitted).

recommendation that they be abolished is without qualification."[60]

M. Bail Reform Through the 1970s

"Despite its impressive beginning, however, the bail reform movement waned considerably in the late 1960s. Many of the early own – recognizance re-

---

[60] *Id.* at 46. Best practice standards are common to a number of justice – related fields, but in the area of pretrial release, the ABA Standards stand out. Their preeminence is based, in part, on the fact that they "reflect[ ] a consensus of the views of representatives of all segments of the criminal justice system," which includes prosecutors, defense attorneys, academics, and judges, as well as various groups such as the National District Attorneys Association, the National Association of Criminal Defense Lawyers, the National Association of Attorneys General, the U. S. Department of Justice, the Justice Management Institute, and other notable pretrial scholars and pretrial agency professionals. See Marcus, *The Making of the ABA Criminal Justice Standards*, 23 Crim. Just. No. 4 (Winter 2009). More significant, however, is the justice system's use of the ABA Criminal Justice Standards as important sources of authority. The ABA's Standards have been either quoted or cited in more than 120 U. S. Supreme Court opinions, approximately 700 federal circuit court opinions, over 2,400 statesupreme court opinions, and in more than 2,100 law journal articles. By 1979, most states had revised their statutes to implement some part of the Standards, and many courts, including the Colorado Supreme Court, had used the Standards to implement new court rules. Id. According to Judge Martin Marcus, Chair of the ABA Criminal Justice Standards Committee, "[t]he Standards have also been implemented in a variety of criminal justice projects and experiments. Indeed, one of the reasons for creating a second edition of the Standards was an urge to assess the first edition in terms of the feedback from such experiments as pretrial release projects." *Id.* (internal quotation omitted). The ABA's process for creating and updating the Standards is "lengthy and painstaking," but the Standards finally approved by the ABA House of Delegates (to become official policy of the 400,000 member association) "are the result of the considered judgment of prosecutors, defense lawyers, judges, and academics who have been deeply involved in the process, either individually or as representatives of their respective associations, and only after the Standards have been drafted and repeatedly revised on more than a dozen occasions over three or more years." *Id.* Best practices in the field of pretrial release are based on empirically sound social science research as well as on fundamental legal principles, and the ABA Standards use both to provide rationale for its recommendations. For example, in recommending that commercial sureties be abolished, the ABA relies on numerous critiques of the money bail system going back nearly 100 years, various social science experiments, law review articles, and various state statutes providing for its abolition. In recommending a presumption of release on recognizance and that money not be used to protect public safety, the ABA relies on United States Supreme Court opinions, findings from the Vera Study (the most notable social science experiment in the field), discussions from the 1964 Conference on Bail and Criminal Justice, Bureau of Justice Statistics data, as well as the *absence* of evidence, i. e., "the absence of any relationship between the ability of a defendant to post a financial bond and the risk that the defendant may pose to public safety." ABA Std. 10 – 5. 3 (a) (commentary).

lease programs ceased operating, and those that remained often had tenuous financial and official support."[61] A good example is found in the creation of the Harris County, Texas, PreTrial Release Agency, which became a focus of attention when a federal court acted to remedy "severe and inhumane overcrowding of inmates" at the Harris County jail.[62] The federal court, recognizing the Agency's strong fundamental premise and great expectations at its creation in 1972, nevertheless found it to be "foundering," "deficient," and "ineffective" in 1975. The reasons for this were many, including harassment and sabotage by the money bail bondsmen, the Agency's inefficient physical placement, its lack of effective internal practices, and its lack of an adequate budget, personnel, training, and supervision. One of the biggest barriers to the Agency's success, however, was its reliance on methods that were largely subjective and often arbitrary. As the court noted, "[t]he largest impediment to prompt, efficacious operation of pretrial release is the agency's use of, and total reliance upon, a subjective standard of evaluation of each interviewee. That is, the 'gut' reaction of the interviewer is used to determine whether a defendant is a good risk for release on recognizance."[63] To remedy this particular situation, the court ordered the Agency to adopt an objective point system for evaluating release on recognizance, "designed with a view towards reducing to a minimum the refusing of 'PR' bonds on 'hunches.'"[64]

The movement toward more and increasingly efficient pretrial services agencies has continued through the 1970s to the present. By 2003, the Bureau of Justice Assistance estimated that pretrial services agencies were operational in over 300 jurisdictions in the United States.[65] Moreover, the federal system

---

[61] Wayne H. Thomas, Jr., *Bail Reform in America* (Univ. CA Press 1976), p. 8.

[62] *See Alberti v. Sheriff of Harris County*, 406 F. Supp. 649 (S. D. Tex. 1975).

[63] *Id.* p. 665.

[64] *Id.* p. 683.

[65] *See* John Clark and D. Alan Henry, *Pretrial Services Programming at the Start of the 21st Century: A Survey of Pretrial Services Programs* (Washington D. C.: BJA, 2003), p. 2.

showed substantial progress toward bail reform in the 1970s. Because the 1966 Bail Reform Act contained no mechanism for gathering background information on defendants, in 1974 Congress created 10 pilot pretrial agencies within the federal courts to provide judges with the information necessary to make release decisions.[66] "[These] agencies, following and expanding on approaches initially developed by pretrial services projects in State court systems, developed strong support from judges and magistrates in the pilot districts."[67] Ultimately, after testimony from federal magistrates that neither defense counsel nor prosecutors were able to provide them with the information necessary to make an informed bail bond decision, Congress passed the Pretrial Services Act of 1982, which expanded the pilot program by establishing pretrial service agencies in virtually all of the federal district courts.[68]

N. The Bail Reform Act of 1984

While pretrial services programs found their footing in the wake of the 1966 Act, a new debate over the administration of bail began to emerge. "The 1970s ushered in a new era for the bail reform movement, one characterized by heightened public concern over crime, including crimes committed by persons released on a bail bond.

Highly publicized violent crimes committed by defendants while released pretrial prompted calls for more restrictive bail policies and led to growing dissatisfaction with laws that did not permit judges to consider danger to the community in setting release conditions."[69] The Bail Reform Act of 1966 had only

---

[66] The pilot agencies were created in Title II of the Speedy Trial Act of 1974, Pub. L. No. 93-619, 88 Stat. 2076, 18 U.S.C. § § 3161-74.

[67] Barry Mahoney, Bruce D. Beaudin, John A. Carver III, Daniel B. Ryan, and Richard B. Hoffman, *Pretrial Services Programs: Responsibilities and Potential*, Nat'l Inst. of Just. (Washington D.C. 2001), p.6.

[68] Pretrial Services Act of 1982, Pub. L. No. 97-267, Sect. 2, 96 Stat. 1136 (codified at 18 U.S.C. § 3152. For articles reflecting on the 25th anniversary of the Act, *see* Federal Probation (Admin. Office U.S. Courts, Sept. 2007).

[69] *The Supervised Pretrial Release Primer*, Pretrial Servs. Res. Ctr. (BJA, August 1999), p.5.

narrowly addressed public safety. Under the Act, persons charged with capital offenses or awaiting sentence or appeal could be detained if the court found that "no one condition or combination of conditions will reasonably assure that the person will not flee or pose a danger to any other person or the community."[70] Nevertheless, judges were not authorized to consider danger to the community for any other bailable defendants.

After Congress passed the District of Columbia Court Reform and Criminal Procedure Act of 1970, the first bail law in the country to make community safety an equal consideration to future court appearance in bail bond setting, many states drafted bail laws that also addressed future dangerousness and preventative detention. In 1984, Congress addressed the issue in the federal courts with its passage of the Comprehensive Crime Control Act of 1984.[71] Chapter I contained the Bail Reform Act of 1984, codified at 18 U.S.C. Sections 3141 – 3156, which amended the 1966 Act to include consideration of danger in order to address "the alarming problem of crimes committed by persons on release."[72] The1984 Act mandates "pretrial release of the person on personal recognizance, or upon execution of an unsecured appearance bond in an amount specified by the court ... unless the judicial officer determines that such release will not reasonably assure the appearance of the person as required or will endanger the safety of any other person or the community."[73] The Act further provides that if, after a hearing, "the judicial officer finds that no condition or combination of conditions will reasonably assure the appearance of the person (as required) and the safety of any other person and the community, such judicial officer shall order the detention of the person before trial."[74] The Act cre-

[70] Former 18 U.S.C. § 3148.

[71] Pub. L. No. 98-473, 98 Stat. 1976 (1984).

[72] *U.S. v. Salerno*, 481 U.S. 739, 742 (1987) (quoting S. Rep. 98-225, p.3, 1983).

[73] 18 U.S.C. § 3142 (b).

[74] *Id.* § 3142 (e).

ates a rebuttable presumption toward confinement when the person has committed certain delineated offenses, such as crimes of violence or serious drug crimes.[75]

In *United States v. Salerno*, the United States Supreme Court upheld the 1984 Act's preventative detention language against facial due process and eighth amendment challenges. After reviewing the Act's procedures by which a judicial officer evaluates the likelihood of future dangerousness, the Court wrote, "[w]e think these extensive safeguards suffice to repel a facial challenge," and "[g]iven the legitimate and compelling regulatory purpose of the Act and the procedural protections it offers, we conclude that the Act is not facially invalid under the Due Process Clause of the Fifth Amendment."[76] Responding to the argument that the Act violated the Eighth Amendment, the Court concluded:

> Nothing in the text of the Bail Clause limits permissible Government considerations solely to questions of flight. The only arguable substantive limitation of the Bail Clause is that the Government's proposed conditions of release or detention not be 'excessive' in light of the perceived evil. Of course, to determine whether the Government's response is excessive, we must compare that response against the interest the Government seeks to protect by means of that response. Thus, when the Government has admitted that its only interest is in preventing flight, bail must be set by a court at a sum designed to ensure that goal, and no more. We believe that, when Congress has mandated detention on the basis of a compelling interest other than prevention of flight, as it has here, the Eighth Amendment does not require release on bail.[77]

---

[75] *See id.*

[76] *Salerno*, 481 U.S., p.752

[77] *Id.* pp.754-55.

Prior to *Salerno*, the ABA had endorsed limited preventative detention in its revised Standards. After *Salerno*, both the NAPSA and the Prosecution Standards were revised to include public safety as a legitimate purpose of the pretrial release decision. By 1999, it was reported that at least 44 states and the District of Columbia had statutes that included public safety, as well as risk of failure to appear, as an appropriate consideration in the pretrial release decision.[78] Nevertheless, the need for improvement in this area is still evident. As noted in the ABA's current version of its *Standards for Criminal Justice*,

> although many states have revised their bail statutes to allow consideration of risk to public safety, no states have yet adopted a system that calls for the type of careful scrutiny of information about the defendant's background and financial circumstances that was recommended in the [previous] Standards. On the contrary, it is common in many jurisdictions — especially ones that have no pretrial services program — for decisions about pretrial detention or release to be made with little or no information about the financial circumstances of the defendant or other factors relevant to assessing the nature of any risk presented by the defendant's release. Often, the decisions are made in hurried initial appearance proceedings in which the defendant is without counsel.
>
> * * * *
>
> Major improvements in pretrial processes are needed and are clearly feasible. A number of jurisdictions have established systems for gathering relevant and objective information about defendants' backgrounds and about the appropriateness of particular conditions for individual defendants, making release decisions based on such information, and successfully man-

---

[78] *See* Evie Lotze, John Clark, D. Alan Henry, & Jolanta Juszkiewicz, *The Pretrial Services Reference Book*, Pretrial Servs. Res. Ctr. (Dec. 1999), p. 12.

aging defendants on release through comprehensive pretrial services. In four states and the District of Columbia, bail bonding for profit has been completely or substantially eliminated.[79]

Specifically, Cohen & Reaves report that Illinois, Kentucky, Oregon, and Wisconsin do not allow commercial bail bonds, and the District of Columbia, Maine, and Nebraska allow these bonds but rarely use them.

In 1987, the Government Accounting Office studied the impact of the Bail Reform Act of 1984, as compared to the previous Act of 1966. In its report, the GAO found:

> (1) a larger percentage of defendants were detained during their pretrial period under the new law; (2) under the old law defendants were detained because they did not pay the set bail, while under the new law 51 percent were detained for lack of bail money and 49 percent were detained because they were considered a danger risk; (3) the new law left open to interpretation whether the money bail could be set at an amount that the defendant was unable to pay; (4) most of the defendants qualified for the rebuttable – presumption – of – danger provision were indicted for drug offenses that had imprisonment terms of 10 years or more; (5) the new law did not require federal prosecutors to seek pretrial detention of all defendants who met the rebuttable presumption criteria; (6) defendants released on bail who failed to appear for judicial proceedings totaled 2.1 percent under the old law and 1.8 percent under the new law; (7) defendants who were arrested for committing new crimes totaled 1.8 percent under the old law and 0.8 percent under the new law; and (8) although most court offi-

[79] *American Bar Association Standards for Criminal Justice* (3rd Ed.) *Pretrial Release* (2007), pp. 32 – 33.

cials felt that the new bail law was more direct and honest because it allowed the system to label defendants as dangerous, they were concerned about the amount of time involved in attending detention hearings.[80]

These findings are enlightening to the federal system, as well as to the various state and local jurisdictions creating or modifying preventative detention provisions.

O. Jail Crowding

One of the most significant developments affecting the administration of bail in the last 20 years is undoubtedly jail crowding. As noted by the U. S. Department of Justice's National Institute of Corrections, jail crowding "can create serious management problems," can "compromise the safety of inmates and staff," can result in the "loss of system integrity," and "can even lead to system fragmentation."[81]

Moreover, as noted by the ABA, in addition to any negative consequences to the defendant that are caused by unnecessary pretrial detention (e. g., loss of job, strained family relations), "such detention, often very lengthy, leads directly to overcrowded jails and ultimately to large expenditures of scarce public resources for construction and operation of new jail facilities."[82]

In 1984, officials responding to a National Institute of Justice survey described jail crowding as "the most pressing problem facing criminal justice systems in the United States."[83] In 2000, a Bureau of Justice Assistance mono-

[80] *Criminal Bail: How Bail Reform is Working in Selected District Courts*, GAO Report No. GGD-88-6 (Oct. 23, 1987) (press release), p. 1.

[81] Bennett & Lattin, *Jail Capacity Planning Guide, A Systems Approach* (NIC No. 022722, Nov. 2009) available at http://nicic.gov/Library/022722.

[82] *American Bar Association Standards for Criminal Justice* (*3rd Ed.*) *Pretrial Release* (2007), p. 33.

[83] *National Assessment Program: Assessing Needs in the Criminal Justice System* (Washington, DC: Abt Assoc. for the Nat'l Inst. of Just., Jan. 1984), p. 4.

graph reported that "jail crowding continues to be a nationwide problem. This is somewhat surprising because in the intervening years [between 1985 and 1999] there was a boom in the construction of correctional facilities in many parts of the country and a decline in crime through the entire United States."[84] By 2006, the nation's jail population totaled over 750,000 inmates, and local jail facilities operated at about 94% of their rated capacity.[85] Moreover, "[s]ince 2000, the number of unconvicted inmates held in local jails has been increasing. As of June 30, 2006, 62 percent of inmates held in local jails were awaiting court action on their current charge, up from 56 percent in 2000."[86] Another study of felony defendants in 75 of the most populous counties in the U. S. found that 38% of all defendants charged with a felony were held in confinement until the disposition of their court case.[87]

The cost of housing these pretrial inmates has become prohibitive (as much as $65 to $100 per inmate per day, or nearly $24,000 to $36,500 per inmate per year), and the cost to build new facilities is also high (as much as $75,000 to $100,000 per bed).[88] With only three realistic alternatives for alleviating a crowded jail facility (reduce bookings, reduce inmate lengths of stay, or build a new facility with more beds), many jurisdictions simply cannot continue to tolerate inefficient bail administration practices that exacerbate the crowding problem.

---

[84] *A Second Look at Alleviating Jail Crowding; A Systems Perspective* (BJA, 2000), p. 1.

[85] *See* William J. Sabol, Todd D. Minton, and Paige M. Harrison, *Prison and Jail Inmates at Midyear* 2006 (BJS 2007), pp. 5, 7 [hereinafter Sabol].

[86] *Largest Increase in Prison and Jail Inmate Populations Since Midyear* 2000, (BJS Press Release, June 28, 2007); *See* also William J. Sabol, Todd D. Minton, and Paige M. Harrison, *Prison and Jail Inmates at Midyear* 2006 (BJS 2007), p. 6

[87] *See* Thomas H. Cohen and Brian A. Reaves, *Pretrial Release of Felony Defendants in State Courts*, 1990 – 2004, U. S. Dep't of Just. Office of Just. Programs, Bureau of Just. Stats. (Nov. 2007), p. 2 [hereinafter Cohen & Reaves].

[88] Of course, construction and management costs to build new jail facilities can vary widely based on a number of factors, and calculation of an accurate average jail bed cost can be elusive. *See* Alan R. Beck, *Misleading Jail Bed Costs*, at http://www.justiceconcepts.com/cost.htm.

Today, jail crowding remains a legitimate, if not compelling purpose for jurisdictions to reduce their reliance on the traditional money bail system. In the recent article, *The Impact of Money Bail on Jail Bed Usage* (American Jails, July/August 2010),[89] author John Clark presents the most recent Bureau of Justice Statistics data showing: (1) that jail populations, and especially pretrial inmate populations, have continued to rise even as reported crime has gone down; (2) that the growth in pretrial inmate populations is being driven by the use of money bail; and (3) that money bail adds significantly to a defendant's length of stay in the jail, and sometimes means that the defendant will not be released at all prior to case adjudication. The author concludes that "[i]n looking for ways to reduce correctional populations to better manage costs, the pretrial population must have a prominent place in any discussions. And at the forefront of those discussions must be the changing of reliance on money bail."

P. Money Bail Bondsmen v. Pretrial Services Agencies

Increased judicial reliance on personal recognizance bonds and on pretrial services agencies for supervision of released inmates has generated friction between these agencies and members of the commercial surety industry. During the mid-1990s, money bail bond organizations, including the National Association of Bail Insurance Companies ("NABIC") and various state bail organizations, worked with the American Legislative Exchange Council ("ALEC"), [an organization consisting of "state legislators and conservative policy advocates," including corporations and trade associations such as NABIC and the American Bail Coalition] to create an initiative titled "Strike Back!"

StrikeBack was an aggressive and concerted effort to eliminate pretrial services agencies (termed "free bail" agencies and "criminal welfare programs" in the commercial surety industry literature) and release on personal re-

[89] Available from the American Jail Association, at http://www.aja.org/advertising/jailmagazine/default.aspx.

cognizance bond to promote the interests of the commercial surety industry. These efforts were opposed in the mid 1990s by organizations such as the Pretrial Services Resource Center (now known as the Pretrial Justice Institute),[90] and have been countered since by pretrial services and other justice organizations, which continue to call for the abolition of compensated sureties. In the years leading up to 2009 – 2010, money bail bondsmen have promoted their interests somewhat more passively through repeated reference to two studies, one examining failure to appear rates, fugitive rates, and capture rates for felony defendants released on cash bond, deposit bond, own recognizance, and surety bond,[91] and the other a comparison of pretrial release options in large California counties.[92]

Q. 2009 – 2010 Developments

Most recently, jurisdictions across the United States have become significantly more interested in the topic of bail and pretrial release. This renewed interest has been amplified in 2009 to 2010, as manifested by the following relevant bail – related events in several categories.

Pretrial Risk Assessments

In April of 2009, the U. S. Department of Justice issued its document titled "Pretrial Risk Assessment in the Federal Court — For the Purposes of Expanding the Use of Alternatives to Detention," a report on the pretrial services

---

[90] *See*, *e. g.*, Spurgeon Kennedy & D. Alan Henry, *Commercial Surety Bail: Assessing Its Role in the Pretrial Release and Detention Decision*, Pretrial Servs. Res. Ctr. (July 1994, edited and reprinted in 1996) [hereinafter Kennedy & Henry]. The 1996 reprint is available online through the Pretrial Justice Institute, at http://www.pretrial.org/Docs/Documents/commsuretybail.doc.

[91] Eric Helland & Alexander Tabarrok, *Public versus Private Law Enforcement: Evidence from Bail Jumping*, 47 J. of L. and Econ. 93 (2004).

[92] Michael K. Block, *The Effectiveness and Cost of Secured and Unsecured Pretrial Release in California's Large Urban Counties*: 1990 – 2000, found online, at http://www.suretyoneinc.com/sorpts/TheEffectivenessPreTrialRelease..pdf.

function in the federal court system from an evidence - based perspective.[93] The study's stated purpose was to (1) identify statistically significant and policy relevant predictors of pretrial outcomes in order to identify federal defendants who are suitable for pretrial release without jeopardizing community safety or judicial integrity, and (2) develop recommendations for the use of funding that supports the federal judiciary's alternatives to detention program.

This study coincided with the creation of a Federal Pretrial Risk Assessment, which was developed by Dr. Christopher Lowenkamp to provide a consistent and valid method of predicting risk of failure to appear, new criminal arrests, and technical violations for the federal court system.[94]

For similar reasons, the State of Virginia revalidated its statewide pretrial risk assessment instrument in May of 2009,[95] and other jurisdictions across the United States are currently looking at ways to either create or incorporate existing validated risk assessments into their practices. For example, throughout 2009 several Colorado counties representing roughly 85% of the State's population continued their work on the Colorado Improving Supervised Pretrial Release project. That project aims to develop a similar validated pretrial risk assessment for use in the Colorado courts, as well as evidence - based supervision protocols that match pretrial release supervisory techniques to each defendant's specific risk profile in order to lessen his or her risk to public safety and for failure to appear for court.[96]

---

[93] VanNostrand, Marie, and Gena Keebler, *Pretrial Risk Assessment in the Federal Court*, found at http://nicic.gov/ Library/023758.

[94] *See Introduction to Special Issue on Assessing Pretrial Risk in the Federal Courts*, 73 Federal Probation 2 (Sept. 2009).

[95] For a copy, as well as other documents associated with the Virginia pretrial risk assessment, go to http://www.dcjs. virginia.gov/corrections/riskAssessment/? menuLevel = 5&m ID = 12.

[96] *See* Michael R. Jones and Sue Ferrere, *Improving Pretrial Assessment and Supervision in Colorado*, Topics in Community Corrections (U. S. Dept. of Just., Nat'l Inst. of Corr. 2008), p. 13.

National Crime Commission

In April 2009, U. S. Senator Jim Webb introduced his bill to establish the National Criminal Justice Commission Act, which would be tasked with a top – to – bottom review of all areas of the criminal justice system, including federal, state, local, and tribal government's criminal justice costs, practices, and policies.[97] On July 27, 2010, the House version passed, and on August 5, 2010, it was placed with the Senate version on the Senate legislative calendar.

The National Association of Counties

In October of 2009, the National Association of Counties (NACo), the only national organization that represents county governments in the United States, took a major step toward bail reform by adding to their Justice and Public Safety Platform, among other things, recommendations for county policies "ensuring" (1) pretrial investigation and assessment, and (2) least restrictive bail bond conditions, including release on recognizance, nonfinancial supervised release, and also preventative detention.[98] Notably, in the section on Bail Practices and Release Options, NACo now recommends that states enact defendant – based percentage bail laws,[99] and that States and localities make greater use of such non – financial pretrial release options such as citation release and release on recognizance where there is a reasonable expectation that public safety will not be threatened.

Finally, and perhaps most relevant to those jurisdictions examining their current bail practices in light of the law and national standards, the platform states as follows: "NACo recommends that all counties establish a written set of

[97] For the language of the bill, as well as related materials, including news articles, go to http://webb. senate. gov/ issuesandlegislation/criminaljusticeandlawenforcement/ Criminal_Justice_Banner. cfm.

[98] NACo, *Justice and Public Safety* (09 – 10), p. 4, found at http://www. naco. org/legislation/policies/Documents/Justice%20and%20Public%20Safety/JPS_platform_09 – 10. pdf.

[99] For several reasons, many national bail experts believe that percentage bail laws only foster a flawed, money based bail system, and that better alternatives exist to help indigent defendants.

policies and procedures aligned with state statute, national professional standards, and best practices on the pretrial release decision."[100]

The Pretrial Justice Institute

In the last two years, the Pretrial Justice Institute, the only national non-profit organization "dedicated to ensuring informed pretrial decision - making for safe communities,"[101] released a number of relevant documents and reports, including: (1) "A Framework for Implementing Evidence - Based Practices in Pretrial Services"; (2) its annual survey of pretrial services programs; (3) "Jail Population Management: Elected County Official's Guide to Pretrial Services" (with the Bureau of Justice Assistance and the National Association of Counties); and (4) "Understanding the Findings from the Bureau of Justice Statistics [BJS] Report, 'Pretrial Release of Felony Defendants in State Court.'"[102]

This last document is particularly interesting because of its effect. It was drafted in response to for - profit bail bond industry claims that certain national statistics produced by BJS demonstrated that "commercial bail is the most effective method of pretrial release."[103] For several reasons, the PJI document concluded that this statement was erroneous, and that the national statistics could not be used to determine effectiveness.[104] The PJI document sparked a debate that went unsettled until, in March of 2010, BJS itself released a document sup-

[100] NACo, *Justice and Public Safety* (09 - 10), p. 8, found at http://www.naco.org/legislation/policies/Documents/Justice%20and%20Public%20Safety/JPS_platform_09 - 10.pdf.

[101] PJI website, found at http://www.pretrial.org/AboutPJI/ Pages/default.aspx.

[102] For these and other documents, go to http://www.pretrial.org/Resources/Pages/archived%20publishedresearch.aspx.

[103] *Id.*, *Understanding the Findings*, at n. ii.

[104] Other authors have also noted the misuse of these national statistics by commercial bail bondsmen, and have given independent assessments of limitations associated with using those statistics. *See Jones, Brooker, and Schnacke, A Proposal to Improve the Administration of Bail and the Pretrial Process in Colorado's First Judicial District*, available through the Jefferson County, Colorado Criminal Justice Planning Unit, found at http://jeffco.us/cjp/index.htm.

porting PJI's position

by advising persons not to use its statistics for causal associations, and specifically warning that "evaluative statements about the effectiveness of a particular program in preventing pretrial misconduct may be misleading."[105] Despite the warning, however, the for-profit bail bondsmen have continued using the national statistics for both causal associations and evaluative statements.

Pretrial Services Agencies v. Commercial Bail Bondsmen— Part II

In August of 2009, the National Association of Pretrial Services Agencies released *The Truth About Commercial Bail Bonding in America.*[106] This particular document was apparently drafted to counter a fairly strong and concerted effort by national for-profit bail bonding interests to promote commercial sureties and demote professional pretrial services agencies.[107] One of those interests, the Allegheny Casualty, International Fidelity, and Associated Bond Company ("AIA"), countered with a booklet entitled *Taxpayer Funded Pretrial Release, A Failed System*, which was designed to "point out the critical performance differentials between government and private sector bail bonding."[108]

Throughout 2009, the struggle between commercial sureties and pretrial services agencies took place mostly in state legislatures, with intense fights in several states. In Virginia, the for-profit bail bond industry unsuccessfully lobbied for passage of a bill that would: (1) significantly limit judicial discretion by requiring financial bonds in every criminal case unless the defendant was identified as indigent; and (2) reduce state funding for Virginia's pretrial serv-

[105] *See State Court Processing Statistics Data Limitations*, at http://bjs.ojp.usdoj.gov/content/pub/pdf/scpsdl_da.pdf.

[106] Found at http://www.napsa.org/publications/napsafandp1.pdf.

[107] Many of the documents, videos, press releases, and related links promoted by the commercial bail bonding industry can be found at https://www.aiasurety.com/, the home page to the Allegheny Casualty, International Fidelity, and Associated Bond companies.

[108] The booklet can be ordered from AIA through its website at https://www.aiasurety.com/home/pretrialtruth.aspx.

ices programs.[109]

In Florida, a bill that would prohibit those with money from being released to any entity but a for - profit bail bondsman failed to pass, as did a late amendment designed to prohibit supervised non - financial release for most felony defendants.[110] This failed legislative effort did not deter for - profit bail bond interests in that State, who continue to press their cause to county commissioners, judges, and sheriffs.

In Georgia, for - profit bail bonding interests successfully backed a bill that reduced the types of defendants who may be released to a pretrial services program with electronic monitoring.[111]

In November 2010, Washington State citizens will be asked to vote on a legislatively - referred constitutional amendment to enable that State to broaden its preventative detention provisions. The changes in law were precipitated by the 2009 killing of four police officers by an Arkansas parolee released on a $ 190,000.00 surety bond.[112]

Most recently, national bail bond interests have helped local bail bondsmen in Colorado craft "Proposition 102," a citizen initiative for the November 2010 election that would force judges wanting to authorize pretrial supervision to also add up - front money conditions to virtually all pretrial defendants' bail bonds.

---

[109] *See Bail bill would punish defendants for not being poor* (Feb. 2, 2010) found at http://articles.dailypress.com/201002-02/news/dp-local_tamara_0203feb03_1_pretrial-defendants-bank-account; *Bondsmen battle government program* (Jan. 28, 2010) found at http://fredericksburg.com/News/FLS/2010/012010/01282010/524141/index_html.

[110] *See Battle over bail bonds* (April 13, 2010) found at http://www.miamiherald.com/2010/04/13/1576502/battle-overbail-bonds.html; *Pretrial release targeted by bail bond lobby and Florida legislators* (March 27, 2010) found at http://www.tampabay.com/news/courts/criminal/article1083146.ece.

[111] *See* Georgia HB 306, found at http://www.legis.ga.gov/legis/2009_10/fulltext/hb306.htm.

[112] *See* at http://ballotpedia.org/wiki/index.php/Washington_Judge_Bail_Authority_Amendment_(2010); *see also Four days in May set stage for Sunday's tragedy*, at http://seattletimes.nwsource.com/cgi-bin/PrintStory.pl?document_id=2010392869&zsection_id=2003925728&slug=shootingj ustice01m&date=20091201

According to the Colorado Legislative Council Staff, the neutral and objective research entity of the Colorado General Assembly, Proposition 102 would cost Colorado taxpayers millions of dollars a year if it is passed.[113]

Proponents of Proposition 102 have written publicly that they are concerned with public safety and dedicated to decreasing crime and reducing recidivism. This should be contrasted, however, with quotes found in a recent news story by 9News (KUSA - TV in Denver), which exposed bail bondsmen for using technicalities and other unethical strategies to be exonerated from bail bonds whenever defendants fail to appear. As the story noted, "[The bail agent] said his allegiance is not to the courts and the justice system, but rather to the insurance company. 'My job is to protect the insurance company from the loss... It's not a greed thing, we just don't want to pay.'"[114]

These particular examples represent only a small portion of the overwhelming number of bills and initiatives concerning bail and pretrial release that were introduced throughout the country in the last two years, further testifying to the importance of the subject, as well as to the intensity of the fight.[115]

According to the Americans for the Preservation of Bail, the fight is indeed a national one, in which that group has vowed to "advance the responsible use of commercial bail," "expose" pretrial services (sic) radical social agenda," "build coalitions in states ... to identify threats to Commercial Bail," and to

---

[113] Copies of the proposition's language are available through Jefferson County, Colorado, Criminal Justice Planning Unit, found at http://jeffco.us/cjp/index.htm.

[114] *Justice delayed while some fugitives run free, bondsmen pocket fees*, found at http://www.9news.com/rss/article.aspx?storyid=139626. Mike Donovan, proponent of Colorado Ballot Initiative 92 (now Proposition 102), recently posted Bail USA's official response to the story, in which he stated that he didn't believe bail agents were doing anything wrong, and that, instead, the courts were making "serious mistakes."

[115] For an updated list of all legislation relevant to bail and pretrial release across the country, go to https://www.aiasurety.com/home/resources/legislative-log.aspx. It is believed that Oregon will consider a bill to reinstate commercial bail bonding in that state in its next legislative session.

"[t]ake the fight against government run criminal welfare nationwide!"[116]

The commercial bail bond industry's national agenda has been manifested mostly through the work of Jerry Watson, Chief Legal Officer of AIA, past head of the American Bail Coalition, and past chairman of ALEC.[117] Both ALEC and the for-profit bail bonding industry have attempted to push nationally a model bill titled the "Citizens Right to Know: Pretrial Release Act," which would place numerous (and in most cases, additional) reporting requirements on pretrial services agencies.[118] In support of this and other bills, in April 2010, AIA and ALEC sent copies of the publication, *Taxpayer Funded Pretrial Release — A Failed System*,[119] to 2,500 legislators across the country.

The contentiousness of the national debate can be seen through countless news articles, editorials, and advertisements highlighting the struggle between for-profit bail bondsmen and professional pretrial release agencies throughout 2009 and 2010. Perhaps the most widely disseminated report was a three-part National Public Radio piece in January 2010 on problems associated with the American money bail system.[120]

Other Organizations

Organizations typically considered as being outside of the ongoing struggle between commercial sureties and pretrial services agencies also released several

---

[116] Go to http://www.preservebail.com/.

[117] Mr. Watson's close affiliation with ALEC may foster the distribution of potentially misleading information. In a recent speech, Watson stated that he drafted an article questioning the efficacy of pretrial release agencies, but "got [ALEC] to print it as an ALEC piece because we didn't want it to come from a bail bonding organization-we wanted it to look like it came from some neutral, political source." *See The Bail Agent's Perfect Storm-Conclusion*, found at http://www.channels.com/search?search_box=AIA+&search_type=Episode#/search?search_box=AIA+&search_type=Episode at 27:52.

[118] *See The State Factor, Criminals on the Streets-A Citizen's Right to Know* (Jan. 2009) found at http://www.alec.org/am/pdf/sfbailbondjan09.pdf.

[119] *See supra* note 108.

[120] Transcripts and audio recordings of this report are available from the Jefferson County Criminal Justice Planning Unit, found at http://jeffco.us/cjp/index.htm.

relevant documents throughout 2009 and into 2010. In November 2009, the National Institute of Corrections (NIC) of the U. S. Department of Justice published its "Jail Capacity Planning Guide: A Systems Approach."[121] In that document, the authors stress the need for an understanding of the interactive effects of criminal justice system policies and practices on jail planning, and suggest that system leaders combine data analysis with a qualitative review of such things as bail policies and adherence to national standards. In discussing specific jail population management strategies, the authors highlight the need for more purposeful booking decisions and early assignment of defense counsel to help manage pretrial inmate populations, and point to pretrial services programs as "indispensable component[s] of an efficient criminal justice system."[122]

The same month, the American Jail Association published "69 Ways to Save Millions" in its Ameri - can Jails Magazine.[123] The article summarizes strategies gleaned from interviews with jail administrators across the United States on how to operate jails within budgets without compromising public safety, including strategies to review and revise bail and pretrial release policies. In the same edition of that magazine, author and NIC consultant Mark Cunniff emphasizes the need for agencies to undertake jail impact studies when implementing new program or policy initiatives in the criminal justice system.

In the NIC sponsored article titled, "A Framework for Evidence - Based Decision Making in Local Criminal Justice Systems,"[124] the authors cite to research demonstrating, among other things, the dangers of over - supervision of

---

[121] David M. Bennett and Donna Lattin, *Jail Capacity Planning Guide: A Systems Approach*, available at http://nicic. org/ Downloads/PDF/Library/022722. pdf.

[122] *Id.* p. 10.

[123] Found at http://nicic. org/Library/024189.

[124] *See* National Institute of Corrections, *A Framework for Evidence - Based Decision Making in Local Criminal Justice Systems* (Center for Effective Policy, Pretrial Justice Institute, Justice Management Institute, and the Carrey Group, May 2010) p. 9 n. 13, found at http://nicic. gov/Library/024372.

lower risk offenders as a possible cause for recidivism, and to "promising" research by John Goldkamp and Michael Gottfredson showing that judges using bail guidelines were more consistent in their use of release on recognizance than judges who did not use bail guidelines.[125]

Temple University Professor John Goldkamp's research, in particular, has special relevance to jurisdictions undertaking serious bail reform as he continues to publish articles on: (1) the lack of any empirical basis showing a relation between money and pretrial misconduct; (2) the abundance of empirical research showing that money is the primary reason for pretrial detention (except, perhaps, in the District of Columbia and the Federal systems, where it is rarely used); and (3) the need to engage judges centrally in the bail reform process through study and review of actual practices, followed by formulation of, or agreement on, judicial policies concerning bail and pretrial release.

Finally, on June 7, 2010, the American Probation and Parole Association published a resolution supporting pretrial supervision services, in part because those agencies base their decisions on likelihood of court appearance and community safety considerations, as opposed to for-profit bail bondsmen, who make decisions based primarily on monetary considerations.

Crime and the Economy

The backdrop for all of these events, initiatives, and research has been (1) the foundering economy, and (2) the overall decrease in crime.

Known widely as the late 2000s global recession, the significant deceleration of economic activity has had an impact on criminal justice systems generally, and particularly on various criminal justice actors, including for-profit bail bondsmen and defendants. According to author John Clark, "the riddle of the indigent defendant in the bail system" has been around for as long as money has

---

[125] *Id.* pp. 43, 48.

been used as security.[126] Nevertheless, the recession has added complication to the already difficult requirement in many states to assess a defendant's financial condition for purposes of bail.[127] And yet, despite this recession, crime in the United States dropped dramatically in 2009, marking the third straight year of declines.[128]

While many remain wary that the economy may create some longer term increase in crime, the current reduction has at least allowed criminal justice systems to focus on non – crisis driven improvements.

R. Conclusion

Overall, the history of bail and pretrial release shows steady but slow progress toward the realization of an ideal system of bail administration based on accurate predictions of court appearance and the commission of new crime. To many, however, the history of bail shows only that true bail reform has not been completely attained.

An internet query will uncover a multitude of quotes about the topic of history, from pithy to scathingly sarcastic. However, we leave you with one relevant to the underlying theme of prediction in the field of pretrial release. "History teaches everything, including the future," wrote Alphonse Marie Louis de Prat de Lamartine, the French writer, poet, and politician. If he is right, then perhaps a solid historical background can, in fact, teach us something about the future of bail and pretrial release in the United States-a future molded by those who are dedicated to repeating historical successes, while avoiding its failures.

"In our society liberty is the norm, and detention prior to trial or without

---

[126] Clark, John, *Solving the Riddle of the Indigent Defendant in the Bail System*, found at http://www.pretrial.org/Docs/ Documents/Solving%20the%20Riddle.pdf.

[127] *See, e.g.*, § 16 – 4 – 105 (1) (c) of the Colorado Revised Statutes.

[128] See Crime rates down for third year, despite recession, found at http://abcnews.go.com/Politics/wireStory? id = 10727789.

trial is the carefully limited exception."

—*United States v. Salerno*, 481 U. S. 739, 755 (1987) (Rehnquist, C. J., for the Court).

Chapter 2 Fair Treatment for the Indigent: The Manhattan Bail Project*

Vera Institute of Justice**

There are many penalties imposed upon an accused person who is detained in jail because he is too poor to post bail, and of them all perhaps the most unjust are two that are still not widely known: the detainee is more apt to be convicted than if he were free on bail; and, if convicted, he is more apt to receive a tougher sentence.

Vera takes action

The need for reform in this inherited system of combined rationality and injustice had long been recognized, but action had been rare.

[In 1961,] Vera's investigators set out to learn everything possible about bail practices and about other studies that had been undertaken on this subject. The findings... were eye-opening:

- bail bonds were almost always required by the judges, even though the law allowed other alternatives such as cash deposits or outright release for defendants who could be trusted to return for trial;
- bail was set arbitrarily, without regard to individual cases, and bail

---

* Originally published October 2011, VERA Institute of Justice.

** *Federal Sentencing Reporter*, Vol. 24, No. 1, Sentencing Within Sentencing (October 2011), pp. 10-12. Published by: University of California Press on behalf of the Vera Institute of Justice Stable URL: http://www.jstor.org/stable/10.1525/fsr.2011.24.1.10

amounts tended to be standardized according to type of offense, not according to the trustworthiness of the individual;

• nearly one in three unsentenced detainees in a random sample in Chicago could have been released safely on their promise to appear in court later;

• nearly one in five detainees had pathological problems such as alcoholism, drug addiction, epilepsy, or mental retardation or illness, which would have been better handled in a medical treatment facility;

• bondsmen were crucially important in the bail – setting process and often had collusive arrangements with police, attorneys, and organized crime;

• the relatively high detention rate was extremely costly to the taxpaying public, which of course had to meet the cost of housing and feeding all detainees;

• there was a disturbing correlation between the fact that an individual was detained and the fact that he later was convicted and received a severe sentence.

Release on recognizance

Real reform was indeed possible, and approaches to it had been suggested in the past.

This was the idea of encouraging judges to release far more accused persons on their honor pending trial, and providing the judges with verified information about the accused on which such releases could be based. It was an obvious, but at that time daring idea: find out who can be trusted, and trust them to appear for trial.

What was needed was a carefully designed project that would open the way for adoption of new procedures — procedures that would circumvent the bail bond industry, develop information about defendants which would enable the courts to grant release to good risks, and, most of all, begin providing the indigent accused with the fairness that the American system of rights and liberties promised him.

A project based on these concepts quickly took form:

Indigent defendants awaiting arraignment in Manhattan's criminal courts would be questioned by Vera staff interviewers to determine how deep their community roots were and thus whether they could be relied upon to return to court if there were released without bail.

The test of indigency [sic] would be representation by a Legal Aid lawyer.

Questions would develop information about the defendant's length of residence in the city, his family ties, and his employment situation.

Responses of the defendant would be verified immediately in personal or telephone interviews with family, friends, and employers.

When verified information indicated that an individual was trustworthy and could be depended on to return for trial, the Vera staff member would appear at arraignment and recommend to the judge that the accused be released on his own recognizance (ROR or pretrial parole) pending trial.

A demonstration project is set up

It was anticipated that such a simple but radical change in generally accepted procedures would meet opposition from those accustomed to the old ways or fearful of the new, and so the entire project was devised as a demonstration—an experiment to see whether people would return for trial if released without bail and, in general, how their cases compared with the cases of those not granted release as well as those released on bail.

If the experiment validated the premise that defendants with verifiable community ties would be released on their own recognizance far more often than anyone suggested, then pressure for widespread adoption of the idea would be hard to resist.

The experiment was scheduled to begin in the fall of 1961 in the arraignment part of the Manhattan Magistrate's Felony Court, one year prior to its merger with the Court of Special Sessions. Evening students from the School of

Law at New York University were recruited as Vera staff interviewers and received a period of training during which they learned how the arraignment court functioned.

…

Launching the Manhattan Bail Project

On October 16, 1961, after months of detailed planning, the Manhattan Bail Project began operations. Specifics attending the launching were carefully arranged:

No publicity was given the inauguration of the venture, on grounds that it would be most effective as a demonstration to the community if the results could later speak for themselves. Aroused public expectations might also bias the project by conditioning the behavior of its participants.

The answers sought through the project were limited and precise:

- Would judges release more defendants on their own recognizance if they were given verified information about the defendants than they would without such information?
- Would released defendants return for trial at the same rate as those released on bail?
- How would the cases of released defendants compare with a control group not recommended for release, both in convictions and in sentencing?

A group of research methodologists was persuaded to serve as consultants in designing the study.

All magistrates who would be sitting n court during the project were visited personally by Vera staff members prior to its initiation so that they would understand fully what was happening and why.

Since a primary function of the project was to demonstrate to the public and to those within the criminal justice system that pretrial parole was a device that could serve the public' s interest as well as the defendant' s, some offenses were excluded at the outset from the experiment. These were homicide, forcible rape, sodomy involving a minor, corrupting the morals of a child, and carnal abuse — crimes that were all thought to be too sensitive and controversial to be associated with a release program; narcotics offenses, because of special medical problems and because of a greater risk of flight; and assault on a police officer, where intervention by Vera might, it was feared, arouse police hostility.

Comprehensive follow - up procedures were devised to be sure that released defendants knew when they were expected in court for further appearances in connection with their trials. These procedures included mailed reminders, telephone calls, visits at home or work, and special notifications in the defendant's language, if he did not speak English.

Vera's small staff took up quarters in the Manhattan Criminal Court building at 100 Centre Street, and the law students began their interviews in the detention pens in the arraignment court. At first, they were asked to make subjective evaluations of the defendant's eligibility for pretrial parole after they had verified their community ties. It wasdiscovered, however, that pressures were developing that caused some interviewers to withhold recommendations for release in cases where it was probably justified. To relieve the individual of these pressures and of the personal responsibility that, in part, created them, a weighted system of points was developed and the sole determinant as to whether or not a defendant would be recommended for release without bail was his achieving a point score of five or above. This development of a set of objective criteria on which to base release recommendations proved to be an important innovation.

...

Comparing the experimental and the control groups

During the first year of Bail Project operations, Vera was especially anxious to compare the experiences of those who had been recommended for release with the experiences of the control group, a statistically identical group for which recommendations had not been made to the judges.

It found that 59 percent of its pretrial parole recommendations were followed by the court and that only 16 percent of the control group was released without bail by the judges acting on their own. Judges were clearly basing their actions on the availability of reliable information about the defendants.

More significantly, 60 percent of those released pending trial during the first year eventually were acquitted or had their cases dismissed, compared with only 23 percent of the control group. And only 16 percent of the released defendants who were convicted were sentenced to prison, where 96 percent of those convicted in the control group received prison sentences. Unquestionably, detention resulted in a higher rate of convictions and in far more punitive dispositions.

At the end of the second year, the control group was dropped. A sufficient body of evidence had been accumulated and it was no longer necessary to exclude anyone simply for purposes of statistical comparison.

Modifications in project procedures

Further innovations came in the third year of the project. An important one was that the number of offenses that had been excluded for political reasons was sharply reduced to include only homicide and certain narcotics offenses. Also, the indigency [sic] requirement was dropped. It was felt that bail costs should not be imposed on a defendant merely because he had funds; the test for those with money, as well as those without, should be the same: will the accused return for trial?

…

The national Bail conference

[While Vera's Manhattan Bail Project was changing policy in New York City,] it was the National Conference on Bail and Criminal Justice, held in Washington, D. C. in May of 1964, that provided the major impetus to bail reform across the United States. The Conference was sponsored jointly by the Department of Justice and Vera, and brought together for the first time expressly to discuss the bail problem more than 400 judges, prosecutors, defense lawyers, police officials, bondsmen, corrections officers, and interested academicians and government officials.

The extraordinary success of the National Bail Conference could be seen in the great flurry of activity in bail reform that it stimulated over the following months, culminating in enactment of the Bail Reform Act of 1966, signed into law by President Lyndon B. Johnson on June 22, 1966—the first change in federal bail law since the Judiciary Act of 1789. Spurred on by the conference addresses of Chief Justice Earl Warren, Attorney General Robert Kennedy, and Bernard Botein, then a Presiding Justice of the Appellate Division of the New York State Supreme Court, as well as by the promotional efforts of an Executive Board set up by the Conference for the purpose, state and regional groups in all parts of the country convened to discuss what might be done about bail reform in their own jurisdictions. By the spring of 1965, 44 counties and cities were reported to be operating pretrial release projects, and 35 more had such projects in planning stages. In addition, 21 professional groups of judges, lawyers, attorneys general, and probation officers had scheduled special conferences in various states on problems of bail.

The Bail Reform Act of 1966

Passage by Congress a year later of the Bail Reform Act of 1966 seemed a fitting climax to the effort begun just five years earlier. The Act stipulated that persons should not be detained needlessly in the federal courts to face trial, to testify, or to await an appeal; that release should be granted in non-capital cases where there is reasonable assurance the individual will reappear when required; that the courts should make use of a variety of release options, depending on the circumstances (for example, release in custody of a third party, or with cash deposit, or bail, or with restricted movements); and that information should be developed about the individual on which intelligent selection of alternatives could be based. The Act guaranteed the right to judicial review of release conditions, and also the right to appeal. President Johnson referred to the Act as "a major development in our system of criminal justice."

Chapter 3 History of Bail in the United States and Risk Assessment in Bail

Peter Kiers *

1. History of Bail in the United States

The American bail system has its roots in medieval England. During that time, a sheriff would release the accused to friends and family, provided that if the person absconded with the sum of the bail money, it would be forfeited to the sheriff. In the United States, the Eighth Amendment to the Constitution provides that "[e]xcessive bail shall not be required, nor excessive fines imposed, nor cruel and unusual punishment inflicted." Later, the 1789 *Judiciary Act* promulgated much more detailed provisions on bail. The commercial aspect, where money bail could be imposed as a condition of release and the hiring of one to represent you in court, was retained. The 1789 Act also introduced new requirements, including: 1) bail should be constitutionally non-excessive, 2) the right to bail exists only in non-capital cases, and 3) the purpose of bail is to ensure a person's appearance in court.

---

* Peter Kiers is the Director for Operations of New York City Criminal Justice Agency ("CJA"), a not-for-profit corporation serving New York City's criminal justice system since 1973. CJA grew out the Vera Institute of Justice's 1960s Manhattan Bail Project. This article is summarized based on a series of presentations given by Peter Kiers during the period 2013-14 in Xi'an, Chengdu, Guangzhou and Beijing while participating in pre-trial detention conferences organized by the U. S. -Asia Law Institute at the NYU School of Law. More information on the Vera Institute and CJA is provided in this Chapter as well as in Chapters 1 and 2 of this book.

The question of what precisely constitutes "excessive bail" under the Constitution has been settled by two cases. In *Stack v. Boyle* (1951), the US Supreme Court held that "[the] purpose of bail is to ensure that the person returns to court. Any amount higher than the sum calculated to fulfill that purpose is 'excessive.' The court must consider the circumstances of the individual defendant." In the second case, *Carlson v. Landon* (1952), the Supreme Court held: "[the] right to bail is not absolute, but determined by federal and state legislatures."

The problem with money bail is that people who can pay go free and people who cannot pay stay in jail. The amount of money set for bail is often tied to the type of offense committed, and is usually based on a prosecutor's request. The bail system has also developed an over – reliance on professional bail bondsmen.

In 1961, the Manhattan Bail Project was launched by the Vera Foundation. It looked at the ties a person has to their community as an indicator of what factors would influence him to return to court. This project encouraged pretrial release without money bail. It started as a pilot program in one part of Manhattan in New York City. The court released approximately half of those recommended by the interviewers. The failure to appear rate was low among those recommended and released without cash bail. Gradually, judges became more confident and released more defendants the program recommended. In 1964, some states passed laws to limit, or eliminate, commercial bail bonds. Still, a defendant must leave a refundable 10% of the total bail amount with the court to ensure that he will appear in court as required. If the defendant fails to appear, he will owe the full amount to the court. This legislative reform transformed commercial bail to court bail, but it was still money bail, This, of course, impacted on the poor who must stay in jail because they could not afford the cost of even 10% of the bail amount.

In 1966, the Congress passed the Federal*Bail Reform Act*. In this act, every defendant is presumed eligible for release on recognizance, which is a simple promise to return to court without any financial commitment. It also featured conditional pretrial release with supervision, restrictions on money bail, 10% of the bail money as a deposit to a court, as well as a right of a defendant to have his bail status reviewed by a judge within 24 hours of detention. The 1966 *Bail Reform Act* led to revisions of state bail laws as well.

In the 1970s, there was a public discussion about whether courts should consider dangerousness, or the likelihood of re – arrest on new charges of released defendants. Interest in bail reform focused on appearance in court and public safety. In addition to risk of flight, courts started to consider the likelihood of a defendant committing another offense if released. Courts began to recognize both court appearance and danger of re – arrest as legitimate concerns. The presumption of release remained. If the court did not want to release a defendant on his own recognizance (without a financial commitment or a third party guarantor), then supervision during the pendency of the pretrial period could be imposed. In many cases, jurisdictions still used money bail, albeit a reduced deposit amount or a limited bail amount. However, it was recognized that there may be some defendants who were so dangerous that the safety of witnesses or the community was seriously in danger. The Court recognized that there could be times where a defendant could be held without bail. This was considered to be an exception to the general rule preferring release. Detention because of dangerousness is called "preventative detention," and was deemed permissible because defendants who could be shown to be seriously dangerous would compromise the court's authority, and abuse the right to bail.

In the early 1970's, the District of Columbia became the first jurisdiction to experiment with preventive detention for defendants other than defendants accused of murder. Under the DC Code, a defendant charged with crimes of violence could be held before trial without bail for up to 60 days. When a defendant is charged with crimes of violence, or danger to persons, and his past pattern shows that no conditions would assure community safety, he should be detained before trial. The criteria for holding defendants include a defendant charged with crimes of violence who has previously been convicted within 10 years, or who was on release for another crime of violence at the time of arrest. Preventive detention also includes defendants who may pose a real threat to witnesses. Today, majority of states consider both risk of flight and dangerousness in making bail and pretrial release decisions.

In 1984, Congress passed the*Bail Reform Act* of 1984, replacing the *Bail Reform Act* of 1966. Compared to the previous act, the new act introduced three new features: 1) it clearly established the principle of the presumption of innocence; 2) it required a judge to first consider the least restrictive non-financial condition when bail is set; and 3) it specifically provided for detention justified based upon the defendant's risk of flight and danger to the community. Under this Act, a court can detain an individual for public safety reasons if the defendant was arrested for an offense while 1) on release pending trial for a felony under federal, state, or local law; 2) on release pending sentencing for any offense; or 3) on probation or parole for any offense under federal, state or local law. The length of detention varies. If pretrial release is justified, the defendant will be detained for a brief period, up to 10 days, to allow the appropriate agency to take the defendant into a suitable program where he will be under the supervision. Otherwise, a defendant will be detained for the entire pretrial period if no condition or combination of conditions would assure his appearance in court or assure public safety.

In 1986, the Supreme Court determined in*United States v. Salerno* that the *Bail Reform Act* of 1984 (allowing pre-trial detention of dangerous defendants), did not violate either the Due Process Clause of the Fifth Amendment or the Excessive Bail Clause of the Eighth Amendment. The court held that "[i]n our society, liberty is the norm, and detention prior to trial or without trial is the carefully limited exception. We hold that the provisions for pretrial detention in the *Bail Reform Act* of 1984 fall within that carefully limited exception." However, the limitations to the right to bail only apply to a specific list of serious offenses. At a bail hearing, the burden is on the government to prove an arrestee poses a risk of flight or a significant threat to others. The bail hearing itself cannot prevent a speedy trial.

There are some administrative safeguards to protect an arrestee's rights. Some bail laws require hearings before formal detention. An arrestee must be represented by a counsel at such a hearing, and has the right to refute government evidence or present evidence in his own behalf.

As Wayne H. Thomas put in the book*Bail Reform in America*, bail is "the mechanism by which a defendant's right to freedom prior to trial is squared with society's interest in the smooth administration of criminal justice."

2. Risk Assessments in Pretrial Decision – Making as Best Practice

The purpose of pretrial risk assessments in most US jurisdictions is to measure whether an arrestee is a flight risk, and/or a risk of danger. Over the years, the New York Criminal Justice Agency (the "CJA") has developed a very effective method to measure an arrestee's risk of flight through a short interview, a brief follow – up investigation to verify the information provided at the interview, and consideration of the defendant's previous criminal record. The benefit of such an assessment as adopted by CJA is that it is objective, fair, trustworthy, transparent, and economical. The assessment is objective because all evaluating factors are based on research. It is fair because everyone is treated alike. The assessment form is understandable by all users, so it is trustworthy and transparent. Finally, the assessment saves money by identifying those who are in a low – risk group that do not need costly incarceration. They can be supervised with lower cost options, such as supervision or even a simple promise to return along with a telephone, text, or letter reminder notice.

Just as insurance companies rely on evidence and predictive behavior of their clients to determine the cost of insurance, a jurisdiction can use a validated risk assessment tool to assess two factors that determine risk during the pretrial period: first, the risk of flight, which assesses whether this person will come back to court if he is released; and second, the risk of re-arrest if the person is released.

Validated assessments use a point scale to determine the weight of the risk. For example, the point scale used by the CJA to determine risk of flight is based on eight indicators. Each indicator is weighted appropriately according to how well each component's individual weight predicts failure to appear according to a statistical model chosen by the researchers. The combination of positive indicators and negative indicators will yield an overall "score" or prediction of the person's reliability with respect to their appearance in court as required and their ability to avoid committing additional crimes.

The questions are: 1) Has the defendant lived at her address for 18 months or more? 2) Does the arrestee live with her family members or a legal guardian? 3) Does the arrestee have a landline phone or cell phone? 4) Does the arrestee have a residence in New York City area? 5) Is the arrestee enrolled in a full-time work or school, or training program? 6) Does the defendant expect someone to come to her arraignment? 7) Is there a previous arrest warrant (either active or resolved) issued for the person's arrest for not appearing in court? And, 8) are there other pending cases against the arrestee? The answers range from "YES", "YES VERIFIED," which yield positive points to "NO," "NO VERIFIED," and "CONFLICT BETWEEN THE DEFENDANT ANSWER AND THE VERIFIER," which yield negative points. The scores from minus 12 to plus 12.

If an arrestee has a score between plus 12 and plus 7, theCJA will recommend for release on recognizance with no bail required. If she scores from plus 6 to plus 3, she is at moderate risk, which means the court must determine based on individual factors whether this defendant is a possible candidate for release with supervision. If she scores from plus 2 to minus 12, the CJA must recommended that the defendant not be release on her own recognizance. These recommendations to the court are based upon ties that the defendant has to his community. The judge may accept or reject the recommendation and the court may considering all of the factors required by law that are not considered in the risk assessment, such as the defendant's mental health, the seriousness of the current offense, and the likelihood of conviction.

Experience shows that of all the arrestees theCJA recommends for release on recognizance, 92% of them appear in court after they are released by a judge. Eighty - five percent (85%) of all the defendants evaluated as moderate risks appear in court after release, and 75% of those not recommended for release on recognizance appear in court. We are very pleased that our work has proven to be effective.

Chapter 4 Pretrial Investigation and Pretrial Service Supervision

Barry Weiner*

The United States Probation and Pretrial Services system currently employs 7,756 officers who serve in 373 offices across 94 judicial districts. These pretrial and probation officers investigate the backgrounds of defendants, provide courts with the information necessary to make release and sentencing decisions, and also supervise defendants and monitor their activities to manage risks to the community.

There are two goals of pretrial services: first, to reasonably ensure safety of others and the community, and second, to reasonably ensure a defendant's appearance at all court hearings. If defendants obey the law, comply with conditions imposed, and make all court appearances, then pretrial services have successfully achieved their goals. Pretrial services have the responsibility to: 1) interview and investigate defendants; 2) verify information provided by defendants; 3) assess risk of flight and danger; 4) objectively report to judges; 5) recommend detention or release; and 6) supervise released defendants.

---

* Barry Weiner is a former Chief Federal Probation Officer in Rhode Island. He currently is a Director of Rehabilitative Services at Rhode Island Department of Corrections. This article is summarized based on a series of presentations given by Peter Kiers during the period 2013 - 14 in Xi'an, Chengdu, Guangzhou and Beijing while participating in pre-trial detention conferences organized by the U.S. - Asia Law Institute at the NYU School of Law. This article only reflects the situation under Federal US law and does not reflect the law applicable in each US State.

When the officers in the pretrial services are carrying out their responsibilities, they are required to strictly adhere to the following principles:

First, they should presume that a defendant is innocent unless proven guilty. Consistent with this, they should always remember that they work for the courts and are not aligned with either the government or defense counsel, and they should use the least intrusive means necessary to adequately investigate a defendant.

Second, they must recommend, and the courts impose, the least restrictive conditions necessary to reasonably assure a defendant's appearance at court and the safety of the community.

Third, they must not unduly intrude on a defendant's privacy, which means that the pretrial services report should contain only information relevant to the assessment of a defendant's potential failure to appear at court hearings and their probable danger to the community. All information garnered from interviews is kept confidential.

Officers in pretrial services should also respect the rights of defendants. Defendants have the right to remain silent during an interview, but if they speak, they must be truthful. They have the right to counsel. An attorney will be appointed if they cannot afford one. They also have the right to confidentiality — all the information is solely for the purpose of making a decision regarding pretrial release, detention and/or supervision.

When a pretrial services officer makes a recommendation to a court, three factors are usually considered: the risk assessment of a defendant, the nature and circumstances of his offense, and the history and character of this defendant. In determining the defendant's risk of flight, eleven factors are considered. These are the defendant's: 1) number of felony convictions, 2) prior failures to appear at court hearings, 3) pending felony or misdemeanor charge, 4) current offense type, 5) offense class, 6) age at interview, 7) highest level of education attained, 8) employment status, 9) residence, 10) current drug problems(if any), and 11) citizenship status. Based on a defendant's risk level, the pretrial services officers divide the risk into five categories, giving the defendant a score from 0 to 12. The higher the score is, the more likely it is that a defendant will: fail to appear at court hearings, commit new criminal activities and/or commit technical violations. According to US national statistics, in 2013, of 101,000 defendants, 26,500 of them were placed under supervised pretrial release, 186,000 offenders were under post - conviction supervision, and 14,200 defendants were under electronic home confinement.

During an interview, pretrial services officers mostly look for the defendant's family and financial ties, his or her criminal history and health condition, including both physical and mental health, as well as their history of substance abuse.

After the interview, pretrial services officers complete a report for the court, the prosecution, and defense counsel. This involves interviewing the defendant, and other collateral resources, and verifying information; reporting any criminal history, substance abuse, and mental health issues; conducting home visits to determine suitability; determining whether there are risks to third parties; assessing risk to the community and risk of flight; and making a recommendation to the court regarding the defendant's release or detention.

If a defendant is released while he or she is waiting for trial, pretrial services officers must conduct efficient supervision of him. The goal of supervision is to assure that a defendant does not commit new crimes, that he is held accountable and that he is prepared for continued success. Pretrial services are trying to use the least restrictive conditions of release and least restrictive strategies for supervision. They assure courts that defendants comply with conditions of release. At the same time, they evaluate a defendant's needs and coordinate their services.

Pretrial services officers not only encourage defendants to comply with all the conditions imposed by the courts, but also provide resources and treatment to facilitate positive behavioral changes. They supervise what kinds of people defendants may contact at home, whom they contact socially, and whether their names show on new criminal record checks. Studies in social sciences show that anti – social cognition, anti – social companions, anti – social personality, poor family and marital relationships, poor education achievement, unemployment or under – employment, substance abuse and poor use of leisure time are key drivers of future criminal behavior.

Due to effective supervision, national statistics show that in 2013, only 1% of defendants who were under pretrial supervision failed to appear in court; only 2% returned to custody for committing a new crime; and only 10% returned to custody for a technical violation of the conditions of release.

Financially, supervising a release defendant brings more benefits to the society than incarceration. Every month, the US spends \$2,412 on an incarcerated defendant, but only \$279 on a released defendant. The daily cost of electronic home confinement is less than \$6.

Chapter 5 Assessing Pretrial Risk without a Defendant Interview

Marie VanNostrand, Christopher T. Lowenkamp *

Introduction [1]

Judicial officers across the country make release – and – detention decisions for defendants on a daily basis. These decisions carry enormous consequences for both the community and those accused of committing crimes. A pretrial risk assessment is a tool intended to assist judicial officers with these decisions by measuring the risk of failure to appear ("FTA") and new criminal activity ("NCA") if a defendant were to be released pending case disposition (VanNostrand and Keebler, 2007).

The first pretrial risk assessment was used in the early 1960s in New York City to test the hypothesis that defendants could be categorized by the degree of risk they posed to fail to appear in court. The risk assessment, known as the Vera scale, was developed as part of the Vera Institute of Justice's Manhattan Bail Project (Mamalian, 2011). In the 50 years since that groundbreaking study, a substantial amount of pretrial risk – assessment research has been con-

---

* Originally published, November 14, 2013, by the Laura and John Arnold Foundation. Authored by Marie VanNostrand, Ph. D., and Christopher T. Lowenkamp, Ph. D.

[1] Bechtel, K., Lowenkamp, C. T. & Holsinger, A. M., "Identifying the Predictors of Pretrial Failure: A Meta – Analysis," (2011) Federal Probation 75(2), pp. 78 – 87; Mamalian, C. A., *State of the Science of Pretrial Risk Assessment*. Washington, DC: PJI (2011); VanNostrand, M. & Keebler, G., "Our Journey Toward Pretrial Justice," (2007) Federal Probation, 71(2).

ducted. A review of the literature identified eight multi - jurisdictional pretrial risk - assessment instruments being used in Colorado, Connecticut, Florida, Kentucky, Ohio, Maine, Virginia, and the federal court system. An examination of these assessments, as well as other assessments developed and used in single jurisdictions, revealed that they all require information collected from defendant interviews, and that information must often be verified. In addition, the assessments use common factors to predict pretrial outcome, including:

- Current charge(s)
- Outstanding warrants at time of arrest
- Pending charges at time of arrest
- Active community supervision at time of arrest (e. g., pretrial, probation, parole)
- History of criminal arrest and convictions
- History of failure to appear
- History of violence
- Residence stability
- Employment stability
- Community ties
- History of substance abuse

A meta - analysis revealed that the strongest predictors of FTA and NCA were static factors such as prior convictions, prior misdemeanors, prior felonies, and prior failure to appear. In addition, the more dynamic factors such as residence and employment were less predictive or not predictive at all (Bechtel, Lowenkamp, and Holsinger, 2011).

As evidenced by the eight multi - jurisdictional pretrial risk assessments and the many single jurisdiction assessments, the use of pretrial risk assessments is growing. The exact number of jurisdictions that use pretrial risk assessments is unknown, but it is estimated at only 10%. This low adoption rate is due in large part to the requirement of defendant interviews, which are time consuming and resource intensive to conduct and verify. Even jurisdictions that allocate resources for the task cannot assess every defendant. In Kentucky, for example, about one-third of all defendants are not assessed because they decline to be interviewed or provide information that cannot be verified.

The time-consuming and resource-intensive nature of interview-based pretrial risk assessments makes them prohibitive for many jurisdictions across the country. This fact, combined with the proven predictive nature of criminal history factors, leads to a logical question: can an effective pretrial risk assessment be developed without requiring a defendant interview to be completed?

This study is intended to explore this question. Data from Kentucky was selected due to the comprehensive nature of pretrial risk assessment in the state. Kentucky Pretrial Services was established in 1976. A division of the Administrative Office of the Courts, the program (one of the few state-wide unified systems in the country) operates around the clock in all 120 counties and has interviewed more than 2.7 million defendants since its inception. These interviews, performed within 12 hours of arrest, include extensive criminal history checks as well as collection and verification of ties to the community, and they are essential to the completion of the Kentucky Pretrial Risk Assessment (KPRA). The KPRA is an objective 12-point risk assessment used to assist in recommendations to the court on whether to detain or release a defendant pending trial.

Research Objectives and Questions

The study includes three (3) research objectives and five (5) related research questions as shown below.

1. *Develop a pretrial risk assessment that can be completed without a defendant interview.*

a. Can a non-interview-based pretrial risk assessment be developed that accurately differentiates low-, moderate-, and high-risk defendants according to the overall Kentucky Pretrial Risk Assessment?

2. *Determine if the non – interview – based pretrial risk assessment is predictive of failure to appear and new criminal activity for defendants awaiting case disposition.*

a. Does the non – interview – based pretrial risk assessment predict FTA?

b. Does the non – interview – based pretrial risk assessment predict NCA?

3. *Validate the non – interview – based pretrial risk assessment on a secondary dataset.*

a. Does the non – interview – based pretrial risk assessment predict FTA for a secondary dataset?

b. Does the non – interview – based pretrial risk assessment predict NCA for a secondary dataset?

Datasets

The data used to conduct this research was provided by the Commonwealth of Kentucky. The primary sample used for research objectives one and two included all defendants arrested and booked into Kentucky jails between July 1, 2009, and June 30, 2010. This led to a sample size of 153,770 cases, 80,034 of which had a valid risk assessment and defendants who were released prior to case disposition. The dataset does not represent unique individuals, but rather includes all bookings within the study period. (Some individuals were booked multiple times within the timeframe; calculating a unique count of individuals could not be performed reliably, as unique identifiers were missing in almost 10% of the cases.) All cases associated with the defendants in the sample reached final disposition.

To investigate the third research objective, a second data sample was drawn from cases booked into Kentucky jails between July 1, 2010, and December 31, 2011. This sample yielded a total of 209,306 cases, 109,633 of which had a valid risk assessment and defendants who were released prior to case disposition. Again, this dataset does not represent unique individuals, and all cases in the sample reached final disposition.

PRIMARY SAMPLE DESCRIPTION

Demographics

The vast majority of the working sample was male (74%). The average age of the defendants was 33.5, while the most common age was 21. Thirty percent of all defendants were 25 or younger, 25% were between 26 and 32, 19% were between 33 and 40, 18% were between 41 and 50, and 9% were 51 or older. The sample was 80% White and 18% African American, with other racial categories (Asian, Native American, and other) comprising less than two percent each.

Fifty-seven percent were single, 20% married, 16% divorced, and 7% separated. More than a third of the sample (34%) had less than a high school education, while a total of 43% had either a GED (13%) or a high school diploma (30%). Approximately 23% reported having some college or a college degree (some college = 17%, associate's = 2%, bachelor's = 3%, graduate degree = 1%). A very small portion (3%) of the sample served in the military.

Less than half (39%) of the sample reported being a full-time worker or a full-time student (35% and 4%, respectively), 31% were unemployed, and 30% reported an "other" status (e.g., disabled, retired).

Charge Information

A primary charge (the most serious) was identified for each defendant in the sample. The most common primary charge was drug related (23%), followed by theft/fraud (17%), and DUI (17%). Approximately 13% of defendants had a primary charge related to violence (including non-domestic violence, domestic violence, and sex offenses). Table 1 shows the breakdown of primary charges.

Table 1 Distribution of Primary Charge Category

CHARGE CATEGORY	N	%
Violent (DV)	10,098	7
Violent (Non - DV)	7,096	5
Sex Offense	980	1
Firearm	2,958	2
Drugs	34,502	23
Theft/Fraud	25,713	17
Traffic (DUI)	25,482	17
Traffic (Non - DUI)	17,173	12
Other Felony	5,226	4
Other Misdemeanor	18,288	12
Total	147,516	100

Pretrial Status

As noted above, the sample includes all cases in which a defendant was arrested and booked into a jail in Kentucky between July 1, 2009, and June 30, 2010. This time frame rendered a total of 153,770 records. Of this sample, 112,215 (73%) were released pretrial while 41,555 (27%) were detained until case disposition. The average length of detention was 7 days for defendants released pending case disposition, and 55 days for defendants detained pending case disposition. Of the 112,215 released pretrial, a total of 80,034 (71%) had a valid risk assessment conducted. Assessments could not be completed on the remaining 29% because the defendant posted a pre - set bond before the interview, declined the interview, provided information that could not be verified, or was homeless.

Pretrial Outcomes

Pretrial outcome is the success or failure of a defendant released pending case disposition. "Failure" includes failure to appear (FTA), arrest for new criminal activity (NCA), or bail revocation. "Success" means avoiding these pretrial outcomes.

Of all defendants with a valid risk assessment who were released pending case disposition, 90% appeared for all scheduled court appearances (10% FTA). Eighty-nine percent were not arrested for new criminal activity (11% NCA). Approximately 1% had their bail revoked for reasons other than FTA or NCA. Table 2 contains these outcomes.

Overall, 81% of all defendants in the sample were successful. Some defendants failed to appear and had an arrest for new criminal activity, which explains why the failure rate of 19% is lower than the sum of the three failure subcategories.

Table 2 Outcomes of Defendants Released Pretrial with a Valid Pretrial Risk Assessment

OUTCOME	N	%
Failure (any FTA, NCA, Revocation)	15,312	19
FTA	8,262	10
NCA	8,752	11
Revocation	677	1
Successful (No FTA, NCA or Revocation)	64,688	81

Risk Assessment

There are 12 risk factors on the current Kentucky Pretrial Risk Assessment (KPRA). Table 3 contains each risk factor, the response which indicates if it is the presence or absence of the factor that is considered a risk, the weight (points) assigned to the risk factor, and the percentage of defendants in the sample who had the risk factor present.

Table 3 Defendants with a Valid KPRA

RISK FACTOR	RESPONSE	WEIGHT	% PRESENT
Does the defendant have a verified local address, and has the defendant lived in the area for the past twelve months?	No	2	12
Does the defendant have verified sufficient means of support?	No	1	44
Is the defendant's current charge a Class A, B, or C felony?	Yes	1	13
Does the defendant have a pending case?	Yes	7	23
Does the defendant have an active warrant(s) for FTA? If no, does the defendant have a prior FTA on a misdemeanor or felony charge?	Yes	2	18
Does the defendant have a prior FTA on a criminal or traffic violation?	Yes	1	17
Does the defendant have priormisdemeanor convictions?	Yes	2	70
Does the defendant have prior felony convictions?	Yes	1	28
Does the defendant have prior violent crime convictions?	Yes	1	23
Does the defendant have a history of drug or alcohol abuse?	Yes	2	14
Does the defendant have a prior conviction for felony escape?	Yes	3	2
Is the defendant currently on probation/parole from a felony conviction?	Yes	1	9

The points for each risk factor are summed for a total risk score. The defendants were categorized as low risk (0 to 5 points), moderate risk (6 to 13), or high risk (14 – 24).

For the current sample, 68% were low risk, 29% moderate, and 3% high (see Figure 1). Figure 2 presents the failure rates for each risk category: 14% for low risk, 27% for moderate risk, and 38% for high risk.

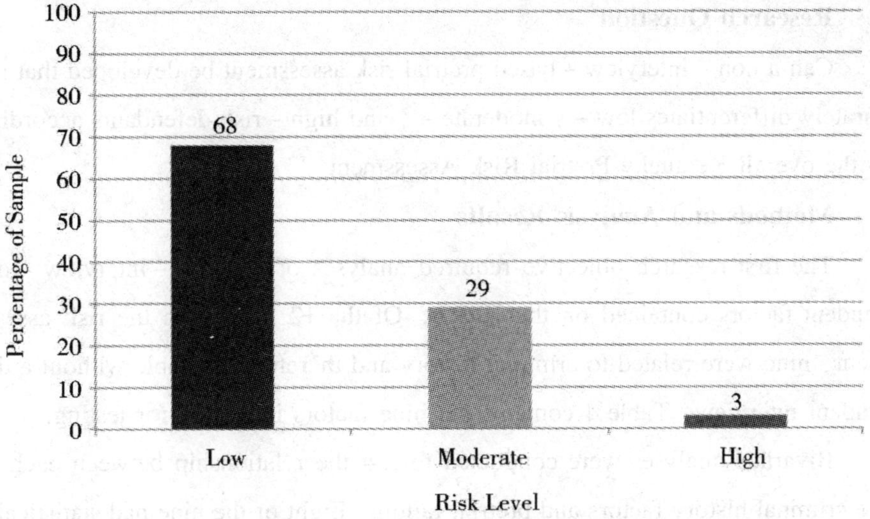

Figure 1 Risk Category Distribution

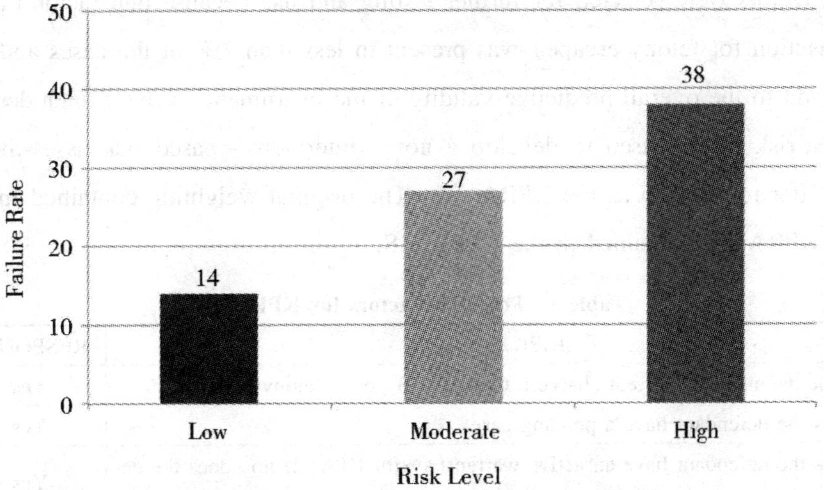

Figure 2 Failure Rate by Risk Category

RESEARCH OBJECTIVE ONE

a. Develop a pretrial risk assessment that can be completed without a defendant interview.

Research Question

Can a non – interview – based pretrial risk assessment be developed that accurately differentiates low – , moderate – , and high – risk defendants according to the overall Kentucky Pretrial Risk Assessment?

Methods and Analysis Results

The first research objective required analyses of the non – interview – dependent factors contained on the KPRA. Of the 12 factors on the risk assessment, nine were related to criminal history and therefore available without a defendant interview. Table 4 contains the nine factors identified for testing.

Bivariate analyses were conducted to test the relationship between each of the criminal history factors and pretrial failure. Eight of the nine had statistically significant relationships with failure. Only seven of the eight statistically significant factors were selected for further testing and use because one factor (prior conviction for felony escape) was present in less than 2% of the cases and did not add to the overall predictive validity of the instrument. Table 5 includes the seven risk factors used to develop a non – interview – based risk assessment, hereafter referred to as the KPRA – S. The original weighting contained in the full KPRA is maintained in the KPRA – S.

Table 4 Potential Factors for KPRA – S

RISK FACTOR	RESPONSE
Is the defendant's current charge a Class A, B, or C felony?	Yes
Does the defendant have a pending case?	Yes
Does the defendant have an active warrant(s) for FTA? If no, does the defendant have a prior FTA on a misdemeanor or felony charge?	Yes
Does the defendant have a prior FTA on a criminal or traffic violation?	Yes
Does the defendant have priormisdemeanor convictions?	Yes
Does the defendant have prior felony convictions?	Yes
Does the defendant have prior violent crime convictions?	Yes
Does the defendant have a prior conviction for felony escape?	Yes
Is the defendant currently on probation/parole from a felony conviction?	Yes

Table 5 Non – Interview Dependent Factors Selected for KPRA – S

RISK FACTOR	RESPONSE	WEIGHT
Does the defendant have a pending case?	Yes	7
Does the defendant have an active warrant(s) for FTA? If no, does the defendant have a prior FTA on a misdemeanor or felony charge?	Yes	2
Does the defendant have a prior FTA on a criminal or traffic violation?	Yes	1
Does the defendant have priormisdemeanor convictions?	Yes	2
Does the defendant have prior felony convictions?	Yes	1
Does the defendant have prior violent crime convictions?	Yes	1
Is the defendant currently on probation/parole from a felony conviction?	Yes	1

Once these seven items were identified for inclusion on the KPRA – S, five risk categories were created from the new point scale, which ranged between 0 and 15 points. The categories (low, low – moderate, moderate, moderate – high, and high) were based on the overall distribution of scores as well as the interview – based risk categorization and overall outcomes. Low risk defendants scored 0 points, low – moderate 1 – 3 points, moderate 4 – 9 points, moderate – high 10 – 11 points, and high 12 or more points.

Once the KPRA – S score and categories were developed, analyses were conducted to determine if the KPRA – S placed the defendant in a similar risk category to the full KPRA.

Table 6 shows how the KPRA – S categories aligned with the categories on the full KPRA. All of the defendants in the low – risk category of the KPRA – S were also low – risk according to the full KPRA. Ninety – three percent of defendants in the low – moderate category of the KPRA – S were in the low category for the full KPRA, while 7% were in the moderate category. Twenty – nine percent of defendants in the moderate risk category of the KPRA – S were in the low category of the full KPRA, while 71% were in the moderate category and less than 1% were high risk. Eighty – seven percent of defendants in the moderate – high category of the KPRA – S were moderate on the full KPRA, while 13% were high risk on the full KPRA.

Finally, 47% of defendants in the high – risk category on the KPRA – S fell in the moderate risk category on the full KPRA, while 53% were high risk.

These results were not unexpected because the full KPRA assessment is largely driven by the same factors as the KPRA – S (i. e. , criminal history and factors related to court appearance). Nonetheless, these results indicate that the seven items used to create the KPRA – S categorize defendants in a manner that is consistent with the full KPRA.

Table 6 Full KPRA and KPRA – S Comparison

	CURRENT KPRA CATEGORY		
KPRA – S	Low	Moderate	High
Low	100%	0%	0%
Low – moderate	93%	7%	0%
Moderate	29%	71%	<1%
Moderate – high	0%	87%	13%
High	0%	47%	53%

Summary of Findings

Based on the analysis, it appears that a non – interview – based pretrial risk assessment can be developed that accurately differentiates low – , moderate – , and high – risk defendants. The consistency between the KPRA – S and KPRA was high, with a correlation between the scores on these two instruments of 0.96.

RESEARCH OBJECTIVE TWO

a. Determine if the non – interview – based pretrial risk assessment is predictive of failure to appear and new criminal activity while awaiting case disposition.

Research Questions

- Does the non – interview pretrial risk assessment predict FTA while awaiting case disposition?

- Does the non – interview pretrial riskassessment predict NCA while awaiting case disposition?

Methods and Analysis Results

For research objective two, the distribution of the sample, per the KPRA – S five – category model, was calculated. Figure 3 displays the percentages: 26% of the sample was low risk, 37% low – moderate, 25% moderate, 7% moderate – high, and 5% high.

The next analyses calculated the percentage of defendants who failed to appear for a court appearance, per their KPRA – S risk category (see Figure 4). "Stair – step" increasing failure rates are observed with each risk category. Specifically, 6% of low – risk defendants failed toappear, 9% of low – moderate, 13% of moderate, 15% of moderate – high, and 20% of high. The likelihood of FTA increases with each KPRA – S risk category.

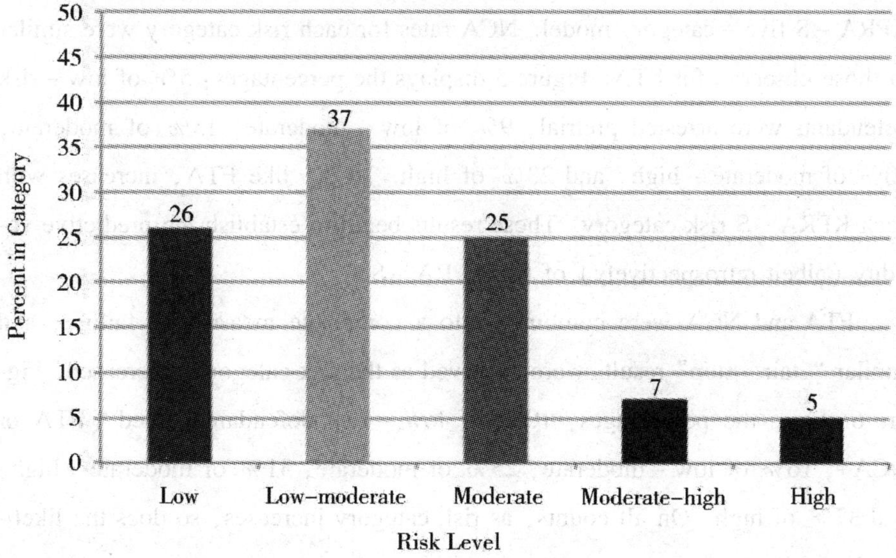

Figure 3 Risk Category Distribution for KPRA – S

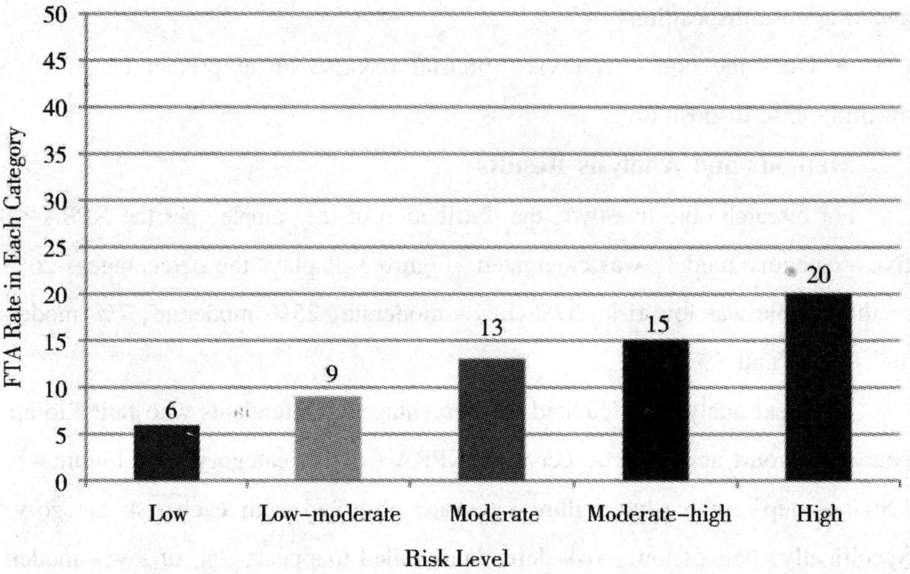

Figure 4 Likelihood of FTA for KPRA - S

The percentage of defendants arrested for NCA was also calculated per the KPRA - S five - category model. NCA rates for each risk category were similar to those observed for FTA. Figure 5 displays the percentages: 5% of low - risk defendants were arrested pretrial, 9% of low - moderate, 15% of moderate, 20% of moderate - high, and 23% of high. NCA, like FTA, increases with each KPRA - S risk category. These results begin to establish the predictive validity (albeit retrospectively) of the KPRA - S.

FTA and NCA were combined into a composite measure of failure, and similar "stair - step" results were observed as the risk categories increased. Figure 6 shows the percentages: 10% of low - risk defendants failed (FTA or NCA), 16% of low - moderate, 25% of moderate, 31% of moderate - high, and 37% of high. On all counts, as risk category increases, so does the likelihood of failure.

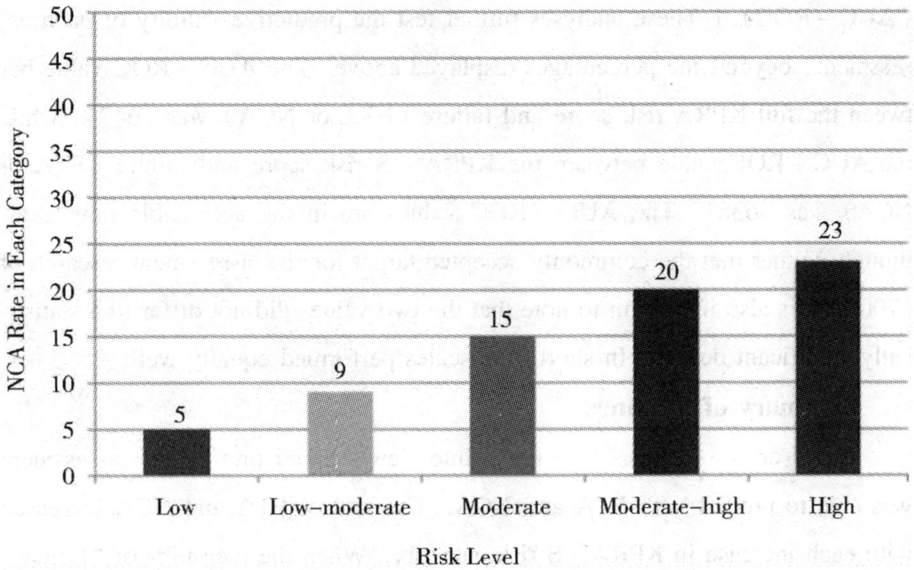

Figure 5 Likelihood of NCA for KPRA – S

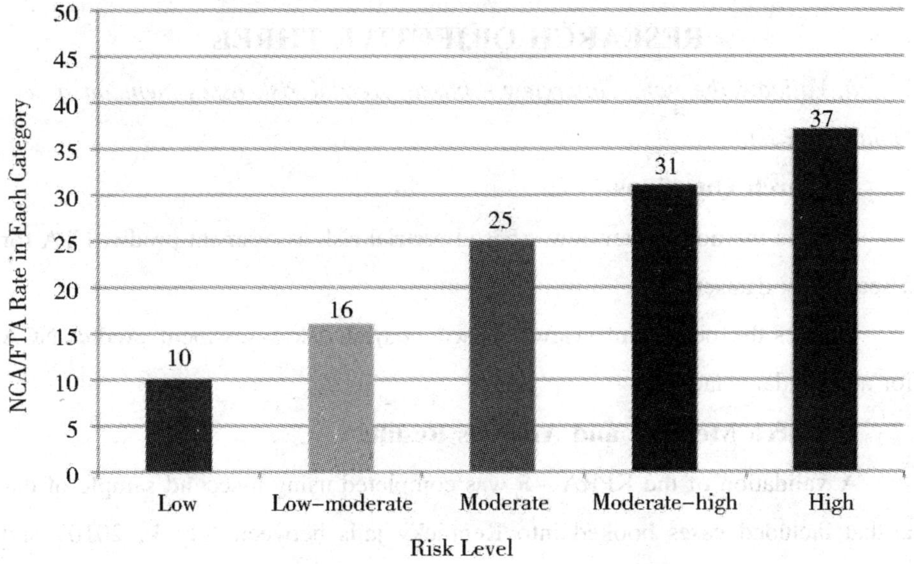

Figure 6 Likelihood of NCA or FTA for KPRA – S

The full KPRA and the KPRA – S were also tested by calculating a summary statistic-area under the curve for the Receiver Operator Characteristics

(AUC – ROC). 1 These analyses further test the predictive validity of each assessment, beyond the percentages displayed above. The AUC – ROC value between the full KPRA risk score and failure (FTA or NCA) was .6474, while the AUC – ROC value between the KPRA – S risk score and failure (FTA or NCA) was .6381. The AUC – ROC values are in the acceptable range, although neither met the commonly accepted target for risk assessment research of .7000. It is also important to note that the two values did not differ to a statistically significant degree. In short, the scales performed equally well.

Summary of Findings

Based on the analysis, the non – interview – based pretrial risk assessment was able to predict both FTA and NCA. The rate of FTA and NCA increased with each increase in KPRA – S risk category. When the measures of "failure" were combined (FTA and NCA), similar results were observed.

RESEARCH OBJECTIVE THREE

a. Validate the non – interview – based pretrial risk assessment on a secondary dataset.

Research Questions

a. Does the non – interview – based pretrial risk assessment predict FTA for a secondary dataset?

b. Does the non – interview – based pretrial risk assessment predict NCA for a secondary dataset?

Research Methods and Analysis Results

A validation of the KPRA – S was completed using a second sample of data that included cases booked into Kentucky jails between July 1, 2010, and December 31, 2011. This sample yielded a total of 209,306 cases, 109,633 of which had a valid risk assessment and defendants who were released prior to case disposition. Again, the dataset did not represent unique individuals, but rather all bookings within the study period.

The KPRA – S was calculated for each of the 109,633 cases in the second working sample. The risk category was then used to predict failure (FTA and/or NCA) pending case disposition. The results from the primary and secondary sample were then compared. Table 7 presents the failure rates for each risk category as defined by the KPRA – S. The failure rates are again strictly increasing when moving from the low – risk to high – risk category.

Figure 7 presents a graphic display of the data found in Table 7. Regardless of outcome measure, an increase in failure rate is again noted when moving from one category to the next. This observation is a baseline test of whether the proposed classification instrument has predictive validity.

Table 7 Failure Rates by KPRA – S Category

	FAILURE RATE		
Risk Category	FTA	NCA	FTA OR NCA
Low (n = 26,536)	6%	5%	10%
Low – moderate (n = 36,491)	8%	9%	15%
Moderate (n = 30,418)	14%	14%	24%
Moderate – high (n = 8,724)	16%	17%	29%
High (n = 7,672)	22%	20%	35%
Total (n = 109,841)	11%	11%	19%
ROC – AUC Values	.64	.63	.62

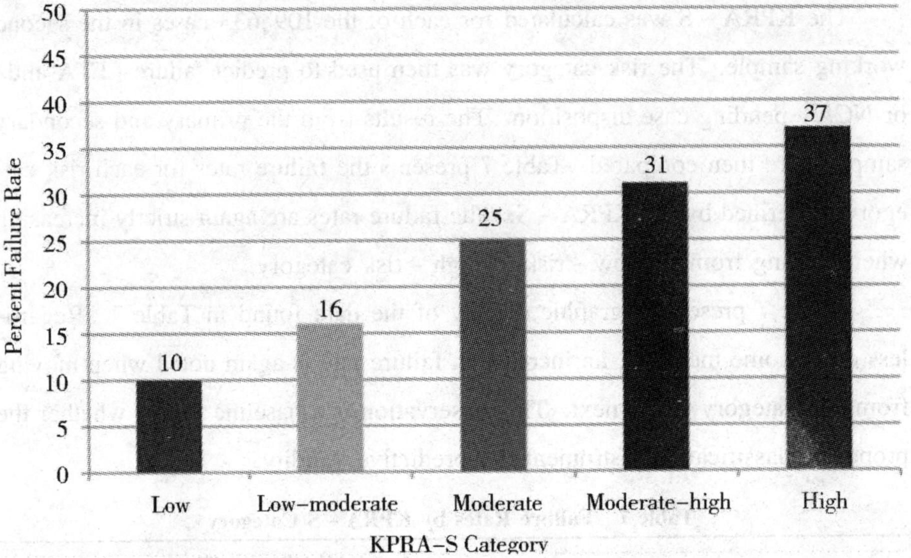

Figure 7 Graphic Display of Failure Rates by KPRA - S

Figures 8 and 9 compare the primary and secondary datasets. The failure rates are strictly increasing with the risk categories for both datasets, and the failure rates are remarkably similar.

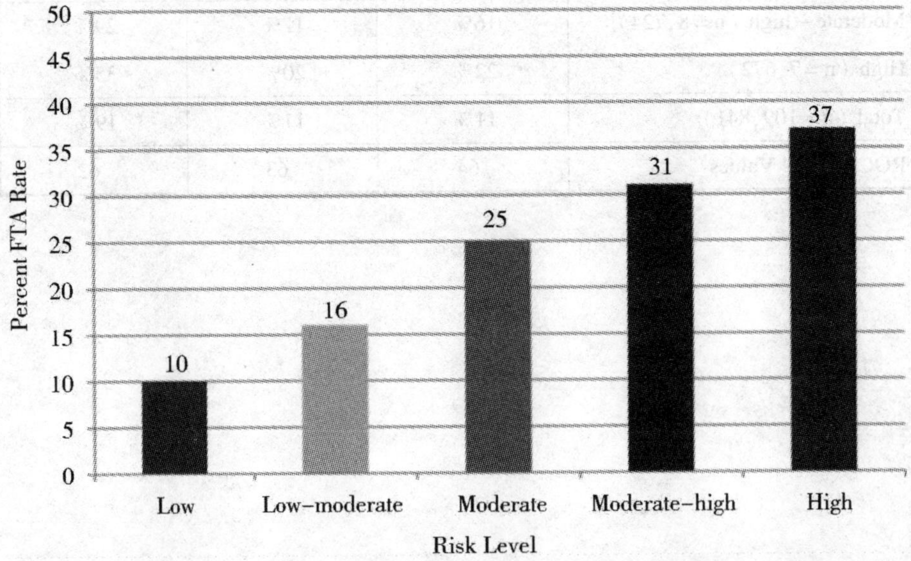

Figure 8 KPRA - S Likelihood of FTA

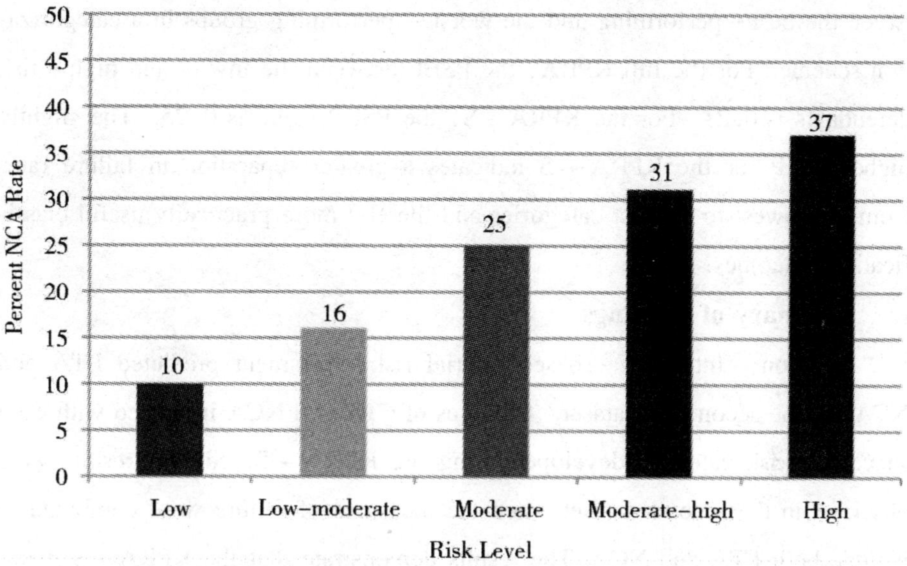

Figure 9 KPRA – S Likelihood of NCA

Comparisons of the AUC – ROC values were also made between the two samples of data. The AUC – ROC values when using NCA as the outcome measure did not differ significantly. The AUC – ROC values for FTA, NCA and FTA/NCA indicated significant differences, with higher AUC – ROC values for the secondary dataset. While the values were larger by a statistically significant margin, there was no practical difference in AUC – ROC values. In other words, the KPRA – S was as predictive with the secondary data sample as it was with the primary sample.

It is also valuable to assess how the KPRA – S compared to the full KPRA for the secondary data sample. AUC – ROC values for the secondary sample of data using the full KPRA were statistically larger than those generated by the KPRA – S, but the differences were less than 0.02, meaning the practical significance of the differences is questionable. To provide a quick assessment of the discriminatory power of the classification instruments and their associated categories, the prognostic separation index – PSEP (a simple measure of separation) was calculated. The PSEP measures the difference in failure rates between the best - performing and the worst - performing groups in a categorization scheme. For the full KPRA, the PSEP between the low - and high - risk defendants is 0.21. For the KPRA - S, the PSEP value is 0.25. The slightly higher PSEP for the KPRA - S indicates a greater separation in failure rates from the lowest to highest categories and thereby more practically useful classification outcomes.

Summary of Findings

The non - interview - based pretrial risk assessment predicted FTA and NCA for the secondary dataset. The rates of FTA and NCA increased with each successive risk category developed using the KPRA - S. Similar results were observed in the second dataset when the measures of failure were combined to include both FTA and NCA. The results demonstrate that the KPRA - S maintained its predictive power with the second data sample. In addition, the KPRA - S was shown to be as predictive as the full KPRA.

Appendix 1 US Laws and Cases

1. New York Criminal Procedure Law

§ 510. 30 Application for Recognizance or Bail; Rules of Law and Criteria Controlling Determination

1. Determinations of applications for recognizance or bail are not in all cases discretionary but are subject to rules, prescribed in article five hundred thirty and other provisions of law relating to specific kinds of criminal actions and proceedings, providing (a) that in some circumstances such an application must as a matter of law be granted, (b) that in others it must as a matter of law be denied and the principal committed to or retained in the custody of the sheriff, and (c) that in others the granting or denial thereof is a matter of judicial discretion.

2. To the extent that the issuance of an order of recognizance or bail and the terms thereof are matters of discretion rather than of law, an application is determined on the basis of the following factors and criteria:

(a) With respect to any principal, the court must consider the kind and degree of control or restriction that is necessary to secure his court attendance when required. In determining that matter, the court must, on the basis of available information, consider and take into account:

(i) The principal's character, reputation, habits and mental condition;

(ii) His employment and financial resources; and

(iii) His family ties and the length of his residence if any in the community; and

(iv) His criminal record if any; and

(v) His record of previous adjudication as a juvenile delinquent, as retained pursuant to section 354. 2 of the family court act, or, of pending cases where fingerprints are retained pursuant to section 306. 1 of such act, or a youthful offender, if any; and

(vi) His previous record if any in responding to court appearances when required or with respect to flight to avoid criminal prosecution; and

(vii) Where the principal is charged with a crime or crimes against a member or members of the same family or household as that term is defined in subdivision one of section 530. 11 of this title, the following factors:

(A) any violation by the principal of an order of protection issued by any court for the protection of a member or members of the same family or household as that term is defined in subdivision one of section 530. 11 of this title, whether or not such order of protection is currently in effect; and

(B) the principal's history of use or possession of a firearm; and

(viii) If he is a defendant, the weight of the evidence against him in the pending criminal action and any other factor indicating probability or improbability of conviction; or, in the case of an application for bail or recognizance pending appeal, the merit or lack of merit of the appeal; and

(ix) If he is a defendant, the sentence which may be or has been imposed upon conviction.

(b) Where the principal is a defendant – appellant in a pending appeal from a judgment of conviction, the court must also consider the likelihood of ultimate reversal of the judgment. A determination that the appeal is palpably without merit alone justifies, but does not require, a denial of the application, regardless of any determination made with respect to the factors specified in paragraph (a).

3. When bail or recognizance is ordered, the court shall inform the princi-

pal, if he is a defendant charged with the commission of a felony, that the release is conditional and that the court may revoke the order of release and commit the principal to the custody of the sheriff in accordance with the provisions of subdivision two of section 530.60 of this chapter if he commits a subsequent felony while at liberty upon such order.

2. Federal Rule 5: Initial Appearance(Excerpt)

Federal Rules of Criminal Procedure: Title II. Preliminary Proceedings

Rule 5. Initial Appearance

(a) In General.

(1) AppearanceUpon an Arrest.

(A) A person making an arrest within the United States must take the defendant without unnecessary delay before a magistrate judge, or before a state or local judicial officer as Rule 5(c) provides, unless a statute provides otherwise.

(B) A person making an arrest outside the United States must take the defendant without unnecessary delay before a magistrate judge, unless a statute provides otherwise.

(2) Exceptions.

(A) An officer making an arrest under a warrant issued upon a complaint charging solely a violation of 18 U. S. C. § 1073 need not comply with this rule if:

(i) the person arrested is transferred without unnecessary delay to the custody of appropriate state or local authorities in the district of arrest; and

(ii) an attorney for the government moves promptly, in the district where the warrant was issued, to dismiss the complaint.

(B) If a defendant is arrested for violating probation or supervised release,

Rule 32. 1 applies.

(C) If a defendant is arrested for failing to appear in another district, Rule 40 applies.

(3) AppearanceUpon a Summons. When a defendant appears in response to a summons under Rule 4, a magistrate judge must proceed under Rule 5(d) or (e), as applicable.

(b) Arrest Without a Warrant. If a defendant is arrested without a warrant, a complaint meeting Rule 4(a)'s requirement of probable cause must be promptly filed in the district where the offense was allegedly committed.

(c) Place of Initial Appearance; Transfer toAnother District.

(1) Arrest in the District Where the Offense Was Allegedly Committed. If the defendant is arrested in the district where the offense was allegedly committed:

(A) the initial appearance must be in that district; and

(B) if a magistrate judge is not reasonably available, the initial appearance may be before a state or local judicial officer.

(2) Arrest in a District Other Than Where the Offense Was Allegedly Committed. If the defendant was arrested in a district other than where the offense was allegedly committed, the initial appearance must be:

(A) in the district of arrest; or

(B) in an adjacent district if:

(i) the appearance can occur more promptly there; or

(ii) the offense was allegedly committed there and the initial appearance will occur on the day of arrest.

(3) Procedures in a District Other Than Where the Offense Was Allegedly Committed. If the initial appearance occurs in a district other than where the offense was allegedly committed, the following procedures apply:

(A) the magistrate judge must inform the defendant about the provisions of Rule 20;

(B) if the defendant was arrested without a warrant, the district court where the offense was allegedly committed must first issue a warrant before the magistrate judge transfers the defendant to that district;

(C) the magistrate judge must conduct a preliminary hearing if required by Rule 5.1;

(D) the magistrate judge must transfer the defendant to the district where the offense was allegedly committed if:

(i) the government produces the warrant, a certified copy of the warrant, or a reliable electronic form of either; and

(ii) the judge finds that the defendant is the same person named in the indictment, information, or warrant; and

(E) when a defendant is transferred and discharged, the clerk must promptly transmit the papers and any bail to the clerk in the district where the offense was allegedly committed.

(4) Procedure for Persons Extradited to the United States. If the defendant is surrendered to the United States in accordance with a request for the defendant's extradition, the initial appearance must be in the district (or one of the districts) where the offense is charged.

(d) Procedure in a Felony Case.

(1) Advice. If the defendant is charged with a felony, the judge must inform the defendant of the following:

(A) the complaint against the defendant, and any affidavit filed with it;

(B) the defendant's right to retain counsel or to request that counsel be appointed if the defendant cannot obtain counsel;

(C) the circumstances, if any, under which the defendant may secure pretrial release;

(D) any right to a preliminary hearing; and

(E) the defendant's right not to make a statement, and that any statement made may be used against the defendant; and

(F) that a defendant who is not a United States citizen may request that an attorney for the government or a federal law enforcement official notify a consular officer from the defendant's country of nationality that the defendant has been arrested — but that even without the defendant's request, a treaty or other international agreement may require consular notification.

(2) Consulting with Counsel. The judge must allow the defendant reasonable opportunity to consult with counsel.

(3) Detention or Release. The judge must detain or release the defendant as provided by statute or these rules.

(4) Plea. A defendant may be asked to plead only under Rule 10.

(e) Procedure in a Misdemeanor Case. If the defendant is charged with a misdemeanor only, the judge must inform the defendant in accordance with Rule 58(b)(2).

(f) Video Teleconferencing. Video teleconferencing may be used to conduct an appearance under this rule if the defendant consents.

3. Federal Statute (Excerpt)

2.1.18 U.S. Code § 3142

Release or detention of a defendant pending trial

(a) In General.—Upon the appearance before a judicial officer of a person charged with an offense, the judicial officer shall issue an order that, pending trial, the person be—

(1) released on personal recognizance or upon execution of an unsecured appearance bond, under subsection (b) of this section;

(2) released on a condition or combination of conditions under subsection (c) of this section;

(3) temporarily detained to permit revocation of conditional release, depor-

tation, or exclusion under subsection (d) of this section; or

(4) detained under subsection (e) of this section.

(b) Release on Personal Recognizance or Unsecured Appearance Bond. — The judicial officer shall order the pretrial release of the person on personal recognizance, or upon execution of an unsecured appearance bond in an amount specified by the court, subject to the condition that the person not commit a Federal, State, or local crime during the period of release and subject to the condition that the person cooperate in the collection of a DNA sample from the person if the collection of such a sample is authorized pursuant to section 3 of the DNA Analysis Backlog Elimination Act of 2000 (42 U. S. C. 14135a), unless the judicial officer determines that such release will not reasonably assure the appearance of the person as required or will endanger the safety of any other person or the community.

(c) Release on Conditions. —

(1) If the judicial officer determines that the release described in subsection (b) of this section will not reasonably assure the appearance of the person as required or will endanger the safety of any other person or the community, such judicial officer shall order the pretrial release of the person—

(A) subject to the condition that the person not commit a Federal, State, or local crime during the period of release and subject to the condition that the person cooperate in the collection of a DNA sample from the person if the collection of such a sample is authorized pursuant to section 3 of the DNA Analysis Backlog Elimination Act of 2000 (42 U. S. C. 14135a); and

(B) subject to the least restrictive further condition, or combination of conditions, that such judicial officer determines will reasonably assure the appearance of the person as required and the safety of any other person and the community, which may include the condition that the person—

(i) remain in the custody of a designated person, who agrees to assume supervision and to report any violation of a release condition to the court, if the designated person is able reasonably to assure the judicial officer that the person will appear as required and will not pose a danger to the safety of any other person or the community;

(ii) maintain employment, or, if unemployed, actively seek employment;

(iii) maintain or commence an educational program;

(iv) abide by specified restrictions on personal associations, place of abode, or travel;

(v) avoid all contact with an alleged victim of the crime and with a potential witness who may testify concerning the offense;

(vi) report on a regular basis to a designated law enforcement agency, pretrial services agency, or other agency;

(vii) comply with a specified curfew;

(viii) refrain from possessing a firearm, destructive device, or other dangerous weapon;

(ix) refrain from excessive use of alcohol, or any use of a narcotic drug or other controlled substance, as defined in section 102 of the Controlled Substances Act (21 U. S. C. 802), without a prescription by a licensed medical practitioner;

(x) undergo available medical, psychological, or psychiatric treatment, including treatment for drug or alcohol dependency, and remain in a specified institution if required for that purpose;

(xi) execute an agreement to forfeit upon failing to appear as required, property of a sufficient unencumbered value, including money, as is reasonably necessary to assure the appearance of the person as required, and shall provide the court with proof of ownership and the value of the property along with information regarding existing encumbrances as the judicial office may require;

(xii) execute a bail bond with solvent sureties; who will execute an agreement to forfeit in such amount as is reasonably necessary to assure appearance of the person as required and shall provide the court with information regarding the value of the assets and liabilities of the surety if other than an approved surety and the nature and extent of encumbrances against the surety ' s property; such surety shall have a net worth which shall have sufficient unencumbered value to pay the amount of the bail bond;

(xiii) return to custody for specified hours following release for employment, schooling, or other limited purposes; and

(xiv) satisfy any other condition that is reasonably necessary to assure the appearance of the person as required and to assure the safety of any other person and the community.

In any case that involves a minor victim under section 1201, 1591, 2241, 2242, 2244(a)(1), 2245, 2251, 2251A, 2252(a)(1), 2252(a)(2), 2252(a)(3), 2252A(a)(1), 2252A(a)(2), 2252A(a)(3), 2252A(a)(4), 2260, 2421, 2422, 2423, or 2425 of this title, or a failure to register offense under section 2250 of this title, any release order shall contain, at a minimum, a condition of electronic monitoring and each of the conditions specified at subparagraphs (iv), (v), (vi), (vii), and (viii).

(2) The judicial officer may not impose a financial condition that results in the pretrial detention of the person.

(3) The judicial officer may at any time amend the order to impose additional or different conditions of release.

(d) Temporary DetentionTo Permit Revocation of Conditional Release, Deportation, or Exclusion.

—If the judicial officer determines that—

(1) such person—

(A) is, and was at the time the offense was committed, on—

(i) release pending trial for a felony under Federal, State, or local law;

(ii) release pending imposition or execution of sentence, appeal of sentence or conviction, or completion of sentence, for any offense under Federal, State, or local law; or

(iii) probation or parole for any offense under Federal, State, or local law; or

(B) is not a citizen of the United States or lawfully admitted for permanent residence, as defined in section 101(a)(20) of the Immigration and Nationality Act (8 U.S.C. 1101(a)(20)); and

(2) such person may flee or pose a danger to any other person or the community;

such judicial officer shall order the detention of such person, for a period of not more than ten days, excluding Saturdays, Sundays, and holidays, and direct the attorney for the Government to notify the appropriate court, probation or parole official, or State or local law enforcement official, or the appropriate official of the Immigration and Naturalization Service. If the official fails or declines to take such person into custody during that period, such person shall be treated in accordance with the other provisions of this section, notwithstanding the applicability of other provisions of law governing release pending trial or deportation or exclusion proceedings. If temporary detention is sought under paragraph (1)(B) of this subsection, such person has the burden of proving to the court such person's United States citizenship or lawful admission for permanent residence.

(e) Detention. —

(1) If, after a hearing pursuant to the provisions of subsection (f) of this section, the judicial officer finds that no condition or combination of conditions will reasonably assure the appearance of the person as required and the safety of any other person and the community, such judicial officer shall order the detention of the person before trial.

(2) In a case described in subsection (f)(1) of this section, a rebuttable presumption arises that no condition or combination of conditions will reasonably assure the safety of any other person and the community if such judicial officer finds that—

(A) the person has been convicted of a Federal offense that is described in subsection (f)(1) of this section, or of a State or local offense that would have been an offense described in subsection (f)(1) of this section if a circumstance giving rise to Federal jurisdiction had existed;

(B) the offense described in subparagraph (A) was committed while the person was on release pending trial for a Federal, State, or local offense; and

(C) a period of not more than five years has elapsed since the date of conviction, or the release of the person from imprisonment, for the offense described in subparagraph (A), whichever is later.

(3) Subject to rebuttal by the person, it shall be presumed that no condition or combination of conditions will reasonably assure the appearance of the person as required and the safety of the community if the judicial officer finds that there is probable cause to believe that the person committed—

(A) an offense for which a maximum term of imprisonment of ten years or more is prescribed in the Controlled Substances Act (21 U. S. C. 801 et seq.), the Controlled Substances Import and Export Act (21 U. S. C. 951 et seq.), or chapter 705 of title 46;

(B) an offense under section 924(c), 956(a), or 2332b of this title;

(C) an offense listed in section 2332b(g)(5)(B) of title 18, United States Code, for which a maximum term of imprisonment of 10 years or more is prescribed;

(D) an offense under chapter 77 of this title for which a maximum term of imprisonment of 20 years or more is prescribed; or

(E) an offense involving a minor victim under section 1201, 1591, 2241, 2242, 2244(a)(1), 2245, 2251, 2251A, 2252(a)(1), 2252(a)(2), 2252(a)(3), 2252A(a)(1), 2252A(a)(2), 2252A(a)(3), 2252A(a)(4), 2260, 2421, 2422, 2423, or 2425 of this title.

(f) Detention Hearing. —The judicial officer shall hold a hearing to determine whether any condition or combination of conditions set forth in subsection

(c) of this section will reasonably assure the appearance of such person as required and the safety of any other person and the community—

(1) upon motion of the attorney for the Government, in a case that involves—

(A) a crime of violence, a violation of section 1591, or an offense listed in section 2332b(g)(5)(B) for which a maximum term of imprisonment of 10 years or more is prescribed;

(B) an offense for which the maximum sentence is life imprisonment or death;

(C) an offense for which a maximum term of imprisonment of ten years or more is prescribed in the Controlled Substances Act (21 U. S. C. 801 et seq.), the Controlled Substances Import and Export Act (21 U. S. C. 951 et seq.), or chapter 705 of title 46;

(D) any felony if such person has been convicted of two or more offenses described in subparagraphs (A) through (C) of this paragraph, or two or more State or local offenses that would have been offenses described in subparagraphs (A) through (C) of this paragraph if a circumstance giving rise to Federal jurisdiction had existed, or a combination of such offenses; or

(E) any felony that is not otherwise a crime of violence that involves a minor victim or that involves the possession or use of a firearm or destructive device (as those terms are defined in section 921), or any other dangerous weapon, or involves a failure to register under section 2250 of title 18, United States Code; or

(2) upon motion of the attorney for the Government or upon the judicial officer's own motion in a case, that involves—

(A) a serious risk that such person will flee; or

(B) a serious risk that such person will obstruct or attempt to obstruct justice, or threaten, injure, or intimidate, or attempt to threaten, injure, or intimidate, a prospective witness or juror.

The hearing shall be held immediately upon the person's first appearance before the judicial officer unless that person, or the attorney for the Government, seeks a continuance. Except for good cause, a continuance on motion of such person may not exceed five days (not including any intermediate Saturday, Sunday, or legal holiday), and a continuance on motion of the attorney for the Government may not exceed three days (not including any intermediate Saturday, Sunday, or legal holiday). During a continuance, such person shall be detained, and the judicial officer, on motion of the attorney for the Government or sua sponte, may order that, while in custody, a person who appears to be a narcotics addictreceive a medical examination to determine whether such person is an addict. At the hearing, such person has the right to be represented by counsel, and, if financially unable to obtain adequate representation, to have counsel appointed. The person shall be afforded an opportunity to testify, to present witnesses, to cross-examine witnesses who appear at the hearing, and to present information by proffer or otherwise. The rules concerning admissibility of evidence in criminal trials do not apply to the presentation and consideration of information at the hearing. The facts the judicial officer uses to support a finding pursuant to subsection (e) that no condition or combination of conditions will reasonably assure the safety of any other person and the community shall be supported by clear and convincing evidence. The person may be detained pending completion of the hearing. The hearing may be reopened, before or after a determination by the judicial officer, at any time before trial if the judicial officer finds that information exists that was not known to the movant at the time of the hearing and that has a material bearing on the issue whether there are conditions of release that will reasonably assure the appearance of such person as required and the safety of any other person and the community.

(g) Factors To Be Considered.—The judicial officer shall, in determining whether there are conditions of release that will reasonably assure the appearance of the person as required and the safety of any other person and the community, take into account the available information concerning—

(1) the nature and circumstances of the offense charged, including whether the offense is a crime of violence, a violation of section 1591, a Federal crime of terrorism, or involves a minor victim or a controlled substance, firearm, explosive, or destructive device;

(2) the weight of the evidence against the person;

(3) the history and characteristics of the person, including—

(A) the person's character, physical and mental condition, family ties, employment, financial resources, length of residence in the community, community ties, past conduct, history relating to drug or alcohol abuse, criminal history, and record concerning appearance at court proceedings; and

(B) whether, at the time of the current offense or arrest, the person was on probation, on parole, or on other release pending trial, sentencing, appeal, or completion of sentence for an offense under Federal, State, or local law; and

(4) the nature and seriousness of the danger to any person or the community that would be posed by the person's release. In considering the conditions of release described in subsection (c)(1)(B)(xi) or (c)(1)(B)(xii) of this section, the judicial officer may upon his own motion, or shall upon the motion of the Government, conduct an inquiry into the source of the property to be designated for potential forfeiture or offered as collateral to secure a bond, and shall decline to accept the designation, or the use as collateral, of property that, because of its source, will not reasonably assure the appearance of the person as required.

(h) Contents of Release Order. —In a release order issued under subsection (b) or (c) of this section, the judicial officer shall—

(1) include a written statement that sets forth all the conditions to which the release is subject, in a manner sufficiently clear and specific to serve as a guide for the person's conduct; and

(2) advise the person of—

(A) the penalties for violating a condition of release, including the penalties for committing an offense while on pretrial release;

(B) the consequences of violating a condition of release, including the immediate issuance of a warrant for the person's arrest; and

(C) sections 1503 of this title (relating to intimidation of witnesses, jurors, and officers of the court), 1510 (relating to obstruction of criminal investigations), 1512 (tampering with a witness, victim, or an informant), and 1513 (retaliating against a witness, victim, or an informant).

(i) Contents of Detention Order. —In a detention order issued under subsection (e) of this section, the judicial officer shall—

(1) include written findings of fact and a written statement of the reasons for the detention;

(2) direct that the person be committed to the custody of the Attorney General for confinement in a corrections facility separate, to the extent practicable, from persons awaiting or serving sentences or being held in custody pending appeal;

(3) direct that the person be afforded reasonable opportunity for private consultation with counsel; and

(4) direct that, on order of a court of the United States or on request of an attorney for the Government, the person in charge of the corrections facility in which the person is confined deliver the person to a United States marshal for the purpose of an appearance in connection with a court proceeding.

The judicial officer may, by subsequent order, permit the temporary release of the person, in the custody of a United States marshal or another appropriate person, to the extent that the judicial officer determines such release to be necessary for preparation of the person's defense or for another compelling reason.

(j) Presumption of Innocence. —

Nothing in this section shall be construed as modifying or limiting the presumption of innocence.

2.2. 18 U.S. Code § 3145

Review and appeal of a release or detention order

(a) Review of a Release Order. —If a person is ordered released by a magistrate judge, or by a person other than a judge of a court having original jurisdiction over the offense and other than a Federal appellate court—

(1) the attorney for the Government may file, with the court having original jurisdiction over the offense, a motion for revocation of the order or amendment of the conditions of release; and

(2) the person may file, with the court having original jurisdiction over the offense, a motion for amendment of the conditions of release.

The motion shall be determined promptly.

(b) Review of a Detention Order. —

If a person is ordered detained by a magistrate judge, or by a person other than a judge of a court having original jurisdiction over the offense and other than a Federal appellate court, the person may file, with the court having original jurisdiction over the offense, a motion for revocation or amendment of the order. The motion shall be determined promptly.

(c) Appeal From a Release or Detention Order. —

An appeal from a release or detention order, or from a decision denying revocation or amendment of such an order, is governed by the provisions of section 1291 of title 28 and section 3731 of this title. The appeal shall be determined promptly. A person subject to detention pursuant to section 3143(a)(2) or (b)(2), and who meets the conditions of release set forth in section 3143 (a)(1) or (b)(1), may be ordered released, under appropriate conditions, by the judicial officer, if it is clearly shown that there are exceptional reasons why such person's detention would not be appropriate.

2.3.18 U.S. Code § 3146

Penalty for failure to appear

(a) Offense.—Whoever, having been released under this chapter knowingly—

(1) fails to appear before a court as required by the conditions of release; or

(2) fails to surrender for service of sentence pursuant to a court order; shall be punished as provided in subsection (b) of this section.

(b) Punishment. —

(1) The punishment for an offense under this section is—

(A) if the person was released in connection with a charge of, or while awaiting sentence, surrender for service of sentence, or appeal or certiorari after conviction for—

(i) an offense punishable by death, life imprisonment, or imprisonment for a term of 15 years or more, a fine under this title or imprisonment for not more than ten years, or both;

(ii) an offense punishable by imprisonment for a term of five years or more, a fine under this title or imprisonment for not more than five years, or both;

(iii) any other felony, a fine under this title or imprisonment for not more than two years, or both; or

(iv) a misdemeanor, a fine under this title or imprisonment for not more than one year, or both; and

(B) if the person was released for appearance as a material witness, a fine under this chapter or imprisonment for not more than one year, or both.

(2) A term of imprisonment imposed under this section shall be consecutive to the sentence of imprisonment for any other offense.

(c) Affirmative Defense. —

It is an affirmative defense to a prosecution under this section that uncontrollable circumstances prevented the person from appearing or surrendering, and that the person did not contribute to the creation of such circumstances in reckless disregard of the requirement to appear or surrender, and that the person appeared or surrendered as soon as such circumstances ceased to exist.

(d) Declaration of Forfeiture.—

If a person fails to appear before a court as required, and the person executed an appearance bond pursuant to section 3142(b) of this title or is subject to the release condition set forth in clause (xi) or (xii) of section 3142(c)(1)(B) of this title, the judicial officer may, regardless of whether the person has been charged with an offense under this section, declare any property designated pursuant to that section to be forfeited to the United States.

2.4. 18 U.S. Code § 3147

Penalty for an offense committed while on release

A person convicted of an offense committed while released under this chapter shall be sentenced, in addition to the sentence prescribed for the offense, to—

(1) a term of imprisonment of not more than ten years if the offense is a felony; or

(2) a term of imprisonment of not more than one year if the offense is a misdemeanor.

A term of imprisonment imposed under this section shall be consecutive to any other sentence of imprisonment.

2.5. 18 U.S. Code § 3156

Definitions

(a) As used in sections 3141 - 3150 of this chapter—

(1) the term "judicial officer" means, unless otherwise indicated, any

person or court authorized pursuant to section 3041 of this title, or the Federal Rules of Criminal Procedure, to detain or release a person before trial or sentencing or pending appeal in a court of the United States, and any judge of the Superior Court of the District of Columbia;

(2) the term "offense" means any criminal offense, other than an offense triable by court-martial, military commission, provost court, or other military tribunal, which is in violation of an Act of Congress and is triable in any court established by Act of Congress;

(3) the term "felony" means an offense punishable by a maximum term of imprisonment of more than one year;

(4) the term "crime of violence" means—

(A) an offense that has as an element of the offense the use, attempted use, or threatened use of physical force against the person or property of another;

(B) any other offense that is a felony and that, by its nature, involves a substantial risk that physical force against the person or property of another may be used in the course of committing the offense; or

(C) any felony under chapter 77, 109A, 110, or 117; and

(5) the term "State" includes a State of the United States, the District of Columbia, and any commonwealth, territory, or possession of the United States.

(b) As used in sections 3152-3155 of this chapter—

(1) the term "judicial officer" means, unless otherwise indicated, any person or court authorized pursuant to section 3041 of this title, or the Federal Rules of Criminal Procedure, to detain or release a person before trial or sentencing or pending appeal in a court of the United States, and

(2) the term "offense" means any Federal criminal offense which is in violation of any Act of Congress and is triable by any court established by Act of Congress (other than a Class B or C misdemeanor or an infraction, or an of-

fense triable by court - martial, military commission, provost court, or other military tribunal).

4. U. S. v. Salerno(Synopsis)

481 U. S. 739(1987)

Anthony Salerno and Vincent Cafaro were arrested after being charged with various Racketeer Influenced and Corrupt Organizations Act (RICO) violations, mail and wire fraud offenses, extortion, and various criminal gambling violations. The Government moved to have Respondents detained on the ground that no condition of release would assure the safety of the community or any person. Respondents presented two grounds for invalidating the Bail Reform Act's provisions permitting pretrial detention on the basis of future dangerousness.

A. First, Respondents argue that the Act violates the U. S. Constitution imposing punishment on them without Due Process as required by the Fifth Amendment

1) Court concludes the Bail Reform Act is regulatory in naturenot punitive.

First, the legislative history indicates that Congress did not formulate the pretrial detention provisions as punishment for dangerous individuals. Congress instead perceived pretrial detention as a potential solution to a pressing societal problem. There is no doubt that preventing danger to the community is a legitimate regulatory goal. Moreover, the incidents of pretrial detention are not excessive in relation to the regulatory goal Congress sought to achieve. The Act carefully limits the circumstances under which detention may be sought to the most serious of crimes. The arrestee is entitled to a prompt detention hearing, and the maximum length of pretrial detention is limited by the stringent time limitations of the Speedy Trial Act. The conditions of confinement envisioned by the Act "appear to reflect the regulatory purposes relied upon by the" Government. The statute at issue here requires that detainees be housed in a "facility separate, to the extent practicable, from persons awaiting or serving sentences or being held in custody pending appeal." Thus, the pretrial detention does not constitute punishment before trial in violation of the Due Process Clause.

2) Given the legitimate and compelling regulatory purpose of the Act and the procedural protections it offers, Court concludes that the Act does not violate the Due Process Clause of the Fifth Amendment.

In balancing the Government's regulatory interest in community safety against an individual's liberty interest, Court finds the government's interest in preventing crime by arrestees is both legitimate and compelling. Congress' careful delineation of the circumstances under which detention will be permitted satisfied the standard that an individual's right may be subordinated to the greater needs of society where the government's interest is sufficiently weighty. Under the narrow circumstances the Act prescribes, society's interest in crime prevention is at its greatest. The Act narrowly focuses on a particularly acute problem in which the Government interests are overwhelming. The Act operates only on individuals who have been arrested for a specific category of extremely serious offenses. Congress specifically found that these individuals are far more likely to be responsible for dangerous acts in the community after arrest. The Act is by no means a scattershot attempt to incapacitate those who are merely suspected of these serious crimes. The Government must first of all demonstrate probable cause to believe that the charged crime has been committed by the arrestee, but that is not enough. *In a full-blown adversary hearing, the Government must convince a neutral decisionmaker by clear and convincing evidence that no conditions of release can reasonably assure the safety of the community or any person.* While the Government's general interest in preventing crime is compelling, even this interest is heightened when the Government musters convincing proof that the arrestee presents a demonstrable danger to the community.

Court further finds the procedures of the Act adequate to authorize the pretrial detention. The procedures by which a judicial officer evaluates the likelihood of future dangerousness are specifically designed to further the accuracy of that determination. Detainees have a right to counsel at the detention hearing. They may testify in their own behalf, present information by proffer or otherwise, and cross-examine witnesses who appear at the hearing. The judicial officer charged with the responsibility of determining the appropriateness of detention is guided by statutorily enumerated factors, which include the nature and the circumstances of the charges, the weight of the evidence, the history and characteristics of the putative offender, and the danger to the community. The Government must prove its case by clear and convincing evidence. Finally, the judicial officer must include written findings of fact and a written statement of reasons for a decision to detain. The Act's review provisions provide for immediate appellate review of the detention decision.

B. Second, Respondents contend that the Act contravenes the Eighth Amendment's proscription against excessive bail

While Court agrees that a primary function of bail is to safeguard the courts' role in adjudicating the guilt or innocence of defendants, it rejects the proposition that the Eighth Amendment categorically prohibits the government from pursuing other admittedly compelling interests through regulation of pretrial release. Courts had to determine only whether bail, admittedly available in that case, was excessive if set at a sum greater than that necessary to ensure the arrestees' presence at trial. To determine whether the Government's response is excessive, courts must compare that response against the interest the Government seeks to protect by means of that response. When the Government has admitted that its only interest is in preventing flight, bail must be set by a court at a sum designed to ensure that goal, and no more. But the Eighth Amendment does not require release on bail.

Accordingly, Court found that the Act did not violate the Eighth Amendment.

5. N. Y. v. Michele Maxian

The People & c. Ex rel. Michele Maxian on Behalf of Damon Roundtree, et al., Respondents,

v.

Lee Brown, Commissioner, New York City Police Department, et al., Appellants.

77 N. Y. 2d 422, 570 N. E. 2d 223, 568 N. Y. S. 2d 575 (1991)

(March 26, 1991)

per curiam

Under CPL 140.20(1), a police officer, after performing without unnecessary delay the required preliminary police duties, must without unnecessary delay bring a person arrested without a warrant to a local criminal court for arraignment. This appeal involves consolidated habeas corpus proceedings challenging the various pre – arraignment delays to which persons arrested in New York County were subject. The first proceeding (the Roundtree proceeding) was heard in Supreme Court, New York County (Soloff, J.) and the second proceeding (the Lovells proceeding) was heard in the same court (McQuillan, J.). The trial courts reviewed the existing arrest procedures in New York County and granted the petitions to the extent of providing that arrestees held in custody for more than 24 hours without arraignment are entitled to release unless an acceptable explanation for the delay is given. The Appellate Division affirmed and granted leave to this court. We find no reason on the record before us to disturb the order of the court below.

In January 1990, the Legal Aid Society established a practice of filing habeas corpus proceedings against the New York City Police and Correction Commissioners on behalf 24 hours. As of April 20, 1990, there were in excess of 9,000 such arrestees. Justice Soloff consolidated these writs into one proceeding (the Roundtree proceeding). At the time of the decision, each arrestee had been arraigned. Justice Soloff nonetheless invoked the mootness exception because the issue surrounding the pre-arraignment delay is "the quintessential issue 'capable of repetition, yet evading review.'" Neither party now disputes that the issues raised are properly reviewable under this mootness exception.

Justice Soloff expressly detailed the facts concerning some representative relators, including Sei Boo who was arrested for selling umbrellas without a license and was arraigned 94 1/2 hours after arrest and Harold Fernandez who was arrested for a "B" felony drug sale and arraigned approximately 45 hours after his arrest. Justice Soloff reviewed the Second Circuit's decision in *Williams v Ward* (845 F2d 374 [2d Cir 1988], cert denied) which held that the Fourth Amendment of the United States Constitution was not violated when arrestees in the boroughs of Manhattan, the Bronx, Brooklyn and Queens were arraigned within 72 hours of arrest.

Reaching essentially the same factual conclusions as the Second Circuit in *Ward*, she concluded that the arrest-to-arraignment steps follow a general pattern: "the arrestee is brought to the arresting officer's precinct where the case is reviewed by a superior officer, forms are filled out and fingerprints usually taken. The next stop is Central Booking for photographing, and either initial or, if needed, further fingerprinting and transmission of the prints to Albany. Also at Central Booking, the defendant is usually interviewed by a Criminal Justice Agency ("CJA") caseworker to obtain information for the court to use at arraignment in fixing a securing order. At Central Booking, the arrestee and officer part company. During the time that fingerprint records are awaited and CJA is at work, the arresting officer goes to the District Attorney's complaint room to have the case evaluated and the complaint drawn. If the complaint room is closed, the officer returns the next day. All the paper work is then assembled. The defendant, meanwhile, must be collected from whatever precinct he has been lodged if space limits at 100 Centre Street have not permitted him to be brought directly from Central Booking to the courthouse. Once in the courthouse, the case papers must be docketed and the [arrestee] must be made available for counsel interview, interviewed and arraigned."

Justice Soloff also found, consistent with the Second Circuit's conclusions in *Ward*, that the initial eleven to fifteen hours following arrest are generally consumed by the above police functions and the "totality of the processes" can usually be completed "in 24 hours with time to spare including any travel which must be done within New York County." She found all the arrestees were held longer than 24 hours and that little attempt was made to explain the delays. The trial court concluded that, under these circumstances, a period of delay over 24 hours raises a presumption that the delay is unnecessary within the meaning of CPL 140.20(1), requiring, on demand, a satisfactory explanation of that delay. "Obviously," the court noted, "there are situations which will justify considerably greater delay as well as those which will not. Moreover, the nature of this proceeding makes it unnecessary and inappropriate (as well as impossible) to try to identify and evaluate all of the situations which might require relief." Accordingly, she granted the habeas petitions to the extent of ordering that an arrestee who has been held in custody for more than 24 hours without an acceptable explanation is entitled to immediate release.

Thereafter, the Legal Aid Society continued its practice of filing writs of habeas corpus for other New York County warrantless arrestees (the Lovells proceeding). Justice McQuillan granted in part certain of these habeas petitions on the basis of unexplained delays in arraignments exceeding 24 hours, relying on Justice Soloff's decision in the Roundtree proceedings interpreting CPL 140.20(1) and on his interpretation of the New York State Constitution, Article I, 12 ("unreasonable seizure") and 6 ("due process").

The Appellate Division affirmed the two judgments of Supreme Court. Upon reviewing Justice Soloff's factual findings as to the period necessary to produce and "affirm[ing] them as such," the Appellate Division agreed that generally "there is no reason why the pre-arraignment process cannot be completed within 24 hours." Accordingly, the court agreed with the guideline "that a delay of arraignment of more than 24 hours is presumptively unnecessary and, unless explained, constitutes a violation of CPL 140.20(1)" (*Id.* at 68). The Appellate Division then granted respondents' motion for leave to appeal to this court.

Criminal Procedure Law 140.20(1) requires that "[u]pon arresting a person without a warrant, a police officer, after performing without unnecessary delay all recording, fingerprinting and other preliminary police duties required in the particular case, must without unnecessary delay bring the arrested person or cause him to be brought before a local criminal court and file therewith an appropriate accusatory instrument charging him with the offense or offenses in question." (Emphasis added.) The Legislature did not set rigid temporal limits in enacting CPL 140.20(1); nor do we in construing it (see *Matter of Ayers v Coughlin*, 72 NY2d 346). Rather, the statute requires that a pre-arraignment detention not be prolonged beyond a time reasonably necessary to accomplish the tasks required to bring an arrestee to arraignment.

As the Appellate Division below recognized, this obligation is important given that "the deprivation entailed by pre-arraignment detention is very great with the potential to cause serious and lasting personal and economic harm to the detainee. [T]his deprivation is one as to which no predicate is established in advance and, indeed, which may ultimately be found to have been unwarranted" (164 AD2d at 63). It is against this backdrop and the realities of the arrest process as it exists in large urban centers such as New York County that we review the Appellate Division's order. The Appellate Division concluded that the steps leading up to arraignment can generally be accomplished well within

24 hours after arrest and that the delays present in each of the consolidated proceedings here were "unnecessary" within the meaning of CPL 140.20(1). We find no reason on this record to disturb this conclusion.

Accordingly, the order of the Appellate Division should be affirmed, without costs.

Order affirmed, without costs. OpinionPer Curiam. Chief Judge Wachtler and Judges Simons, Kaye, Alexander, Titone, Hancock and Bellacosa concur.

Part II
China Pretrial Release History and Practice

Chapter 6 "The Problem of Pretrial Detention" *

...

THE PROBLEM OF PRE – TRIAL DETENTION

A. Existing Literature and Data

There is no right to bail in China. Many suspects have historically been detained in custody pending trial subject to 'investigative detention', a provision which appears to have been without limit. Today, conditions in detention-centers may be appalling and there has been official recognition of the concerns which have arisen as a result.[1] As has been periodically reported, extra – judicial detention is also deployed at politically sensitive and other times with some citizens held in 'black jails' (Anderlini, 2009; Hartley, 2007; and Jacobs, 2009). Thus, a defendant called Wu Liusuo in Henan, in a murder case, was reportedly arrested in 1984 and had not received a final judgment by August 1998, which meant that he and been subjected to 14 years' detention (Chen Yongsheng, 2004). In addition, in practice, the investigation organ sometimes fails to inform the families of suspects of the decision to detain within 24 hours as required by Article 64(ii), 1996 CPL (Wang Xin'an, 2004). In this section we look at the issue of pre – trial detention and try to deal both with deten-

---

* Excerpt taken from, *Criminal Justice in China-An Empirical Study*, by Mike McConville, Satnam Choongh, Pinky Choy Dick Wan, Eric Chui Wing Hong, Ian Dobinson and Carol Jones (2011) Edward Elgar publishing, http://www.e-elgar.com/.

[1] A run of unexplained deaths in centres managed by the Ministry of Public Security in 2009 led the Supreme People's Procuratorate to launch an initiative designed to secure appropriate management of centres. See, 'Top Prosecuting Body Starts Jail Safety Drive After Inmate Deaths', *South China Morning Post*, 21 April 2009.

tion beyond the legal time limits and detention which may be for proper or improper purposes within the allowable time limits.

A range of estimates of the incidence of extended detention beyond the legal time limits has been reported at both national and local level. *Xinhuanet* reported that according to statistics maintained by 'authoritative departments' there were 50,000 to 80,000 suspects subjected to extended detention each year from 1993 to 1999.[2] The *Legal Daily* reported that as of 15 August 2003, 7415 persons were being subjected to extended detention in the public security organs in China: of these, 6982 had been detained for less than one year after the expiration of the statutory time limit for detention, 369 persons had been detained for one to three years beyond the statutory time limit, and 64 persons had been detained for over three years following the expiration of the statutory time limit (Zhai Huaimin, 2003). According to a survey of 720 dossiers (951 suspects) provided by the public security bureau of eight districts and counties in a city used for annual evaluation and selected intentionally to highlight positive aspects, 41.5 percent of suspects suffered from extended detention (Zhang Chao, 2010). Of the extended detention cases, the longest was three years and 155 days involving some 400 extensions to effect detention beyond the required period.

The statistics should be viewed with caution. Thus, the police can side-step the time limits by 'creative' use of the rules. A commentary in the *People's Procuratorial Semi-Monthly* reported that in some cases suspects were granted residential surveillance after the expiration of the period of criminal detention, but re-arrested a few days later and placed under detention once more. Alternatively, the police have been known to release suspects 'unconditionally' after expiry of the detention time limit, only to re-arrest them imme-

[2] "Sunshine Detention: Public Security Organs, Procuratorates and the Courts are Taking Actions", *Xinhuanet*, available at http://www.humanrights-china.org/china/rqgz/rd20031114.asp.

diately after their release (Wang, Han and Bi, 1999). And individuals may be held in 'black jails', facilities which are not officially acknowledged to exist.

Extended periods of both pre – and post – arrest detention have attracted criticism in China from both official and non – official sources (Sun, 200; Che and Song, 2000). At a conference in 2000 examining the implementation of the CPL, the Chairman of the standing Committee of the National People's Congress (NPC) recognized the problem,[3] and similarly the Chairman of the Committee for Internal and Judicial Affairs of the NPC was quoted as saying that: 'A number of cases in which the persons concerned have been detained for years remain unresolved. Moreover, after old cases of extended detention are straightened out, new ones have emerged, and cases of extended detention in disguised form have also increased.[4] Despite this, the practice continues. The main themes and concerns which emerge from the literature can be summarized as follows:

(1) The police routinely use the exceptional power granted under Article 69 to detain for up to 30 days (Lu Weiju, 2004). Scholars and lawyers in Shanghai and Beijing interviewed by *Human Rights in China* revealed that the power to detain a suspect for the maximum of 37 days was invoked by the public security organs in all detention cases,[5] a view that many scholars in China have voiced in academic journals;[6]

(2) A commentary in the *People's Procuratorate* reported that some judicial organs apply the special 30 day detention period to all migrants, even to those who have worked and lived in the local jurisdiction for a long time and also to suspects who have committed more than one crime without regard to

---

[3] 'Top legislator on implementation of the Criminal Procedure Law', *Xinhua News*, 20 November 2000.

[4] 'China's assembly hears of torture, irregular judicial procedures', *BBC Monitoring Asia Pacific*, 29 December 2000. See also Sun Changyong (2009) pp. 28 – 29.

[5] Chen Weidong (2001).

[6] See for example Chen Ruihua (2001); Cui Min (1998).

whether they satisfy the test of being a 'major suspect' (the requirement under Article 69, 1996 CPL) (Wang, Han and Bi, 1999);

(3) A commentary in the *Guangming Ribao* and *Legal Daily* attributed the problem to the mentality of police officers who fail to appreciate such concepts as rule of law and fairness towards suspects (Guo Qing, 2001; Zhu Guobin, 2004; Cui Shixin, 2000);

(4) Some cases of extended detention occur not because the police need more time to investigate, but because the initial apprehension of the suspect was unjustified and prolonged detention is used simply to keep an aggrieved individual in check (Guo Qing, 2001);

(5) Some police officers, rather than filing one application for arrest for all counts of crimes involved in a case, apply for arrest for each count separately thereby 'justifying; a re-calculation of the permissible detention period. Others falsely claim that the further counts have been discovered during the course of investigation, thereby 'entitling' them to recalculate the detention period from the alleged date of discovery of the further offences (Zhang Lizhao, 1999). Others readily resort to the excuse that the case is complex, or involves travel over large areas (Jiang Xianyong, 2004);[7]

(6) Requests by the procuratorate for supplementary evidence caused by police investigative failings or incompetence inevitably lengthens the period of time for which the suspect is held in detention and may, indeed, be used for this purpose (Xiong Jiangning, 2001);

(7) One major problem arises out of the internal police performance indicators which are closely connected with the welfare, promotion and even continued employment of the police officers involved. These include such matters as the detection rate and percentage of the victim must be detected within a certain

[7] See also, Tan Hua (2010); Ai Jianguo and Junying Yan (2006); Liu Lina, Ying Wang and Jing An (2010); Sun Changyong (2009); and Yang Cheng (2007).

period. Against such a background, there is strong incentive to detect cases by using detention to obtain confessions;[8]

(8) Once extended detention is utilized, the system does not possess an efficient method for challenging or rectifying the decision (Chen Ruihua, 2001).

On 12 November 2003, the Supreme People's Court, Supreme People's Procuratorate and the Ministry of Public Security jointly issued the *Notice Concerning the Strict Enforcement of Criminal Procedure Law and Serious Rectification and Prevention of Extended Detention* ('*Notice*'). The *Notice* pointed out that extended detention had not been effectively eliminated in many areas and set out five tasks for the personnel of the courts, procuratorates, public security organs, military courts and procuratorates of the People's Liberation Army, and the Defence Department of the General Political Bureau to improve the situation regarding extended detention:

1) To pay equal attention to both substantive law and procedural law and respect the legal rights of suspects/defendants;

2) To strictly observe the time limits for detention as set out in the CPL, and prohibit the abuse of measures such as supplementary investigation, withdrawal of prosecution and change in jurisdiction over the case to extend the duration of detention of suspects/defendants;

3) To use bail or residential surveillance if the relevant conditions are satisfied;

4) To ensure that the judicial organs check and balance each other;

5) To punish those involved in imposing extended detention on suspects/defendants.

There is no reliable information on the impact of this *Notice* on the ground although some studies claim that efforts have been made to clear backlogs (e.g., Zhong Shikai, 2004; and Ding Xingyu and Xiangqiang Lu, 2004).

---

[8] Zhang Ying and Shang Xidon (2009), p. 141.

B. Our Qualitative Research Data

Our survey of judges, prosecutors, and defence lawyers revealed that extended detention remains an issue and, subject to the important caveat that qualitative interview material might generate some self - serving responses and material that relates more to how respondents would like their world to be than to how is actually is, for some it remains a 'problem'. A judge from site D (D - K - 03) mentioned extended detention as an ongoing problem, and some prosecutors we interviewed (e. g. in Site K, prosecutors K - W - 01 and K - Z - 02; and in Site D, prosecutor D - K - 01) stated that they would check, during the stage of examination for prosecution, whether there had been extended detention. One prosecutor from Site F (F - N - 04) suggested that in some cases he might decide not to prosecute if a defendant had already been subjected to a period of extended detention though no concrete example was offered of any occasion on which this had in fact been done.

In our research study, a lawyer from Site E (E - L - 04) said that he always asked his clients whether they had been subjected to extended detention and, if they had, he would file a petition or complaint on their behalf. Another defence lawyer (Site E, Defence lawyer in E - L - 05) was less optimistic in terms of what he could do for those subjected to extended detention. He said he would visit such suspects more often, check on their health and keep their families informed, but that none of this helped to bring the case to trial earlier. A lawyer from Site F (F - N - 04) stated that he had secured a judgment from the court that his client had been wrongfully detained for 56 days in one province. Although they lawyer added that the procuratorate made it difficult for his client to actually enforce the judgment, it suggests that at least some lawyers are pushing the authorities to comply with the rules on detention.

There is some evidence of top - down pressure to eradicate cases of extended detention. A prosecutor from Site H (H - S3 - 003) disclosed that the number of extended detentions was used as an index to assess their work performance. In fact, during the currency of the research one of the leaders of the Supreme People's Court visited one of our research sites to investigate and 're-solve' cases of extended detention in the province and there was considerable concern with the procuratorate that an adverse report would be filed following the visit, local officials conceding privately to us that some cases had been subject to unacceptably prolonged delays spanning years.

Among respondents in the research sites, therewere difference of opinion as to whether the authorities had been able to rein in excessive use of extended detention. A lawyer from Site D (D – K – 01) (who blamed both the police (PSB) and the procuratorate for extended detention) said that although the problem had been serious in the past it had improved considerably in recent years:

Site D – KM – 01: Extended detention is a problem. This was a big problem several years ago but it is better now.

However, another lawyer in Site E (E – L – 03) suggested that the situation had not improved:

E – L – 03: ... in practice extended detention at each stage is serious, most of which exceeds two months. They can change the time of detention in the legal document. This is why the Supreme People's Court, Supreme People's Procuratorate and the Ministry of Public Security jointly issued a document to demand that courts, procuratorates and the public security organs eliminate cases of extended detention.

As to the causes of extended detention, some of our respondents identified reasons similar to those highlighted in the literature reviewed above. So, for example, a prosecutor from Site C (C – B3 – 04) pointed to shortcomings in the initial policy investigation which can sometimes lead to the procuratorate ordering one or possibly two supplementary investigations, a process which extends detention. Another in Site A (A – B1 – 02) pointed to communication problems between the various state organs, giving as an example the decision by a court to adjourn the trial: unless the court informs the prosecution at an early stage, the likelihood is that the procuratorate or police will simply hold the defendant in custody until the new trial date.

C. Time LapseBetween Initial Detention and Application for Approval of Arrest: Our Qualitative Data

As explained above, the 1996 CPL allows suspects to be held for extensive periods of time during the investigative stage of the criminal process. Although pre – arrest detention is limited to three days in ordinary cases, it can extend to seven days in 'special circumstances' and 30 days if the case involves a 'major suspect' who is suspected of having committed offences in several locations, repeatedly or in a gang.

In our sample, we found only a tiny percentage of cases (2 percent) in which the police made an application for approval of arrest, within the three days laid down in Article 69, 1996 CPL for ordinary cases. The percentage of cases in which the police made their application for approval of arrest within the seven days allowed in 'special circumstances' (Article 69) was similarly small (3 percent). Compliance with these time limits was slightly lower for the Basic Court sample (1.3 percent and 2.3 percent respectively) than it was for the intermediate Court sample (3.1 percent and 4.1 percent respectively).[9] However, we cannot read too much into this counter – intuitive finding given that the police managed to make a decision on prosecution within three and seven days in only 50 of the 1000 cases in which the relevant data were available. In the vast majority of both Basic Court cases and Intermediate Court cases (74 percent and 63 percent respectively) the police took between eight and 30 days

[9] Zhang Chao (2010) found that in 14.5 percent of the cases following detention, the procuratorate did not make a decision within seven days as allowed by law after receiving the investigation organ's request for arrest or there was no clear record in the dossier.

to apply for authorization of arrest. [10] In approximately one – fifth of Basic Court (20. 2 percent) and Intermediate Court cases (19. 4 percent) the police took up to 12 months to make an application for authorization of arrest. In one Basic Court case and in four Intermediate Court cases no application was made for up to two years, and in a further four Intermediate Court cases no application had been made even after two years had elapsed from the date of first detention. [11] These data are set out in more detail in Tables 3. 1 – 3. 3.

We will deal with bail/residential surveillance later but note here that few get either with the consequence that most suspects are held in custody.

Table 3. 1 Period between date of first detention and application for approval of arrest: Basic Court

	Site A		Site B		Site C		Site D		Site F		Site G		Site M	
Within3 days	2	1.6	2	1.5	0	0.0	1	1.6	0	0.0	4	6.3	0	0.0
3 – 7days	0	0.0	9	6.9	3	2.4	3	4.8	0	0.0	0	0.0	7	15.6
8 – 30 days	35	28.5	111	85.4	117	92.1	56	88.9	54	88.5	46	71.9	35	77.8
31 days to less than 1 year	86	69.9	8	6.2	7	5.5	3	4.8	7	11.5	11	17.2	2	4.4
1 – 2 years	0	0.0	0	0.0	0	0.0	0	0.0	0	0.0	0	0.0	1	2.2
Over 2 years	0	0.0	0	0.0	0	0.0	0	0.0	0	0.0	0	0.0	0	0.0
Not known	34	–	11	–	26	–	7	–	4	–	6	–	25	–
Total	157	100.0	141	100.0	153	100.0	70	100.0	65	100.0	70	100.0	70	100.0

[10] Under Article 69, 1996 CPL the time limit for submitting a request for examination and approval may be extended to 30 days in cases involving ' a major suspect involved in crimes committed from one place to another, repeatedly, or in a gang ... "

[11] See also Wang Xin' an (2004) who found that of the 128 defendants surveyed, 21 percent had a custody period after criminal detention of less than 14 days, while the majority (62 percent) were detained between 15 and 37 days, and 17 percent had been detained for 38 days or more.

Table 3. 2 Period between date of first detention and application for approval of arrest: Intermediate Court

	Site E		Site H		Site I		Site J		Site K		Site L	
Within3 days	1	1.7	0	0.0	0	0.0	0	0.0	0	0.0	1	1.0
3 - 7days	25	42.4	6	16.2	5	7.4	1	1.7	4	5.8	16	16.3
8 - 30 days	29	49.2	27	73.0	46	67.6	27	45.0	61	88.4	58	59.2
31 days to less than 1 year	2	3.4	4	10.8	15	22.1	32	53.3	3	4.3	20	20.4
1 - 2 years	1	1.7	0	0.0	1	1.5	0	0.0	0	0.0	2	2.0
Over 2 years	1	1.7	0	0.0	1	1.5	0	0.0	1	1.4	1	1.0
Not known	6	–	16	–	2	–	0	–	1	–	2	- -
Total	65	100.0	53	100.0	70	100.0	60	100.0	70	100.0	100	100.0

Table 3.3 Period between daye of first detention and application for approval of arrest: all cases

	BC 7 Sites		IC 6 Sites		Total 13 Sites	
Within 3 days	9	1.5	2	0.5	11	1.1
3 - 7days	25	4.1	57	14.6	82	8.2
8 - 30 days	454	74.1	248	63.4	702	69.9
31 days to less than 1 year	124	20.2	76	19.4	200	19.9
1 - 2 years	1	0.2	4	1.0	5	0.5
Over 2 years	0	0.0	4	1.0	4	0.4
Not known	113	–	27	–	140	–
Total	726	100.1	418	99.9	1144	100.0

D. Time LapseBetween Date of Arrest and Transfer for Prosecution: Our Quantitative Data

Our researchers gathered data on the time that elapsed between the arrest of a suspect and the date at which the case was transferred by the police to the procuratorate. These data demonstrate that in a minority of cases (15. 8 percent) the police make a decision within the two month custody time limit prescribed for ' ordinary cases '. The percentage of cases in which the decision was taken within two months was higher in the Basic Court sample (19.1 percent) than in the Intermediate Court sample (10.1 percent), which may be explained by the greater complexity and seriousness of cases in the Intermediate Courts. One – third of cases took between two and three months to be transferred to the procuratorate; almost 40 percent of cases took between three and five months, and 8.3 percent took five to seven months (the percentage of such cases in the Intermediate Court sample being much higher at 13.1 percent than in the Basic Court sample at 5.6 percent). In the Intermediate Court sample, four suspects had to wait between one and two years following their arrest before their case was transferred to the procuratorate and two suspects had to wait for over two years. The data are set out in more detail in Tables 3.4 – 3.6.

E. Time LapseAfter Transfer for Prosecution: Quantitative Data

Once a case is transferred to the procuratorate further delays may occur in the processing of the case and hence in the delay for the suspect. We looked at whether requests b the procuratorate for supplementary investigationare a regular occurrence, and thus another possible cause of extended detention. The data are set out in Table 3.7.

The data demonstrate that supplementary investigation is requested in one – third of all cases in which the file records the relevant information. Supplementary investigation was requested in a higher proportion of Intermediate Court cases (43 percent) than Basic Court cases (29 percent). The high proportion of cases in which the procuratorate find it necessary to request supplementary investigation supports the view that there is a need to enhance police investigatory and evidence – gathering skills (see also, Zuo, Ma and Hu, 2007).[12]

[12] The investigation and prosecution departments may also borrow time limits from each other. The investigator commonly pays little attention to returned cases and some take no further action. See, Xi Meijun (2009), p. 28; Ji Gang and Jing Liu (2006), p. 91; Hu Zhifang and Zhihui Hu (2009), p. 70; Sun Xiaoyu (2009), pp. 28 – 29; Cheng Fei and Cheng Ming (2006), p. 6; Ma Jingrui, Xuemei Jin and Heng Liu (2005), p. 80; and Ru Yaguo (2007), p. 65.

Table 3.4 Period between date of arrest and transfer of case to procuratorate: Basic Court

	Site A		Site B		Site C		Site D		Site F		Site G		Site M	
Less than 2 months	24	16.9	18	14.0	23	18.5	4	6.3	20	32.8	8	13.1	26	40
2 to less than 3 months	63	44.4	57	44.2	19	15.3	18	28.6	11	18.0	27	44.3	18	27.7
3 to less than 5 months	45	31.7	46	35.7	74	59.7	38	60.3	23	37.7	18	29.5	20	30.8
5 to less than 7 months	5	3.5	8	6.2	6	4.8	1	1.6	7	11.5	8	13.1	1	1.5
7 months to less than 1 year	5	3.5	0	0.0	2	1.6	2	3.2	0	0.0	0	0.0	0	0.0
1 year to less than 2 years	0	0.0	0	0.0	0	0.0	0	0.0	0	0.0	0	0.0	0	0.0
Over 2 years	0	0.0	0	0.0	0	0.0	0	0.0	0	0.0	0	0.0	0	0.0
Not known	15	–	12	–	29	–	7	–	4	–	9	–	5	–
Total	157	100.0	141	100.0	153	100.0	70	100.0	65	100.0	70	100.0	70	100.0

Table 3.5 Period between date of arrest and transfer of case to procuratorate: Intermediate Court

	Site E		Site H		Site I		Site J		Site K		Site L	
Less than 2 months	1	1.7	0	0.0	5	7.4	0	0.0	5	7.7	27	31.0
2 to less than 3 months	26	43.3	6	16.2	0	0.0	1	1.7	54	83.1	46	52.9
3 to less than 5 months	29	48.3	27	73.0	41	60.3	27	46.6	4	6.2	13	14.9
5 to less than 7 months	2	3.3	4	10.8	16	23.5	25	43.1	1	1.5	1	1.1
7 months to less than 1 year	0	0.0	0	0.0	4	5.9	4	6.9	0	0.0	0	0.0
1 year to less than 2 years	1	1.7	0	0.0	1	1.5	1	1.7	1	1.5	0	0.0
Over 2 years	1	1.7	0	0.0	1	1.5	0	0.0	0	0.0	0	0.0
Not known	5	–	16	–	2	–	2	–	5	–	13	– –
Total	65	100.0	53	100.0	70	100.0	60	100.0	70	100.0	100	100.0

Table 3.6 Period between date of arrest and transfer of case to procuratorate: all courts

	BC 7 Sites	IC 6 Sites	Total 13 Sites
Less than 2 months	123 19.1	38 10.1	161 15.8
2 to less than 3 months	213 33.0	133 35.5	346 33.9
3 to less than 5 months	264 40.9	141 37.6	405 39.7
5 to less than 7 months	36 5.6	49 13.1	85 8.3
7 months to less than 1 year	9 1.4	8 2.1	17 1.7
1 year to less than 2 years	0 0.0	4 1.1	4 0.4
Over 2 years	0 0.0	2 0.5	2 0.2
Not known	81 –	43 –	124 –
Total	726 100.0	418 100.0	1144 100.0

Table 3.7 Prosecutor requested supplementary investigation

	BC 7 地	IC 6 地	共计 13 地
Yes	169 28.6	148 43.4	317 34.0
No	422 71.4	193 56.6	615 66.0
Not Known	135 – –	77 – –	212 – –
Total	726 100.0	418 100.0	1144 100.0

Article 140, 1996 CPL requires that supplementary investigation be completed within one month, and states that ' supplementary investigation may be conducted twice at most', a limitation introduced by the 1996 CPL to stop the practice of suspects being held indefinitely under the guise of supplementary investigation. Our data show that in a quarter of those cases in which supplementary investigation in requested it is requested twice. As Table 3.8 shows, the proportion of cases in which it is requested twice was higher in respect of the Basic Court sample (29 percent) than the Intermediate Court sample (20 percent).

It is clear from the above that the combination of the various stages of detention from initial apprehension to the application for approval of arrest, from arrest to transfer for prosecution, and from delays after transfer, all contribute to prolong the total period of detention. Setting aside wholly unlawful detentions the number of which cannot be determined, in the absence of a right to bail and with a porous set of legal provisions which confer considerable discretion on state actors, extended detention is a common feature of Chinese criminal justice in both serious and non – serious cases.

Table 3.8 No. of supplementary investigations conducted per prosecutor's request

	BC 7 Sites	IC 6 Sites	Total 13 Sites
One	83 70.9	57 80.3	140 74.5
Two	34 29.1	14 19.7	48 25.5
Not Known	52 – –	77 – –	129 – –
Total	169 100.0	148 100.0	317 100.0

Table 3.9 The outcome of the police's request for the authorization of arrest

	BC 7 Sites	IC 6 Sites	Total 13 Sites
Approved	474 99.6	381 99.0	855 99.3
Disapproved	2 0.4	4 1.0	6 0.7
Not Known	250 – –	33 – –	283 – –
Total	726 100.0	418 100.0	1144 100.0

Chapter 7 Unresolved Questions Regarding Pretrial Detention and Reforming the Role of Detention Center – Based Prosecutors*

—*Establishing a System to Review the Necessity of Pretrial Detention*

DAN Wei**

Abstract: *Under China's* Criminal Procedure Law ("*CPL*"), *pretrial custody is not a compulsory measure in and of itself, but rather it is a circumstance that goes along with two other categories of compulsory measures that are explicitly provided for in the CPL, namely, juliu (criminal detention)*[1] *and daibu.*[2] *Although they are commonly translated as "arrest," juliu and daibu are not similar to arrest, which is a short – term compulsory measure used to bring an individual into custody. Juliu and daibu are compulsory measures pursuant to which individuals may be held for long periods of time. The systems of daibu and pretrial detention are closely and directly linked to the freedom of a person within the criminal justice system. The slightest mistake will result in an infringement of a citizen's right to liberty, and deviate from the ob-*

---

* This is a translation of the article [论未决羁押与监所检察改革——兼论羁押必要性审查机制的建立] and is published for the first time in this book.

** Researcher, Institute of Procuratoratorial Theory, the Supreme People's Procuratorate of the People's Republic of China.

[1] See *Explanatory Notes Regarding the Translation of Chinese Legal Terms.*

[2] *Id.*

jectives of criminal justice: to punish crimes while protecting human rights. Although the 1997 *CPL gave human rights protection the highest priority, "daibu for good" remains the norm in Chinese criminal procedure. It is typical for a suspect to be held in detention for the duration of the case. This can be attributed to:* 1) *the failure to strictly adhere to the three statutory requirements for the approval of daibu,* 2) *the absence of any post – daibu mechanism to review the necessity of detention, and* 3) *the low likelihood of success of any detainee or defendant's application to alter the compulsory measures taken against him. The continued practice of detaining those who need not be detained shows that there has been a lack of effective protection of the legal rights of suspects and defendants. This not only imposes ex ante punishment on people who should be presumed innocent, but also undermines the legality and legitimacy of detention. As the agency specifically established to protect detainee's rights, the prosecutor's detention center supervision division should address this issue and perform its duty of supervision. The author proposes creating an innovative mechanism within the existing legal framework for prosecutors working in detention centers to effectively protect detainees' lawful rights. The proposal is based upon the results of a pilot program in which twenty Chinese prosecutor's offices experimented with* "A Working Mechanism for Detention Center – Based Prosecutors to Propose that Case – Handling Prosecutors Make Changes in Compulsory Measures Based on Actual Detainee Circumstances"（建立由驻所检察官根据在押人员的实际情况向办案单位提出变更强制措施检察建议的工作机制）.

The CPL defines five types of compulsory measures. Of these, juliu and daibu are the two that are most severe in that they deprive suspects and defendants of their liberty. The investigating agency unilaterally decides upon and enforces juliu. Juliu can last up to 30 days, but in practice, when one adds the 7 – day limit a prosecutor has to review a request fordaibu, juliu can last up to 37 days. This differs from investigating authorities in other countries who may, in exigent circumstances, execute an arrest warrant or execute an arrest without a warrant. In those cases, they can only hold a suspect in custody for twenty - four or forty - eight hours.[3] In China, to subject a person to daibu, the investigating agency must submit a request for approval to the prosecutor. Once the prosecutor approves daibu, the suspect's custody continues, and there is no further review or reexamination. Once the decision to juliu is made, custody can last for up to thirty - seven days; once daibu is approved, custody can continue from the beginning of the investigation stage until the entry into effect of the first - instance judgment, or until the end of second - instance trial proceedings. Thus, "daibu," despite its typical translation, does not refer to a compulsory measure to capture a suspect, but rather to one by which an individual may be held in long - term detention. The Chinese measure of "arrest" is therefore roughly equivalent to the system of arrest, with or without a warrant, in combination with the separate and distinct process of determining whether the suspect should be detained while awaiting trial in Western countries.[4]

I

As most suspects are already in custody before daibu, daibu cannot be seen as the act of capturing someone.[5] Rather, in China, daibu, which is usually

---

[3] See Chen, Ruihua, *Between Problems and Ideas: Research on Basic Criminal Procedure Problems* [问题与主义之间——刑事诉讼基本问题研究], (2003) (Beijing: China People's University Press), p. 201.

[4] *Id.*, p. 202.

[5] An exception is when the court decides to make an arrest. It generally means that among the cases handled by the People's Court, although the defendant is not detained, but the necessity of detention is found during the trial of the case, and the People's Court, when trying the cases of private prosecution, finds that the defendant who will potentially be sentenced to imprisonment attempts to commit suicide, abscond, or may destroy, forge evidence, or continue to commit crimes. This kind of arrest has both the act of "capturing," (抓捕) and the result of "detention," (羁押) and is thus a combination of "capturing" and "detention."

translated as "arrest," primarily refers to the suspect's continued deprivation of freedom after being taken into custody, in other words, pretrial detention. In that sense, China's system of daibu, which literally means "arrest" is an example of calling something by the wrong name; it is, in fact, a system of pretrial detention. Nor is the Chinese system of juliu, which is usually translated as "detention," equivalent to arrest. Rather, juliu may result in up to one month of custody. On that level, when a suspect is captured and then subjected to juliu, that primarily fulfills the function of an "arrest." The function of pretrial detention is divided between juliu and daibu.

Further, after a suspect is taken into custody, subjected to juliu or daibu, the investigation may lead to changes in the facts and evidence of the case, resulting in corresponding changes in the necessity of keeping the suspect or defendant in custody. Suspects who should no longer be in detention should instead be subjected to non – custodial compulsory measures. Under the CPL, such compulsory measures include pretrial release with a guaranty pending trial and residential surveillance. However, the authority to alter compulsory measures rests exclusively with the agency that authorized the juliu or daibu of the suspect in the first place. Article 65 of the CPL provides:

A public security bureau shall interrogate a person within 24 hours of their being subjected to juliu. If the public security bureau discovers that the individual should not have been taken into custody, they must be released immediately.

Article 65 clearly states that it is for the public security bureau to find whether the individual should not have been taken into custody. But what if they are unable to make that finding or refuse to correct themselves, despite the finding? Article 72 provides:

The People's Court or the People's Prosecutor, with respect to a person that each respective organ has decided to daibu, and the Public Security Organs, with respect to a person whose daibu has been approved by a People's Prosecutor, must interrogate that person within 24 hours of arrest. If it is found that the individual should not have been subjected to daibu, he must be released immediately.

Article 73 continues:

If the People's Court, People's Prosecutor, or a Public Security organ discovers that the compulsory measures adopted toward a suspect or defendant are inappropriate, such measures shall be cancelled or modified immediately.

Here, the same issue appears — each entity is supposed to "discover problems by itself and correct them by itself."

The law has no explicit stipulations regarding any procedure for review of the necessity of detention after daibu; nor are there processes by which detainees can seek review of their detention or seek judicial redress. The extension of the time limit for detention during the investigation stage is decided by the prosecutor based on a written application by the public security organs. During the charging process, prosecutors make such decisions and higher level prosecutors are responsible for approving them. During trial, courts are responsible for such decisions subject to approvals from higher level courts. At no stage can the detainee participate in the decision - making process regarding the extension of time for detention; nor can he express an opinion or make submissions, or seek redress. Articles 52 and 96 of the CPL, which provide that a detained suspect, a defendant, their legal representative, or their close relative has the right to apply for release with a guaranty pending trial and that a detained suspect's lawyer may apply for release with a guaranty pending trial. However, such applications are made to the public security organs during the investigation stage, to the prosecutor during the charging phase, and to the courts during trial. Whether any of these three agencies grant such an application depends entirely on its discretion. If they withhold approval, the detainee has no recourse. In the end, the detainee's right to make an application is just that; a right just to file an application; once filed, the process stops there.

II

The current system of detention does not seek to protect the integrity of the evidence, to prevent criminal suspects or defendants from committing new crimes or escaping. Rather, its objective is to meet the needs of the investigation, prosecution, and trial. Numerous provisions of the CPL illustrate that the period of detention directly corresponds with the time needed for investigation, prosecution, and trial. The necessity of detention is considered the same thing as the necessity of the investigation, prosecution and trial. Article 124 of the CPL provides that, following daibu, a person may be held in custody pending investigation for up to two months, with the possibility of a one – month extension for complex cases. Article 126 provides for a further two – month extension for serious and complex cases. Article 127 provides for yet another two – month extension where a suspect may be sentenced to a fixed – term imprisonment of ten years or more. Article 128 provides that, if during investigation, a suspect is found to have committed other serious crimes, the maximum pretrial detention period shall run from the date of the discovery of the additional crime. Thus, the duration of detention depends entirely on how long the investigation takes. Detention turns the suspect into a hostage to the investigative or criminal process.[6]

Article 138 provides that the period of detention during prosecution is limited to one month, with a possible half – month extension for serious or complex cases. Article 140 provides that a prosecutor may send a case back to the public security bureau for additional investigation up to two times, each time for up to one month. After the additional investigations are complete and the case is transferred back to the prosecutor, the time limit within which a prosecution

[6] Lin Yuxiong, *Criminal Procedure Law* [刑事诉讼法], (Vol. 1) (Zonglun ed.) (Beijing: China People's University Press), at pp. 201, 265.

must be brought (another one - and - a - half months) runs anew. In this fashion, detention during investigation and prosecution can last as long as five months. Accordingly, the time limit for pretrial detention is simply equivalent to how long it takes to complete the first and second - instance trial in court.

Article 168 provides that a first - instance court shall accept and hear a case within one month of the case being referred to it. In the event that one of the situations defined in Article 126 arises not more than one - and - a - half months after referral, that period may be further extended by one month. If jurisdiction over a case is altered, the time limit for trial shall run from the date on which the new court receives the case. If the prosecutor requests additional time for further investigation, the time period shall be recalculated. In this way, even without a change in jurisdiction, a first instance trial can take up to three - and - a - half months before a judgment is issued. Article 196 stipulates that the second - instance trial shall be concluded within one and a half months at the latest, subject to the one - month extension in the situations listed in Article 126, above. The calculation of the period of detention referred to above does not include the indefinite period for individuals whose identities cannot be confirmed; nor does it include the time period for death penalty review, or the time period for cases appealed to the Supreme People's Court by a defendant or a prosecutor. From the above, we can see that the time limit for detention is equal to the time a public security bureau, a prosecutor, and a court needs to handle a given case. The handling of a case has become a self - evident justification for detention. Due to the low risk, low cost, high efficiency, and relative absence of restrictions, "detention from beginning to end" is the most convenient and safe method for handling cases.

III

Article 69 of the CPL provides:

[i]f the public security bureau deems it necessary to daibu a detainee, it

shall, within three days of juliu, submit a request to the People's Prosecutor for examination and approval. Under special circumstances, the time limit for submitting a request for examination and approval may be extended by one to four days. For cases involving fugitives, or suspects involved in repeat offenses or gang activity, the time limit for submitting a request for examination and approval may be extended to 30 days.

These provisions clearly define the time limits and reasons for extension in the three sets of circumstances where public security organs could detain an individual. In other words, in the absence of special circumstances, the duration of detention is limited to one to three days; in the absence of fugitives, repeat offenses, or crimes involving accomplices, juliu should only last from four to seven days. In practice, however, there is no real impediment to extending juliu to 30 days and that is often done.[7] Prosecutors also typically and indiscriminately take all 7 days to approve daibu. Is a 30 - day detention of a suspect who is not suspected of being a fugitive, a repeat offender, or having accomplices, in the absence of special circumstances, an instance of erroneous detention, detention in excess of the statutory time limit, or arbitrary detention? The clear provisions of the law become an empty letter in practice. Since the public security organs can unilaterally decide on detention without the review or approval of any other agency, neither of the prosecutor's supervisory divisions, the investigation supervision and detention center - based prosecutor division, which oversees the detention center, have ever considered review of such detention to be within their spheres of oversight. Similarly, in cases directly investigated by the prosecutor's office, the oversight of detention is non - existent.

Article 60 of the CPL defines three criteria for daibu: 1) there must be evidence that a crime occurred (the evidence requirement); 2) the crime of

[7] The author interviewed policemen in over two hundred detention centers and conducted a random sampling. More than 80% of the detentions lasted thirty days.

which the defendant is accused must carry a punishment of imprisonment or worse (the punishment requirement); and 3) alternatives to detention such as pretrial release with a guaranty pending trial or residential surveillance must be insufficient to prevent danger to the community, thus necessitating the daibu of the criminal suspect or defendant (the necessity requirement). In practice, only the first requirement is observed: whether there is evidence to support the facts of the crime. If the evidence makes out the crime, then the suspect is kept in custody. Less consideration is given to the punishment requirement and the necessity requirement. In its written application for approval of daibu, the investigating agency need only state which crime has been committed; it need not state the anticipated sentence or the necessity for detention. Further, in approval or disapproval of arrest, the prosecutor reviewing the application typically only states the crime alleged.[8] Therefore, the review of applications for approval of daibu focuses only on evidence relating to the elements of the crime. In their paperwork, public security bureaus and prosecutors ignore the requirements stated clearly in the law, rendering those safeguards completely ineffective in the prevention of improper daibu and detention. However, this is merely a technical reason.

The primary reasons for the indiscriminate use of daibu and detention and the loosening of the legal limitations on daibu and detention are the law - and - order values of cracking down on crime and the political imperative for social stability above all else. As the control of crime and the maintenance of social

[8] Format of a Written Decision Approving an Arrest: *XXX People's Procuratorate's Written Decision Approving an Arrest*, *X Jian Xing Pi Bu* [1998] *No.* 25Public Security Bureau of XX County, With regards to your bureau's Written Request for Approval of Arrest, X Gong Pu Zi No. 38, requesting to arrest the criminal suspect, XXX, this Procuratorate believes that the aforementioned criminal suspect may be involved in robbery and theft in violation of Article 61.1 of Criminal Procedure Law of People's Republic of China. The request to arrest the criminal suspect XXX is approved. Please enforce immediately and notify this Procuratorate of the enforcement within three days. MM/DD/YYYY (Stamp).

order and safety remain the fundamental values and goals of Chinese criminal procedure, the use of daibu is still primarily focused on prosecuting crimes. Under this ideology, the public security bureau, the prosecutors, and the courts at all levels are assessed based on the rate of daibu. The juliu – to – daibu ratios of public security organs, the proportion of prosecutions following daibu approvals, and the conviction rates of prosecutors are important benchmarks for public security and prosecutor performance. The performance assessment system is a significant quantitative criterion in the granting of unit or individual awards and for individual promotions. These benchmarks emphasize high rates of daibu, prosecution, and guilty verdicts. Ifan officer handling a case decides not to daibu or prosecute because of the facts or law, she runs the risk of a negative performance assessment. A high acquittal rate may have an even greater negative effect on a prosecutor's performance assessment.

Quantitative performance assessment indicators incentivize both public security and prosecutorial officials to pursue a high conviction rate from the initial juliu decision onwards. The mindset that emphasizes fighting crime at the expense of due process continues to play a major role. The harder the strike against crime and the harsher the punishments, the better the performance evaluation will be. Legally mandated procedures are easily overridden by internal rules. These quantitative assessment indicators have become a "mini criminal procedure law" that govern the conduct of public security personnel and prosecutors and have become the logic that guides their interactions in handling cases. "Making the numbers" renders non – custodial compulsory procedures a low priority choice while internal imperatives have made pretrial detention routine.[9]

Moreover, the criteria for reviewing the necessity of daibu are vaguely ar-

---

[9] Changshen Li, "Why Pretrial Release Has Become the Exception? – The Reason Why Investigatory Detention Has Become the Norm in China," *Journal of Xiangtan University (Philosophy and Social Sciences)*, Vol. 33, Issue 2, Mar. 2009.

ticulated in existing law and that has led to officials to ignore the reasoning behind the law governing whether daibu is necessary. Article 7 of the "*Quality Standards for Prosecutors Reviewing Daibu* (*experimental rules*)" (人民检察院审查逮捕质量标准(试行)) (the Standards) issued by the Supreme People's Procuratorate in August 2006 defines nine situations under which a criminal suspect need not be subjected to daibu.[10] The Standards are for imposing limitations on the use of daibu as they help lead to a better grasp of the criteria for daibu and the caution with which it should be used. However, the "possible" circumstances described in the Standards are not defined in a concrete way. Whether a suspect poses a danger to society and whether daibu is necessary, remains dependent on the investigating officer's subjective judgment.

Additionally, there is the question of who should bear the responsibility if a suspect who has been released flees, commits suicide, or poses an additional risk of danger to society. This has long been an important factor restricting the

---

[10] The standards provide that detention may be unnecessary in the following circumstances: (1) the criminal suspect was in the act of preparing to commit a crime, or voluntarily discontinued his criminal offense before it was completed, or used unjustifiable excessive force in self – defense, or acted beyond what was necessary to avoid danger; (2) the criminal suspect is a first time or casual offender acting without a high degree of malevolence, or was an accomplice after the fact or was a relatively minor confederate in a joint crime, or surrendered or rendered meritorious service by cooperating in the investigation, or took the initiative to return ill – gotten gains, compensate victims for losses, and manifested remorse after committing the crime; (3) the criminal is suspected of a crime of negligence and has manifested remorse after committing the crime, and effectively mitigated the amount of resulting damage or took the initiative to make compensation for the damages caused; (4) the criminal is suspected of committing a crime arising out of a dispute between neighbors, relatives, or friends, has apologized to the victim after committing the crime, compensated for the victim's losses, and has obtained the forgiveness of the victim; (5) the criminal suspect is a juvenile or student fourteen years of age or older but younger than eighteen years old and has shown remorse, and his family, school, local community, or residents' committee are willing and able to provide supervision and education to reform him; (6) the criminal suspect is elderly or disabled and is physically unfit for custody; (7) the criminal suspect should be subjected to daibu but is suffering from a serious illness, is pregnant, or is a woman who is breastfeeding her own baby; (8) the criminal suspect may be subject to a prison sentence of less than three years and his release will not pose any risk of danger to society or the obstruction of the normal criminal proceedings; (9) and other circumstances indicating that daibu is unnecessary.

use of non – custodial compulsory measures.[11] Further, releasing a suspect may result in suspicions of a corrupt relationship between the prosecutor and the suspect or may lead the victim to seek remedies by petitioning. These concerns have led to consideration of daibu – for – the – duration of the case as the "safest" way to proceed.

"If there is evidence then daibu" is not a new phenomenon in China. Rather, it has been a decades – long tradition in criminal justice work. The problem of high daibu rates leading to high detention rates only stood out after the 1997 amendments to the CPL emphasized new trial procedures that prioritized human rights protections in criminal justice. The original legislative purpose of the three criteria for arrest was to limit the number of arrests, but the practice of "if there is evidence then daibu" led to the continued detention of people who might not have been detained if the three requirements were strictly followed. Problems such as high detention rates and pretrial detention in excess of the statutory time limits are inconsistent with the constitutional principle of respect and protection of human rights.

IV

In other countries, pretrial detention is independent of arrest and the purpose of separating the two is to limit the use of detention. Pretrial detention is not a short term jailing but rather involves the lengthy deprivation of a suspect's or a defendant's freedom of the person. Based on the presumption of innocence, a suspect or defendant is not a criminal until convicted, and should not be sentenced without first being found guilty. In addition, a suspect or defendant may be acquitted, given a non – custodial sentence, such as community

[11] A case – handling officer should not bear this kind of risk. An accountability mechanism should not be initiated either. As long as the case – handling officer handles the case by law, it is the criminal suspect or defendant's responsibility if he or she escapes, commits a suicide, or commits another crime. This is an internationally accepted standard.

service, probation, a fine, or a short period of imprisonment. Hence, the use of custodial measures before trial, at its core, is a manifestation of a presumption of guilt, directly infringing the freedom of the person. Criminal procedure laws in many other countries explicitly set out the principle that pretrial detention should be the exception and they regulate its use through strict mechanisms of judicial review and the availability of judicial remedies. For instance, Article 137 of the French*Criminal Procedure Code* states, "During the preliminary judicial procedure, the suspect is presumed innocent and should remain at liberty." Article 9 of the *International Covenant on Civil and Political Rights* provides, "it shall not be the general rule that persons awaiting trial shall be detained in custody." The United Nations Human Rights Committee, in its General Comment No. 8 on this provision, points out, "pretrial detention should be an exception and as short as possible." These provisions make clear that suspects or defendants shall not be deprived of personal freedom for extended periods of time prior to judgment, and that pretrial detention should not be a routine practice.

In addition, stringent mechanisms of judicial oversight and judicial remedies ensure that theprinciple that pretrial detention shall be an exceptional measure are followed. This is primarily evident from: (1) review by an independent third party, namely a judge. With the exception of a warrantless arrest made under exigent circumstances, any form of arrest or custody requires a warrant issued by a judge. (2) There is a limited list of justifications for custody, typically confined to the presence of a risk of escape, destruction of evidence, the risk of committing another crime after being released, or a serious criminal charge with a potential sentence of over three years. (3) Detention typically cannot exceed four months. (4) Strict processes of judicial oversight in which the detainee can participate. Countries that follow the Anglo – American common law system have established adversarial hearings in which the prosecution and defense both participate. In Germany, Japan, and Taiwan, judges can review written materials and question criminal suspects directly. Any time there is an application for an extension of the period of detention, the prosecution must submit a new application to the court and state the reasons for extension. (5) The mechanism for seeking judicial remedies is highly developed. Detainees dissatisfied with the custody decision can request a review or file an appeal. (6) Alternatives to detention that safeguard the community are well established.

In many foreign countries, as well as in Taiwan, Hong Kong, and Macau, the rate of individuals held in pretrial detention is under 20%.

V

According to statistics in the China Law Yearbook, the pretrial detention rate has exceeded 90% in the decade since the CPL was amended in 1997 (See Table 1).[12]

Table 1 A Comparison of the Number of Persons for Whom Prosecutors Approved Daibu and Indictment from 1997 to 2006 in China

Year	Daibu Approved			Formal Indictment Approved			Pretrial Detention Rate (%)
	Police Investi-gations	Prosecutor Investi-gations	Total	Police Investi-gations	Prosecutor Investi-gations	Total	
2006	891,620	15316	906,936	999086	29,966	1,029,052	88.13
2005	860,372	16,047	876,419	950,804	30,205	981,009	89.34
2004	811,102	17,078	828,180	867,186	30,778	897,974	92.23
2003	748,756	16,020	764,776	793,092	26,124	819,216	93.35
2002	765,899	16,161	782,060	829,530	25,340	854,870	91.48
2001	823,167	18,678	841,845	817,479	27,827	845,306	99.59

[12] Li, Changshen, "Why Pretrial Release Has Become the Exception? —The Reason Why Investigatory Detention Has Become the Norm in China," *Journal of Xiangtan University (Philosophy and Social Sciences)*. Vol. 33, Issue 2, Mar. 2009.

续表

Year	Daibu Approved			Formal Indictment Approved			Pretrial Detention Rate (%)
	Police Investi – gations	Prosecutor Investi – gations	Total	Police Investi – gations	Prosecutor Investi – gations	Total	
2000	696,265	19,568	715,833	681,254	27,582	708,836	100.99
1999	645,632	17,886	663,518	647,440	24,927	672,367	98.68
1998	582,120	15,981	598,101	557,929	26,834	584,763	102.28
1997	512,978	24,385	537,363	493,762	31,557	525,319	102.29

In March 2010, the author conducted a survey of the daibu and pretrial detention rates in twenty basic level Chinese prosecutor's offices for the 5 – year period between 2004 and 2009. They were all above 90%. The rate of pretrial detention after daibu for defendants charged with a crime related to their official duties was as high as 98%. During the period from 2004 through 2009, one prosecutor's office received requests for approval of daibu for 704 people and only rejected 10, equivalent to a daibu approval rate of 98.57%. Of the 32 cases of misconduct in public office (including bribery and misconduct) investigated by the prosecutors, daibu was approved for all of the suspects, a rate of 100%.

Around 68% of sentences handed down by courts nation – wide every year are for fixed – term imprisonment below three years, including supervised release, criminal detention, non – custodial supplementary punishment,[13] probation, or no punishment, with the latter five categories constituting 64%. Overall, the ratio of light sentences exceeds 60%. From 2005 to June 2009, the courts sentenced 69.7% of defendants charged with crimes related to official

[13] Translator's note: "supplementary punishments" refer to minor punishments such as fines or a deprivation of political rights that often accompany prison sentences but can also be imposed independently of a prison sentence. In this context, "supplementary punishment" means a non – custodial punishment.

duties to no punishment or probation. [14]

Large numbers of the following categories of suspects and defendants could have qualified for release but were instead held in detention, including: minors, senior citizens, petty – crime offenders, first – time offenders, opportunistic offenders (偶犯), [15] suspects charged with minor offenses related to their official duties, those who had fixed employment, fixed work units, regular incomes, family ties, or suspects whose crimes showed little malice and no danger to society, who voluntarily turned themselves in, proactively returned illegal gains, or who paid compensation to the victims of their offense. The detention of such suspects pending investigation or trial has become the routine way of dealing with criminal cases in China. This phenomenon has long been overlooked by public security bureaus, prosecutor's offices and the courts. Numerous basic level prosecutor's offices have as much as a 100% rate of post – daibu detention for individuals suspected of crimes related to their official duties. One feature of this type of investigation is that by the time the case is referred to the prosecutor's office for investigation, there has already been a complete body of evidence collected. [16] Therefore, the likelihood of collusion, fabricating or destroying of evidence, or committing additional crimes is plainly not present and cannot constitute a sufficient justification for continued detention. If there is no reason to expect the defendant to flee, a change of compulsory measures to a non – custodial measure should be considered. However, in practice, this rarely occurs. The high rate of cases in which the defendant was sentenced to a minor form of punishment shows that the detention rate is too high, that pretrial deten-

[14] Wei You, "Trend of Light Punishment of Crimes by Taking Abusing Duty v. Strict Governance over Officials," *Legal Daily*, (22 Nov. 2010), p. 1.

[15] See *Explanatory Notes Regarding the Translation of Chinese Legal Terms*.

[16] Translators' note: the author may be referring to the fact that many public officials suspected of misconduct are first investigated by the Disciplinary and Inspection Committee of Chinese Communist Party and, if the Party finds evidence of criminal conduct, they refer the case for criminal prosecution. By that time, the case has already been fully investigated.

tion is routine, and that there is no proportionality when it comes to the length of the periods of detention.[17] This also highlights the question of whether the high rate of pretrial detention is lawful or legitimate.

VI

Admittedly, the set of compulsory measures — with detention at their core — are successful in protecting the investigative process and controlling crime. However, this success comes at the cost of the rights of large numbers of unnecessarily detained suspects and defendants, as well as the integrity of the country's justice system. Judicial resources are wasted. Citizens' rights are not effectively protected. Prosecutors and judges do not properly perform their function. There are loopholes in the system of legal oversight, and social conflicts are not effectively resolved.

How can this state of affairs be changed?

The sections above analyze the current state of China's systems of juliu and daibu, and compare them to the practices of other countries and the relevant United Nations documents. It is not difficult to see that if substantial changes are going to be made to the existing systems of juliu and daibu, in particular, if the relevant provisions of the CPL are to be amended and if an independent system of pretrial detention is to be established, this cannot be achieved quickly. The reason is that the existing systems of juliu and daibu not only serve the functions of handling cases and detaining suspects, but also of maintaining social control. This is tightly linked to the habitual mindset and practices of political - legal work.[18] This mindset and these practices are in turn linked to the entire system of judicial system management and national politics. Changing conceptual thinking, amending the legal system, and reforming the political system

[17] Liang Tang, "Empirical Studies on Pretrial Detention," *China Law Science*, Issue 7, 2001.

[18] See *Explanatory Notes Regarding the Translation of Chinese Legal Terms*.

are a gargantuan systemic undertaking. That task involves numerous changes impinging on many interests. Resistance to such changes will be powerful, and reform will involve considerable time and expense. Yet victims of unwarranted detention decisions cannot wait for systemic reform. Notwithstanding the central government's demands for "rational, cool-headed, civilized, and consistent application of law," political-legal organs at all levels continue to emphasize the kind of law enforcement that strikes hard against crime. Daibu rates, indictment rates, and conviction rates are inflexible assessment indicators for all political-legal organs, creating substantial resistance to efforts to lower the juliu and daibu rates by enforcing the three criteria for daibu. Additionally, the conditions are not yet ripe for the creation of an effective system of judicial oversight.

Therefore, this paper proposes another way to lower the detention rate after daibu; one that will not conflict with existing assessment indicators, and hence will not cause frontline officers to encounter insurmountable criticism. The author has spent almost three years surveying over two hundred local prosecutor's offices, over two hundreddetention centers, convened numerous conferences, and interviewed over five thousand detainees. During that process, it became clear that the law contains many provisions that are supposed to protect the rights of suspects and defendants, however, there is no effective remedy for violations of these rights. Thus, when someone is improperly detained, no one cares. The core notion of rights is that "where there is a right, there must be a remedy." Rights reflect a country's promise to its citizens, and remedies are what a country provides to guarantee that the promises it makes to its citizens can be realized in practice. A lack of remedies renders the law toothless.

In the prosecutor's office, the division that oversees the detention centers has an office in each detention center. These offices are responsible for supervising the detention center and protecting detainees' legal rights. The duration of a suspect's deprivation of liberty, from daibu (or even the beginning of juliu) until the carrying out of the sentence — is entirely within the scope of the prosecutor's supervision. In this closed system, the protection of the suspects' legal rights depends mainly on the prosecutor's oversight of the detention center. The division supervising the detention center must, by law, accept "accusations, reports, and appeals from detainees, their legal representatives, and close relatives." This responsibility is not simply a delivery service like a post office or dispatcher's office. Rather, this should be a task that carries substantive disciplinary powers. Without hard and fast provisions, human rights protection is vague and abstract and the result is there is no protection. After interacting face – to – face with over five thousand detainees, the author considers that the most basic human right for a detainee is the right *not* to be detained. The fact that so many suspects who should not be detained are still detained shows that case handling officials are seriously violating the legal rights of detainees. The detention center – based prosecutors can see this happening repeatedly with their own eyes and it is part of their responsibility to exercise oversight authority. They should incorporate this work into the scope of their official responsibilities.

The current law regulating pretrial detention centers, combined with the studies referred to above, suggest that prosecutors based in local detention centers must determine the necessity of an individual's detention and accept appeals from those who seek to challenge their detention. To facilitate this task, the author has drafted "*A Working Mechanism for Detention Center – Based Prosecutors to Propose that Case – Handling Prosecutors Make Changes in Compulsory Measures Based on Actual Detainee Circumstances*"（建立由驻所检察官根据在押人员的实际情况向办案单位提出变更强制措施检察建议的工作机制）and developed an "*Evaluation Form to Determine the Necessity of Detention for a Detainee*"（在押人员羁押必要性评估表）.[19]

---

[19] An evaluation of the necessity of detention refers to a quantitative evaluation by a prosecutor in a detention center on the necessity of continuing detention of a criminal suspect or defendant through trial. With respect to the quantitative evaluation, the prosecutor will decide whether to advise the case – handling agency to change the compulsory measures.

The proposal contains eleven steps, including the scope of application, the agencies responsible for implementation, the operating procedures, the methods of work, and so on, that, together, standardize this work.

(1) In addition to their regular oversight responsibilities, prosecutors in local detention centers should make it a priority to oversee whether a detainee's custody is necessary.

(2) In addition to entering records of detainees when they first arrive at the detention center, prosecutors in local detention centers should distribute the "*Evaluation Form to Determine the Necessity of Detention for a Detainee*" in a timely fashion, learn the facts of each detainee's case and whether his detention is necessary.

(3) If prosecutors in local detention centers believe a change needs to be made, or if they receive a request from a detainee (a criminal suspect or defendant), their legal representatives, or close relatives, prosecutors should look into the case, consider the detainee's circumstances, reevaluate the detainee's custody status, and obtain the detainee's case file by contacting the investigation supervision division or the public prosecution division. Upon review of the case file, the prosecutors should decide whether to suggest a change of compulsory measures.

(4) If it is necessary for the prosecutor to recommend to the case-handling division that the compulsory measure be changed to a non-custodial measure, then the prosecutors, after reporting to the responsible person in their division, should report orally to the case-handling division and solicit that division's view on the proposed change to the compulsory measure. If the case-handling division agrees to the change, it is unnecessary to submit a written recommendation form. If the case-handling division disagrees, the prosecutors may complete the necessity of detention evaluation form and, according to their review of the case, submit a "Prosecutor's Recommendation to Modify the Compulsory Measure." They may submit the written recommendation to the re-

sponsible person of the division for his review.

(5) After the responsible person for the detention center - based prosecutor's office reviews the "*Prosecutor's Recommendation to Modify the Compulsory Measure*," he should forward the written recommendation to the Deputy Chief Prosecutor in charge of the division for review.

(6) After the Deputy Chief Prosecutor reviews and approves the recommendation, the prosecutor handling the matter for the detention center - based prosecutor's office should stamp the prosecutor's official seal on the "*Evaluation Form to Determine the Necessity of Detention for a Detainee*" and the "*Prosecutor's Recommendation to Modify the Compulsory Measure*," and deliver these forms to the division that has the authority to decide whether the compulsory measures should be modified.

(7) If the Deputy Chief Prosecutor believes the case is relatively complex and should be submitted to the Prosecutor's Committee for discussion, the prosecutor handling the case should deliver the case file, along with the "Prosecutor's Recommendation to Modify the Compulsory Measure," to the Office of Prosecutor's Committee for review. If the Office believes the conditions call for a change, the Office will request the Chief Prosecutor to meet with the Committee to discuss whether to recommend a change in compulsory measures.

(8) The relevant division that receives the detention center - based prosecutor's "*Prosecutor's Recommendation to Modify the Compulsory Measure*" should provide a written response within five days of receipt indicating whether a change to the compulsory measure will be made.

(9) If the relevant division agrees with the detention - center based prosecutor's "*Prosecutor's Recommendation to Modify the Compulsory Measure*," then the detention center - based prosecutor should consult with the relevant division, decide on a release date and oversee that the release is carried out.

(10) If the relevant division disagrees with the "*Prosecutor's Recommendation to Modify the Compulsory Measure*," then it should provide a written

statement explaining its disagreement and submit it to the responsible person for review.

(11) If the responsible person believes the written statement of disagreement is insufficient to demonstrate the necessity of detention, he should report to the relevant Deputy Chief Prosecutor to ask whether he will issue a notice to correct the violation of law.

The evaluation form categorizes and quantifies the danger a suspect poses to the community, allowing the prosecutor in the detention center to accurately assess the necessity of detention for a given suspect. The content of that evaluation, which is divided into the main text and the appendix, is entirely based on existing regulations in the current Criminal Law andCPL. The main text lists all the premises and conditions that affect an arrest under the Criminal Law and the CPL and consists of four parts: (1) "*Standard Scores for Juliu and Daibu*" is a reexamination of the legitimacy of daibu. (2) "*The Legally Mandated Score that Corresponds to the Criminal Conduct Involved in the Case*" provides a score that corresponds to the potential terms of imprisonment and types of punishments. (3) "*The Necessity of Detention Score*" determines a score based on seven factors: the result of the crime, the subjective view of the offense, the nature of the offense, any aggravating circumstances, other factors that impact danger to community, and circumstances that could affect the orderly functioning of the criminal process. (4) "*The Elements that Clearly Demonstrate the Absence of Necessity for Detention Score*" contain two possible outcomes, specified as follows: "*The Public Prosecutor has Already Declined to Indict*" and "*The Trial Court has Decided on a Sentence of Probation.*" There is a corresponding score for each specified outcome. A negative number favors the defendant and a positive number is unfavorable to the defendant. If the net score is less than minus six, then there is no need for detention. If the net score is more than minus six, then it is necessary to hold the defendant in detention.

Since there are many types of crimes, the pilot program applied to only five types of crimes: traffic accidents, assaults resulting in minor injuries, robbery, and crimes involving less than ten thousand yuan, opportunistic crimes, juvenile crimes, and petty crimes with a statutory sentence below three years.

After a one – year pilot program launched to implement this proposal, most of the twenty participating basic level prosecutor's offices found the proposal easy to follow and effective in supervising the detention center. They discovered problems with detention quickly and found feasible solutions. Implementation allowed detention center – based prosecutor offices to reach their full legal potential and effectively reduced the rate of detention.

Before the implementation of the pilot project, the prosecutor's office in Fei County, Shandong Province reviewed and approved daibu in 324 cases involving 486 individuals. The daibu approval rate was 86%. As many as 65% of the defendants received sentences involving no prison time, including defendants who were sentenced to probation, no punishment and punishments such as fines or deprivation of political rights that are often supplementary to prison sentences but, in this case, were imposed without a prison sentence. Since October 2009, when the pilot program was launched, the prosecutors in local detention centers filed 46 "*Prosecutor's Recommendation to Modify the Compulsory Measure*"（检察官提出变更强制措施检察意见）forms, and the status of 37 detainees was changed from daibu to pretrial release with a guaranty pending trial. Since July 2009, when the pilot program was launched in Yichang City of Hubei Province（湖北省宜昌市）, prosecutors reviewed the necessity of detention for 433 detainees held in ten detention centers. After review, the prosecutors found that there was no need to continue to detain 35 detainees and recommended that the compulsory measures for those 35 detainees be modified. All of the prosecutor's recommendations were adopted.

On April 23, 2010, the Supreme People's Procuratorate convened a special conference to debate whether the pilot project mechanism was feasible. A decision was reached to extend the pilot program to ten additional provinces throughout the entire country. One could say that this project has already grown from a small – scale experiment to a large – scale practice.

Proposing this kind of pilot project must be understood against a background where the relevant law has not been amended, the relevant reform has not been initiated but the rights of people in custody still need to be protected. A mechanism like the one proposed optimizes resources within the internal prosecutorial supervision system, avoids costs associated with judicial reform, and encourages prosecutors to perform their duty to supervise the necessity of detention determinations and provide remedies when appropriate. The pilot project suggests that fairness can be fully realized within China's existing legal framework. The mechanism suggested by the pilot project applies underutilized resources to promote the realization of equity and justice. This kind of work can be done efficiently, at low cost and can achieve fairness and justice extraordinarily quickly through the enforcement of existing laws. If the reform debate gets stuck at the stage of conceptualization, theoretical criticism or a discussion of foreign models, then the lawful rights of detainees are sacrificed, time is wasted and judicial reform is further delayed. Just as with earthquake relief work, should we first describe the most modern and most beautiful garden or should we build the sturdiest building or should we set up tents as soon as possible to provide shelter for the homeless? The answer is the same when it comes to violations of citizens' legal rights in criminal proceedings: we should provide remedies as soon as possible. The most significant lesson learned from this pilot project is to remind us that many of the problems in our judicial system can be solved through the development of innovative mechanisms within the existing legal framework.

Chapter 8 On Improving the Pretrial Detention System in China*

BIAN Jianlin**

Abstract: *The primary reason pretrial detention of criminal suspects in China is so common as to be considered the normal state of affairs, is that there is confusion between the concepts of "daibu,"*[1] *(commonly translated as "arrest") and "detention." This confusion has led to an absence of judicial review and a lack of judicial remedies. In order to control the use of pretrial detention, there should be a fundamental reform of the pretrial detention system, separating daibu (arrest) decisions from detention decisions, ensuring that daibu (arrest) occurs before detention is considered, and establishing a procedure for the independent review of the decision to detain a suspect before trial. On the basis of the following generally accepted modern principles governing systems of pretrial detention such as the principle of judicial delegation of authority, judicial review, judicial remedies, and proportionality, the Chinese pretrial detention system can be improved in the following concrete ways: maintain the prosecutor's*[2] *position as the primary authority to review pretrial detention*

* This article was originally published in (2013) *The Jurist* [法学家] Issue 3, pp. 81 – 88.

** The author is Juris Doctor and Professor, Procedural Law Research Institute at China University of Political Science and Law. The author is grateful for the assistance of Li Jing, a Ph. D. candidate in procedural law studies at the China University of Political Science and Law.

[1] See *Explanatory Notes Regarding the Translation of Chinese Legal Terms.*

[2] *Id.*

decisions, improve procedures for reviewing pretrial detention decisions, clarify the question of how long periods of pretrial detention can be, strengthen procedures for seeking remedies for improper detention, and broaden the set of alternatives to detention.

The pretrial detention process is not just a means of depriving an accused of liberty for a period of time to ensure that litigationproceeds smoothly,[3] it is also a means of protecting citizens from improper and arbitrary deprivation of liberty by the state. Based on the important role pretrial detention plays within the Chinese criminal justice system, the question of how to design a pretrial detention system in a scientific manner is important to the establishment of the rule of law in Chinese criminal procedure. The amended *Criminal Procedure Law* ("CPL") implements major changes and improvements to the pretrial detention system that ensures a more cautious use of pretrial detention and expands the use of alternatives to detention. In that light, this chapter will first review and reflect on the existing system of pretrial detention and then comment on the CPL's reforms. Based upon that foundation, this chapter will make concrete proposals for the improvement of China's pretrial detention system in light of generally accepted modern principles governing pretrial detention systems, all in the hope that this will contribute to the creation of a more scientific pretrial detention system.

1. A Reflection Upon the Current State of Pretrial Detention in China

1.1 *The Distinction between Daibu and Detention*

"Daibu" and "detention" are concepts that are easily confused in the pretrial detention system and must be kept distinct. From a linguistic perspective,

[3] The pretrial detention system in China's Criminal Procedure Law includes pre-daibu detention and daibu. Daibu is a compulsory measure that deprives a criminal suspect of his personal freedom for the long term. To limit its scope, this study on pretrial detention system in China focuses on the daibu system.

"daibu," (or "arrest") refers to the momentary act of capture, whereas "detention" (*jiya* 羁押) is a state of relative deprivation of freedom of the person, which lasts for a certain duration.[4] From the perspective of the relevant provisions of the *International Covenant on Civil and Political Rights* and of the pretrial detention systems of countries with a well-developed rule of law, on the one hand, there is a clear distinction between arrest and detention; detention is not a necessary consequence of arrest. An arrestee should be promptly brought before a judicial officer who then determines whether the arrestee should be detained for a certain period. As a consequence of that determination, the arrestee may face continued detention, or may be released. On the other hand, there is a close link between arrest and detention, even though the conduct that justifies an arrest does not necessarily lead to detention. One does not necessarily result from the other. Arrest is a necessary but insufficient precondition to detention while detention is a possible but not a necessary consequence of arrest.[5] Unlike common international practice, in Chinese criminal litigation, "daibu" not only refers to the act of capture, but also to the state of being held in custody. Daibu is not a process that precedes detention; instead, continued detention is necessarily the result of daibu. Once the decision to daibu is made, the suspect is not only placed in custody but is also held for an extended period of time.

1.2 *Regulating Pretrial Detention Through Legislation*

The 1996 CPL provides substantive standards and procedural requirements for the use of pretrial detention. In terms of the substantive criteria, daibu may only be imposed if the following conditions are met: (1) there exists evidence that a crime has been committed; (2) the crime carries a possible sentence of at least fixed-term imprisonment, and (3) the use of pretrial release on a guar-

---

[4] See, *The "Cihai"* (辞海) (Translators note: this is a large-scale Chinese dictionary), Shanghai Cishu Press, (2002), pp. 137, 281, 755 and 1,945.

[5] See, Chen Ruihua, "Legal Control over Pretrial Custody — A Comparative Law Perspective," *Tribune of Political Science and Law*, (2002), Issue no. 4.

antee pending trial or residential surveillance would be insufficient to prevent the risk of danger to the community, and (4) daibu is necessary. Article 86 of the *People's Procuratorate Criminal Procedural Regulation* (*Trial Version*) (人民检察院刑事诉讼规则(试行)) explains that the criterion "there exists evidence that a crime has been committed" includes the following: "(1) there exists evidence that a crime has been committed; (2) there exists evidence that the suspect committed the crime; and (3) the evidence that the suspect committed the crime has been substantiated."

In terms of procedural requirements, with the exception of a small number of cases directly determined by the courts, the right to decide and approve pretrial detention rests with the prosecutor's office. Although the statute uses the word, "daibu," (arrest) when referring to the decision-making authority, in practice, deciding "daibu" has the effect of deciding pretrial detention. The power to approve daibu is the power to approve pretrial detention. The prosecutor's office can decide to detain a suspect upon the request of the public security organs, or on its own. Where the public security organs request prosecutorial approval of daibu, the suspect is typically already in custody. The public security organs must deliver the relevant documents, that is, case files, and evidence to the prosecutor's office for review. They need not, however, transfer the criminal suspect to theprosecutor for questioning or review. After reviewing the relevant documents, the prosecutor may approve the arrest as long as the request demonstrates that it meets the statutory requirements.

In 2010, the Supreme People's Procuratorate and the Ministry of Public Security jointly issued the "*Regulations on Interrogating Criminal Suspects During the Daibu Review Period*" (关于审查逮捕阶段讯问犯罪嫌疑人的规定) (the Regulations). The Regulations amend the process by which people's prosecutors make daibu decisions through documentary reviews. The Regulations require prosecutors to interrogate suspects, if necessary, when making decisions to approve daibu. They also define the circumstances that require prosecutors to interrogate suspects. In general, prosecutors should interrogate any suspect who makes a request to be interrogated. Even where a detained suspect is not interrogated, his or her written submissions should be evaluated. Regardless of the means of review, the decision to approve daibu will become the basis for taking a suspect into custody who is not already in custody, as well as the basis for justifying the ongoing detention of a criminal suspect already in custody. The law sets a time limit for custody, but where the facts of the case are complex, the nature of a case is important and complex, or there exist other special factors that mean the investigation cannot be concluded within the time limit, the period of detention can be extended upon approval by the prosecutor. A detainee may also apply for a pretrial release with a guaranty pending trial. A detainee who has been detained in excess of the time limit provided by law may also request that he be released from detention. Where the prosecutor or the public security organs discover that pretrial detention has been improper, they should release the suspect or substitute a different, non-custodial compulsory measure. If they discover that detention has exceeded the time limit, they should release the suspect or substitute a different, non-custodial compulsory measure.

1.3 *Reflections on the Current Pretrial Detention System in China*

Although the legislative purpose of China's CPL is to promote the cautious application of pretrial detention, nevertheless pretrial detention has become the routine way for dealing with criminal suspects, and requests to be released from detention are rarely given any consideration. One commentator discovered, following studies, that in the twenty years from 1990 to 2009, prosecutors approved daibu requests for as many as 94.84% of all criminal suspects. In the 8-year period between 2002 and 2009, prosecutors' offices nationwide approved or initiated daibu of a total of 7,024,200 people. Courts nationwide issued criminal verdicts against 6,896,571 people. The ratio of detainees to those con-

victed of criminal offenses was 101.85%[6]. The high rate of pretrial detention is due to views of the role of criminal justice, as well as biases concerning the function of pretrial detention — especially the neglect of human rights protection. But actors' interests are also a driving force. In summary, the primary procedural flaws are the lack of judicial oversight and the absence of judicial remedies.

The failure to distinguish "daibu" from "detention" in the existing system has led to a situation where "daibu" itself has come to mean detention. This has prevented the development of judicial oversight mechanisms to deter abuses of pretrial detention after the initial arrest but prior to "detention." For an international perspective, countries with more developed rule of law have a clear separation between arrest and detention to prevent unnecessary infringement of their citizens' liberty. This has resulted in two mechanisms of oversight: any deprivation of freedom of the person must be initiated by a document like an arrest warrant and is subject to judicial review. As Japanese scholar Morikazu Taguchi(田口守一) notes, "the primary purpose of establishing arrest as a prerequisite to detention is to subject arrest to judicial restraint, and then to subject detention to judicial restraint as well, thus creating a system of double restraint."[7] In China, however, daibu itself means detention. After subjecting a suspect to daibu pursuant to a determination by the prosecutor, the public security organs have the power to keep the suspect in detention, without any further need to deliver the suspect to the prosecutor for review. This results in the suspect losing the opportunity to regain his or her liberty or be subjected to alternative, non-custodial compulsory measures. It also results in the prosecutor losing the opportunity to discover whether detention is improper or unnecessary

[6] See Liu Jihua, "Chinese Characteristics and Reform of Daibu Review System," *Chinese Journal of Law*, (2012), Issue no. 2.

[7] Morikazu Taguchi, *Criminal Procedure Law* (刑事诉讼法), Translated by Di Liu, Ling Zhang, et al. Law Press, (2000), p. 54.

by interrogating the suspect. This necessarily results in the expansion of the scope of cases for which pretrial detention is used. In addition, the confusion of daibu with detention and the lack of judicial oversight have led to a dilemma for prosecutors' offices in determining whether to approve daibu. If they do not authorize daibu, this may result in suspects who should be detained being able to obstruct justice. If they do authorize daibu, a lack of opportunity to interrogate a suspect directly to verify the necessity of detention may lead to their ongoing unnecessary detention.

On the other hand, although the 1996 CPL, in principle, gave detainees the right to apply for pretrial release with a guaranty pending trial, and a right to be released from detention if it exceeds the statutorily mandated maximum time period, the CPL failed to provide a mechanism for vindicating these rights. For example, there are no provisions concerning: to whom such an application should be made, the effect of such an application, how the recipient of such an application should review it, how the reviewing unit should dispose of the application, the effect of such a disposal, and so on. This has resulted in detainees having, in practice, no law upon which to base a request for relief. It also frequently leads public security and judicial organs to ignore detainees' requests for redress. This, in turn, compels detainees' friends and relatives to resort to "petitioning," media disclosures, and other mechanisms to achieve their objectives. These roadblocks to judicial redress result in legal problems, or problems that could have been resolved through judicial means, transforming into social or even political problems.[8]

At the same time, while the 1996 CPL required relevant agencies to release or substitute an alternative non-custodial measure for suspects whom they had discovered should not have been detained in the first place or who had been held

[8] See Chen Ruihua, "Theoretical Reflections on the Pretrial Detention System," *Chinese Journal of Law*, (2002), Issue no. 5.

in detention beyond the statutory time limit, the law nonetheless failed to provide any guidance regarding the mechanisms, procedures and effectiveness of review. One commentator has gone so far as to say: "Strictly speaking, the 1996 CPL does not contain any provisions that govern challenges to the legality of detention; nor does it contain any recognition of a detainee's right to judicial redress for improper or unlawful pretrial detention. In other words, in China, there can never be a question about the legality of pretrial detention. As long as a prosecutor approves daibu, the legal presumption is that the ensuing lengthy period of custody is all legal."[9] In practice, the prosecutors' office, as the agency charged with ensuring that the government functions in a lawful manner, may review specific cases to determine whether a suspect has been held in detention beyond the maximum statutory period. However, such reviews often occur as part of a "special campaign," and there have been no enduring legal mechanisms developed to address this problem. Moreover, the prosecutors' office does not have the power to decide whether a detainee should be released, except in cases where the prosecutors' office is itself the investigating body or the prosecutor has independently imposed daibu on the suspect during the investigation or trial period. Otherwise, in cases investigated by the police, the prosecutor's office only has the power to recommend release: limiting its ability to affect the outcome.

2. The Newly Amended CPL and Revisions to the Pretrial Detention System

One major bright spot of the 2012 CPL amendments is the relatively extensive revisions to the provisions regarding compulsory measures, including the pretrial detention system. The revisions satisfy the practical needs of the legal system and are responsive to trends in criminal justice development. In particu-

---

[9] Xue Hong, "Researching on Establishing Judicial Remedy to Pretrial Detention in China," *Contemporary Law Review*, (2006), Issue no. 3.

lar, the amendments to pretrial detention focus primarily on substantive criteria and on procedural provisions.

The amended CPL clarifies the prerequisites for detention bydefining what kind of suspect presents a "danger to the community," with greater specificity, including: a criminal suspect who may commit a new crime; a suspect who may present a risk to national security, public safety, or social order; a suspect who may destroy, forge, or conceal evidence; a suspect who may obstruct witnesses' testimony or collude with others to present false testimony; a suspect who may retaliate against victims, informants, or accusers; and a suspect who may attempt to commit suicide or abscond. It also specifies certain kinds of felony charges and certain categories of suspects and defendants that satisfy the grounds for detention, including: those who are charged with an offense that can potentially result in a sentence of ten years or more based upon the available evidence; and those who may be sentenced to a term of imprisonment and have a criminal record, or whose true identity cannot be established.

To correct the inadequacies and confusion in the legislative provisions governing the current daibu review procedure, the amended CPL has clarified the procedural requirements of daibu review and approval. It stipulates that the prosecutor may interrogate a suspect, question witnesses or other parties to the litigation, and consult with defense attorneys during the daibu review and approval process. The prosecutor ought to interrogate a suspect if it is questionable that they meet the criteria for detention, if the suspect wants to make a statement to a prosecutor, or if there may have been serious illegal conduct during the investigation. In general, the prosecutor should listen any time a defense attorney makes a request to be heard. At the same time, in order to prevent unnecessary detention and detention that exceeds the legal time limits, prosecutors now have an obligation to review the necessity of continued detention. Whenever detention is unnecessary, the prosecutor should propose that the suspect be released or that the suspect's detention be modified to an alternative non-custodial compulsory measure.

Furthermore, the amended CPL promotes the protection of the defendant's fundamental human rights and endeavors to prevent unlawful police conduct, including the illegal collection of evidence (非法取证),[10] detention that exceeds the legal time limit and any other police action that violates the defendant's rights. The CPL specifies that the public security organ must transport suspects in custody to a detention center immediately and notify their family within 24 hours of arrest, unless they are unable to be reached. The amended CPL also emphasizes that suspects, legal representatives, relatives, and defense attorneys have the right to request release of the defendant or a modification of their detention to a form of non-custodial compulsory measure once the legal time limit has elapsed.

Moreover, when the purpose of the legislation, the strengthening of procedures and standards for pretrial detention and the prevention of unnecessary detention are considered, it can be seen that the overall direction of reform is toward the principle of prioritizing non-custodial alternatives over detention and making pretrial detention the exception, not the rule. Unfortunately, however, the 2012 CPL fails to address several fundamental flaws in the pretrial detention system. First, it fails to resolve the confusing nomenclature of using both "daibu" and "detention" in the pretrial detention system, and as a result, it is still not possible to establish a process of effective judicial review at the point after the suspect has first been taken into custody and prior to the imposition of detention. Second, as in the past, the amendment fails to establish judicial remedies. The law also still fails to provide a path for detainees to apply for review of the "necessity of their detention", or for release with a guaranty pending trial. Even though the law requires prosecutors to determine the necessity of detention, it does not specify strict standards or deadlines for prosecutorial review

[10] Translator's note: this refers to using torture or coercion to elicit a confession.

of a case. The vagueness of these statutory requirements is an invitation to prosecutors to evade their responsibilities. Moreover, even if detention is found unnecessary, prosecutors do not have the legal authority to order the release of detainees before their detention has exceeded the statutory time limit. Prosecutors are only allowed to recommend release or alternative non – custodial, compulsory measures to the investigative bodies and their recommendations can easily be ignored. This creates a certain amount of concern about how much impact prosecutors' recommendations really have.

In addition, when it comes to detention that has exceeded the maximum time limit allowed under the law, the amended CPL fails to specify how prosecutors should rectify the situation; there is no specificity regarding methods, paths or their effectiveness and this lack of specificity undermines the effectiveness of any remedy in practice. The CPL also fails to clarify whether prosecutorial recommendations are binding upon investigative bodies. Finally, the amendment fails to specify a time limit for detention or a deadline for solving cases, and does not specify methods for extending the statutory time limit for detention. Because the time limit for detention is determined by the amount of time the investigators need to solve the case it is difficult to enforce any time limit in practice.

3. Common Principles of the Modern Pretrial Detention System

Professor Shantian Lin (林山田) has said: "Although compulsory measures restrict individual freedom and rights, they are not meant to punish individual defendants; rather they are meant to: (1) ensure that the defendant is present when needed; (2) guarantee that evidence will be discovered and preserved; (3) ensure an orderly litigation process; (4) guarantee execution of the verdict and uphold the authority of criminal law and procedure."[11] As a compulsory measure, the function of detention is to ensure the orderly progress

[11] Lin Shantian, *Criminal Procedure Law*, (Wu – nan Publishing), (1998), p. 178.

of a case and to prevent improper obstacles in criminal proceedings. Apart from litigation, however, there is another purpose of compulsory measures that bears emphasizing, namely the protection of human rights. However, if ensuring the orderly progress of litigation is the only goal, it would be tantamount to the state giving investigative agencies tacit permission to use compulsory measures, including detention, indefinitely. When suspects are in custody investigators can control them more easily both physically and psychologically. The fundamental nature of the pretrial detention system is to protect human rights and individual freedom from infringement by the state. The mature methods used to achieve this goal by the *International Covenant on Civil and Political Rights* and countries with a well – developed rule of law are to regulate and limit the use of pretrial detention through specific norms and procedures. These have been developed into the common principles of modern pretrial detention systems.

3.1 *The Principles Regulating Pretrial Detention Procedures*

From a procedural perspective, pretrial detention can only be ordered according to previously enacted legal procedures. Article 9.1 of*International Covenant on Civil and Political Rights* provides, "[e]veryone has the right to liberty and personal security. No one shall be subjected to arbitrary arrest or detention. No one shall be deprived of their liberty, except on such grounds and in accordance with procedure as established by law." According to the principle of procedural law, in order for pretrial detention to be imposed, there must be a legally authorized procedure, a lawfully empowered decision – maker and bases that are clearly stated in the law.[12] Under the general principle of guaranteeing procedural legality, a modern pretrial detention system should feature judicial authorization, judicial review, and judicial remedies.

The principle of judicial authorization, also known as "pre – arrest authori-

[12] See Sui Guangwei, "Detention: Characteristics and Applying Principles," *Contemporary Legal Science*, (2004) Issue no. 3.

zation" or "a warrant requirement," is the first line of defense against improper or unnecessary detention. Judicial authorization requires a judicially - authorized arrest warrant issued by an impartial judicial officer as a prerequisite to arrest. Instead of a warrant requirement, many countries require that an arrest be made as a prerequisite to detention but that the authority to arrest does not include the authority to continue to detain the suspect. The principle of judicial review requires that after arrest, the suspect be brought promptly before a judicial officer for a hearing where the officer hears both sides' arguments and decides whether the suspect should or must be detained. The principle of judicial review is the second line of defense against improper or unnecessary pretrial detention. The principle of judicial remedies gives a suspect the right to apply to the judicial authority to terminate an improper or unnecessary detention and therefore this is the third line of defense against improper and unnecessary pretrial detention. Some countries allow judges to initiate the review of the necessity of detention of a suspect on their own, *sua sponte*. Although there is a remedy for detentions exceeding their legal term, judicial remedies primarily focus on the review of the necessity of pretrial detention that is still within the statutory time limits.

3.2 *The Principles Constraining the Bases for Pretrial Detention*

In addition to regulating procedures for determining whether to order pretrial detention, countries have also established statutory standards for deciding whether pretrial detention is appropriate as a way to prevent its abuse. Those standards are based fundamentally on the principle of proportionality. Proportionality is the principle that states must follow when they infringe upon citizens' fundamental rights. When the state exerts its power over its citizens, it must use methods that achieve a balance among the goals the state seeks to achieve.

"The legitimacy of compulsory measures permitted by any criminal procedure code depends not only on statutory authority, but also on the constitutional principle of proportionality. When considering proportionality, we must weigh many factors, including the severity of the crime, the degree of proof of guilt, the importance of preserving evidence and information, and the potential danger of destruction and threats posed to others."[13]

Generally speaking, the principle of proportionality includes three subcategories: 1) appropriateness, which requires that the application of compulsory measures is helpful in achieving the set goal; 2) necessity, which requires that compulsory measures should be taken only if other less restrictive means are inadequate; and 3) proportionality, in a narrow sense, requires that the benefits of the compulsory measure outweigh the burden on the rights of the citizen. The application of proportionality demands prudent exercise of state power, prioritizing the balancing of the law's impact on fundamental human rights, and minimizing the burden on citizens' rights.

4. Proposals to Improve the Pretrial Detention System in China

In China, the human rights protection aspect of pretrial detention has not received as much attention as it should. Instead, pretrial detention has been used to serve a diverse set of functions, including: criminal punishment and education, anticipatory punishment, facilitating the gathering of evidence, and crime prevention.[14] In practice, there have been certain other phenomena, such as using detention for the purpose of investigation, making a public spectacle of an arrest, extending detention beyond statutory time limits and using the detention center to root out other crimes. These are real life footnotes to the above list of the diverse purposes for which pretrial detention has been used. If we are to improve the pretrial detention system and lower the detention rate in

---

[13] Song, Bing, *Judicial System and Judicial Procedures in the United States and Germany*, (China University of Political Science and Law Press), (1998), p. 384.

[14] See Bian Jianlin, "Replacing the Function of and Perfecting the System of Criminal Compulsory Measures in China," *China Legal Science*, (2011), p. 6. Liu Jihua, "Distortion of Arrest Functions and its Correction—Rational Interpretation of the Amount of Arrests and Rate of Arrests," *Political Science and Law*, (2006), Issue no. 3.

China, however, we must refocus the purpose of compulsory measures to ensure the orderly functioning of the criminal justice process and the protection of human rights. Additionally, in an effort to ensure the prudent use of pretrial detention, the amended CPL invites criminal suspects, witnesses, defense lawyers and other participants in a criminal case to join in the pretrial detention review process, however it still fails to thoroughly solve the problems created by the original defect of confusingly combining daibu and detention. Treated as two separate categories, daibu and detention should each be utilized and applied differently. I believe that daibu and detention are two distinct compulsory measures, each with a different legal consequence, each of which should be used under different circumstances. In the future, we need to undergo a fundamental reform of our pretrial detention system, clearly distinguish between daibu and detention, implement a separation of daibu from detention, make daibu precede detention, implement a daibu – first system, and establish an independent detention review mechanism to control the use of pretrial detention. Making daibu come before detention will appropriately introduce more lenient standards for the pretrial detention process, while at the same time satisfying the practical needs of investigatory agencies. In addition, making the conditions and procedures for pretrial detention more strict and strengthening the judicial review process will standardize the use of pretrial detention. Using the principles of the modern pretrial detention system as a foundation, I propose the following improvements to the Chinese pretrial detention system:

4.1 *Maintain the Prosecutor's Role as Reviewer of Pretrial Detention*

In China, it is the prosecutor who is responsible for reviewing the necessity of pretrial detention. In theory, this is not an issue. Having the prosecutor play this role does not violate the requirements of the*International Covenant on Civil and Political Rights* and, as a practical matter, is feasible under current judicial institutional arrangements in China.[15] This is consistent with the Chinese Constitution's grant of authority to the prosecutor to review daibu decisions, and few changes would need to be made to the *Organizational Law of the People's Procuratorate* (中华人民共和国人民检察院组织法), the CPL, or the national criminal legal system. Allowing the prosecutor to maintain this authority would create the least amount of shock to the system. Additionally, the prosecutor already has staff and units who have experience reviewing daibu applications and their experience with pretrial detention review would give them a good foundation for this work. In addition, in prosecutor's offices, there is one department that supervises investigations and a separate department that handle prosecutions. On some level, giving this responsibility to the prosecutors' office would resolve the problem of separating the responsibility to pursue criminal responsibility from the responsibility to review the necessity of detention.[16]

4.2 *Improve the Detention Review Procedure*

Pretrial detention review and approval should include three processes. First, after receiving a request to approve daibu from the public security organ, the prosecutors' office should review the file to determine whether the legal requirements for daibu have been met. After the review and approval, it should issue to the public security bureau a daibu warrant, which should specify the person to be subject to daibu, the grounds for daibu and the date by which the daibu should beeffected. Second, if, after executing the daibu warrant, the public security organ believes detention is necessary, it should send a request for approval of pretrial detention to the prosecutors' office within the statutory timeframe (e.g. twenty-four hours after arrest). The request should be re-

---

[15] Translator's note: In Chinese law and nomenclature, procurators/prosecutors are considered "judicial officers" and any reference to "judicial officer" and "judicial" system, review or remedy, should be understood to include the prosecutor's office as a "judicial" organ.

[16] See Wu Mengshuan, "On the Power to Investigate and its Legal Supervision," in Qian Sun & Lixian Liu ed., *Collections on Procuratorial Theories*, Vol. 2. Law Press, 2001, p. 212.

viewed by the prosecutor and this review would include the factual and legal bases for the request as well as the necessity of detention. As part of the review process, the prosecutor should summon the suspect to inform him or her of the charges, the underlying facts, and the right to counsel. During the review, a prosecutor should interrogate the suspect and solicit the opinions of defense counsel and, if necessary, invite the investigators to be present and explain the case, as well as the bases and necessity for pretrial detention. After review, the prosecutor should decide whether or not to approve detention, or whether to approve pretrial release with a guaranty pending trial, or residential surveillance. The final matter is the review of the necessity of detention. Even after detention has been initially approved, the prosecutor's office should periodically review the necessity of continued detention. If circumstances change so that detention is no longer necessary, the detainee should be released immediately or, if appropriate, be subjected to alternative, non-custodial compulsory measures.

4.3 *Clarify the Time Limits for Pretrial Detention*

When prosecutors approve detention requests they should issue a written document authorizing detention for a specific period of time. If the public security agency believes there is a need to extend the period of detention, it should submit a request for extension seven days before the date the detention is due to expire. If the prosecutor grants approval, he or she should issue a written decision providing for a specific time period for continued detention. If the detention has exceeded the approved time period and the public security agency has not requested an extension or the prosecutor has not approved the request for an extension, the detainee should be released immediately.

Currently, Chinese prosecutors only use their investigatory supervision authority to correct errors in detention, that is, when detention exceeds the statutory time limit. This is not consistent with the legal authority conferred upon prosecutors by the Constitution. Pursuant to Article 37 of the Constitution, the prosecutors have the authority to approve daibu whereas the public security agency's power is limited to the enforcement of daibu. The public security agency has no power to make any daibu decisions on its own under any circumstances. The only reason a suspect can exist in a state of detention is because that is the effect of a prosecutor exercising its authority to decide daibu should be approved. Accordingly, when detention of a suspect has exceeded the legal time limit and there has been no lawful extension, the effect of the prosecutor's initial approval will expire immediately. No additional legal authorization can justify the suspect's continued detention so he or she must be released. Additionally, when, during the review of the necessity of detention, the prosecutor determines that a suspect should be released, the suspect must be released because the power to decide whether the suspect should be released or detained is part of the prosecutor's power to approve daibu. The prosecutor's power is to issue a decision and not a mere recommendation.

Another issue within the current judicial system is the confusion between time limits for handling cases and time limits for detention.[17] Extending the time to handle a case should not automatically extend the period of detention. The nature of the two matters is completely different. If, one day, the basis for detention no longer exists then the period of detention should expire regardless of whether the handling of the case has reached an end. Completing the handling of the case is a matter for the public security and judicial organs and the total time period includes statutory time limits for investigation, charging and adjudication.

4.4 *Strengthen a System of Judicial Remedies*

China has yet to establish a meaningful system of judicial remedies for pretrial detention. The current law provides only that the defendant, his or her legal representative, close relatives, and defense attorney have the right to apply

[17] See Chen Yongsheng, "Problems of Pretrial Detention System and their Solutions," in Ruihua Chen ed. *Empirical Studies on Pretrial Detention*. Peking University Press, (2004), p. 48.

for a modification of compulsory measures to a non – custodial measure or to request release once the period of detention exceeds the legal limit. In practice, this remedy is of little use and is a far cry from the common principles of a modern pretrial detention system. "It is one thing to declare the existence of fundamental rights and another to ensure that the infringement of such a right is effectively prevented or sanctioned. Machinery for enforcement must be provided and an injured party must have ready access to it."[18]

China should learn from Taiwan's interlocutory appeal procedure known as *junkanggao*（准抗告）and establish a procedure to seek review of detention decisions.[19] If a detainee refuses to accept the prosecutor's decision to approve detention, he has a right to request review by a higher level prosecutor's office. The higher level prosecutor's office should review the detention decision immediately and, if appropriate, modify the compulsory measure to a non – custodial form of compulsory measure. If the higher level prosecutor decides against modifying the detention order, the prosecutor should explain the basis for her decision. If, prior to the expiration of their detention, a detainee believes the reason for his detention no longer exists and he should be released, he should have the right to request the prosecutor to institute another review of the necessity of detention. If a detainee remains in custody after his detention period has expired, the detainee, close relatives or the defense attorney should also have the right to request immediate release from the agency in charge. If the agency refuses to release the suspect, the prosecutor should order his release and handle the matter of the agency's unlawful conduct according to the circumstances.

---

〔18〕 Peter Stein and John Shand, *Legal Values in Western Society* [西方社会的法律价值], translated by Xianping Wang, China Legal Publishing, (2004), p. 216. Translator's note: Quote from original work, Peter Stein, John Shand, *Legal Values in Western Society*, (1974) (Edinburgh Univ. Press), p. 152.

〔19〕 *Id.*

4.5 *Provide a Variety of Alternative Measures to Detention*

One weakness of the current system in China is that there are not enough alternatives to detention. Law enforcement agencies and judicial authorities do not have many alternatives to detention other than release. Compelled appearance is an alternative principally used to compel a person to be present for interrogation. Pre – daibu detention is primarily used for defendants caught red – handed and suspects involved in serious crimes. Pretrial release with a guaranty pending trial is used more frequently but lacks a practical method of strict enforcement. Residential surveillance is not particularly feasible and can easily become another form of custody in disguise.

The lack of alternatives creates dilemmas for public security agencies and judicial authorities in choosing compulsory measures. Generally, non – custodial compulsory measures are insufficient to ensure the orderly functioning of the criminal process while detention is excessively harsh. When forced to weigh their options, law enforcement agencies find detention more practical, which is a key factor in the excessively high rate of pretrial detention in China. In the future, building reforms on the foundation of existing non – custodial measures, China should model alternative measures that vary in their restrictions of personal freedom on measures used in other countries, such as regular reporting, limiting the defendant's activities, and compulsory medical examination and treatment. Except for special circumstances regulated by law, defendants should always have the right to apply for non – custodial measures as alternatives to detention, including obtaining pretrial release with a guaranty pending trial.[20]

[20] See Sun Changyong, "Criminal Compulsory Measures in View of Comparative Law," *Chinese Journal of Law*, 2005 no. 1 (2005).

Chapter 9 Alternatives to Detention and Support Systems for Juveniles Awaiting Trial — An Empirical Study*

SONG Yinghui, SHANGGUAN Chunguang, WANG Zhenhui**

Abstract: *It should be standard practice that juveniles suspected of committing crimes are released while awaiting trial and not held in detention centers. Pretrial detention for juveniles should be severely restricted. In practice, some jurisdictions in China are experimenting with using "probation centers" (观护基地)*[1] *as support systems for alternatives to detention for juvenile suspects. These centers offer supervision and services to reduce pretrial detention for juveniles and assist with their reentry to society. Empirical research shows that using probation centers reduces pretrial detention for juveniles, is an effective alternative to conventional punishment, assists reentry to society, and has encouraged law enforcement officials to reconsider their way of thinking about*

* Translation of article originally published in (2014) *Tribune of Political Science and Law* [政法论坛], January 2014, Vol. 1.

** Song Yinghui: Professor and Doctoral Student Supervisor, Criminal Law Research Institute, Beijing Normal University. Shangguan Chunguang: Juris Doctor, Assistant Professor, National Procurators' Academy. Wang Zhenhui: Juris Doctor, Assistant Professor, Project 2011 Judicial Civilization and Innovation Center; Assistant Professor, Litigation Research Institute, China University of Politic Science and Law. The authors would like to thank Dr. SHEN Wenkuan at Beijing Normal University for helping to gather materials and for reviewing the first draft.

[1] Different places have given these centers different names but they are substantially the same. Hence, this article uses the term "probation center" to describe them all, except for specific examples where original terms will be introduced.

juvenile suspects. To establish and improve a non – custodial support system for juvenile suspects awaiting trial, based primarily on the use of probation centers, there should be greater clarification of the role of probation centers within the overall juvenile justice system, a clarification of their relationship with law enforcement agencies, a balance reached between the probation center's rights and obligations, measures to ensure juveniles are assessed for risk before being sent to probation centers, and there should be effective supervision of the handling of juvenile offenders while they are in probation centers. Finally, we need to reform the professional evaluation mechanisms for case handling agencies.

China's rapid economic and social development has brought about increasing movement of people within the country. As a result, the commission of crimes by internal migrants (外来人员)[2] has become a salient problem, particularly in the more developed eastern regions of China. Even if migrants suspected of committing crimes meet the statutory criteria for either release with a guaranty pending trial (取保候审)[3] or residential surveillance (监视居住),[4] in practice, investigating authorities are more inclined to detain them under daibu,[5] as they are frequently unable to provide suitable guarantors or to put up money or property for a guaranty. This has resulted in large numbers of migrants suspected of committing crimes being subjected to pretrial detention. This not only results in the infringement of the rights of migrants to equal protection, but also brings about the "cross – contamination" of detainees,

[2] Translator's note: "Internal migrants" or "migrants" refers to Chinese citizens who leave their home, usually in the countryside, to find work in urban areas but who do so without obtaining permission to change their official place of residence, or "hukou" (户口), their "household registration." They become part of China's large "floating population" (流动人口) who actually live and work in China's growing cities but do not enjoy the full benefits of citizens with household registrations for their place of residence.

[3] See *Explanatory Notes Regarding the Translation of Chinese Legal Terms.*

[4] See *Explanatory Notes Regarding the Translation of Chinese Legal Terms.*

[5] See *Explanatory Notes Regarding the Translation of Chinese Legal Terms.*

which inhibits their rehabilitation. Moreover, detention of this population in large numbers also increases the financial burden on the justice system.

Compared to adults, minors are not yet fully developed in body and mind. Their ways of thinking and behavior are more easily influenced by external factors. The use of daibu against juveniles[6] suspected of committing crimes may cause even more serious negative effects. They are more easily influenced by other suspects or defendants. If they do not receive effective guidance after committing crimes, it is frequently more difficult to get them to acknowledge the harmfulness of their own behavior. If their education or employment is interrupted, they may encounter even more obstacles to their return to society.

In order to address the numerous problems with using custodial compulsory measures against juveniles, prosecutorial and judicial agencies[7] throughout the country have sought to create new mechanisms for young offenders. They have actively explored the use of non - custodial measures for juvenile suspects and accumulated a certain amount of experience in doing so. The primary method has been to use organizations or groups such as socially - responsible enterprises, schools, or nursing homes as pretrial non - custodial social support mechanisms to establish "probation centers" or "probation work stations."[8] These groups provide food, lodging, work, education, and guarantors for juvenile suspects who are migrants and do not otherwise meet the criteria for pretrial release on a guaranty. During the period of release with a guaranty pending trial, the probation center is responsible for supervising the suspect. Such su-

[6] In practice, criminal suspects, who are older than 18 years but are still students, have sometimes been treated according to standards for juvenile suspects.

[7] Translator's note: In Chinese, "judicial agencies" (司法机关), refers to both prosecutors and courts, but to avoid confusion, we have chosen to translate the term as "prosecutorial and judicial agencies" or "prosecutors and courts" rather than to translate it literally.

[8] OPC programs in different places have been given different appellations, but they are substantially the same. Hence, this article uses the term "OPC" to describe them all, except for specific examples where original terms will be introduced.

pervision includes arranging a school for education, providing the best work opportunities available, vocational training, psychological counselling, helping the juvenile to develop ideals and goals, and ensuring that the juvenile has at least one outstanding skill. After the period in the probation center has concluded, the probation center should issue a certificate regarding the suspect's performance under probation to the case - handling agency. The certificate can then be taken into account by the prosecutor when he is considering whether to indict, or when the court is deciding on a type or duration of sentence. In the future, this mechanism could also be applied to juveniles who are local residents but who are also unable to provide appropriate individuals to serve as guarantors or lack money for a guaranty.

Juveniles have their own special characteristics. In dealing with criminal cases involving juvenile suspects, there should be a greater emphasis on education, reform and rehabilitation. Not only should there be special treatment for juveniles in terms of punishment but there should also be special treatment in terms of the criminal process. The*Criminal Procedure Law* ("CPL") confirms that juvenile justice should prioritize education, reform and rehabilitation over punishment. Its provisions impose strict limits on the use of daibu for juvenile suspects and defendants.

This suggests that the general rule should be to use alternatives to detention for juvenile suspects and defendants, and only impose pretrial detention in exceptional cases. In addition, the CPL distinguishes between situations in which pretrial release with a guaranty and residential surveillanceapply. The CPL considers residential surveillance as an alternative to daibu. With provisions clearly stipulating the criteria for detention under daibu and the provisions requiring a post - daibu assessment of the necessity of detention, the legal basis for imposing alternatives to detention for juvenile suspects is expanding.

To sum up and evaluate the experience of implementing non - custodial measures, uncover potential problems, and better implement the CPL provisions limiting the use of daibu and detention for juvenile suspects, during the period between May 2010 and October 2011, we conducted an 18 – month, systematic, empirical study of the practice of establishing "probation centers" to expand the use of alternatives to detention for juvenile suspects.

1. Research Locations

1.1 *An Overview of Locations*

Our research focused on City S and Cities W and C of Province J.

1.1.1 City S

One of the primary focuses for City S' juvenile criminal justice innovation is the use of non – government "probation centers"[9] as alternatives to detention for juvenile suspects.

In May 2003, the District M prosecutor's office (in City S) began a pioneering exploration of the use of "probation centers" for juvenile suspects who were released with a guaranty pending trial. In October 2004, the M District established a juvenile suspect probation center system hub. In 2005, this system of work was extended from the stage of a case where the prosecutor was considering an indictment back to an earlier stage when the case was still under investigation.[10] In April 2007, the District M prosecutor's office, along with the public security sub – bureau and the district's social workers' office issued a document called the "*Regulations Strengthening the Coordination of Education and Monitoring of Juvenile Suspects*"(关于加强对涉罪未成年人教育考察及衔接工作的规定)(the "Regulations").

The Regulations established a single probation center hub, involving the

---

[9] Translator's note: Throughout this chapter, we have translated "shehui guanhu tixi"(社会观护体系) as either non – government "probation centers," or, the literal translation, social "observation and protection" centers or system. What the authors are referring to are the use of non – governmental social organizations, which could include companies, to house juveniles and provide them with certain services.

[10] Up to the year 2010, the number of juvenile offenders who had participated in the probation center program as early as the investigation stage reached 29.

participation of the relevant agencies, with work carried out at 13 social workers' offices throughout the district staffed primarily by 85 youth affairs social workers. Thehub's work focused on juvenile suspects within the district, with particular emphasis on creating a monitoring and rights support and education network for juvenile suspects who were migrants from outside the district.

After the system of probation centers was established, the number of juvenile offenders released pending trial with a guaranty increased by 165% — from 23 people in 2004 to 61 in 2008. Within that number, the proportion of migrant juveniles released increased from 17.4% in 2004, to 65.5% in 2008, to 76.9% in 2009, and to 90% in 2010. In addition, the number of people who absconded or committed new crimes after being released decreased from 17 people in 2005 – 06 to only 5 people in 2007. Since 2008, that number has remained at zero. By December 2010, all eighteen districts of City S had established their own community probation center systems.

1.1.2 City W of Province J

In August 2008, Province J began a pilot program using probation centers for migrant juvenile offenders within a district of City W.[11] The program was gradually expanded to other districts and counties in City W and the subjects of the program were also expanded to encompass all migrant suspects, as well as some local suspects who met the criteria for pretrial release with a guaranty but who were unable to provide appropriate individuals to serve as guarantors or lacked money for a guaranty. In September 2010, City W established a leader-

〔11〕 Some are called "care and protection centers." Some are called "management and protection centers." Most published their own normative documents. For example, City W, District B, issued a series of documents: "Working Opinion on Establishing a Care and Protection Center to Provide Equal Protection for Juvenile Suspects Who Are Released On a Guaranty Pending Trial" (关于建立关护教育基地平等保护涉罪外来人员取保候审权利的工作意见); "Decision Establishing a Leading Group for a Care and Protection Center for Migrant Suspects" (关于成立涉罪外来人员关护基地领导小组的决定); "Decision Establishing the First Group of Care and Protection Centers for Migrant Suspects" (关于建立首批涉罪外来人员关护基地的决定);" "Detailed Regulation for the Work of Migrant Care and Protection Centers" (外来人员关护基地工作实施细则) etc.

ship group for probation centers for migrant suspects,[12] whose mission was to coordinate the various agencies involved with this work. The leadership group set up an office within the prosecutor's office of City W, and was responsible for supervision and education of migrant offenders within its jurisdiction. Most counties and districts followed suit, establishing their own leading groups to unify the work of the probation centers.

As of August 2011, City W had established 55 probation centers, 42 of which were located in private companies, 6 of which were in residential communities, and 7 of which were in social welfare organizations; namely, homes for senior citizens. In total, 239 individuals participated in the program and received support, rehabilitation and education. The 239 persons included individuals released with a guaranty pending trial, those who were not prosecuted, and those who were sent to community corrections centers after having served their sentences. 55 were juvenile suspects who were still under investigation.

1.1.3 City C of Province J

In late 2007, the prosecutor's office in City C started to explore a model of "community assistance by businesses" to expand the use of alternatives to detention for juvenile offenders. In late 2008, the "Dechun Center for Juvenile Assistance and Protection," a specialized center for juvenile suspects, was established in District X of City C. In 2010, the "probation center" system was implemented throughout City C.

Each district established leading groups that included the prosecutor's office, the Chinese Communist Partypolitical - legal committees,[13] the courts, public security bureaus, judicial bureaus, the "next generation working com-

[12] The leading group was made up of responsible persons from the following 12 agencies: the general committee on public safety, the people's court, the people's prosecutor, the bureaus of education, public security, civil affairs and justice, personnel resources, social security, youth league, women's federation and the committee for the well - being of youth.

[13] See *Explanatory Notes Regarding the Translation of Chinese Legal Terms.*

mittee," and other bodies. Some districts even established written regulations specifically to regulate the work of the probation centers.[14] As of June 2011, City C had 17 probation centers, including state-owned enterprises, private enterprises, and residential communities. Some probation centers focused on migrant juvenile suspects, some on all migrant suspects, and some on female suspects. According to one study, in 2010, a total of 89 people received assistance from the probation centers, of whom 29 were juveniles and most of those were migrants.

1.2 *Research Methods*

1.2.1 Questionnaire Survey

We distributed 300 questionnaires and received 253 valid responses, a response rate of 84.3%. Of the valid responses, 87 were completed by police officers or prosecutors, 58 by judicial personnel, 38 by guarantors, and 43 by juveniles.

1.2.2 Interviews

We conducted 16 group interviews and 51 individual interviews with law enforcement officers, guarantors and juvenile suspects involved in the work of the probation centers. Interviewees consisted of 14 police officers and prosecutors, 4 judges, 15 guarantors and 18 juvenile suspects.

1.2.3 Document Analysis

We cataloged and analyzed the documents and information collected during our study. Sources included: local regulatory documents, archives of individual cases from the probation center pilot program, brief reports of the pilot project progress and developments, working summaries, typical case files, and other

[14] For example, City C and City J issued documents including: "Working Opinion on Establishing a Probation Center Program to Protect Juvenile Suspects' Right to Pretrial Release With a Guaranty"（关于建立管护教育基地保护涉罪未成年人取保候审权利的工作意见）"Detailed Regulations on Implementing on Working in Probation Center Programs for Juvenile Suspects"（涉罪未成年人管护教育基地工作实施细则）, "Workflow Procedures on Admitting Juvenile Suspects into Probation Center Programs"（办理涉罪未成年人入驻管护教育基地工作流程）, etc.

products of research.

2. Operations

The objective of establishing probation centers is to improve support mechanisms for alternatives to pretrial detention and explore new ways for more expansive use of non – custodial mandatory measures for juvenile suspects. Based on our observations, the operation of probation centers in practice is as follows:

2.1 *Categories of Probation Centers*

Probation centers can be classified as "open" or "semi – open," depending on the extent to which they restrict personal liberty. Open centers, the type present in City S, allow participants to come and go freely, but require participants to abide by center discipline. Semi – open centers do not, in principle, permit participants to leave. In the event that a participant needs to leave, he must first obtain approval. In practice, most areas have adopted the semi – open approach. Our study indicates City J has both semi – open centers and open centers, which are referred to as "care and education centers." The implementation of different types of probation with different degrees of restrictions on personal liberty provides a model of different ways to implement "residential surveillance" or "release with a guaranty pending trial." It also provides valuable experience for establishing a diverse set of non – custodial compulsory measures with different levels of restrictions.

Centers can also be classified as "group supervision" centers or "individual supervision" centers, based on the manner of supervision. Group supervision refers to centers where a number of suspects are concentrated in the same center for supervision and organization of their residence. Individual supervision, on the other hand, refers to the assignment of individual guarantors to conduct one – on – one supervision of subjects, keeping the subject's status confidential. For centers adopting individual supervision, neither center employees nor the subjects themselves know the status or identity of other subjects. All locations of the study, except for City S, used the group supervision approach.

Centers can also be classified as "categorized" or "uncategorized," based on whether they oversee suspects according to categories. "Categorized" centers assign suspects to different centers more suited to them, based on criteria such as gender or age (adult or juvenile). Centers then adopt the means of observation and mentoring that is most relevant to that category. This approach was developed based on practical experimentation, and has been adopted by some centers in Cities S, C, and J. "Uncategorized" probation centers place all subjects in the same center and adopt a uniform method of supervision and mentoring.

2.2 *Eligibility for Probation Center Programs*

In order to ensure that non - custodial measures effectively link up with the probation center system, centers in various areas have devised typical criteria for admission. Our studies show that there are variations in these criteria. Some areas distinguish between the criteria for admission and the criteria for release on guaranty pending trial, and require that a suspect simultaneously meet both sets of criteria before they can be admitted. Other areas adopt unified criteria. Anyone who meets the criteria for entering the probation center can also be released on a guaranty pending trial.

City S implements a two - step eligibility process. First, the investigating agency determines whether to release a juvenile suspect with a guaranty pending trial and then decides whether to admit the suspect into the probation center system. Thus, the criteria that must be met for each step are defined separately and are therefore not completely identical.[15] Conversely, City W has combined the criteria for entry to a probation center with the criteria for release with a guaranty pending trial. When juvenile suspects meet the criteria for entry to a probation center, prosecutors take the necessary steps to process them for release with

---

[15] For example, the prosecutor and the public security agency in District M in City S jointly issued "Regulations on the Cautious Use of Detention for Juvenile Suspects (Experimental)" (关于对未成年犯罪嫌疑人慎用羁押性强制措施的若干规定(试行)), specifying prerequisites for non-custodial compulsory measures for juvenile suspects from two aspects: First, suspects satisfying the following circumstances should not be detained: (1) a suspect whose offense is not considered especially egregious and who is a first-time offender, an opportunistic offender, or an offender accused of a crime of a negligence; (2) a suspect who is still in the process of preparing to commit the offense, who voluntarily discontinued preparation for the offense, was prevented from completing the offense, or who used excessive force in self-defense or who used excessive force to avoid danger; (3) a suspect who was an accomplice or was coerced into committing a crime; (4) a suspect who surrendered voluntarily to the police and made valuable contributions to the criminal investigation; (5) a suspect who made a truthful confession, expressed remorse, relinquished any illegal gains and provided compensation for any losses; (6) a suspect who has reconciled with the victim and obtained the forgiveness of the victim; or (7) where there are other mitigating factors. Second, suspects meeting the following requirements can be granted alternatives to detention like pretrial release with a guaranty or residential surveillance: (1) the suspect has a fixed location to live, study or work; (2) the suspect can provide an appropriate person to serve as a guarantor or provide sufficient funds for a guaranty; (3) the suspect has expressed remorse, and his family, school, residential committee, village committee, company, or social association has the resources to provide supervision and mentoring; (4) the suspect does not pose further danger to the community and the case is likely to proceed without incident. Accordingly, the prosecutor and the public security agency also issued "The Opinion on Implementing a Probation Center Program for Juvenile Suspects in District M" (关于建立M区未成年人社会观护体系的实施意见), which specifies the following suspects can be admitted into the program: (1) a local juvenile suspect who is eligible for pretrial release has no school, no job and no supervision; (2) a migrant juvenile suspect who is eligible for pretrial release and currently lives temporarily within the city; (3) other juvenile suspects eligible for entering the probation center program. Thus, the prerequisites for obtaining pretrial release and entering the probation center program are not the same. Not every suspect who has obtained pretrial release is eligible for participating in the probation center program.

a guaranty pending trial.[16] City C's conditions for entry are broadly similar to City W. City C does not clearly distinguish between the criteria for admission to a probation center and the criteria for release with a guaranty pending trial. If a juvenile meets the criteria for admission to the center then that indicates that he also meets the criteria for release with a guaranty pending trial.

Although admission criteria vary from one probation center to another, in general the content is basically the same. In sum, the factors considered for whether a juvenile suspect may be accepted by a probation center primarily include: (1) whether the subject is a first time offender, an opportunistic offender, or accused of a crime of negligence; (2) whether the subject is accused of being an accomplice with a lesser degree of culpability or was induced into committing a crime; (3) whether the crime was only in the preparation phase and was not completed, or whether the suspect voluntarily discontinued preparation for the offense, or whether the suspect was prevented from completing the offense or used excessive force in self – defense or used excessive force to avoid danger; (4) whether the suspect surrendered voluntarily to the police or made valuable contributions to the criminal investigation; (5) whether the offense

[16] For example, according to City W's "Regulations on Probation Center Programs for Migrant Suspects" (涉嫌犯罪外来人员管护教育基地工作条例), a migrant suspect may be admitted to a probation center if he satisfies several conditions. If a suspect is likely to be sentenced to imprisonment under 3 years, there is no necessity for detention, he is unable to provide a suitable individual to serve as a guarantor or does not have sufficient funds to pay for a guaranty but satisfies the other prerequisites for pretrial release, he can enter the probation center program if he also falls into any one of the following categories: (1) the suspect is a first time offender, an opportunistic offender, or is accused of a crime of a negligence; (2) the suspect was an accomplice or was coerced into committing the offense; (3) the suspect was still in the process of preparing to commit the crime and had not completed the offense, the suspect voluntarily discontinued preparation for the offense, or was unable to complete the offense; (4) the suspect used excessive force in self – defense or in exigent circumstances to avoid danger; (5) the suspect surrendered voluntarily or made valuable contributions to the criminal investigation; (6) the offense was minor and the suspect expressed remorse, relinquished any illegal gains, provided compensation to the victim and obtained the victim's forgiveness. Thus, if a juvenile suspect has met the eligibility requirements for entry to a probation center program, he will have also met the requirements for pretrial release with a guaranty.

was a minor crime and the offender has shown remorse, relinquished illegal profits, or provided compensation; and (6) whether the offender has reconciled with the victim and has obtained the forgiveness of the victim.

2.3 *Risk Assessment for Admission to the Probation Centers*

Our research shows that most of the jurisdictions we studied conduct risk assessments of juvenile offenders before admitting them to probation centers. Some districts extend the risk assessment to the determination of whether it is necessary to continue to detain juveniles who are already in detention.

City S adopted a dynamic risk assessment process for juvenile suspects. The first part of this process involves promoting the use of risk assessment at the early stage of a case when the investigation is still ongoing. The second part involves the introduction of multiple types of risk assessments. After the risk assessment during the investigation stage, additional risk assessments are conducted both when the prosecutor is considering whether to approve daibu, and again when the prosecutor is considering whether to bring an indictment. The goal is to have a clear grasp of any changes in the risks posed by releasing the juvenile suspect and to modify the applicable compulsory measure as appropriate and in a timely manner.

For example, the District M prosecutor has created two forms: the "*Assessment Form: Viability of Non – Custodial Measures for Juvenile Suspects*" (未成年犯罪嫌疑人非羁押措施可行性评估表) and the "*Assessment Form: Necessity of Continued Detention for Juvenile Suspects*" (未成年犯罪嫌疑人继续羁押必要性评估表) for the approval of daibu initially and at the indictment stage, respectively. The former is used when determining whether to approve daibu in the first place and covers four categories of factors: the nature of the offense conduct, the suspect's personal circumstances, the suspect's family situation, and the availability of a guarantor or other forms of support. These categories encompass 26 risk assessment factors, including the category of criminal conduct, the age of criminal responsibility, the circumstances of the juvenile suspect's supervision, and his schooling. The second form is used at the stage of a case when the prosecutor is deciding whether to bring an indictment. It contains three main categories of risk assessment factors: the nature of the criminal conduct, the suspect's personal circumstances and support by family and potential guarantors. These categories encompass 20 risk assessment factors including crimes discovered after the initiation of the case, the commission of new crimes, reconciliation with and compensation of the victim, and the supervision of the suspect.

In addition, the District M prosecutor has also created the "*Follow – Up Risk Assessment Form*: *Application of Non – Custodial Measures to Juvenile Suspects*" (未成年犯罪嫌疑人非羁押措施风险跟踪评估表) to conduct timely follow – up risk assessments during a juvenile suspect's time in a probation center to track any changes in the risk assessment while the suspect is at the center.

Since 2011, City S has taken further steps to explore the use of non – custodial measures for juvenile suspects. In order to enhance the objectivity of the risk assessment, the prosecutor's office has required that prosecutors seek out the views of the officials handling the case, as well as the views of the victims and the victims' legal representatives when determining whether to release a juvenile suspect with a guaranty pending trial and whether to admit him to a probation center.

Under City W's regulations, admission of juvenile suspects to probation centers requires a multi – step process that includes notice, application, risk assessment, review and approval. Once the investigating agency receives a suspect's application to be admitted to a probation center, the agency should commence the risk assessment process. The risk assessment encompasses both a social background investigation and a legal evaluation. The social background investigation should be conducted by the investigating agency, with the assistance of bureau of justice administrative staff and should focus on factors such as the suspect's home life, personality, behavior, conditions for education and supera money guaranty for juvenile suspects who are unable to locate suitable guarantors or provide money for a guaranty themselves. In City W and City C, juvenile offenders who are unable to provide guarantors or money for a guaranty may have probation centers appoint suitable individuals to serve as guarantors. The guarantor then assumes the duty of monitoring and making periodic reports on the suspect for the duration of the pretrial release period. Guarantors are typically the leadership staff, security staff, or other employees of the probation center. Where the center is located in a school, the guarantor is typically the suspect's class tutor or counsellor. In normal circumstances, the guarantor is also responsible for the suspect's education and skills training.

Within probation centers, the relationship of the guarantor to the suspect is primarily as a supervisor – educator. The guarantor's supervision and education of a juvenile suspect typically involves reporting on the suspect's work, thought processes, psychological counselling and education. In interviews, most guarantors considered focused supervision and education to be more effective at maintaining communication with suspects than the stricter pretrial release with a guaranty pending trial, andwas typically more effective in educating suspects. In practice, guarantors have not neglected the supervision and education of their charges purely because they are not personally liable for the adverse consequences of violations of the conditions of release. Suspects are also more willing to accept the supervision and mentoring of their guarantors. The guarantors and suspects are on better terms. Our interviews show that most guarantors are happy to assume the duties of guarantor and can dutifully perform their tasks. Some guarantors have even tried to broaden communication with their charges in diverse ways, such as eating and living together, participating in labor together and organizing cultural events.

2.5 *Supervision and Education of Juvenile Suspects*

Probation Centers not only provide accommodations and the basic living conditions for juvenile suspects but also provide supervision and education. Our research revealed that in some locations, the guarantor also serves as the single individual responsible for providing all of the following: supervision, education, and psychological counselling. In other locations, a different individual is responsible for performing each function.

2.5.1 Appropriate Restrictions on a Suspect's Movements

In order to facilitate the supervision of juvenile suspects and prevent escape and the commission of new violations of law, the various pilot projects typically impose certain limits on movements of the suspects at the probation center. Some locations, such as City S, forbid subjects from leaving the county in which they reside. Others, such as Cities W and C, forbid subjects from leaving the probation center but if the subject has a legitimate reason to leave, he must request permission from his guarantor or the probation center as well as from the investigating agency.

Most centers have created*pro forma* documents for the regulation of applications for, and cancellations of, leave. If a subject does not return to the center in a timely manner, the guarantor or the probation center must promptly notify the law enforcement authorities. City J has fully open probation centers where subjects are fundamentally at liberty. Our research shows that most subjects are able to comply with center regulations, with only isolated incidents of suspects violating the regulations, such as by failing to return promptly to the center after an approved leave of absence. Relatively minor violations are typically dealt with by an admonition and letters of remorse. More serious violations are subject to punishment by the authorities in charge of the case or may even result in a change in compulsory measures.

2.5.2 Requiring Regular Reflection Reports [17]

Communication and exchanging ideas are a means by which probation cen-

---

[17] Translator's note: the literal meaning of the original Chinese, "sixianghuibao" (思想汇报), is "thought report" but, for purposes of English fluency, we have translated this as "reflection report."

ters supervise the education[18] of juvenile suspects. Juveniles' thinking is less stable and more subject to fluctuation. In order to achieve their goals of supervision and education, various districts have attempted to understand changes in juvenile suspects' thinking through periodic reports. In City J, subjects are typically required to record an impression from their work or education experience every three days and then provide a detailed overall report every ten days. These reports are periodically reviewed by the person in charge of educating subjects, who then adds any personal opinions or comments. In this way supervisors can engage in exchanges with subjects.

The content of the comments mainly includes: (1) writing affirmative and encouraging remarks; (2) correcting juvenile suspects' misunderstandings; (3) explaining issues regarding social phenomena; (4) answering questions and posing additional questions; (5) expressing concern for subjects' diet, living conditions, and personal health; (6) suggesting additional demands for improvement; and (7) highlighting typos and correcting the use of incorrect Chinese characters. Listening to subject's reports or reviewing their written reports is a means by which teams supervising the education of the suspect[19] can fully understand the changing path of a juvenile suspect's thinking. In our interviews, most guarantors agreed that listening to subjects' reports of their thoughts, or reading their written reports or diaries, was the main method by which they understood how their subjects were thinking and was an important means of supervision of their education.

---

[18] Translator's note: up to this point, we have translated "jiandujiaoyu" (监督教育) as supervision and education. However, in this context, it appears that "supervision of education" is more appropriate as the context implies that this form of education is closely connected to reforming the juvenile suspects' thinking and, by extension, his behavior. For this reason, where appropriate, we have translated this term as "supervision of the education" or "supervising the education" of the suspect.

[19] The supervisory team consists of personnel handling cases, comprehensive neighborhood administration committee, local judicial bureau personnel and the responsible persons at the probation center, and guarantors.

Our research showed that the City J prosecutors have also been actively exploring new, more diverse methods of supervising education. In 2011, the prosecutor's office of City J teamed up with the City J Communist Youth League and organized visits to patriotic education sites, including the Revolutionary Martyrs' Memorial Garden, in order to conduct ideological education. At the same time, the City J prosecutor's office used the probation centers as a place for more junior officials to engage in social interactions. During their off-duty time, junior officials engaged in face-to-face conversations with young suspects and actively participated in supervising their education.

2.5.3 Psychological Counseling

Most probation centers place great emphasis on psychological counselling and some even consider it to be indispensable to their work. Starting in 2004, the prosecutor's office of City L (within City C's jurisdiction) has offered psychological counselling to juvenile suspects, with an emphasis on providing psychological counseling to juvenile suspects with mental illnesses. After 2010, the offering of psychological counselling became more professional and standardized. City L conducts scientific analysis and evaluation of juvenile suspects' personality types, character traits, self-control and intellect based on specialized software such as the "*Criminal Psychology Exam: Personality Evaluation*" (犯罪嫌疑人心理测试·个性分测验) and the "*Minnesota Multiple Personality Exam*" (明尼苏达多相人格测定). Based on the subjects' circumstances, such as their social background or their experience growing up, the project selects suitable staff to communicate with them with the aim of eliminating their mental illness, encouraging them to find it within themselves to express remorse, and to return to society.[20]

Our studies also show that some probation centers have established joint

[20] By the time of our research, none of six juvenile suspects in the probation program in City L had committed a new crime.

training programs with nearby schools and school counselors provide counseling for subjects. Other centers have hired professional therapists to provide counselling.

2.5.4 Legal Education

Research shows a strong link between a juvenile's level of education, specifically their knowledge of the law, and their tendency to commit crimes. Pilot projects have taken the development of legal education as an important channel for increasing juvenile suspects' legal awareness. In District C of City W, the management and education team organizes legal classes for suspects at least once a week, with the aim of broadening their legal knowledge, encouraging a law-abiding consciousness and preventing recidivism. Classes are organized by prosecutors who directly handle cases. District Q in City C has established a "mentorship system," where law enforcement officers act as individual mentors for juvenile suspects and provide them with one-on-one legal education. Education takes place using methods such as interviews, telephone calls, video calls, QQ chats, and emails.

2.5.5 Skills Training

Probation centers typically select and arrange appropriate skills training for subjects based on different characteristics such as gender, age, and individual interests. The training includes industrial safety knowledge and manufacturing skills, with the aim of enabling subjects to grasp basic labor skills and increase their ability to support themselves upon release. Our research shows that some centers provide appropriate allowances to subjects. Others treat them like regular employees and provide them with the same pay for the same work.[21]

With the increasing experimentation concerning the use of probation centers, there has been continuing innovation and development of labor skills train-

[21] For example, "Dechun Center" in District X in City C would compensate suspects according to their positions in the training program. The salary is as high as other staff who are actually employed in the Center.

ing methods. Our research shows that the City J prosecutor's office expanded its original program of education and training by encouraging vocational schools to participate in training subjects. They have also cooperated with culinary institutes and other technical training schools and have invited vocational schools to conduct skills training for subjects. The participation of vocational schools has enabled subjects' occupational skills training to become more professional and practical.

2.6 *Exit Certificates*

Probation centers typically begin to compile a dossier on a subject when he first enters the center. Mentors complete follow-up evaluation forms and periodically record the subjects' activities and what they are learning. After a juvenile suspect concludes his stay at a center, centers issue certificates regarding the subject's performance at the center. The certificate may have an impact upon the outcome of the case. There are three main types of situations where the certificate is used as a reference: (1) the certificate is delivered by the public security agency to the prosecutor to be used as a reference when the prosecutor is considering an indictment. In particular, when the prosecutor exercises his discretion not to prosecute, the certificate is frequently an important reference in assessing the suspect's risk to society; (2) when the prosecutor decides to bring an indictment, the certificate is given to the court as a reference to use in deciding whether to convict and if so, what the appropriate sentence should be; and (3) the certificate can inform the prosecutor's sentencing recommendation and the court's sentencing decision.

The courts of District T in City C have established a cooperation scheme with the "New Hope Community Practice Center," to implement pretrial evaluation and post-judgment observation and supervision, to expand the space for supervision of education for juvenile suspects. When courts impose non-custodial punishments on juvenile defendants, they issue a "pre-sentencing probation notice" (判前观护通知书). The juvenile defendants are then sent to the

New Hope Community Practice Center for a period of probation. Judicial staff visit the center periodically to learn of the defendant's progress and use the center's reports as one of the factors in determining an appropriate sentence. After handing down a non-custodial sentence for a juvenile defendant, the court issues a "post-sentencing probation notice" (判后观护通知书) and refers the defendant to the New Hope Community Practice Center for probation. Judicial staff visit the center periodically to converse and interact with the defendant, to understand his learning, working, and living conditions, and to help him re-enter society.

2.7 *The Speed of Handling Cases Where the Juvenile Suspect is in a Probation Center*

In order to shorten the time it takes to resolve a case where a probation center is used, all the districts participating in pilot projects have imposed shorter time limits for handling cases where the suspect is in a probation center. For example District C of City W has adopted the following time limits for a criminal case involving a juvenile who is in a probation center. The public security agency must conclude its investigation within 7 days of the suspect's release with a guaranty pending trial. The prosecutor must decide whether to file an indictment within 7 days of receiving the case from the public security agency. The court must issue a decision within 15 days of accepting the case. If the prosecutor decides not to prosecute, it should typically issue its decision not to prosecute within 30 days of receiving the case. Compared to the time limits defined in the CPL, the time limits for investigation, indictment, and trial are all noticeably shorter for cases involving juvenile suspects in probation centers and cases are processed much faster. This not only improves efficiency in disposing of cases, but reduces the risk of escape or recidivism during the period the suspect is in a detention center.

3. Analysis of Effectiveness

The use of probation centers as a foundation upon which to build social support systems has expanded the use of alternatives to detention for juvenile suspects. This demonstrates concern for this special group of people and meets the principle of giving greatest priority to the best interests of the child. This also fulfills the requirement under Chinese law that the use of daibu for juveniles be strictly limited.

3.1 *Impact on Pre-trial Detention*

Article 67 of the CPL provides that guarantors must: (1) have no interest in the outcome of the case; (2) be able to fulfil the duties of guarantor; (3) continue to enjoy full political rights; (4) not be subject to restrictions on liberty; and (5) have a fixed residence and income. A guarantor's duties include ensuring that the suspect who is the subject of the guaranty abides by the law. If the guarantor discovers that the suspect is about to violate the law or has already violated the law, the guarantor must promptly report the violation to the authorities. In practice, juvenile suspects' guarantors are typically their legal representatives or close relatives. However, juvenile suspects who are migrants typically have parents and relatives who are either not present in the area where the alleged crime occurred, or if they are present, they lack a fixed residence and income in that area. This greatly limits the availability of alternatives to detention for juveniles who are migrants. Probation centers serve as important support mechanisms for alternatives to detention because they expand the potential sources of guarantors. Where juvenile suspects are unable to provide guarantors or lack money for a guaranty, probation centers can provide other suitable people to serve as guarantors, thus increasing the availability of pretrial release with a guaranty.

Increasing the use of alternatives to detention for juvenile suspects means an overall reduction in the number of suspects held in pretrial detention. All other conditions being equal, when probation centers serve as support mechanisms for alternatives to detention by providing guarantors or money for guaranties for juvenile suspects, it decreases the overall pretrial detention rate. For example, through establishing a probation center system, the number of juvenile suspects in District M of City S who were released with a guaranty pending trial increased by 165%, from 23 in 2004 to 61 in 2008. The proportion of juvenile suspects released with a guaranty pending trial who were migrants increased from 17.4% in 2004 to 76.9% in 2009, greatly increasing the rate of pretrial release for migrant juvenile suspects.

To cite District W of City C and City J as additional examples, since the introduction of probation centers in 2007, the proportion of juvenile suspects in District W released with a guaranty pending trial increased from 8.8% in 2006 (before the introduction of probation centers) to 17.2% in 2007, and to 36.0% in 2010. Although the percentages of pretrial release of juvenile suspects decreased in 2008 and 2009, those percentages remained higher than the percentage in 2006. The proportion of juvenile suspects in City J released with a guaranty pending trial increased year-on-year from 4.0% in 2007 to 13.6%, a marked increase from the pre-probation center release rate of 1% in 2006 (see Figure 1).

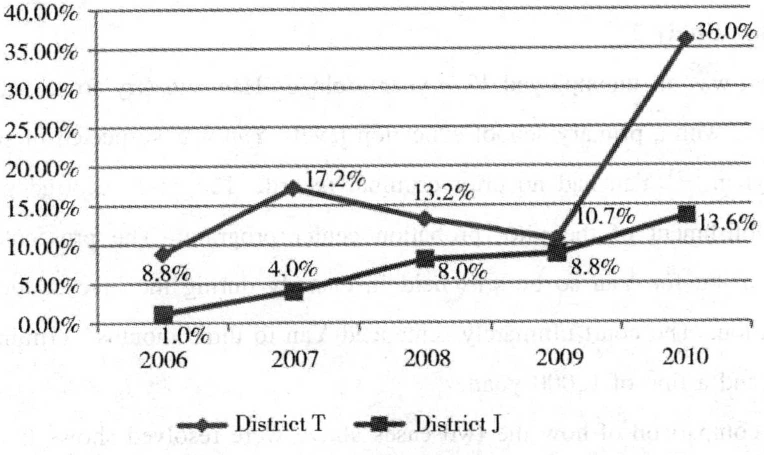

Figure 1 Percentage of Juvenile Suspects Released With a Guaranty Pending Trial

A comparison of the outcomes of cases before and after the introduction of the probation center pilot programs also illustrates the impact of the probation centers on the rate of pre-trial detention.

Case Study 1

Shen was a sixteen - year - old of Han ancestry from Henan Province with only a middle school education level. Shen had no criminal record and was a first time offender. Shen was suspected of stealing 2,100 yuan.[22] The case occurred after the establishment of the pilot probation center program. Based on the judicial bureau's pre - prosecution investigation and assessment report and the community corrections working group's psychological report, the prosecutor took the view that there was no need to daibu Shen. That conclusion was based on Shen's age (16) when the alleged offence was committed, Shen's lack of a criminal record, the relatively minor nature of the offence, Shen's expression of remorse, and the relatively low risk to society. The prosecutor instead recommended that Shen be admitted into a probation center for supervision and mentoring. Following the probation center's case assessment, the center agreed to accept Shen. Following Shen's mentoring at the center, the prosecutor ultimately decided not to prosecute Shen.

Case Study 2

Yan was an unemployed 17 - year - old of Han ancestry from Szechuan Province, with a primary school education level. Yan was suspected of stealing 2,400 yuan.[23] Yan had no prior criminal record. The case occurred prior to the establishment of the pilot probation center program. The prosecutor approved daibu for Yan so he was held in custody during the investigation and prosecution. The court ultimately sentenced Yan to three months' criminal detention and a fine of 1,000 yuan.

A comparison of how the two cases above were resolved shows the value of probation centers in reducing pretrial detention. The existence of the probation center enabled Shen to be released with a guaranty pending trial, thus avoi-

[22] The equivalent of less than USD 300.

[23] The equivalent of less than approximately USD 400.

ding pretrial detention. The prosecutor ultimately decided not to prosecute. Yan was suspected of the same offence, based on similar facts and involving a similar amount. Yan's personal circumstances were also fundamentally similar to Shen's. However, because Yan was unable to provide a an individual to serve as guarantor or money for a guaranty, and because there was no probation center to enable the use of pretrial release with a guaranty, Yan was subjected to daibu and detention and ultimately sentenced to 3 months' in criminal detention and fined 1,000 yuan. The existence of probation centers enables the investigating agencies to use pretrial release with a guaranty for juvenile suspects who are unable to provide a guarantor or money for a guaranty and thus decrease the use of pretrial detention for juvenile suspects.

3.2 *Impact on Conviction and Sentencing*

The use of a probation center as an alternative to detention also has a certain impact on the court's ultimate decisions regarding conviction and sentencing. We randomly selected five centers and analyzed criminal cases that had already been adjudicated involving juveniles who had entered the centers between 2010 and 2011. We found that of the 26 convicted and sentenced juveniles, 24 had been given suspended prison sentences, suspended detention, probation, supervision or fines. These lighter sentences accounted for 92.3% of all cases (Figure 2). It was obvious that courts are typically more lenient to juvenile suspects who have entered probation centers, both in terms of the type of sentence and its severity.

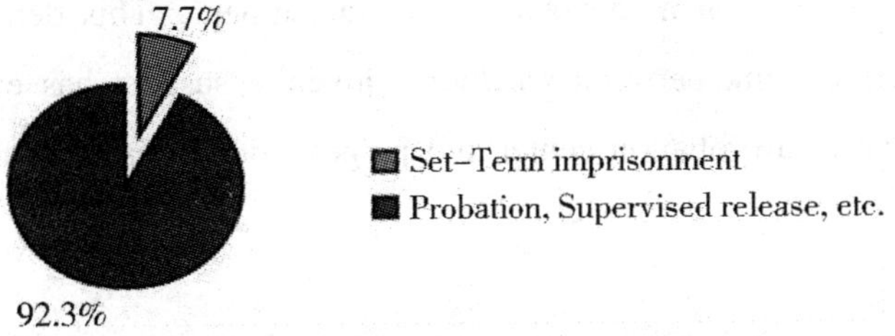

Figure 2 Sentences of 26 Convicted Juveniles who had been Admitted to the Observation & Protection Center

Surveying judges concerning their knowledge of and attitude towards the use of probation centers can also reflect the impact probation centers may have on conviction and sentencing decisions. Through interviews with judges who presided over cases with juvenile defendants, we found that most judges would consider the exit certificates prepared by the probation centers for juvenile suspects who had been sent there and, in the absence of special circumstances, would typically impose sentences that did not involve any incarceration. Some judges referred to the defendant's willingness to admit to his crimes and to his expression of remorse, phrases borrowed from the probation center report, and then imposed a lighter sentence. Other judges stated that they would not only use the probation center reports as a reference, but would directly quote them in their judgments.

Our questionnaire survey showed that 38 judges (65.5%) would use suspended sentences for juveniles who had been placed in a probation center. 29 judges (50% of respondents) stated that they would reduce sentences for juveniles placed in probation centers. 33 judges (56.9%) stated that they would give lighter sentences to juveniles placed in probation centers. 11 (18.97%) stated that they would avoid giving any sentence to juveniles placed in probation centers. 2 judges (3.45%) stated that they would not reduce sentences, or would give lighter sentences, to juveniles placed in probation centers. The majority of judges said they would consider the positive effects of mentoring when sentencing juvenile defendants to a suspended sentence, a reduced sentence, a lighter sentence or even a sentence of no punishment. This demonstrates that there is a definite link between whether a juvenile suspect has exhibited good behavior while in a probation center and judges' decisions on guilt and sentencing.

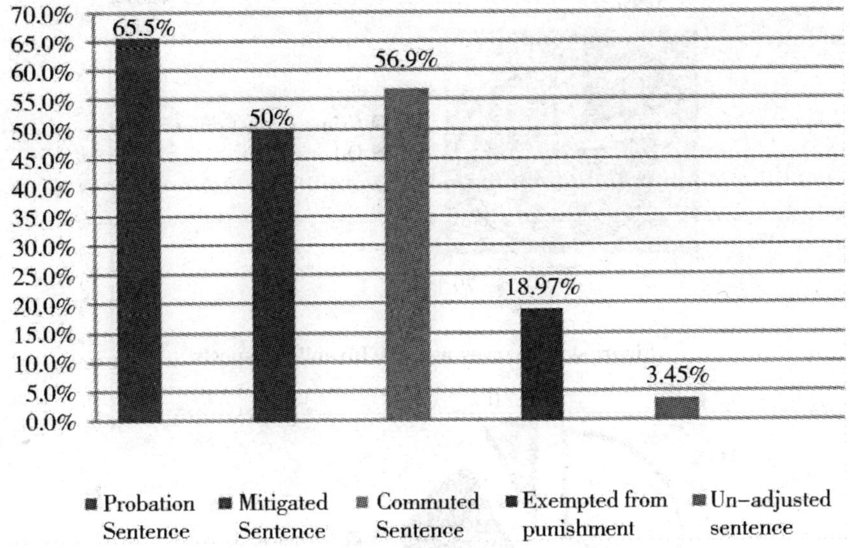

Figure 3 Judges' Attitudes towards the Center's Impact on Sentencing

3.3 *Impact on Re - entry*

3.3.1 Improvement in Life Skills

Our research shows that juvenile crimes are typically offenses involving personal property such as theft, robbery, and fraud. These crimes account for 79.1% of juvenile crimes (Figure 4). In addition, most juvenile suspects have a relatively low level of education. Of 43 juvenile suspects surveyed, only 3, or 7%, had graduated from high school. The remaining 40 received, at most, middle school education. Of these, 25 (58.1%) graduated from middle school. 15 (34.9%) received, at most, primary school education. (Figure 5). From these statistics it appears that the primary causes of juvenile crime are a lack of the following: education, suitable employment opportunities, basic life skills, and steady sources of income. Assisting juveniles in resuming their schooling or acquiring life skills will decrease the odds of juveniles reoffending, and will assist with their reintegration into society.

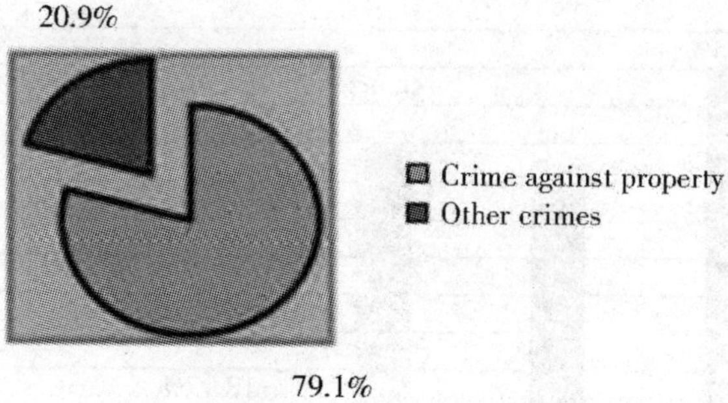

Figure 4 Charges against Juvenile Suspects

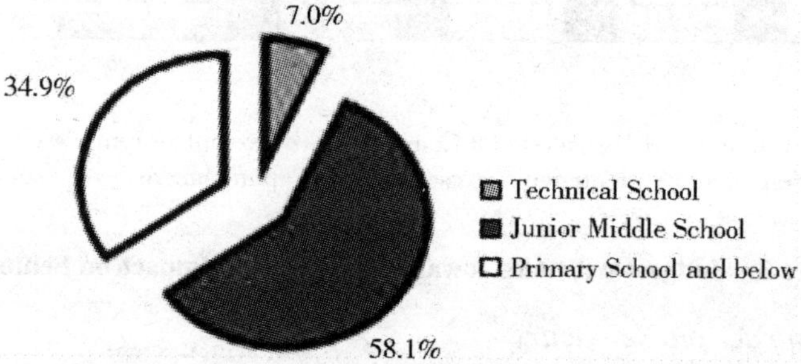

Figure 5 Education Background of Juvenile Suspects

By providing life skills training, probation centers can increase the ability of juvenile suspects to meet the demands of daily life. Our questionnaire survey showed that over 80% of juvenile suspects surveyed believed that the skills they learned at the probation centers would assist them in their daily life in the future. Of 43 juvenile suspects surveyed, 36 (83.7%) thought that the skills they learned would help them in future. Of those surveyed, 10 (23.3% of the total) thought those

skills would be very helpful. 21 (48.8%) thought the skills would be relatively helpful, 5 (11.6%) thought the skills would be helpful but not greatly so and 5 (11.6%) thought the skills would be not very helpful. In addition, 2 respondents (4.7%) (Figure 6), said they were not sure whether their skills training would be useful in future. In contrast with detention in a detention center, at a probation center, juvenile suspects can, through learning life skills, increase their self - sufficiency and facilitate their reintegration into society. In

addition, probation centers can, to some extent, lower the costs of juveniles' reintegration into society.[24]

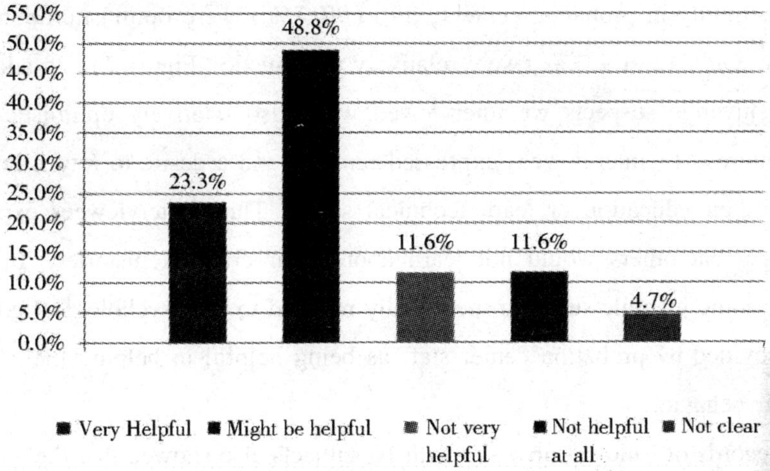

Figure 6 Impact of Skill Obtained on Future Life

3.3.2 Juvenile Suspects' AttitudesToward Their Futures

One indicator of the probation center's effectiveness in reintegrating juvenile suspects into society is the juvenile suspects' attitudes towards their future lives. Our research indicates that juvenile suspects who go through the probation center program see overall improvements in their character and are more optimistic about their futures. Most of them want to begin their new lives by finding employment or by returning to school. Through the probation centers, in

[24] For example, a juvenile offender surnamed Liu, who was a migrant originally from outside the jurisdiction, was a first-time offender, aged 19, with a junior high school level education, who had formerly worked at a factory before being charged with an offense. He did not meet the criteria for release with a guaranty pending trial. He was detained on charges of stealing construction materials from a construction site. After the public security agency applied to the prosecutor for approval of daibu for Liu, the prosecutor rejected the application finding that Liu was just barely over 18 years old, had shown remorse, and the total value of the stolen materials was low. They found there was no need for detention and that Liu was eligible for admission to a probation center. The public security agency decided to release Liu with a guaranty and sent him to a probation center run by the J company. After a period of supervision and education at the probation center, the prosecutor decided not to go forward with criminal charges against Liu and Liu stayed on as a regular employee at Company J.

2011, nearly 90% of juvenile suspects in City S returned to school or found employment.[25] Our questionnaire survey discovered that of the 43 juvenile suspects currently in probation centers, 39, (90.7%) were optimistic about their futures. Only 4, or 9.3%, were relatively pessimistic (Figure 7). In addition, the 18 juvenile suspects we interviewed were also relatively optimistic about their futures. 15 interviewees expressed remorse and a desire to return home to resume their education or learn technical skills. Three interviewees expressed the hope that others would not learn about their criminal histories. In interviews, some juvenile suspects specifically referred to the psychological counselling provided by probation center staff as being helpful in helping them reflect on their behavior.

Records of follow-up visits with 16 subjects also showed that the vast majority of juvenile suspects successfully reintegrated into society by resuming their education or finding employment and led relatively stable lives after they left the probation centers. Only one person committed another crime and was sentenced to imprisonment. (See Figure 8). After the introduction of a probation center in District M of City S, the number of instances in which juvenile suspects violated the conditions of their release, escaped or committed new crimes during pretrial release with a guaranty decreased from 17 in 2005-06 to 5 in 2007, and has remained at zero since 2008.

[25] Bojin Zhang, Zhongming Lin, "Shanghai Procuratorate Has Been Widely Applauded for Its Work on Juvenile Offenders," *Procuratorate Daily* (检察日报), (Mar. 11, 2012), http://news.jcrb.com/jxsw/201203/t20120311_822680.html.

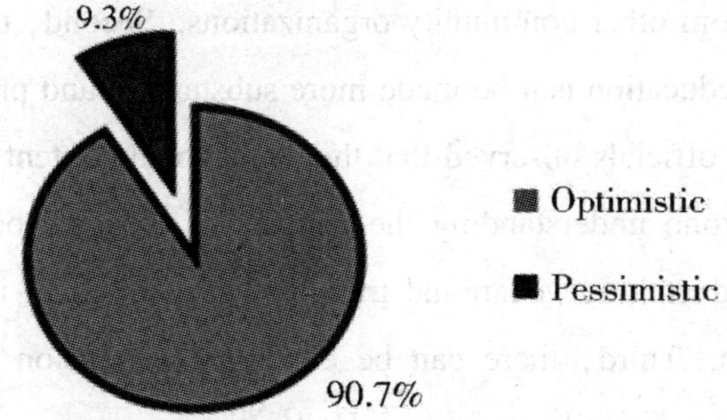

Figure 7 Juvenile Suspects' Attitudes towards Future Life

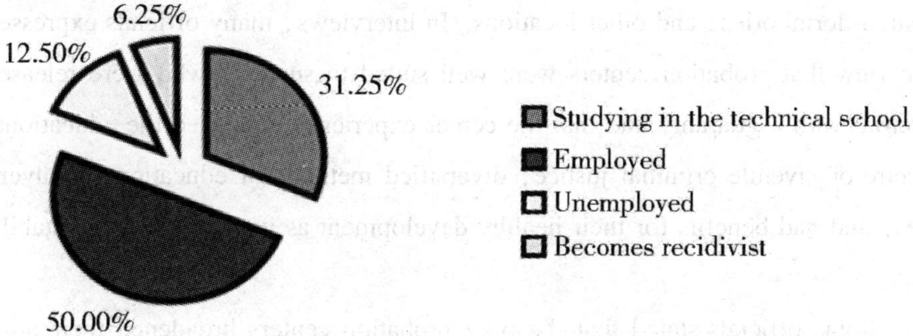

Figure 8 Record of Follow up Visit to Juveniles Who Had Been Formerly Admitted to the Center

3.4 *The Impact of the Pilot Projects on the Mindset of Police and Prosecutors*

The research team conducted individual interviews with 14 police officers and prosecutors who handled juvenile cases. Most agreed that the probation center pilot program had had a positive effect on their thinking about the judicial process.

The pilot program has deepened officials' familiarity with the education of juvenile suspects. First, educators can play diverse roles in juvenile criminal cases. Educators are not limited to the officials handling the case. Through the establishment of probation centers, the role of educating juvenile suspects can be extended from officials handling the criminal case to probation center staff as well as to staff from other community organizations. Second, the content of juvenile suspects' education can be made more substantive and practical. In interviews, numerous officials observed that the educational content for juvenile suspects extends beyond understanding the dangers of criminal behavior, and includes patriotic education, vocational training, psychological interventions and many other fields. Third, there can be continued expansion of the time and space for educating juvenile suspects. Under the programs, probation center staff had more time to interact with juveniles and more opportunities for face to face interactions. Pedagogical space can also extend to shared work space, shared dormitories, and other locations. In interviews, many officials expressed the view that probation centers were well suited to suspects who were released pretrial with a guaranty and that the center experience deepened the educational nature of juvenile criminal justice, diversified methods of education for juveniles, and had benefits for their healthy development as well as for social stability.

Some officials stated that the pilot probation centers broadened their horizons and led them to recognize that the reform of juveniles can occur in many different ways and changed their definition of what it means to "rescue" (挽救) someone. By expanding the use of pretrial release with a guaranty, probation centers prevented juvenile suspects from being incarcerated alongside each other with the risk of negatively influencing one another and that that was another form of "rescue." Probation centers also enable juveniles to experience the warm embrace of society, to receive social support, and to maintain closer links to their parents and other social support systems, all of which are beneficial to their rehabilitation. Life skills training can effectively enhance the ability of juvenile suspects to adapt to society and that is a more active form of rescue. Of 14 officials interviewed, 10 expressed a sense of accomplishment and pride in their work in handling cases involving juveniles in probation centers. This sense of pride came from the successful reform and rescue of juvenile suspects.

The probation center pilot program also led officials to recognize that many factors come into play in determining: a) whether to subject juveniles to daibu and detention; b) whether to bring an indictment against them; and c) whether to convict and sentence them. Not only should they consider the motive and goals of the suspect in committing the crime, the nature of the crime, the facts of the case, the danger to society, whether the offence was a first offence, whether the offence was a crime of opportunity and whether the suspect expressed remorse. Factors such as the juvenile's life experience, family situation, personality, and social interactions also had to be investigated to get a more fully-rounded grasp of the juvenile's case and handle it appropriately.

The probation center pilot program also restored officials' confidence in adopting alternatives to detention for juvenile suspects, and in gradually expanding their use. Our research showed that the primary reason for the reluctance of investigators and prosecutors to use alternatives to detention is the fear that the suspect will flee. Some officials also believe that that detention is helpful in obtaining evidence. Reliance upon probation centers to implement the process of pretrial release with a guaranty pending trial strengthens the supervision of suspects who have been released from detention and through risk assessments and oversight, reduces the risk of flight. Because probation centers, when compared to the traditional use of pretrial release with a guaranty, reduce the risk of flight, officials' concerns regarding the use of pretrial release with a guaranty were alleviated.

4. Problems and Suggestions

4.1 *The Function and Role of Probation Centers*

In practice, probation centers have assumed multiple functions, such as expanding the use of alternatives to detention for criminal suspects, correctional education of juveniles whom the prosecutors have declined to prosecute, and the community rehabilitation of criminals. However, there is no clear hierarchy of functions and there are no clear boundaries between each distinct function. This not only results in different suspects influencing each other, but can also easily result in the blurring of boundaries between different suspects. As a result, the various functions of probation centers should be more clearly organized. In order to maximize the benefits of a probation center, there should be a differentiation made between different individuals and each should be provided with the specific services that meets his or her individual needs.

The thinking behind the pilot probation center program was to expand the use of alternatives to detention by providing guarantors and temporary accommodation for juveniles who did not have the resources to provide an individual to serve as a guarantor or money for a guaranty. The amended CPL has provisions that clearly impose strict limits on the use of daibu against juveniles. Thus, probation centers' highest priority should be to serve as a support mechanism for the use of non – custodial pretrial measures as alternatives to detention. They should seek to expand the use of those measures for juvenile suspects. On that basis, probation centers should provide food, lodging, work, education, and guarantors for juveniles who are unable to provide individuals to serve as guarantors or money for a guaranty. Centers should take responsibility for monitoring subjects, including organizing a school for education, the best work opportunities available, vocational training, and psychological counseling.

In addition to serving as a support system for alternatives to detention, the centers can also serve the functions of mentoring juveniles whom the prosecutors decline to prosecute and providing community corrections for convicted criminals. On the one hand, with respect to juveniles whom prosecutors decline to prosecute, centers can provide services that include targeted correctional education, psychological counseling and skills training. The CPL states that any juvenile who is the subject of a conditional decision not to prosecute must undertake correction and education as prescribed by the prosecutor. Connecting probation centers to juveniles who are the subject of conditional non – prosecution decisions is beneficial to the implementation of the CPL. On the other hand, with respect to convicted and sentenced criminals, centers can provide community correction services, such as psychological correction and behavioral correction, teaching juveniles to understand the dangers their actions have posed to society and prevent recidivism. Probation centers can hire psychiatric experts or partner with psychiatric services organizations to provide psychological counseling for juvenile offenders. Probation centers can also link up with community corrections institutions to share resources and strengthen correctional measures available after sentencing. Vocational training can also serve as a correctional measure to prevent recidivism.

However, it should also be noted that suspects who have been released with a guaranty pending trial or who are released to residential surveillance or are merely defendants who have been charged but are awaiting adjudication are very different from individuals who have already been convicted and sentenced and are in a community corrections program. Because there has been no judicial determination of guilt or innocence, suspects and defendants are not criminals in the eyes of the law. Unlike those who are serving a sentence they should not be subjected to a form of correction or rehabilitation. The primary role of a probation center and a guarantor is to assist the investigating agency to ensure that the released suspect or defendant complies with the conditions of their release, whether it is with a guaranty or under residential surveillance, and to prevent them from escaping or impeding the investigation, prosecution, and trial. Of course, juveniles are in a stage of their life when they should be receiving education. Probation centers should organize relevant education or vocational training, based on the individual's situation and wishes. Juveniles with mental health issues due to family circumstances or other reasons can be given counselling and therapy.

4.2 *The Relationship between Probation Centers and Law Enforcement Agencies*

Under the CPL, public security agencies are responsible for implementing and enforcing release with a guaranty pending trial and residential surveillance.

In practice, however, due to a lack of sufficient personnel resources, public security agencies are frequently unable to perform this task. This often leads to release with a guaranty pending trial and residential surveillance existing more in form than substance. In the various pilot programs, the work of probation centers has primarily been advanced by prosecutors, who have established centers in conjunction with public security agencies, courts, enterprises, schools and social welfare groups. The centers thus established enable juveniles who cannot provide individuals to serve as guarantors or funds for a money guaranty to meet the criteria for pretrial release with a guaranty. When a public security agency seeks approval to subject a juvenile to daibu, the prosecutor may decline to approve daibu, and if he considers it appropriate, may refer the juvenile to a probation center for supervision and education. The center's daily work includes the supervision and education of the juvenile, as well as reporting and other matters. The public security agencies, which are responsible for the supervision of released suspects, directly participate in the center's overall work. In the construction of future probation centers, there should be a further rationalization of the relationship between the centers and the investigating agencies to strengthen the regulatory role of public security in pretrial release with a guaranty and residential surveillance, and to strengthen the role of the prosecutor in exercising legal oversight.

4.3 *The Balancing of Probation Centers' Rights and Obligations*

In practice, there is a problem with the imbalance between the rights and duties of probation centers.[26] As a result of this imbalance, centers are signifi-

---

〔26〕 According to City W's "Regulations Concerning Some Opinions on the Work of Probation Centers for Migrant Suspects (Experimental)," (涉嫌犯罪外来人员管护教育基地工作条例) probation centers enjoy the right to receive guidance and assistance from the leading group and the right to receive recognition and rewards. Meanwhile, the center's obligations include: recommending a suitable guarantor for the suspect, guaranteeing the suspect's accommodations, providing skills training, paying for the suspect's personal accident insurance, and providing timely reports of any absence without permission and the duty to address any problems caused by such absence.

cantly less willing to participate in the criminal process. As the saying goes, "with rights come responsibilities." When a probation center's negligence leads to a juvenile fleeing or committing a new crime, the imbalance of rights and duties makes it untenable to hold the center or its staff accountable. As probation centers and guarantors do not enjoy corresponding rights, it is difficult to hold them responsible. Our research shows that the absence of a mechanism to hold the center or a guarantor accountable is a concern shared by many investigating officers. In our interviews, the majority of investigating officers admitted that because probation centers and guarantors do not enjoy many rights, therefore they ought not to be subject to too many obligations. There should be further improvement in the system of rights and obligations for probation centers to define the rights enjoyed by centers, guarantors, and other related persons, in order to encourage enterprises, charities, and the like to participate. For instance, the government could provide subsidies and preferential tax treatment, among other benefits. At the same time, there should be a clear stipulation of their obligations. For instance, centers must, among other things: (1) provide a suitable guarantor for their subjects; (2) provide materials for their daily needs, including, clothing, food, and lodging; (3) ensure that subjects are complying with the law and with center disciplinary rules; and (4) promptly report to the authorities any unapproved departure from the center. Where a center has been derelict in fulfilling its duties, the investigating agency may order the center to review or acknowledge its shortcomings and if a subject escapes or reoffends, or where there are other serious events, a center may be penalized with fines or have its license cancelled, or the investigating agency may hold the center's supervisor accountable.

4.4 *Implementing Risk Assessments*

Our studies found that typically it is investigating officers, with the assistance of judicial administrative staff, whoconduct risk assessments of juvenile suspects. In practice, risk assessments are undertaken without the participation of lawyers and victims and thus, do not fully take advantage of the resources of the community. Investigating officers, in conducting risk assessments, may be affected by the time spent working on the case or by their regular workload, and thus encounter difficulty in compiling a complete, objective, risk assessment report. Investigating officers also commonly harbor distrust towards risk assessment reports supplied by lawyers.

Our interviews showed that the initial objective of probation centers was to provide equal protection to migrant juvenile suspects. With the accumulation of practical experience, the scope of the probation centers has increased. However, in practice, the actual process of determining which juvenile suspects may enter a probation center, and which suspects may not, has been relatively cautious. For instance, although some juvenile cases have not involved large sums of money, investigating officers have considered that the suspects' risk of danger to the community to be relatively substantial and therefore have declined to send them to a probation center. Consequently, the questions of how to enhance the objectivity and fairness of risk assessments and how to make the most use of risk assessments remain unresolved.

Law enforcement agencies can mobilize more of society's resources and invite a greater diversity of entities to participate in the conducting of risk assessments. The agency should conduct risk assessments for juvenile suspects from a legal perspective, taking into account factors such as the category of the crime, the details of the crime, and the danger to society while at the same time inviting others such as the administrative law enforcement agencies and other community entities such as lawyers, schools, residents' committees, psychological counselling clinics, and so on, to conduct risk assessments based on specific factors. A juvenile suspects' family background, typical behavior, expressions of remorse, as well as the facts of the crime, are all relevant to a risk assessment. If necessary, as part of the risk assessment prior to determining whether to grant pretrial release of a juvenile suspect with a guaranty, a hearing may be convened where the views of the juvenile suspect, the victim, lawyers and others may be heard. There should also be an accurate treatment of the risk of flight made after the risk assessment. As long as there is a certain degree of management of the flight risk after pretrial release with a guaranty is granted, there should be no*ex post facto* accountability in the event that the suspect does flee.

4.5 *Supervision of Juvenile Suspects*

In practice, there are various ways to supervise juvenile offenders. Open supervision, under which subjects may enter and leave the probation center freely, only requires compliance with center disciplinary rules. Semi-open supervision requires participants to secure permission from the probation center and law enforcement agencies before leaving the probation center. One-on-one supervision protects juvenile suspects from discrimination on account of their status and facilitates their reintegration into society, but requires more resources—and that leads to a major problem in how to muster the necessary resources effectively. Group supervision is convenient for center management, but can lead to issues of cross-contamination, that is, suspects having a bad influence on one other and discrimination against participants because of their status as suspects. Avoiding discrimination by outsiders and preventing information leaks are the main problems facing group management.

Juvenile suspects who pose little or no risk should be placed in open centers and, in accordance with certain standards, be divided up and provided with one-on-one supervision. Juvenile suspects who pose a certain risk but who should not or need not be detained may be placed in semi-open centers or subject to more stringent regulations.

4.6 *Increasing the Effectiveness of Skills Training*

The skills training provided at probation centershas had a relatively obvious impact. Most juvenile suspects acquired some skills which were beneficial to their reintegration into society. Our research shows that some have already become key technical employees of some enterprises. However, some juvenile suspects felt that they did not learn any skills in the centers, or that the skills they learned were not going to be very helpful to them. One reason is that enterprises' work posts themselves are unable to provide appropriate skills training. Another reason is that the juveniles themselves are not interested in the skills training provided by the enterprises and are not enthusiastic about learning the skills offered. To the extent possible, technical skills training should be tailored to the individual circumstances of juvenile suspects.

Juvenile suspects who are still in school should first be offered the opportunity to study at a regular school and receive a standard education. For those who are unwilling to return to school, they may be given skills training. During school attendance and the skills training period, psychological counselling may be offered as part of the suspects' education, provided it does not amount to the same kind of rehabilitation and community corrections to which convicted persons are subjected. Juvenile suspects willing to engage in labor may be provided with labor that is within their abilities, but they should not be subjected to forced labor. They should also be kept strictly separate from criminals engaged in rehabilitation through labor.

4.7 *Coordination with Law Enforcement Agencies' Personnel Evaluation Mechanisms*

Public security agencies, prosecutors and courts each have their respective personnel evaluation mechanisms, aimed at ensuring that their officers fulfill their duties according to law. Personnel evaluation results are tied to bonuses and promotions for officials. Through our interviews, we discovered that officials are frequently concerned about how their handling of a case will affect their performance evaluations. For instance, a low case clearance rate, low rate of approval of daibu, or a low rate of approval for indictment, may all affect a public security agency's personnel evaluation results. Probation centers fundamentally expand the institutional use of non-custodial measures and decrease the use of pretrial detention. As such, they necessarily conflict to a degree with investigating agencies' personnel assessment mechanisms.

Assessment criteria should be defined based on their legal and social effects. When a suspect is referred to a probation center, this should count as a successful case resolution. Defendants released with a guaranty pending trial to participate in probation center programs should not be counted when daibu approval rates are calculated. Similarly, when prosecutors decide to decline prosecution of a suspect in a probation center, there should be no negative assessment of the quality of the public security investigation. When a defendant in a probation center is given a suspended sentence or probation, the case should not be used to evaluate the quality of the prosecutor's work.

Chapter 10 Prosecutorial Review of the Necessity of Pretrial Detention

LAN Xiangdong*, WANG Ran**

Abstract: *Based on our empirical analysis of Chinese prosecutors' review of the necessity of pretrial detention, we were able to find that on the one hand, through experimentation in pilot programs, prosecutors have achieved some initial success in implementing the review process, and in exploring the review mechanism, as well as other facets. On the other hand, there are still some problems, including the low rate of actual implementation, the lack of clarity in the methods and standards to be used in the review process, and the inadequacy of the complementary measures necessary to support the review process.*[1] *Therefore, given the goals the review process was designed to achieve, and in order to increase the rate at which prosecutors use the review process, we propose making the prosecutor's decision binding, improving the methods of review and strengthening the complementary measures needed to support the review process.*

---

* Lan Xiangdong, Chief Prosecutor, Dongcheng District, Beijing, PhD candidate, China University of Political Science and Law.

** Wang Ran, Research Department, Prosecutor's Office, Dongcheng District, Beijing.

[1] Translator's note: "Complementary measures to support the review process" (审查配套措施) generally refers to non-custodial measures regarding supervision of released detainees to guaranty their appearance in court as required.

In 2012, the addition of a formal process for prosecutors to review the necessity of detention as part of the amended *Criminal Procedure Law* ("CPL") showed that the spirit of China's legislation was to respect and protect defendants' human rights. Under Article 93 of the CPL, prosecutors are charged with the task of tracking a case from daibu [2] through trial and judgment and undertaking a review of whether it is necessary to continue to hold the suspect or, once charged, the defendant, in detention. Prosecutors are to conduct this review either on their own initiative or upon the detainee's request. If the prosecutor finds that there is no longer any need to detain the suspect or defendant then she shall, in accordance with the law, make a recommendation to the responsible agency that the detainee be released or that the compulsory measure pursuant to which he is detained be modified to a less restrictive measure. [3]

Article 93 significantly expands the prosecutor's authority to review the necessity of detention over the entire duration of post-daibu, pretrial detention, which previously applied only at the time of the initial approval of daibu. This reform, to some extent adheres to the principle that there should be some appropriate separation between the power to take someone into custody through an arrest and the power to continue to hold them in detention throughout the criminal process up to trial and judgment. This shows some progress in criminal justice legislation as it represents the natural unification of the dual goals of ensuring the orderly functioning of the criminal process while still guaranteeing the protection of human rights.

In order to put this new system in practice, several prosecutors' offices in different locations started exploring innovative ways to actually implement the

[2] See *Explanatory Notes Regarding the Translation of Chinese Legal Terms.*

[3] Article 93 of CPL provides, "After subjecting a suspect to daibu, a people's prosecutor shall continue to examine the necessity of detention. If detention is no longer necessary, it shall suggest a release of the detainee or modification of the compulsory measure. The relevant authority shall notify the people's prosecutor's office of the result within 10 days."

necessity of detention review procedure and they achieved a certain amount of success. They also ran into some problems that need to be resolved. The authors conducted an empirical analysis of the experience of one city (City A) that is under the direct administration of the central government.[4] Drawing on the data from that study, this article seeks to identify the key challenges to implementation and their causes and to advance suggestions for key steps to improve implementation and achieve the ultimate goal of this reform in a manner that captures its significance.

1. Analyzing Implementation of Article 93 by Prosecutors

Based on nationwide statistics for prosecutors' implementation of Article 93, there are indications that Article 93's establishment of a review process for the necessity of detention has advanced the protection of human rights. In 2013, across China, prosecutors recommended the release or alteration of compulsory measures for 23,894 criminal suspects.[5] This is an encouraging number, however, it is only a small portion of the total number of persons detained. This indicates that implementation of the review process is still too limited in scope, that there is substantial room for improvement and that the challenges will be difficult to resolve in the short term.

1.1 *The Overall State of Implementing Review of the Necessity of Detention*

CPL Article 93 explicitly mandates that prosecutors review the necessity of detention. However, because of disagreements concerning the values, goals and significance of the procedure there are many controversies over how the

[4] Translator's note. China has 34 provinces, four cities under the direct control of the central government and five semi - autonomous regions. The four cities are: Beijing, Tianjin, Shanghai and Chongqing. In terms of their legal systems—the high courts and high prosecutor's office of Beijing, Tianjin, Shanghai and Chongqing are the equivalent of provincial high courts.

[5] Data quoted from "Work Report of the Supreme People's Procuratorate submitted by Prosecutor - General Cao Jianming to the National People's Congress on March 10, 2014," see *People's Daily*, (March 11, 2014), p. 2.

system should actually be implemented. To this end, prosecutors at various levels have made broad and deep efforts to explore ways to implement the review procedure. For example, by the end of 2013, prosecutors in "City A," a municipality directly under the Central Government, had issued unified guidelines for the implementation of Article 93 citywide. The guidelines were called the "*Regulations Concerning the Review of the Necessity of Detention*" (关于羁押必要性审查工作的规定) and were based upon the results of pilot programs carried out in various prosecutors' offices throughout the city during the first part of the year.

Under these guidelines, in City A, the necessity of detention review can be divided into two distinct categories based upon the different roles played by prosecutors in different divisions of the prosecutor's office. In one category, the prosecutor conducts a review as part of his day – to – day duties as they arise during the ordinary sequence of events in a criminal case. In another category, the prosecutor can exercise his role as the supervisor of the criminal process to make recommendations to other agencies to release a suspect or to modify the compulsory measure under which he is held in detention.

In still a further category, various departments within the prosecutor's office review the necessity of detention in accordance with their specific roles as a case proceeds. For example, when the investigation supervision division receives a request to extend the period of detention while the investigation is still ongoing, they should review the necessity of continuing detention as well as extending the period of detention. If they find that the investigation can be concluded before the time limit expires they should reject the request for an extension. Or when the public prosecution division considers whether to indict a suspect who is currently being detained, they should also initiate the review of the necessity of continued detention, either on their own initiative or upon the request of the detainee, and decide whether to modify the compulsory measure pursuant to which the suspect is being held in detention.

In the second category, based on the mandate of the prosecutor's office to supervise the criminal process, prosecutors should make recommendations to the relevant authorities to release a suspect or modify compulsory measures. Depending on the specific stage of a criminal case, the investigation supervision division can recommend to the investigating agency to release the suspect or modify the compulsory measure that is keeping him in custody. The public prosecutor division can also recommend to the court that the defendant's compulsory measure be modified. The division supervising the detention center can recommend release or modification of compulsory measures to the investigating agency, the various divisions of the prosecutor's office, and the court.

For example, in 2013, in City A, the prosecutors responsible for supervising detention centers initiated reviews of the necessity of detention for 380 detainees, recommended release or a modification of compulsory measures for 367 people, which led to 331 people being released or having their compulsory measures altered. The prosecutors' recommendations were adopted in 90.2% of the cases.

The detention necessity review process can either be initiated by responding to requests made by the suspects, the defendants, their legal representatives, close relatives or their defense attorneys. Review can also be initiated by the various divisions within the prosecutor's office such as the investigation supervision, public prosecution, and detention center supervision divisions, in accordance with their respective roles and responsibilities.

Table 1 Implementation of the Article 93 in the Prosecutor's Office of District B of CityA (Jan 2013 to April 2014)

Department	Investigation Supervision Department	Public Prosecution Department	Detention Center Supervision Department	Total
2013	1 case/1 person	13 cases/16 people	15 cases/15 people	29 cases/32 people
2014	26 cases/28 people	17 cases/19 people	8 cases/8 people	51 cases/55 people

tables continued

Department	Investigation Supervision Department	Public Prosecution Department	Detention Center Supervision Department	Total
Initiated by application	19 cases/21 people	19 cases/20 people	3 cases/3 people	41 cases/44 people
Initiated by prosecutors	8 cases/8 people	11 cases/15 people	20 cases/20 people	39 cases/43 people
Total	27 cases/29 people	30 cases/35 people	23 cases/23 people	80 cases/87 people

According to the above table, the number of cases in which prosecutors reviewed the necessity of detention increased by 76% from 2013 to 2014. In 2014, prosecutors initiated review in 51 cases involving 55 individuals, while in 2013 they only initiated the assessment for 29 cases involving 32 individuals. This indicates that prosecutors have gradually implemented Article 93 since the new CPL went into effect. Additionally, in terms of way the review process is initiated, 41 cases involving 44 people were initiated by an application on behalf of the detainee, while 39 cases involving 43 people were initiated directly by the prosecutor. From the study, it is evident that the prosecutor has taken the initiative to play a more active role in implementing Article 93, while the study also indicates that criminal suspects' awareness of their right to review is inadequate.

Among the 51 cases involving 55 suspects reviewed by the prosecutors in District B in 2014, the investigation supervision division reviewed 27 cases involving 29 people, or 33.75 % of the total; the public prosecution division reviewed 30 cases involving 35 people, or 37.5 % of the total; the detention center supervision division reviewed 23 cases involving 23 people, or 28.75 % of the total.

In 2014, the detention center supervision division recommended the imposition of less restrictive compulsory measures in a total of 23 cases, 3 cases to the investigating agency, 17 cases to the public prosecution division, and 3 cases to the court. Given the breakdown above, it is clear that the prosecutor's emphasis on the review process varies at different stages of a case, which is in accordance with the nature of detention necessity, as it may change throughout the progress of a case.

Generally speaking, while the suspect is held in custody pursuant to daibu and the case is still under investigation, the suspect will be kept in custody to make sure the investigation moves forward without incident. This is because the evidence has not yet been fully collected and securely preserved. It would be unusual to initiate the detention review process at this stage. However, by the time investigators hand the case over to the prosecutor to consider an indictment, they have already secured most of the evidence. Thus, at this stage, it is more likely that the prosecutor will initiate the detention review process and recommend an alternative, non-custodial compulsory measure. 73.9% of the recommendations for changes in compulsory measures were made by the detention center supervision division to the public prosecution division, which demonstrates that the review process primarily occurs when the public prosecution division is considering an indictment.

Table 2 Cases Handled by the City A, District B Prosecutor According to Type of Crime (Jan 2013 to Dec 2014)

Types of cases	Disrupting the socialist market economy order	Infringing upon the personal rights of citizens	Property crimes	Crime of disrupting social order	Traffic Offenses
Cases/ people	23/25	13/15	25/27	18/19	1/1

According to Table 2, in 2014, of all the cases reviewed, the prosecutors of District B in City A reviewed 23 cases (25 people) involving disruption of the socialist market economy, including charges of illegal business operation, credit card fraud and sales of forged invoices, etc.; 25 cases (27 people) involving property crime such as theft and fraud; 18 cases (19 people) of disrupting social order, such as obstructing state personnel from discharging their duties and picking quarrels and provoking troubles (寻衅滋事); and 13 cases (15 people) of intentional criminal assault. The range of criminal cases indicates that the Article 93 review process is normally triggered when the crime charged was a minor economic crime or a personal injury crime, and the facts of the case were straightforward and the evidence was conclusive. This can be explained by the fact that suspects in these cases normally take the initiative to obtain the forgiveness of victims by paying compensation while the cases are still at the stage where prosecutors are considering an indictment. In these cases, the defendant has eliminated the losses suffered by the victim as a result of his crime so there is a significant drop in the necessity to keep him in custody.

1.2 *Exploring Ways to Improve the Mechanisms for Reviewing the Necessity of Detention*

The prosecutor's offices at every level of City A have launched a number of pilot programs to explore ways to improve the methods of review, the standards of evaluation and to create complementary implementing measures (to better supervise detainees who have been released). Although these programs have proven to be preliminarily effective in accumulating practice experience, City A still faces difficulties with regard to fully implementing Article 93. We have analyzed the experience of each location below.

1.2.1 Exploring the Hearing Process Mechanism

To improve transparency and ensure justice in the process of reviewing requests to approve daibu and the necessity of detention, prosecutors across the country have launched multiple pilot programs to explore ways of using hearings. Integrating the experience of experimenting with hearings since 2013, the prosecutor of District B in City A has issued measures providing guidance with regard to the hearing procedure: "*Working Measures for Convening Hearings to Review Daibu and the Necessity of Detention*" (审查逮捕案件羁押必要性审查听证工作办法) ("Measures").

According to the Measures, the hearing mainly applies to cases involving crimes punishable by 3 years imprisonment or less, where the facts are clear and the evidence is sufficient. This hearing shall be presided over by the prosecutor handling the case or the head of the division handling the case. Participants may include the legal representative of the suspect, close relatives, a representative or defense attorney from the defense side and a representative of the investigating agency on the other side. The hearing shall focus on the whether it is necessary to detain the suspect and will not focus on the substance of the case. The division responsible for handling the case should, based on information obtained during the hearing, decide whether to alter the compulsory measures. At present, the prosecutors of City A, District B have held hearings in 23 cases involving 25 people, of which 4 suspects were ordered to be kept in custody after the hearing. The prosecutors also determined that 21 suspects (in 19 cases) should be given a pretrial release with a guaranty pending trial. The hearing participants have all expressed their approval of the process. One defense attorney specifically expressed his feelings in writing to the presiding prosecutors after the hearing and made several appropriate suggestions for improvement, including: 1) that the entire process be recorded electronically; and 2) that time limits be imposed for each participant to speak. In sum, the hearing process promotes transparency and openness of the daibu approval process and shows that the process of reviewing the danger the suspect may pose to society and the necessity of keeping him in custody, is entirely objective.

However, as a general matter, the implementation of the hearing process in various places has generated some controversy. Due to the fact that the hearings are still in a pilot phase and that there is no uniform regulatory document to implement them, there is still disagreement concerning how the hearings should be initiated, who should be allowed to participate, and what the substantive contents of the hearings should be. In particular, answers to the following questions remain uncertain: who can initiate the hearing? Should it be limited to the division handling the prosecution or should a defense attorney be allowed to request a hearing? Who should be invited to participate in the hearing? Should an invitation be issued to a people' ssupervisor,[6] or a deputy from a people's congress? Should a detention center - based prosecutor be invited to give his opinion at the hearing as to the suspect's behavior while in custody? What kinds of issues are subject to inquiry at the hearing? Should substantive matters regarding guilt or innocence be allowed? What if the defense lawyer raises a defense of innocence at the hearing?

Despite these unresolved problems, holding a hearing to determine the necessity of detention is considered a good way to implement the review process. We expect that as the exploration of this work deepens, in the end, the hearing process will provide greater assistance to prosecutors to fulfill their role in reviewing the necessity of detention of criminal suspects.

1.2.2 Exploring Non - Custodial Compulsory Measures for Migrants Charged with Minor Offenses

China's economic growth and its transition to a market economy with greater freedom of movement for labor and capital, have led to exponential growth of the migrant population and a corresponding increase in the seriousness of the problem of migrants committing crimes.[7] In practice, the detention rate for migrants is generally higher than it is for local residents. As a result, we have issues with a lack of fairness because we do not apply custodial compulso-

---

[6] Editor's note: The phrase "People's supervisors" (人民监督员) refers to laypersons appointed by the prosecutor who have responsibility to ensure the legality of certain discretionary decisions made by the prosecutor at the pretrial stage. They may give advice or make inquiries and the responsible prosecutors ought to respond. See, "*Notice of the Supreme People's Procuratorate and the Ministry of Justice on Issuing the Plan for Deepening the Reform of the People's Supervisor System*" (深化人民监督员制度改革方案), available at http://www.spp.gov.cn/tt/201503/t20150311_92695.shtml.

[7] In this article, the phrase "migrants" or "floating population" (流动人口) refers to those who leave the place of their original residence and move to other cities for the purpose of working and live. This is a different definition than the one used in statistics generally.

ry measures for the same type of criminal offense at the same rate for migrants as we do for residents. Moreover, after the approval of daibu, a review of the necessity of detention is of little benefit for suspects who are migrants because they lack property to post as a guaranty and they are unable to obtain an appropriate individual to serve as a guarantor.

For example, for the first half of 2010, among the 10,127 criminal suspects prosecutors approved for daibu, 7,572 were migrants, accounting for 74.44% of the total.[8] For the migrant population, the high crime rate, high detention rate, and high possibility of receiving a sentence of incarceration has become a special characteristic of this kind of crime. This characteristic has, in turn, presented a challenge to the implementation of the criminal justice policy of "combining leniency with severity,"[9] and has resulted in a waste of judicial resources, and a possible violation of the principle that the punishment should fit the crime.[10] As a consequence, in order to protect migrants' legal rights and ensure equal treatment in the application of compulsory measures, various prosecutors' offices in different locations have experimented with ways to apply non – custodial compulsory measures to cases involving minor crimes

---

〔8〕 Zhang, Xinxian, Xu Ning, "The Current Situation of Crimes Committed by Migrants, Their Special Characteristics, Reasons, Policies to Prevent and Punish," published in Lan Xiangdong, Han Dianyun, Guo Xinghua, "A Risk Assessment Mechanism for Non – Detention of Migrant Criminal Suspects," *The People's Procuratorate*, (2012), No. 5, p. 49.

〔9〕 "Combing the leniency with severity", or (宽严相济), is a criminal policy meant to provide clear guidance on how to appropriately handle criminal cases while giving considerations to other values such as rehabilitation, social effect, etc. See "*Notice of the Supreme People's Court on Issuing the Some Advice on Implementing the Criminal Policy of Combining Leniency with Rigidity*" (关于贯彻宽严相济刑事政策的若干意见), available at http://en. pkulaw. cn/display. aspx? cgid = 126987&lib = law; and "*Notice of the Supreme People's Procuratorate on Issuing the Several Provisions of the Supreme People's Procuratorate on Implementing the Criminal Policy of Tempering Strict Justice with Mercy in Procuratorial Work*" (最高人民检察院关于在检察工作中贯彻宽严相济刑事司法政策的若干意见), Chinese version available at http://en. pkulaw. cn/display. aspx? cgid = 83578&lib = law .

〔10〕 Lan Xiangdong, Han Dianyun, Guo Xinghua, "A Risk Assessment Mechanism for Non – Detention of Migrant Criminal Suspects," *The People's Procuratorate*, (2012), No. 5, p. 49.

committed by migrants. To that end, we will introduce the practice of the prosecutor of City A, District C, which has issued "*Working Measures on Applying Non – Custodial Measures to Migrants Who Are Suspected of Committing Minor Crimes*" (流动人员涉嫌轻微犯罪不捕工作办法). The first step is to determine whether to impose detention based upon a quantitative risk assessment. The prosecutors' office made a list of factors to be considered as part of the evaluation and assigned numerical values for the standard for daibu. Altogether, there are 14 factors considered in an evaluation, which may be further divided into four principal categories, including: (1) the level of danger posed to the community, (2) the personal characteristics of the suspect, (3) the suspect's post – crime behavior, and (4) the suspect's suitability for rehabilitation. Within each category, a numerical risk value is assigned: low, medium or high. Adding up all the values, a total score will reflect the degree of risk involved in releasing each individual suspect.

The second step is to carefully review and ensure the legality of non – custodial supervisory measures. The prosecutor will consider whether the suspect, or, in the case of a juvenile suspect, his guardian, has a relatively stable job or address and whether the suspect has been working, studying, or residing in this locality continuously for a year or more. A suspect who has been granted release shall have regular reporting requirements imposed, that is, he will be required to report to the prosecutor by telephone every half month, so that the prosecutor may readily monitor his movements. Moreover, to better serve the purpose of supervising suspects awaiting trial, the prosecutor shall share information with the relevant agencies like the local offices of the Ministry of Justice and local police stations, and monitor the current circumstances of suspects, to ensure they will appear as required.

The third step is to establish a stronger coordination mechanism to ensure positive social outcomes. The prosecutor shall cooperate closely with local agencies, including public security, courts, government departments, schools, enterprises, communities, village or neighborhood committees and provide psychological, general and educational counseling.

From 2012 to 2013, the prosecutor of District C in City A received requests to approve daibu in 648 cases involving 933 people, among which 545 were migrants, accounting for 58.4 % of the total. By means of the working mechanism for applying non – custodial measures to migrant suspects, the prosecutor rejected daibu approval in 94 cases (involving 158 people) in 2012 and 60 cases (96 people) in 2013. Among them, they rejected daibu approval for 82 suspects who were migrants, in 2012, accounting for 51.9% of the total rejections and 47 migrants in 2013, accounting for 48.9 % of the total rejections in 2013. These statistics indicate that the migrant population received equal treatment with respect to the imposition of pretrial detention and alternative non – custodial measures.[11] Although these provisions directly regulate the daibu approval process, they can also have significant impact on the review of the necessity of detention that takes place after approval of daibu. The establishment and development of this mechanism offers an effective approach to handling assessments of the necessity of post – daibu detention for the migrant population.

2. Analysis of the Problems with Implementation of Article 93

2.1 *The High Rate of Daibu and the Low Rate of Review of the Necessity of Detention*

In 2013, prosecutors nationwide approved 879,817 out of 1,062,063 applications for daibu, an approval rate of 82.8%. During post – daibu reviews of the necessity of detention, prosecutors recommended release or a downgrading of compulsory measures to non – custodial measures in 23,894 cases, or

[11] Correspondingly, during 2008 to 2010 before the risk assessment mechanism had been adopted, the average daibu approval rate for suspects who were migrants reached up to 85.11%, and the rate for non – custodial measures was 14.89%. Among migrants who were released or subjected to non – custodial measures, only 24.31% received such treatment on the ground that detention was unnecessary. Editor's note: presumably the balance were released because of a lack of evidence.

2.72% of the total.[12] The main reasons for the high daibu approval rate and the low rate of review of necessity of detention were:

(1) From the perspective of the substantive law, the way crimes are defined in the criminal law is very specific and narrow in scope, which makes the threshold for criminal conviction high. Unlike Western countries in which minor offenses with minimal social harm are treated as violations,[13] in Chinese law, those kinds of offenses are normally categorized as administrative violations, punishable by administrative penalties. As a result, the offenses for which the Chinese police submit a request for approval of daibu normally pose a relatively high risk of danger to society and this leads to a higher likelihood that the daibu request will be granted. Meanwhile, the high threshold for establishing a criminal offense suppresses the number of total cases against which approvals of daibu are measured. Once daibu is approved, if the process of reviewing the necessity of detention is triggered, there will still be a consideration of the risk of danger to the community and that consideration will influence the decision whether to release the suspect or alter the compulsory measure that is being applied to him.

(2) From the perspective of criminal procedure, although the investigating agency and the prosecutor play different roles in criminal justice, the legal standards for approving daibu are the same for both. If the investigative agency adheres to the legal standards in applying for approval of daibu then it is to be expected that the prosecutor will be likely to approve the request, resulting in a

[12] Data quoted from "Work Report of the Supreme People's Procuratorate submitted by Prosecutor-General Cao Jianming to the National People's Congress on March 10, 2014," see *People's Daily*, March 11, 2014, p. 2. Given the fact that the period for handling a case may impact the accurate calculation of arrest rate and the rate for detention necessity assessment, the reader shall be advised that this article uses the number of daibu and number of daibu approvals for the same year, just for reference. Readers shall refer to the number of final decisions made by the year end.

[13] "Violations" (违警罪) normally refer to minor offenses which are punishable by the minimum punishment. Violations are considered less serious than misdemeanors. The same offenses punishable as violations in Western countries are normally handled by administrative authorities in China.

high rate of approval. Otherwise, if it is not necessary to keep the suspect in custody, the investigating agency will not seek approval of daibu in the first place, and the case will be transferred directly to the public prosecution department to consider an indictment. Therefore, the review process will be initiated only when there has been a change in circumstances after daibu and detention is no longer necessary and this does not happen very frequently.

(3) In terms of alternative non - custodial compulsory measures, since they are poorly implemented in practice, suspects granted such measures may fail to appear in court as scheduled. The amended CPL makes release with a guaranty pending trial the only alternative to detention, and residential surveillance only applies to suspects who are legally eligible for daibu but cannot be detained due to other concerns.[14] In light of such circumstances, release with a guaranty pending trial should play a bigger role in ensuring that released suspects will appear at trial. Nevertheless, due to limited economic resources and technical constraints, as well as a lack of an advanced credit rating system and other supporting measures, it is difficult to guarantee that suspects will appear at trial and accept the criminal process. As a result, in an effort to ensure that litigation proceeds smoothly, prosecutors are often reluctant to initiate a review of the necessity of detention and to propose the suspect's release or an alteration of custodial compulsory measures.

---

[14] See, Article 72 of CPL: "Under any of the following circumstances, a people's court, a people's procuratorate, and a public security authority may place a criminal suspect or defendant who meets the arrest conditions under residential confinement: (1) the criminal suspect or defendant suffers a serious illness and cannot live by himself or herself; (2) the criminal suspect or defendant is a pregnant woman or a woman who is breastfeeding her own baby; (3) the criminal suspect or defendant is the sole supporter of a person who cannot live by himself or herself; (4) considering the special circumstances of the case or as needed for handling the case, residential confinement is more appropriate; or (5) the term of custody has expired but the case has not been closed, and residential confinement is necessary. Where a criminal suspect or defendant meets the conditions for bail but is neither able to provide a surety nor able to pay a bond, he or she may be placed under residential confinement. Residential confinement shall be executed by a public security authority."

2.2 *Inconsistency in Implementation Due to a Lack of Clear Rules*

First of all, looking at the standards for assessing the necessity of detention, in practice, the standards have remained quite flexible despite the efforts of prosecutors to set concrete standards and adopt quantitative assessment models. By its very nature, the determination of the necessity for detention is not an "either or" proposition but is rather a matter of degree that is difficult to ascertain accurately. As a result, it is more difficult to come up with reasonable recommendations.

Second, there are no clear standards for when prosecutors should initiate the review process. Criminal suspects' lack of legal knowledge and their low rate of representation by counsel [15] has led to a corresponding lack of awareness by a large number of criminal suspects that they have the right to request a review of their detention. Thus, the role of the prosecutor in initiating the review process is increasingly crucial. Since there is no unified standard to determine under which of the various circumstances a prosecutor should initiate a review process, we will just have to wait until prosecutors have more fully explored this issue in practice.

Finally, if a prosecutor rejects a suspect's request for review, the suspect has no judicial remedy such as a right of appeal or to ask for reconsideration. Additionally, there are no clear rules on how many times a criminal suspect may request a review or how long a period of time a suspect must wait before making another request for review. These procedures need clear guidelines.

2.3 *A Less Than Optimal Division of Labor Within the Prosecutor's Office*

Based on the relevant provisions of the CPL and the "Advisory Opinion on

---

[15] According to statistics from the Beijing Lawyers' Association, less than 30% of criminal defendants in Beijing were represented by counsel during the period from 2012 – 13 and most of those were in cases of economic crimes, crimes committed by public officials and crimes where the amounts at stake were relatively large. See Wang Xiu, *Beijing Lawyer's Development Report* (北京律师发展报告), Social Science Literature Publications, (2013), p. 36.

the Assessment of the Necessity of Detention by the Detention Center Supervision Department"（关于人民检察院监所检察部门开展羁押必要性审查工作的参考意见）, the detention center supervision department prosecutors should be responsible for implementing the necessity of detention review process throughout the various stages of a criminal case, from investigation through charging and trial. Based on the type of work these prosecutors located within detention centers do, they are in the best position to render a comprehensive and updated assessment of whether detention is suitable for the detainee before making a recommendation to the agencies handling the case.

Nevertheless, based on data collected from the detention center supervision division in the prosecutor's office of City A, 80% of cases where the prosecutors proposed a change in the detainee's compulsory measure were a result of changes in the evidence and not based on the personal circumstances of the defendant. It was in only 20% of the cases that the prosecutors recommended a change based upon the detainee's circumstances, such as a serious illness, pregnancy, or the need to nurse one's baby. Therefore, to make sound proposals, prosecutors based in detention centers must investigate the details of the case by reviewing the case files and interrogating the suspect, which, in fact, involves doing the same work as the divisions of investigation supervision, prosecution and trial. Hence, future work should focus on how different divisions can collaborate and clarify their functions to avoid duplication of effort. This should be a focus of future efforts and exploration.

3. Suggestions for Improvement

3.1 *Grant Greater Decision - Making Authority to the Prosecutor*

According to the CPL, prosecutors do not have the power to make the final decision regarding whether the suspect should be detained, released, or subjected to other non - custodial compulsory measures. The prosecutor's authority is limited to making recommendations to the responsible agency; either the investigating agency during the investigation stage of a case or to the court during trial. We propose that there should be greater decision – making power granted to the prosecutor in accordance with the nature of the various stages of a case.

In particular, if the prosecutor has already approved daibu, the prosecutors in the investigation supervision division or the detention center supervision division should be able to make the final decision, based upon the necessity of detention assessment, as to whether or not the detainee should detained further, released or subjected to alternative, non – custodial compulsory measures. For cases that are at the stage where they are being reviewed by the public prosecution division, the prosecutors in the detention center supervision department should make recommendations to the public prosecution division, which should have the authority to decide whether to accept the recommendation. For cases at the trial stage, the detention center supervision department should make recommendations regarding detention or release to the court but it should be up to the court to decide whether or not to accept the recommendation.

By strengthening the power of the prosecutor to implement Article 93, the prosecutor will be more motivated to initiate the necessity of detention assessment process. Moreover, this decision – making authority is consistent with the prosecutor's role in approving daibu, and, in fact, is a natural extension of that power. Meanwhile, the authorities to whom the prosecutor makes recommendations shall be authorized to request reconsideration or review. In this way, various divisions handling the case will be able to collaborate with one another while, at the same time, providing a check on each other's work.

3.2 *Improve and Standardize the Methods for Evaluating the Necessity of Detention*

First, prosecutors should establish an evaluation mechanism that incorporates both document review and an evidentiary hearing. The review process should be initiated both periodically and on a regular basis. The hearing process should be further improved and the scope of the application should be expanded. Before the CPL was amended, prosecutors had the authority to assess the necessity of pretrial detention in some circumstances, for example, the prosecutors who supervise investigations, when responding to police requests to extend the time limits for investigation, had to assess the necessity of continued detention. Now Article 93 grants supervisory authority to prosecutors based in detention centers to conduct assessments and make prosecutorial recommendations. We believe that since suspects rarely initiate the review process themselves we need to make the prosecutor – initiated review take place on a regular basis at specified intervals.

Given the fact that the time limits for any extension, including one to supplement the investigation, or one to consider an indictment or complete an adjudication, are normally one to two months, we believe a time interval of 15 or 30 days for a periodic review of the necessity of detention is relatively appropriate. In between each review, the responsible prosecutor should fill out an assessment form, and make a recommendation relevant to the review.

Furthermore, for cases in which detention has already exceeded the time limits prescribed by law, as well as cases in which the time in detention has already exceeded the length of prison time the suspect is likely to receive after conviction, the prosecutor should be obliged to conduct a mandatory review of the necessity of detention and recommend either release or a change to non – custodial compulsory measures.

Second, the method used to determine the necessity of detention should be both reasonable and scientific. The criteria should cover three factors, including the risk of danger to the community, the danger to the person, and the risks to effective control over the criminal process. The detailed evaluation form for determining the necessity of detention should include consideration of the facts of the crime, the subjective evil character of the crime, any showing of remorse, the physical condition of the suspect, and the potential sentence. Each factor should have a carefully assigned numerical value such that when all the values are calculated they should provide a clear standard for exercising judgment to determine the necessity of detention. Using this method, it will be clear that the work of determining the necessity of detention is objective, fair, standardized and efficient.

Third, coordination and supervision among various divisions within the prosecutor's office should be strengthened. An internal information sharing system should be established so as to optimize the use of prosecutorial resources. The division in charge of case intake and management should play an overarching managerial role to coordinate among the various departments. During the procedural steps of a case, it should remind the relevant department that there needs to be a review of the necessity of detention, for example, whenever there is a request for an extension of the time for investigation, or the case is returned for supplemental investigation and when prosecutors are reviewing the case for indictment.

At the same time, there should be an online platform created so that each division, including the self-investigation, detention center supervision, public prosecution and investigation supervision divisions can all share information and a requirement that the relevant divisions enter information relating to the assessment of the necessity of detention in a timely manner, so that the status of a case and the detainee can be readily tracked. This will increase the quality and efficiency of the assessment process.

3.3 *Improve Complementary Measures to Promote Application of Reviews of the Necessity of Detention*

First, we should improve the alternatives to detention to guarantee the appearance of the suspect at trial. We need to innovate new ways to supervise the activities of suspects not in custody, seeking outside assistance, such as from community corrections organizations and community networks to guarantee the effectiveness of monitoring suspects who are not in custody.[16] We should also expand the development of electronic monitoring devices and pro - actively make use of modern technological products. For example, electronic bracelets can be put to use in the legal process to supervise the activities of suspects. Additionally, as a credit rating system is promoted and the monitoring measures improve, a bail system can also be established and suspects and defendants shall have a right to be released on bail while their cases are pending.

Second, proceedings to seek relevant judicial remedies for an assessment of the necessity of detention should be improved. Current laws do not provide remedies for a suspect whose application for release has been declined. To protect the rights of detainees, the right to request reconsideration or appeal to a higher level prosecutor's office, should be provided. Moreover, the time interval between each request for consideration and reconsideration should also be clearly regulated.

Furthermore, establishing a scientific and reasonable compensation system to compensate detainees who have been improperly detained should be explored. If it is determined after the fact that a suspect who should have been released applied for release but was denied by the prosecutor then the prosecutor should compensate him for the time he was wrongly detained. If it is determined that the initial detention was properly deemed necessary at the time of the first application for review, and the prosecutor denied the request for release or alteration of compulsory measures, then the criminal suspect should not be compensated.

Third, there should be an advanced system of quality control for assess-

[16] It is important to note that, a community correction organization（社区矫正机构）is designed to monitor the activities and behavior of convicted defendants who have been granted probation, parole, or are permitted to serve a sentence outside a prison facility. Here, the authors suggest that the prosecutor may rely on their monitoring resources to monitor the activities of suspects who are not detained while awaiting trial.

ments of the necessity for detention. The assessment of necessity for detention should be included in case quality control testing as a key factor to evaluate the quality of cases. If a prosecutor did not initiate a review process when she should have, her evaluation should be lowered one grade. Nevertheless, if a prosecutor properly initiated a review of the necessity of detention and issued a decision releasing the suspect under altered compulsory measures in compliance with the relevant standards, even if the criminal suspect flees, the prosecutor handling the case should not be held accountable for it, nor should his evaluation grade be lowered; thus, there will be a mechanism to encourage and reward prosecutors handling cases to implement the necessity of detention review process.

Chapter 11 Consideration of "Danger to the Community" as a Factor in Approving Daibu

—An Empirical Analysis of its Effectiveness and Some Relevant Policy Proposals *

LI Hongliang**

Abstract: *This article consolidates*: *a*) *a study of the practice of considering "danger to the community" as a factor in approving daibu*;[1] *b*) *some problems regarding the use of this factor*; *c*) *an analysis of the root causes of these problems*; *and d*) *some practical policy proposals to address these questions*; *all in the hope of providing some reference material for judicial policy making and legislation.*

1. An Overview of "Danger to the Community" (社会危险性)

As everyone knows, there are three criteria Chinese prosecutors use to determine whether to approve daibu: a) criminality; b) punishment; and c) dan-

---

* This article was first delivered as a paper by the author at a conference jointly held in Guangzhou between NYU School of Law's U. S. - Asia Law Institute and the University of Guangzhou in June, 2014.

** A prosecutor with the Guangzhou City, Huadu District Prosecutor's office.

[1] See *Explanatory Notes Regarding the Translation of Chinese Legal Terms*.

ger to the community. Of these three, the "danger to the community" criterion is the more subjective and it is variable. To explain its variability and subjectivity further:

First, an assessment of "danger to the community" can change based upon the circumstances of the defendant. If, after committing a crime, the suspect shows sincere remorse and is willing to accept rehabilitation, then the danger to the community is diminished. On the other hand, if, after committing a crime, the suspect shows no remorse and is already planning his next crime or to escape prosecution, then the danger to the community is enhanced. Accordingly, the "danger to the community" factor is not the same as the "criminality" factor which is relatively fixed and not subject to change. "Danger to the community" is a variable factor.

Second, during review of a request for approval of daibu, a prosecutor must make a subjective judgment concerning all of the evidence. Such a subjective judgment leaves a great deal of room for prosecutorial discretion.

Compulsory measures [2] are intended to be preventive in nature and not punitive.[3] As the most restrictive compulsory measure, daibu's purpose is to ensure the orderly progress of a criminal prosecution and to prevent danger to the community. This purpose defines the specific characteristics of the criterion: "danger to the community." First, consideration of the "danger to the community" should be an important factor in making a judgment about whether a suspect should be subjected to daibu. If a suspect presents no danger to the community, then daibu should not be approved and he should be released. Second, even if a suspect has already been subjected to daibu and is in pretrial de-

---

[2] Translator's note: "Compulsory measures" (强制措施, qiangzhi cuoshi) are described in *Criminal Procedure Law* (CPL) Chapter VI, Articles 64 – 98. The CPL's compulsory measures provide the legal basis for Chinese law enforcement authorities to restrict the liberty of criminal suspects and defendants during investigation, prosecution and adjudication of a criminal case.

[3] Chen Guangzhong, *Criminal Procedure Law*, (3rd Edition), 《刑事诉讼法》(第三版) Peking University Press, Higher Education Press, p. 209.

tention, his detention should be modified or he should be released if there is a significant change in the assessment of the danger he presents to the community. We should avoid "once and for all" decision - making where once a prosecutor approves daibu there can be no reconsideration of that decision. There should be a reassessment of the reasons underlying the pretrial detention decision at the outset of each stage of a criminal prosecution. If a basis for pretrial detention no longer exists then detention should be terminated immediately.[4]

From the point of view of judicial practice, it is precisely from these two factors, its subjectivity and variability, that an entire series of problems appear and have brought about condemnation of our system of pretrial detention. First, the problems manifest in what can be understood as a system of daibu review that boils down to "if there is a crime then there should be detention"(够罪即捕). Little weight is given to the question of whether, if released, the suspect would pose a danger to the community. Second, our country's pretrial detention decision - making has the special characteristic of being a "once and for all" process. Thus, once a determination is made that the suspect should be detained then he is detained throughout every stage of the criminal prosecution, including the prosecution's weighing of charges and the court's adjudication of the case. That is why we say we have the special characteristic that "once daibu'ed, daibu'ed for good," ("once detained, detained for good")(一捕到底、一押到底).

In the face of the situation described above, the *Criminal Procedure Law* ("CPL") and the "*Supreme People's Procuratorate Criminal Procedure Regulations (experimental)*"(最高人民检察院刑事诉讼规则(试行))("SPP Regulations"), have responded by making relevant amendments. What has been the effect of those amendments?

---

[4] Ruihua Chen, *Reflections on the Pretrial Detention System*, (未决羁押制度的理念反思), *Tsinghua Law Journal*, Issue 5, 2002.

2. Analysis of "Danger to the Community" as a Factor in Pretrial Detention Review

As described above, one of the important factors leading to the high rate of pretrial detention in China is that during pretrial detention review, prosecutors focus on two of the criteria: criminality and punishment, while de-emphasizing or ignoring the third element, that is, danger to the community. Many scholars believe that a reason for this is that the provisions in the old CPL concerning "danger to the community" were so general and overbroad that they were incapable of being implemented. Because of this, when the CPL was amended, Article 79(1) of the amended law provided more detail regarding the meaning of "danger to the community." However, the author believes that the amendments will not lead to significant change in the way prosecutors reviewing detention decisions fail to consider "danger to the community." This is because there has been no fundamental change in the thinking of prosecutors. They see their primary responsibility as pursuing criminal responsibility. An additional reason is that there have been no fundamental changes to the personnel evaluation criteria that govern the conduct of prosecutors.

2.1 There are several reasons why Chinese prosecutors do not take the assessment of "danger to the community" seriously. The author believes that one important reason is the following type of guidance taken from standards on approval of daibu: emphasize the factor of "criminality" and de-emphasize the factor of "danger to the community."

Chapter 3 of the "*People's Procuratorate's Quality Standards for Reviewing Daibu*"（人民检察院审查逮捕质量标准）("the Standards") refers to "problems with the quality of daibu determinations." Article 21 provides that the problems include (a) mistakenly approving daibu; (b) mistakenly declining approval of daibu; and (c) deficiencies in the handling of cases.

Article 22 provides that "mistakenly approving daibu means that the prosecutor has approved daibu despite the fact that the evidence cannot prove that a crime has been committed or that the criminal responsibility of the suspect should be pursued."

Article 25 provides that "mistakenly declining to approve daibu means that 1) in a case where daibu should have been approved but was not and the suspect committed another crime or seriously interfered with the orderly progress of a criminal prosecution;" or 2) in a case where daibu should have been approved but was not and the next level prosecutor's office[5] reversed the declination and approved daibu, even though there was no change in the evidence and the court issued a final judgment that included a sentence of imprisonment; or 3) a higher level prosecutor's office discovered that the lower level prosecutor's office, in declining to approve daibu, violated the CPL or these standards, reversed the declination and the court issued a final judgment that included a sentence of imprisonment.

Article 26 provides that "deficiencies in the handling of cases" (办案质量优缺陷) includes the following: 1) after daibu has been approved, in accordance with CPL Articles 142(2) (see Article 173(2) of the amended CPL), it is determined that the suspect should not be indicted or is sentenced to probation, detention, or some other non-prison supplementary sentence or is exempted from all criminal punishments. ... or 2) approving daibu for a suspect about whom there is no necessity for detention and for whom detention is not appropriate..."

Thus, one can conclude that: 1) if a prosecutor makes a mistake as to whether the "criminality" element is satisfied then that may be considered a "mistake in approving daibu;" 2) if a prosecutor makes a mistake declining to

[5] Translator's note. Just as there are four levels of government in the Chinese political hierarchy, there are also four levels of prosecutor's office in China: the basic level corresponds to the county government (县); the intermediate level corresponds to the city government (市); the high level corresponds to the provincial government (省); and the Supreme People's Procuratorate corresponds to the central government (国). Each level is subject to the supervision of the higher levels.

approve daibu when considering the element of "danger to the community" then that maybe considered "mistakenly declining to approve daibu;" 3) even if a prosecutor makes a mistake in approving daibu for a suspect who does not pose a danger to the community, as long as the suspect is eventually determined to have committed a crime, the worst that can happen is that there might be a determination that there was a deficiency in the handling of the case. Even if the suspect is ultimately not prosecuted or is not sentenced to any prison time, this would not be considered a mistake in approving daibu.

From the above analysis, the element of "danger to the community" is relatively subjective and constitutes a variable factor. For example, who can provide a 100% guarantee that a suspect who appears to pose no danger to the community, once released, will not commit a new crime? Therefore looking at the situation from the point of view of the standard for determining "a mistake in declining to approve daibu," this is basically a results – oriented determination. This naturally leads prosecutors to ignore the "danger to the community" factor and simply approve daibu if the "criminality" factor is satisfied. A prosecutor would prefer to accept criticism for "having deficiencies in handling a case," rather than be accused of having mistakenly declined to approve daibu. As long as there is even a very small chance that the released suspect will commit a new crime or obstruct justice, as long as there is even a possibility of being labelled as one who "mistakenly declined to approve daibu," prosecutors will do what they can to avoid it.

What other differences are there in these different categories of errors? Chapter Four of the Standards regulates the consequences to the prosecutor for each category of error. According to the "*Provisions for Pursuing the Enforcement Process Responsibility of Procuratorate Personnel*"（检察人员执法过程责任追究条例）and the "*Provisions for Discipline and Punishment of Procuratorate Personnel*"（检察人员纪律处分条例(试行)）, for a case of intentional or grossly negligent mistaken daibu or mistakenly declining daibu, the responsible prosecutor and any prosecutor directly involved will be punished according to law or disciplinary provisions. By contrast, for a case of "deficiencies in handling a case," the most severe consequence would be that the same level prosecutor's office gives the prosecutor counseling, guidance and review pursuant to the personnel evaluation criteria. When the two possible outcomes are compared, it is obvious which is the more severe. Naturally, this disparity in treatment leads prosecutors to only consider the "criminality requirement," that is, to ask whether the alleged conduct constitutes a crime, in making daibu decisions, and ignore the element of "danger to the community." Prosecutors may go so far to avoid the possibility of being found to have "mistakenly declined daibu" by exercising extreme caution even when the suspect poses no danger to the community and thus should not be subjected to daibu.

2.2 Judicial practice provides circumstantial evidence of the phenomenon described above. Article 86 of the CPL provides a system for defense lawyers to express their opinions to prosecutors concerning whether daibu is appropriate for their clients. During the periodbetween January 1, 2013 (when the amended CPL first came into effect) and April 30, 2014, the author conducted an empirical study of the submission of defense opinions and their effect on outcomes in Huadu District, Guangzhou City.

Defense lawyers expressed opinions in a total of twenty – eight cases.[6] Of these:

(1) In nine cases, the defense argued that "the facts were not clear and the evidence was insufficient." In six cases, prosecutors declined to approve daibu. In the three remaining cases, the prosecutors approved daibu.

(2) In twelve cases, the defense argued that "the suspect posed no danger to the community." In two of those cases, prosecutors declined to approve dai-

[6] Prosecutor Xin Wen collected the quoted data from the People's Procuratorate in Huadu District, Guangzhou. "Twenty – eight" refers to the number of suspects.

bu. Prosecutors also declined to approve daibu in three more cases because the facts were unclear and the evidence was insufficient. Prosecutors approved daibu in the seven remaining cases.

(3) In six cases, the defense argued both that "the facts were not clear and the evidence was insufficient" and that the suspect posed no danger to the community. In one case, prosecutors declined to approve daibu on the ground that the facts were not clear and the evidence was insufficient. Prosecutors approved daibu in the five remaining cases.

(4) In one case, the defense argued that "the circumstances were so minor that they did not amount to a crime" and that the suspect posed no danger to the community. Ultimately, the prosecutor did not approve daibu on the ground that the circumstances were so minor that they did not amount to a crime.

Overall, out of twenty - eight suspects, prosecutors approved daibu in fifteen and declined approval in thirteen. Of the thirteen declinations, eleven were based on problems with the evidence. Only two were based on the fact that the suspect posed no danger to the community, a mere 15.38% of all the declinations. Thus, it can be seen that, even though the CPL has more precisely defined the "danger to the community factor, in practice, it still receives little attention.

2.3 Thenthere is also the problem of how to understand Article 79(3) of the CPL. Here is one actual case that unfolded as follows. The suspect had a prior conviction for robbery. The police attempted to take the suspect into custody while he was in the process of selling illegal narcotics. The suspect brandished a knife and resisted arrest. After a warning shot proved ineffective, the police shot the suspect in the leg. The public security bureau placed the suspect under residential surveillance on the ground that he had a "serious illness." After the period of residential surveillance expired, the public security bureau released the suspect with a guaranty pending trial. The basis for the release was that the investigation could not be completed within the time limits for residential surveillance. During the period of time the suspect was released with a guaranty pending trial, the public security bureau applied for approval of daibu of the suspect for the crime of the unlawful sale of narcotics. A review of the case showed: a) the suspect never confessed to selling drugs; and b) while on release, the suspect had not violated any conditions of his release. In these circumstances, could daibu for the suspect be approved? In discussing this case study, three views emerged:

The first view was that the suspect brandished a knife and resisted arrest and refused to confess his guilt. He therefore posed a greater danger to the community. The public security organs' decision to release the suspect with a guaranty pending trial was a mistake. Daibu for the suspect should be approved.

The second view was that the suspect committed intentional crimes. He therefore met the requirements of CPL Article 79(2) and daibu should be approved.

The third view was that the suspect did not violate the conditions of his release pending trial. He therefore did not meet the criteria of CPL Article 79(3) and daibu should not be approved.

The author considers that the "criteria for effecting daibu" (逕行逮捕的条件) in Article 79(2) apply to cases where the public security organs apply to the prosecutor for approval of daibu when the suspect is already in custody under police – approved – and – controlled criminal detention (拘留). Where the suspect has been released with a guaranty pending trial or is under residential surveillance, and the public security organs apply for approval of daibu, only the CPL Article 79(3) criteria (and not the Article 79(2) criteria) apply to the determination of whether the requirements for daibu have been satisfied. In other words, even if the suspect's current alleged crime could result in a fixed – term sentence of 10 years' imprisonment or more, or the suspect had previously intentionally committed a crime and the suspect's identity is unclear, the suspect does not meet the criteria for daibu if he has not violated the conditions of his pretrial release with a guaranty or residential surveillance and daibu should not be approved. The reasons for this are:

(1) Article 105 of the *Procedural Regulations on the Handling of Criminal Cases by Public Security Organs* (公安机关办理刑事案件程序规定) ("the Regulations") provides: if a suspect meets the criteria for daibu but has a serious illness and cannot care for himself, the public security organs may place him under residential surveillance. In this case, the public security organs' use of residential surveillance for the suspect on the ground that he was seriously ill complied with the law. Article 78 of the Regulations states that "[p]retrial release with a guaranty pending trial is not applicable if the criminal suspect is a recidivist, is suspected of being a principal of a crime organization, seeks to avoid investigation through self-inflicted injury and/or self-inflicted mutilation, or has committed a serious violent crime or other serious crimes, unless any of the circumstances stipulated in Article 77(1), paragraphs 3 or 4 applies to the suspect." Article 77(1)(4) refers to "a case where the detention period has lapsed but the investigation has not yet been concluded and requires further investigation." Thus, the public security organs' decision to release the suspect in this case with a guaranty pending trial on the basis that further investigation was required was entirely proper. As a result, the first view, described above, should be rejected.

(2) CPL Article 79(3) CPL provides: "if a suspect is released with a guaranty pending trial or is placed under residential surveillance, but violates the conditions of release or residential surveillance, if the violation is serious, daibu may be approved." Yet the criteria for release with a guaranty pending trial and residential surveillance in CPL Articles 69 and 75 respectively do not include the three situations in Article 79(2) in which daibu should be approved.

(3) Compulsory measures (which include daibu) are meant to be preventive, not punitive. Their objective is to ensure an orderly criminal process.

Compulsory measures should be used only when both necessary and proportionate.[7] If the use of less restrictive compulsory measures can achieve these objectives, then naturally there is no need for stricter measures. This is a manifestation of the CPL's injunction to "respect and protect human rights." In this case, although the suspect had a criminal record, he appeared promptly when summoned, did not commit any new crimes, and did not obstruct the prosecution. Transferring the case directly to prosecution and trial (without daibu) would have achieved the objective of pursuing the suspect's criminal responsibility. Modifying the compulsory measure and seeking daibu—the harshest of the compulsory measures—is neither necessary nor proportionate. It also increases unnecessary pretrial detention before the outcome of the case has even been determined and wastes judicial resources.

(4) One of the law's primary functions is to provide a positive guide for behavior to the masses—in other words to encourage members of the public to engage in law-abiding behavior. In this case, if the suspect was to be subjected to daibu and pretrial detention notwithstanding his compliance with all of the conditions of his release, what meaning would a suspect's compliance have? This kind of enforcement only damages the authority and the stability of the law.

(5) According to Article 100(3) of the Regulations, "when a suspect must be subjected to daibu (as described above), he may first be criminally detained (拘留). If the suspect has paid a guaranty, the prosecutor should give written notice to the public security office to confiscate the guaranty funds." In the absence of a violation of the conditions of release, a confiscation of guaranty money would also be unfair to the suspect.

In practice, the first and second views discussed above reflect the tradition-

[7] Guangzhong Chen, *Criminal Procedure Law* [刑事诉讼法], (3rd ed. Peking University Press), p. 212.

al judicial thinking that emphasizes cracking down on crime, but overlooks the protection of human rights. This illustrates the difficulties in truly implementing the requirement to assess the danger to the community in practice.

3. Problems in Determining the Necessity of Detention after Daibu: An Analysis

Article 93 of the amended CPL provides for a mechanism for assessing the necessity of detention after daibu. The amended CPL creates a system under which prosecutors must assess whether continued detention of a suspect or defendant who is already in custody is necessary for the duration of the prosecution. Based on a combination of factors such as changes to the conditions that existed when the suspect was first taken into custody, the suspect's overall behavior while in detention and the need to preserve evidence, a prosecutor must determine whether continued detention is necessary. Based on that assessment, the prosecutor then makes a recommendation to the relevant investigating agency whether to alter the daibu and detention measures already in place.

In substance, the review of the necessity of detention after daibu is a review of the "danger to the community" factor. Faithful implementation of this review would prevent "once - and - for - all" detention and would take care of the root causes of "unlawfully extended detention," that is, detention for a period in excess of statutory time limits. However, from the perspective of the actual results of implementation in practice, the author suspects that what is actually happening is what Professor Ruihua Chen refers to as "dysfunction in criminal procedure."

For instance, in the Huadu District Procuratorate, where the author works, between March 14, 2013, after the amended CPL went into effect, and December 31, 2013, the prosecutor's office reviewed the necessity of detention in 17 cases involving 27 people. It recommended that the investigating agency release, or adopt other compulsory measures, in four cases affecting four individuals, or 1.04% of the 1,640 cases in which daibu was approved, affecting

1.14% of the 2,358 people. Between January 1, 2014 and this writing, no cases have been subjected to review of the necessity of post – daibu detention. With numbers this low, even ignoring the statistics, it is evident that the results of implementation are not ideal. Some of the critical reasons for this are:

3.1 The need to control costs and ensure efficiency limits the effectiveness of implementation. "The design of legal processes often involves questions of litigation costs. As an activity that requires the investment of judicial resources such as manpower, material resources, and time, the need for efficiency in criminal litigation requires serious consideration. If any proposal for criminal procedure reform will decrease litigation efficiency and increase the time required to resolve cases, there will be no realistic chance for it to be implemented.[8]" First, reviewing the necessity of post – daibu detention necessarily creates a large workload and increases the costs of litigation. At the outset, prosecutor must review the relevant materials, ascertain the progress of the case from the investigating agency, inquire of the detention center about the suspect's behavior and circumstances in custody, interrogate the suspect, and organize and convene a public hearing to determine whether it is necessary to continue the detention of the suspect, etc. Moreover, post – daibu review of the necessity of detention reduces the efficiency of the criminal justice system.

For instance, the result may be that the prosecutor's office will recommend to the public security organs that an alternative measure, typically release with a guaranty pending trial, be substituted for daibu. However, the increased use of release with a guaranty will lead to an increase in conflicts:

a) problems in the use of pretrial release with a guaranty for migrant workers;

b) after pretrial release with a guaranty is granted, there is a significant in-

[8] Ruihua Chen, *Chinese Model of Criminal Litigation* [刑事诉讼的中国模式], (2nd ed., Law Press), p. 303.

crease in workload for investigating organs and prosecutors in the event that they need to interrogate a suspect. This exacerbates the problem of "too many cases and insufficient staff to handle them;"

c) after pretrial release with a guaranty is granted, it is difficult to guaranty the suspect's attendance, resulting in the progress of cases being stalled, or being passed back and forth between prosecutors and public security organs. This increases the pressure from a high caseload, exacerbates the tension between justice and efficiency and may bring about crime victims' dissatisfaction with the justice system's lack of efficiency.

3.2 There is no mechanism to implement the post – arrest process for determining the necessity of continued detention. The CPL does not establish a good mechanism for implementing the review process, creating the risk that the process for determining the necessity of detention will be avoided or abandoned.[9] Only CPL Article 93 sets forth provisions relevant to the necessity of detention determinations. Although CPL Articles 616 to 621 include more detailed provisions, they remain closer to statements of principle, which leads to a lack of clarity. For example, Article 616(2) of the CPL defines two means by which a review of the necessity of post – arrest detention can be commenced: 1) an "active" means, where "upon discovery by the People's Procuratorate," the prosecutor may initiate the review; and 2) a "passive" means where "upon application by the defendants, their legal representatives, near relatives, or defense attorneys," the prosecutor may initiate the review. However, there are no clear provisions regarding how the prosecutor's office might go about discovering a basis for review, how a review is commenced, and what criteria should be used to initiate a review, or how a suspect may request a review.

3.3 There is a lack of scientific design in portions of the review process. First, a plain reading of the text of CPL Article 93 suggests necessity of deten-

[9] *Id.*, p. 13.

tion review should take place in all cases in which either a prosecutor or a court has approved daibu, without exception. However, in practice, local prosecutor office's investigation supervision departments already face problems with heavy caseloads, staffing shortages and the complexity of the work. It is therefore unrealistic to conduct such a detailed review in every case. Second, the SPP Regulations provide for two means of initiating review, one active and one passive, that is, one initiated by the prosecutor and one initiated by the defendant or his representatives. However, for a prosecutor to initiate the review unavoidably appears to be administrative oversight of the judicial process rather than an integral step in the judicial process.[10] In the absence of a clear legal requirement that prosecutors conduct reviews in all cases, it is impractical to expect prosecutors to diligently instigate reviews of each case on their own initiative. Only a suspect has the incentive to apply for review and to press for an effective system of reviewing the necessity of detention. However, because suspects have much less familiarity with the system, in practice, relatively few suspects have applied for review. Third, it is unreasonable to task the prosecutors with initiating the review of the necessity of continued detention during the prosecution and trial stages. Although China's prosecutors are relatively neutral, and prosecution decisions are based on making objective determinations from a position of neutrality,[11] prosecutors are also the formal adversaries of the defendant. As such, they are influenced by their prosecutorial mentality as well as their performance assessments. When judging whether to terminate the detention of a defendant, they would naturally tend toward continuing the detention.

3.4 There are no consequences mandated for violations of procedural requirements. The law does not define consequences for prosecutors who that fail

[10] Ruihua Chen, *Theory Of Procedural Checks And Balances*, (程序性制裁理论) (2nd ed. Law Press), p. 228.

[11] Xiaoqing Zhu, "On Litigation Supervision," *Journal of National Procurators Academy of China*, (2012), issue no. 5.

to initiate review when the criteria are met or when a suspect applies for review, or prosecutors who conduct reviews in a lackadaisical manner. The law not only fails to provide for any consequence for a violation but also fails to provide a suspect with any right to a remedy for a violation. As a result, prosecutors are under no procedural pressure to conduct reviews.

4. Suggestions for Improvement

4.1 *Use Daibu and Detention Cautiously*

On the surface, if a defendant is ultimately found guilty, detention prior to conviction does not hurt his interests, as the sentence can be discounted by the period of time spent in pretrial detention. However, in practice, daibu is the harshest compulsory measure and involves considerable risk. First, before trial, a detained suspect loses his liberty. Further, the veracity and objectiveness of any confession he makes cannot be guaranteed. This is, in fact, the most significant cause of wrongful convictions. Second, the biggest risk of pretrial detention exists where the defendant is ultimately acquitted. For these reasons, pretrial detention is risky. As a result, prosecutors responsible for reviewing requests to approve daibu should abandon the traditional mindset of "approve daibu as long as there is evidence of criminality" (够罪即捕). Instead, they should pay more attention to the danger to the community posed by the suspect's release and be more cautious in the use of daibu.

4.2 *Fully Develop Alternatives to Detention*

When modifying custodial measures to non-custodial alternatives, the non-custodial measures must be improved to prevent suspects from failing to appear and interfering with the orderly progress of a case. Consequently, alternatives to detention should be fully developed:

a) In the absence of effective constraints on guarantors, the proportion of cases where money guaranties are accepted should be increased in accordance with law. The judicial organs should collect information such as whether the suspect has a criminal record, whether the suspect has legitimate employment, the suspect's financial means, and the suspect's social ties. Based upon this information, there should be a comprehensive determination of the amount of a guaranty that would serve as a practical restraint on the suspect.

b) Improve the system of using guarantors. Strengthen assessments of guarantors based on criteria such as residence and income, and restrict the ability of individuals who have "negative social credit records" (不良社会信用记录) to serve as guarantors. Improve mechanisms for holding individuals who violate their duties as guarantor accountable. Explore the use of the suspect's work unit as a guarantor, especially to conduct oversight of suspects during pretrial release.

c) Pay greater attention to the applicability of a sliding scale of restrictions on liberty, from pretrial release with a guaranty to residential surveillance to daibu. In accordance with law, increase the proportion of cases in which residential surveillance is used. For suspects for whom there is no necessity of detention but who have no fixed residence, cannot nominate suitable guarantors and cannot pay a money guaranty, and for whom the use of pretrial release with a guaranty might pose a greater risk to the orderly progress of the litigation, consideration should be given to residential surveillance at a designated location in accordance with the law. In this way, resources can be consolidated to conduct surveillance.

4.3 *Provide a Rational Design and More Detailed Rules*

4.3.1 The System for Review of Daibu Requests for Approval

(a) When a prosecutor determines whether to approve daibu, he or she should conduct a stringent review of whether the materials in the dossier (案卷材料) and the evidence relevant to the criteria for daibu are complete. If the investigating organs cannot explain how the suspect poses a danger to the community, or have not delivered the evidence relevant to that factor, the prosecutor should demand that the investigating organs provide such an explanation and deliver the evidence promptly. If the investigating organs cannot give an explanation or provide the additional evidence within the designated time period, and the existing materials cannot establish that the suspect poses the requisite risk to society, the prosecutor should reject the application to approve daibu.

(b) The "Opinion on Daibu Review" (审查逮捕案件意见书) must explain the review of the danger to the community posed by the suspect's release and provide a clear explanation and a discussion of the relevant evidence. Any submissions by the defense attorney regarding the suspect's lack of a danger to the community, his unsuitability for detention, as well as relevant evidence, should be accepted, seriously considered, and included as appendices.

4.3.2 The System of Reviewing the Necessity of Continued Detention after Daibu

(a) In order to reduce their workload, prosecutors should focus reviews of the necessity of detention on individuals suspected of minor offenses. Individuals suspected of minor offenses are typically less dangerous and less anti-social. Reviews of the necessity of continued detention should therefore focus on such scenarios and leniency can be extended to such suspects, including: i) suspects who may be sentenced to fixed-term sentences of 3 years or less, criminal detention, probation, suspended sentences, or no sentence; and ii) individuals suspected of attempted crimes, individuals suspected of crimes of negligence, suspects who turned themselves in or assisted in investigations, accomplices, first time offenders with no criminal record, opportunistic offenders, juvenile suspects, suspects who are unsuited to detention for health or physiological reasons, suspects who have actively made restitution or compensation, and suspects who have reconciled with their victims.

Conversely, individuals who may be sentenced to fixed-term sentences of 10 years or more, or who are the lead defendant in a multi-defendant case, ringleaders, repeat offenders, individuals suspected of endangering national security, individuals suspected of being involved in organized crime, individuals suspected of drug-related crimes, all should be subjected to more stringent review, in order to reach a balance between controlling crime and protecting human rights.

(b) Establish as a norm that the affected individual should apply for review so as to weaken the notion that release is bestowed by the authorities while at the same time strengthening the idea that an application for release is the assertion of a remedy to vindicate a right. In other words, reviews should primarily be based on applications by a suspect who has been subject to daibu or detained, rather than relying on prosecutors actively seeking to remedy procedural irregularities as part of their official duties.

(c) Require that the review of the necessity of detention during the investigation, prosecution, and trial stages be conducted by the investigation supervisory department. In the event that the prosecution division or the detention center supervision division discovers that detention is no longer necessary, that division may recommend that the suspect or defendant be released, or that other less restrictive compulsory measures be substituted for daibu.

4.4 *Revise Assessment Criteria*

The emphasis placed by the CPL and the SPP Regulations on the assessment of a suspect's danger to the community should be reflected in the prosecutor's internal performance review standards. The criteria for assessing the handling of daibu requests should be changed accordingly. The importance given the assessment of the danger to the community in evaluating daibu requests should be enhanced. For instance, cases in which the "Opinion on Arrest Review" (审查逮捕案件意见书) fails to explain the danger to the community the suspect poses should be considered cases with quality flaws. The definition of "wrongful non-arrest" (错不捕) should be altered to dispel prosecutors' concerns over refusing to approve arrests using the social risk criterion.

Chapter 12 Redefining the Power of *Daibu*: Improving the System of Checks and Balances in the People's Republic of China*

LIN Lan**

Daibu[1] is the most restrictive compulsory measure available to Chinese law enforcement agencies under the *Criminal Procedure Law* ("CPL") of the People's Republic of China. The measure allows the police to detain any suspect in custody pending trial so long as that suspect is charged with an offense that would subject him to at least a sentence of imprisonment.

A 2012 amendment to the CPL clarified one previously vague precondition for arrest: "danger to the community." The intent of that amendment was to curb abuse of the power to impose daibu and to protect human rights. Under Article 79 of the amended CPL, individuals could be subject to daibu before trial only if their release would constitute a "danger to the community." After January 1, 2013, when the amended CPL came into effect, observers anticipated an increase in the proportion of low-risk criminal suspects released. As

---

* This article was first delivered as a paper by the author at a conference jointly held in Guangzhou between NYU School of Law's U. S. - Asia Law Institute and the University of Guangzhou in June, 2014.

** Lin Lan is the Chief of the Investigation and Supervision Department of the People's Procuratorate of Luogang District, Guangzhou, China.

[1] See *Explanatory Notes Regarding the Translation of Chinese Legal Terms*.

one example, consider the prosecutor's office of Luogang District of Guangzhou, where the author is chief of the investigation supervision division. Over the past three years, the proportion of suspects released because they do not pose a danger to society has grown from 18.7% in 2011 to 31.13% in 2012 and to 58.5% in 2013.

As part of his work, the author approves police requests for daibu. As an official who handles cases for the prosecutor's investigation supervision division and oversees the approval of daibu requests, based upon practical experience, the author believes that there is a need to redefine the role of daibu, to clarify the confusion brought about by legislative changes, to harmonize the legislative directives with an improved system of checks on power, and in this way, lead the prosecutor's office to exercise the power to impose daibu in a more appropriate manner.

1. Redefining the Purpose of Daibu

Traditional legal theory posits that the main purpose of daibu is to assure the orderly functioning of the investigation, charging and trial processes, and the imposition of any criminal penalties. Thus, daibu is designed to safeguard the criminal process. Some scholars argue that daibu should serve no other purpose than to guarantee an orderly litigation process.[2] This article, however, views daibu as fulfilling multiple functions, including those dictated by the CPL and those that flow organically from the day to day operation of the criminal justice system.

1.1 *Daibu is a Punishment and a Deterrent*

First, daibu is both a penalty and a deterrent. The first clause of Article 79 (in the 2012 amended CPL), for example, stipulates that a suspect who "might commit new crimes" can be detained because he satisfies the prerequi-

[2] Wan Yi, "Daibu Is Not a Crime Control Measure—the Procuratorate Should Not Report the Number of Daibu Approvals," *Legal Science*, (2009) (2), p. 152.

site of "danger to the community." In the second clause of the amended Article 79, a new prerequisite was added to justify immediate arrest: a suspect should be detained if:

1) evidence of a crime has been found, and the suspect is likely to face imprisonment for ten years or a more severe punishment; or if 2) evidence of a crime has been found, and the suspect is likely to face imprisonment or more severe punishment, and has a criminal record or has no valid identity.

The author believes the amendment demonstrates that the legislature endorsed daibu as both a punitive and a preventive measure. Scholars view the situation similarly.[3] The legislation explains why prosecutors issue work reports describing the daibu approval process as a key part of "cracking down on crimes and safeguarding social stability." Daibu demonstrates a prompt response from judicial organs, which appropriately reflects the popular desire that criminals be imprisoned.

1.2 *Daibu Approval Involves Making Preliminary Judgments About Guilt and Punishment*

According to Article 79 of the CPL, prosecutors must make two preliminary judgments in reviewing daibu approval requests. One is to judge whether the suspect has committed a criminal offense, based on the legal requirement that "there is evidence of criminal activity" (有证据证明有犯罪事实). The other is to make a far - sighted judgment regarding the sentence the suspect might face. In considering this second matter, prosecutors must determine whether the suspect "may be sentenced to imprisonment or a more severe punishment" (可能判处徒刑以上刑罚). Only when the suspect has satisfied these two legal requirements may the prosecutor consider whether the criminal suspect or defendant poses a danger to the community. If there is, in fact, a danger to the com-

[3] Thomas Weigend, *Deutsches Strafverfahren*, translated in Deguo Xingshi Susong Chengxu (德国刑事 诉讼程序) [Criminal Procedure in Germany] (translated from the German into Chinese by Yue Liling & Wen Xiaojie 2004), pp. 95 - 96.

munity, or other relevant conditions, daibu of the suspect should be approved and extended through the period of indictment review, prosecution, and even trial.

The process for approving pretrial detention not only involves a prejudgment regarding guilt and sentencing, but also a prejudgment of whether a person should receive a suspended sentence or probation. As a matter of fact, when the provisions are compared side by side, it is not difficult to see that the requirements established by the CPL for releasewith a guaranty pending trial, and those that allow for probation, are reciprocal. Article 79(1) of the CPL stipulates that, in addition to the requirements of possible conviction and sentencing, the third requirement for approval of daibu is that the offender "would pose a danger to the community if he were to obtain release with a guaranty pending trial" (five types of dangers are listed). The implication is that any suspect can obtain an alternative to daibu such as release with a guaranty pending trial if they do not present a danger to the community. Article 65 of the CPL stipulates that the criminal suspect or defendant can obtain release with a guaranty pending trial under four circumstances: (1) the person may be sentenced to public surveillance, criminal detention, or simply assigned supplementary punishments; (2) the person may be assigned a punishment of fixed – term imprisonment or worse but he will not pose a danger to thecommunity if released with a guaranty pending trial; (3) the person is seriously ill, cannot take care of herself, or is pregnant or breastfeeding, and would not pose a danger to the community if released with a guaranty pending trial; or (4) the legally permissible time period for detention has expired, yet the case has not been resolved, and the person in question must be released with a guaranty pending trial.

Article 72 of the CPL provides for the following conditions for probation: a person should receive probation if he or she is sentenced to public surveillance or a term of imprisonment of less than three years, or if a person satisfies the following criteria: 1) the offense is not serious; 2) the offender has shown remorse; 3) there is no risk that the offender will commit new crimes; 4) probation will not have a serious impact on the community where the offender lives. The four conditions listed above serve as clarification of prerequisites for probation, and were applied prior to the issuance of the eighth amendment to the CPL. These four conditions actually define the imperative that "the application of probation [to the suspect or defendant] will not endanger society." Notably, the four conditions are similar to the second and third conditions regarding release with a guaranty pending trial. In everyday practice, consequently, suspects who are not subjected to daibu and who are released with a guaranty instead, are more likely to receive probation. Take the prosecutor's office where I work as an example. In 2013, we did not approve daibu for 45 people and ultimately all 45 were sentenced to probation. Those 45 individuals account for 70% of all people for whom we did not approve daibu.

1.3 *Daibu Review Functions as a Mechanism to Oversee Police Investigations*

The powers to review and approve police requests for daibu are invested in the investigation supervision division of the prosecutor's office, which reviews the initiation of cases (立案) and presides over cases investigated by public security organs. The investigation supervision division oversees the legality of daibu requests as well as the working procedures of public security organs, focusing especially on whether there is sufficient evidence to prosecute criminal suspects and whether their conduct is serious enough to warrant criminal punishment. In short, daibu should not be approved if the suspect did not commit a criminal offense, or if the unlawful conduct was minor, or if there is no danger to society, or if there is insufficient evidence to prove the crime. The prosecutor examines whether the investigation has been carried out in compliance with the law and excludes all illegally obtained evidence. The amended CPL is more rigid regarding conditions of daibu, and even more demanding regarding evidence, and that has led to an upward trend in the rate of release nationwide.

For example, according to the 2013 work report issued by the Supreme People's Procuratorate, prosecutors declined to approve daibu for 82,089 criminal suspects, a 2.8% increase on the previous year. In addition, prosecutors decided to release 100,157 suspects for lack of evidence, an increase of 9.4% on the previous year.

1.4 *Daibu Promotes Reconciliation with Victims*

One scholar points out that daibu is often regarded as a tool that "pushes those involved to negotiate an agreement to compensate victims, and that eases public anger and prevents victims from petitioning."[4] Prior to arrest, a criminal suspect is usually unaware of the legal consequences of his actions and is unwilling to pay compensation to the victims of his criminal conduct. However, once placed under daibu, a suspect will view his situation differently. No one wants to be deprived of personal freedom. After daibu, suspects have more incentive to negotiate compensation agreements with victims, especially if the crime in question is minor. This author considers encouraging reconciliation to be a positive function of daibu.

2. Clarifying the Challenges of Exercising the Power of Daibu

Once we have redefined the functions of daibu, we must clear up some common misconceptions regarding use of this power.

First, it is incorrect to think that by reducing the number of people subjected to daibu or eliminating the number of people subject to daibu altogether that we will have achieved the proper "balance between leniency and severity" (宽严相济). Some scholars believe that a high rate of daibu approval can lead to an exceedingly high rate of short-term deprivations of liberty. They argue that although daibu is aimed at punishing, isolating, deterring, and correcting

[4] Jia Liping, "An Analysis and Discussion on Post-Arrest Criminal Cases with Light Punishments— A Perspective of Statistics of the First Half Years from 2009-2013", *China Today Forum*, p. 324.

crimes, in practice, these goals are difficult to achieve.[5] If a criminal is forced to leave the community where he lives, it is possible that he will become anti – social. It is also possible that the criminal will learn more criminal behavior from other criminals and commit even more serious crimes. Other scholars think that short – term deprivations of liberty cannot rehabilitate criminals. Rather, they believe that short – term punishment worsens circumstances because criminals become accustomed to living in detention and are no longer fearful of imprisonment. With lower self – esteem, they are prone to become repeat offenders.[6] Hence, these scholars argue, we must pay more attention to human rights protection.

The author recognizes that this point of view emphasizes human rights protection and is consistent with the demand for the development of a harmonious society. However, under the current Chinese judicial environment, if we over-emphasize leniency, we would be overlooking the rights and interests of the victims of crime and would undermine the social value that "crime deserves punishment" (罪有应得). Each year, a large number of China's farming population leave their rural homes to live and work in cities. Because China still has not developed a system to track individuals' creditworthiness and trustworthiness, the criminal records of migrant workers have almost no bearing on their ability to find new jobs and start new lives in new places. Criminal activity does not have a huge cost for migrant workers so this population is, of course, more likely to commit crimes. The deprivation of liberty appears to be the only effective punishment for criminal offenses committed by migrant workers. I urge caution in not approving requests for daibu. The existence of daibu's function as a preliminary judgment of legal punishment allows us to consider what the ap-

〔5〕 Zhang Haifeng, "An Empirical Analysis of the Operation of the Right to Arrest," *Journal of Southwest University of Politics and Law*. Vol. 13, Issue No. 3, June 2011, at p. 87.

〔6〕 Ma Kechang, *Comparative Criminal Law Principle—An Overview of Foreign Criminal Laws* (比较刑法原理——外国刑法学总论). Wuhan University Publishing House, (2002), p. 858.

propriate punishment for minor offenses is in order that that we may be sure that the punishment fits the crime. Will the public be satisfied if we do not approve daibu and the only punishment is probation plus the 10 to 37 days of pre – daibu detention (拘留), which is the maximum period (according to CPL Article 89)? We need to consider whether short – term detention can fully account for a victim's suffering and whether it demonstrates proper judicial authority. While the length of a period of detention cannot be determined by popular will, we need to be as prudent about not approving requests for daibu as we are about approving daibu.

A second misconception concerns the prerequisite that in order to approve daibu the defendant must be subject to a sentence of at least fixed – term imprisonment. The prerequisite is not based upon the prosecutor's prediction of the final outcome but rather on the maximum penalty authorized by statute for the offense charged. Some scholars contend that, if daibu can be approved simply on the ground that a fixed – term imprisonment or more severe punishment is authorized then almost any crime can reasonably result in daibu. Thus, they say, for individuals who have committed a crime that will result in a sentence that would be less than fixed – term imprisonment, prosecutors must not approve daibu. Prosecutors should not approve daibu when it is possible that the sentence will be a short period of criminal detention or probation.[7] This point of view is no different than saying the prosecutor's ability to predict the future outcome should be enhanced and the prosecutor should put himself in the same position as a judge to consider whether the sentence is likely to be criminal detention or probation but that he should do so at the early stage of daibu approval. Some prosecutors will use a likely sentence of criminal detention or probation as a way to measure the quality of the case and this creates a lot of addi-

---

〔7〕 Zhang Haifeng, "An Empirical Analysis of the Operation of the Right to Arrest," *Journal of Southwest University of Politics and Law*, Vol. 13:3, (June 2011), p. 90.

tional concerns for the prosecutor. Sometimes, he will even go so far as to consult the sentencing guidelines released by the court. The author recognizes that most criminal offenses in our country carry a penalty of fixed – term imprisonment but there are some offenses, for example, dangerous driving, where the maximum sentence is criminal detention and a fine. In such cases, I agree that daibu should not be approved. That said, it is not practical to expect that a prosecutor can, within a seven – day time limit, have the foresight to make the same kind of sentencing decision a judge would make at the end of the case, especially since not all of the circumstances that affect the sentencing decision have been fully investigated yet. Based on these considerations, punishments starting at the level of fixed – term imprisonment should be decided according to the statutory maximum, which is more practical and is consistent with legislative intent.

The third mistake is the use of the rate of daibu as a basis for the evaluation of the performance of public security and prosecutorial personnel. In order to promote efficiency, public security organs and prosecutorial organs in a variety of locales have launched experiments to try different formulae to evaluate their own internal efficiency. Since daibu both punishes and prevents criminal activities, it makes sense that the number of criminal suspects approved for daibu is used to indicate whether a state organ is functioning properly. As a consequence, public security organs pursue a high rate of daibu approvals, even to the extent of neglecting to conduct any investigation to determine whether a suspect poses any the danger to the community. Some prosecutor's offices even evaluate the performance of prosecutors based on the number of daibu approvals. A prosecutor earns one point for each daibu she approves. This gives rise to a tendency for prosecutors to approve all daibu requests even when daibu is not necessary. By promoting this unscientific evaluation criterion these evaluations are already directly influencing prosecutors' conception of what it means to enforce the law and it goes against the fundamental law enforcement principle of valuing and protecting human rights. We should call a halt to this immediately.

The fourth misconception is the belief that in order to have the most impartial and the most scrupulous party undertake a review of whether an individual should be charged and detained, the power to approve daibu must be controlled by a court. Although China, unlike other countries, does not confer the power to review arrest and detention decisions upon courts, China similarly separates the functions of approving and executing arrests. As some scholars have correctly pointed out, the existence of the daibu approval mechanism manifests a principle of checks and balances, and because of the prosecutors' supervision, the use of daibu is limited and this guarantees citizens' fundamental human rights.[8] Because of its role as the government organ that oversees the legality of other government actors, it is appropriate within the division of labor under the Chinese judicial structure for the prosecutor to exercise the power to review and approve daibu requests from the public security organs. The purpose is for the prosecutor to filter out unnecessary and illegal applications for daibu, eliminate wrongful detention, and protect human rights. Because the function of reviewing daibu applications is not merely a procedural guarantee but also serves to supervise the public security organ's conduct of criminal investigations, the view that only an impartial court can approve daibu is somewhat biased.

3. Supplementary Measures to Implement Checks on the Power of Daibu

Because there are multiple mechanisms to review the power to impose daibu, we must be doubly careful in how we implement this power. In addition to adjusting the notions of law enforcement concepts held by officials who handle cases, reasonable implementing measures and institutional checks on this power are the basis for guaranteeing that the exercise of this public authority will be

[8] Wan Yi, "Daibu Is Not a Crime Control Measure — the Procuratorate Should Not Report the Number of Daibu Approvals," *Legal Science*, 2009 Issue, No. 2, p. 152.

appropriate. Scholars have engaged in many valuable studies. Some scholars suggest borrowing the concept of proportionality from administrative law and advocate for early modification or elimination of compulsory measures, including daibu.[9] Other scholars suggest that community corrections organizations can supervise defendants released with a guaranty pending trial or under residential surveillance.[10] Other scholars suggest introducing quantitative measures,[11] to expand the reporting requirements to higher levels of prosecutors' offices, requiring registration and review and giving those subjected to daibu a right to appeal to a court for review of the daibu decision.[12] The author believes that no matter what the suggestion is, it must be consistent with our current legal regulations and law enforcement environment. Otherwise those proposals have no chance of being put into practice and will not survive. Therefore a thorough analysis of the current institutional checks on the power of daibu, including any gaps that need filling, is a pre – condition to perfecting reform. The current checks on the power of daibu are as follows.

3.1 *Legislative Constraints*

Legislative constraints include:

3.1.1 The review of the necessity of detention:

Article 93 of the CPL, which is part of the 2012 amendments to the CPL, requires that after the prosecutor's office approves daibu for the criminal suspect or defendant, the prosecutor's office should also review whether it is necessary tocontinue to detain him. For those individuals the prosecutor determines need not be detained any longer, the prosecutor should recommend release or a

[9] Wang Kongluo, Wu Qiang, "Revelations on Compulsory Measures of Macau," *New Heights (Bimonthly)* (2013)(5) at p. 121.

[10] Zhang Haifeng, "Empirical Analysis on Exercising the Right of Arrest," *Journal of Southwest University of Political Science & Law*, June 2011 Vol. 13(3), p. 91.

[11] Translator's note: it appears the author is referring to risk assessment tools.

[12] Qiu Qingli, Lai Shanming, "On the Risk Management of Arrest," *Journal of Southwest Petroleum University* (Social Sciences Edition), September 2011, Vol. 13. No. 5, p. 60.

modification to a different form of compulsory measure. The relevant agency must, within ten days, act upon the prosecutor's recommendation and notify the prosecutors' office of its decision.

3.1.2 Appeal to and review by a higher level prosecutors' office:

CPL Article 90 provides that if the public security organ believes that the prosecutor's decision to not approve daibu is mistaken, it may demand a review by a higher level prosecutor's office but it must immediately release the person it has detained. If the agency does not accept the higher level prosecutor's opinion, it can immediately seek review from the next highest level prosecutor. That office must then decide immediately whether to make a modification and then must notify the lower level prosecutor's and public security organ which must then implement the decision.

3.1.3 Permission to extend the period of detention:

CPL Article 154 provides that the time period of investigatory detention after daibu must not exceed two months. For complex cases that cannot be resolved within two months, the lower level prosecutor's office may seek approval from the next highest level prosecutor's office to extend the period of detention by one month. The Supreme People's Procuratorate has, with the Ministry of Public Security and General Administration of Customs, jointly issued regulations that standardize and limit the procedures and the criteria for extending the period of detention.

3.2 *Internal Constraints*

Internal constraints can be divided into two categories: checks among co-equal departments and oversight by higher level prosecutor's offices. In the first category is the annual review of decisions not to approve daibu which is conducted by the prosecutor's case management center and disciplinary supervision organs as part of their review of the quality of cases handled by prosecutors. In the second category, there are internal documents that require reporting of all daibu decisions to the higher level prosecutors' office either for review or registration. Certain cases, such as those involving foreigners or daibu with special conditions, must be reported to a higher level people's prosecutor's office.

3.3 *External Constraints*

In practice, there is outside oversight of the daibu approval process, including periodic review by the political – legal commission of the Chinese Communist Party (政法委), the local People's Congress delegates and the people's monitors who make suggestions regarding individual cases.[13]

In the opinion of the author, the new legislation, which has added a requirement that prosecutors review the necessity of detention, has solved the problem raised by many scholars concerning the lack of a remedy for unnecessary detention. Moreover, the joint guidance issued by the relevant agencies limiting the ability to extend detention has also prevented abuse in a relatively effective manner. Internal checks within prosecutors' offices are also improving all the time. This shows a willingness on the part of prosecutors to take the initiative to enhance the care with which daibu is used. The following are the author's thoughts for how to improve even further the institutional checks on the power of daibu.

4. Proposals for Improvement[14]

4.1 *Implementing Measures*

The first way to improve the system would be to put in place implementing measures. As for review of the "necessity of detention," in the *People's Procuratorate's Criminal Procedure Regulations (Experimental)*" (人民检察院刑

---

[13] Translator's note: at every level of government there is a political – legal committee of the Chinese Communist Party that oversees the work of all law enforcement and judicial authorities. Local party congresses also oversee the work of law enforcement and judicial authorities. People's monitors are a relatively new innovation and they are charged with reviewing individual criminal investigations, usually for corruption offenses.

[14] Translators' note: Heading has been added here for ease of reading in the English language text. The heading does not appear in the Chinese original.

事诉讼规则(试行)), which came into effect on January 1, 2013 and complemented the amended CPL, in Section 40, "Oversight of Criminal Procedure Law," a new paragraph 5 has been added, entitled "detention and detention relating to handling of a case." Article 616 provides that even after daibu, the prosecutor should undertake a review of the necessity of detention. The prosecutor may initiate the review, on his own motion, or based on information from the criminal suspect, defendant, his close relatives or legal representatives. If the prosecutor considers it unnecessary to detain the person any longer, he should propose to the relevant organs that the person be released or that they be subjected to a less restrictive compulsory measure. However, it is unclear under what circumstances the review should be initiated, which renders this sort of work somewhat arbitrary.

The author suggests that the Supreme People's Procuratorate, the Ministry of Public Security and the General Administration of Customs issue a joint document that clarifies the circumstances when detention necessity review should be initiated, including: 1) when public security organs request an extension of detention; 2) when the suspect requests a review of the necessity of his continued detention; 3) when the prosecutor finds that the victim and the suspect have reached a reconciliation agreement after daibu; or 4) when the danger to the community posed by the release of the suspect needs to be reevaluated. Also, the joint document requires that the prosecutor read the suspect's case file and interrogate the suspect before a detention extension request may be approved. Prosecutors' offices should also establish a case information sharing platform in conjunction with public security agencies so that they can track a criminal suspect's circumstances and the progress of the criminal case.[15] This would make it easier for a prosecutor to initiate the evaluation process when and where nec-

[15] Qiu Qingli, Lai Shanming, "On the Risk Management of Arrest," *Journal of Southwest Petroleum University* (Social Sciences Edition), (September 2011), Vol. 13:5, p. 60.

essary to do so.

4.2 *Convening a Public Hearing*

The public should be invited to participate in overseeing and restricting the exercise of the power of daibu. For those cases in which the public security agencies or individuals involved are not satisfied with the decision approving daibu, a hearing can be organized prior to a daibu decision is made. Depending on the circumstances of the case, legal representatives, victims, defense attorneys, and close relatives should be invited to this hearing. Some scholars have indicated that such a hearing could also include people who have no direct interest in the outcome of the case, such as representatives to people's congresses, experts, scholars, citizen supervisors, and citizen mediators, as well as individuals from relevant schools, workplaces, neighborhood committees, or village committees.[16] A second public hearing might also be held concerning the evaluation of the necessity of post-arrest detention. This would make detention decisions more reasonable.

4.3 *Evaluation Mechanisms*

First, if the goal of Chinese judicial reform is to create a direct management mechanism for human and material resources within people's prosecutors' office, then the higher people's prosecutors' offices should regularly organize reexamination of "daibu" approval. This reexamination would occur from the top-down, but also among similarly situated prosecutors' offices. The focus should be placed on cases in which daibu requests have been denied. Second, the case management department should regularly evaluate the quality of case handling. Evaluation is especially necessary for cases in which daibu approval has been denied, prosecutors have dropped charges after daibu, the case is withdrawn after daibu, and someone has been subjected to daibu but was not

[16] Yang Chun-lei, "On Public Hearing Process of Examining and Approving Arrests—A Shift Away from Administration to Litigation," *Journal of Heilongjiang Administrative Cadre Institute of Politics and Law*, (2013), Vol. 1, p. 142.

convicted.

4.4 *Performance Evaluation Mechanisms*

Personnel performance evaluations should not be based upon the number of daibu approvals or on the proportion of daibu approvals to suspects. The public security organs and prosecutorial organs should develop internal, top - down, uniform, scientific programs and standards of evaluation with an emphasis on daibu where no crime was committed, acquittals after daibu, and like situations which demonstrate that the daibu power has been abused. Finally, the new personnel evaluation mechanism will necessitate certain changes to the "*Quality Standards of Prosecutorial Examination of Arrest Requests*"（人民检察院审查逮捕案件质量标准）. In the current Standards, the definitions of "Mistaken Approval of Arrest" and "Mistaken Disapproval of Arrest" are either too simple or too complicated, and these definitions cannot be used as workable standards.

Chapter 13 An Empirical Analysis of the Review of "the Necessity of Detention"*

WU Minglai, SUN Hanmei**

Since the implementation of the amended *Criminal Procedure Law* ("CPL"), Chinese prosecutors have been diligently fulfilling their responsibility to oversee and review the "necessity of detention" of criminal suspects. Prosecutors perform an important role in combating the phenomenon in which anyone against whom there is sufficient evidence is simply detained and then continuously held in detention until the conclusion of their case. They are also reducing the number of unnecessary detentions, inappropriate detentions, detentions that have exceeded the legal time limit, and prosecutors are generally strengthening the protection of human rights. However, since the process for reviewing the necessity of detention pending trial is still new, there are challenges and obstacles to its implementation. This paper analyzes how the review process has been working in Guangdong Province and will discuss the challenges it faces, as well as possible solutions.

---

* This article was first delivered as a paper by the author at a conference jointly held in Guangzhou between NYU School of Law's U. S. – Asia Law Institute and the University of Guangzhou in June, 2014.

** Minglai Wu, Division Chief of Investigatory Supervision Division I of the People's Procuratorate of Guangdong Province. Haimei Sun, Section Chief of Investigatory Supervision Division I of the People's Procuratorate of Guangdong Province.

1. The Status of the Review of "the Necessity of Detention" in Guangdong Province

From January 2013 to April 2014, prosecutors in Guangdong Province have actively engaged in the work of reviewing the necessity of detention. During this period, of the cases they reviewed, they recommended release or a change to a non – custodial compulsory measure in 333 cases involving 488 defendants. Of these, the investigating agency accepted the recommendations of the prosecutors in 213 cases involving 290 people. The details of these cases are discussed below.[1]

1.1 *A Comparison of Different Categories of Cases*

The cases that were reviewed consisted primarily of the following categories of criminal offenses: intentional assault, traffic offenses, theft, credit card fraud, and "picking quarrels and provoking troubles" (寻衅滋事). Of these, there were 104 cases of intentional assault (involving 133 suspects), 55 traffic offenses (involving 55 suspects), 45 cases of theft (involving 45 suspects), 14 cases of credit card fraud (involving 15 suspects), and 8 cases of "picking quarrels and provoking troubles" (involving 16 suspects). The prosecutors primarily based their recommendations for release on several factors, including: a) the defendant's payment of compensation to the victim; b) the victim's forgiveness of the defendant; c) the minor nature of the offense; and d) evidentiary issues. Of these, the payment of compensation in an amount sufficient to obtain the forgiveness of the defendant was the most common.

1.2 *The Promptness and Diversity of Cases Reviewed*

The cases reviewed vary in several different ways. First, the types of individuals affected include Guangdong residents as well as migrants from outside

---

[1] Translator's note: To put these statistics in some context, according to the official 2014 *China Statistical Yearbook*, the total number of individuals approved for daibu in all of China for 2013 was 896,403. Statistics for Guangdong Province were not available but one can reasonably deduce that the number individuals approved for daibu was in the tens of thousands.

of Guangdong.[2] There were 58 cases involving 65 individuals who were legal residents of Guangdong and there were 275 cases involving 423 individuals who were migrants from provinces outside of Guangdong. The individuals involved in these cases included migrant workers, agricultural workers, the unemployed, as well as more economically successful professionals and business owners. Second, there were differences in the way each case was initiated. The prosecutor may initiate reviews in one of three different ways: 1) through the application of the criminal suspect, his family, or attorney; 2) when the prosecutor's office elects to initiate a review itself; or 3) when another department office makes a suggestion that the case be reviewed or provides some evidence leading to the conclusion that it should be reviewed. The most common reason the prosecutor initiated review was that the criminal suspect and the victim reached a settlement on the amount of compensation. The promptness of the review is demonstrated by the short period between the decision to approve *daibu*,[3] and the review of the necessity of detention. In most cases, the review was initiated within one month of daibu approval, but in many cases, prosecutors conducted their review within ten days of daibu approval.

1.3 *The Review of the Necessity of Detention Varied from District to District*

Not all districts implemented review of "the necessity of detention" at the same pace. Throughout Guangdong Province there were 333 cases involving 488 detainees. But these were not evenly distributed throughout the province. Of the more active districts, Foshan district reviewed 139 cases involving 204

---

[2] Translators' note: in this context, Guangdong resident refers to individuals who have a residence permit (hukou) allowing them to reside in Guangdong legally. Migrants refers to individuals who may or may not actually reside in Guangdong but who have a residence permit that ties them to a place other than Guangdong. Traditionally, migrants who became criminal suspects tended to be detained because there legal residence was outside of Guangdong, even if their long time *de facto* residence was in Guangdong.

[3] See *Explanatory Notes Regarding the Translation of Chinese Legal Terms.*

detainees. At the other end of the spectrum, there were four districts that did not review the necessity of detention in a single case. In addition, the rate at which investigative agencies accepted the prosecutor's' recommendations also varied by district. In nine districts, the rate of acceptance was 100%. For example, the district prosecutors' office in Yunfu made recommendations in 17 cases involving 21 defendants, and the investigating agency accepted them all. In other areas, however, the rate of acceptance was as low as 13%.

1.4 *Variations in Experimentation with the "Necessity of Detention" Review Processes*

Prosecutors' offices in different districts experimented with various ways to address the diverse issues that arose during necessity of detention reviews. In Foshan, for example, in order to deal with the high volume of cases and a lack of sufficient personnel, the prosecutor's office developed a mechanism to study the possibility for alternative non – custodial compulsory measures. Under this mechanism, once daibu was approved, the prosecutor in charge of the case would have to analyze the likelihood that an alternative compulsory measure could be used and he would also be required to state the reasons for his conclusion. The prosecutor was also required to fill out a form called a "*Record of Post – Daibu Review of the Necessity of Detention*" (捕后羁押必要性审查案件登记表) ("the Record"). The prosecutor would make an entry in the Record as to whether this was a case where the prosecutor approved daibu under the usual conditions (一般逮捕), or whether this was a case where there was a strong likelihood that there would be a change to a non – custodial compulsory measure. Using this system, it became easier to track the progress of cases and to narrow the scope of review.

Another example is Jiangmen, where the investigation supervision division of the Jiangmen prosecutor's office, together with the detention center – based prosecutor's offices and communities, established a post – daibu review mechanism to determine the necessity of detention. Detention center – based prosecutor's offices in each community detention center are responsible for talking to criminal suspects, their legal representatives, close relatives, defenders, and other relevant parties and listening to their opinions. They are also responsible for providing materials about a criminal suspect's family circumstances as well as the opinions of community representatives concerning whether the suspect poses a danger to the community and whether there is any basis to believe he has shown remorse for the offense. Prosecutor's offices based in detention centers are also responsible for observing a criminal suspect's behavior during detention, making detailed written statements, and submitting them to the investigation supervision division for review. The investigation supervision division of the prosecutor's office should review all relevant materials, consult with the investigators to gain an understanding of the progress of the investigation, listen to the officials handling the case and then make a decision.

The Dongguan prosecutor's office, working with the local investigatory agencies, jointly promoted alternatives to detention, which could provide better complementary measures for evaluating a criminal suspect's danger to the community. They established a juvenile education center to guarantee the effectiveness of alternatives to detention for juveniles.

2. Remaining Issues

2.1 *Subjective and Objective Factors that, in Practice, Lead to a Lack of Motivation to Review the Necessity of Detention*

Currently, the total number of cases reviewed by prosecutors is quite limited. This is due to several factors. First, when handling cases, prosecutors are hesitant to engage in a review of the necessity of detention out of a desire to avoid possible risks—releasing a detainee is riskier than keeping him in custody. If a detainee is released, he poses ones of the 5 categories of risks to society outlined in Article 79 of the CPL and since prosecutors are unwilling to bear this risk, they generally will not recommend modifying detention to a different non-custodial compulsory measure. Additionally, under the current performance assessment mechanism, when a suspect remains in custody it facilitates the seamless processing of the case and will not result in any negative evaluation for the prosecutor.

Second, the difficulty of resolving arguments over the necessity of detention discourages prosecutors from initiating the review of necessity of detention. Arguments in the judicial process include both legal and factual arguments. Legal arguments aim to explore the true meaning of laws and apply the meaning of the law to the facts. Factual arguments refer to sifting through all of the evidence and applying logic to determine which pieces of evidence are relevant to the application of the law.[4] The legal and factual arguments for determining the necessity of detention are different from traditional arguments. The focus of a legal argument on the necessity of detention is whether the suspect, if released, poses a danger to the community, a question that is abstract and subjective. A traditional argument focuses on whether certain facts constitute the elements of a criminal offense, a question that is concrete and objective. The factual argument necessary to determining whether there is a necessity of detention in a particular case focuses on the uncertain speculation of whether one of the dangers enumerated in Article 79 will come to pass in the future if a suspect is released from detention. Traditional factual arguments focus on whether there is evidence that a crime was committed sometime in the past. These distinctive characteristics can lead to uncertainty and without a doubt increase the risk for the prosecutor handling the case.

Third, the burden of handling existing workloads reduces prosecutors' incentives to take on the additional responsibility of reviewing the necessity of detention. As the frontline of the prosecutor's office, the investigation supervision division generally has too many cases, not enough staff, and functions un-

---

[4] Liu, Song & Liu, Zhongfa, "Studies on Review System on Necessity of Detention," *Essay Collection of the Third Criminal Procedural Supervision Forum*, p. 197.

der extreme pressure. In addition, they are asked to participate in special campaigns even when they are already exhausted from their day – to – day responsibilities and, as a result, they do not have the time or energy to deal with the additional work of reviewing the necessity of detention.

2.2 *Institutional Weaknesses*

On an institutional level, the working mechanisms relevant to pretrial detention leave quite a bit of room for improvement. First, the division of labor and the level of coordination among the following units within a prosecutor's officeis not clear: a) the investigation supervision unit, b) the public prosecution unit, and c) the unit responsible for supervision of the detention centers. According to Article 617 of the *Supreme People's Procuratorate Rules on Criminal Procedure (for Trial Implementation)* (人民检察院刑事诉讼规则(试行)), the investigation supervision unit and the public prosecution unit are responsible for reviewing the necessity of detention during investigation and trial, respectively. In addition, prosecutors responsible for overseeing detention centers can also make recommendations in cases where they discover that an individual's detention is not necessary. However, the law is unclear as to whether the prosecutor based in a detention center should address his request to the other units to review the necessity of detention or whether he can make recommendations directly to the officials responsible for investigating the case. In practice, different districts have adopted different approaches. Some detention center prosecutors refer the cases to the investigation supervision division or public prosecution units, while others conduct the necessity of detention review themselves and make their recommendations directly to the investigators. Furthermore, while each unit has the legal authority to conduct the necessity of detention review and make recommendations themselves, the law does not provide a specific working mechanism for coordination among the various units. Thus, the lack of coordination often leaves the unit undertaking the review without a handle on all of the relevant information necessary to making an accurate determination and that, in turn, limits the accuracy and efficiency of the process.

Second, the prosecutor's recommendations are not binding. Pursuant to the requirements of the CPL, the prosecutor's office has the authority to make a recommendation to the investigating agency to release the suspect or modify the compulsory measure to a non-custodial one. However, the decision whether to adopt the recommendation is ultimately in the hands of the investigating agency. If the investigating agency rejects the prosecutor's recommendation the prosecutor has no recourse. She will have wasted time and resources reviewing the case and making a recommendation and, in the process, suffered damage to the authority of her office.

2.3 *An Unsupportive External Environment*

(1) When it comes to reviewing the necessity of detention, investigating agencies and courts alike harbor resistance to the idea. For investigators, detaining a criminal suspect not only guarantees that the suspect will be present for interrogation and other pretrial procedures but also helps investigators to obtain a confession which, in turn, helps them to resolve the case. Some districts even use the rate of detention as a factor in evaluating the performance of criminal investigators. For the courts, detaining a suspect guarantees the defendant's presence at trial and ensures an orderly process. Some courts will not even accept a case unless the defendant is in custody.

(2) The public's misunderstanding also creates undue pressure. Most ordinary citizens have a misunderstanding of the relationship between compulsory measures and pursuing criminal responsibility. They believe that if someone is arrested then they must be guilty of a criminal offense. If they are released, then that means the authorities have given up on the crime and have given up on bringing the suspect to justice. This type of misunderstanding leads to a situation, especially in cases where there is a victim, and where the release of a criminal suspect from custody will result in the victim petitioning the government for some form of redress.

(3) The pressure to maintain social stability (维稳) is another factor. If the suspect is not detained that will, on some level, have a negative impact on the fight against crime. In addition, the release of a suspect may incite some citizens to petition the government for redress and petitioning is one factor that is considered to increase the level of social instability. Because of the pressure to maintain social stability, the tendency of the government is to favor detention even to the point that in some cases, where the suspect has been released, the government will intervene and initiate consultations among the relevant authorities. In the current situation in China, where the judicial system is not completely independent from the government, there can be no doubt that the involvement of the government would create some pressure for the prosecutor's office.

2.4 *The Current Alternatives to Detention are Too Weak to Safeguard the Judicial Process*

Under the law, the current alternatives to detention are residential surveillance and obtaining release with a guaranty pending trial. Residential surveillance requires a great deal of manpower and material resources and therefore, when considering it from an economic standpoint, it would rarely be the first choice for investigative agencies. In addition, given the current state of social control mechanisms, the fact that family members are spread out in different geographic locations, and the state of the household registration (户口) system, it is impossible to guarantee that a member of the "floating population" (流动人口)[5] will not flee the jurisdiction if released. Moreover, it is local police stationswho are charged with supervising a suspect who has been released with a

[5] Translators' note: The phrase "hukou" (户口) refers to a person's official place of residence, or their "household registration." Chinese citizens who leave their home, usually in the countryside, to find work in urban areas but who do so without obtaining permission to change their official place of residence become part of China's large "floating population" (流动人口) who actually live and work in China's growing cities but do not enjoy the full benefits of citizens with household registrations for their place of residence.

guaranty pending trial. They are already understaffed and overwhelmed with various complex responsibilities and are therefore unlikely to provide effective supervision of a suspect or defendant who has been released but is still awaiting trial. The local police station charged with supervising a suspect who has been released will rarely be able to make a timely discovery of a violation of the conditions of release and will also rarely be able to timely inform the officials who had made the decision to release the suspect in the first place. For these reasons, in practice, obtaining a release with a guaranty pending trial is not as effective as one might have expected.

3. Suggestions for Resolving These Issues

3.1 *Innovation and Inspiration*

(1) The performance assessment system should be reformed to incentivize prosecutors to embrace their responsibility to undertake the review of the necessity of detention. On the one hand, we must make it understood that a small number of detainees who are released will inevitably flee and that this outcome is a normal consequence and is just a cost of developing the rule of law. For prosecutors handling cases, as long as the prosecutor adhered to legal procedures, and based their decision on the facts and the law—carefully analyzed the necessity of detention, did not violate the law and was not corrupt—their decision to recommend release of a suspect should not be considered an error, even if a released detainee commits any of the violations proscribed by Article 79. On the other hand, performance assessment criteria should take into account the review of the necessity of detention in a positive way. Credit should be given to prosecutors who successfully recommend to the investigating agency: a) the release of a suspect or change to their detention to a non - custodial compulsory measure and; b) the change or release has no negative impact on the case.

(2) We should explore new ways of proving whether detention is necessary. In light of the special characteristics of evaluating the necessity of detention, we should establish a quantitative evaluation system. This so - called quantita-

tive evaluation system would require that we first set some rules, assign a value to each factor relevant to detention and then once we add all of the values together to reach a total score, that total score would inform our judgment about whether detention of the suspect is necessary. The use of objective data to make a quantitative evaluation of whether detention is necessary has been tried both within China and abroad. Outside of China, the United States Department of Justice uses a detailed model. To avoid personal bias and subjective arbitrariness, they use something called the "actuarial" method. The "actuarial" method takes into account various factors that affect a suspect's pretrial risks, assigns a different weight to each risk factor, called the "odds ratio,"[6] and then uses these weights to calculate the risk of releasing a suspect. The pretrial services officer then notifies the judge of the suspect's pretrial risk score and makes a recommendation on whether to release the suspect or keep him or her detained. The judge makes the final decision.

This kind of risk assessment is standardized and objective and makes up for the biases inherent in subjective evaluations. In China, some of our line prosecutors' offices have tried a similar process. During the past few years, under the guidance of the Supreme People's Procuratorate, a proportion of China's prosecutor's offices participated in a pilot program that used a risk assessment tool to determine the necessity of continued detention. The feedback from the experiment has been that the evaluations went smoothly, the risk assessment tool was easily accepted by all parties and that it was simple and easy to implement. However, there is still room for improvement. Specifically, we need further study and analysis to determine which factors should be considered and the how much weight should be assigned to each factor. Therefore, before we adopt a risk assessment measure we must adhere to the principles of an orderly

[6] Yao Li & Shao Shao, "On Post - Arrest Review of the Necessity of Detention," *Science of Law*, (2013), p. 5.

process. First, a sample group of prosecutor's offices should experiment with the risk assessment tool and then, only after we have had a successful experience with it, should we extend it to the whole country.

3.2 *Improve the Structure and Improve Efficiency*

(1) First, we must have a clear division of responsibility among the various divisions of the prosecutor's office. We should establish a model where the investigation supervision and public prosecution divisions are in charge and the detention center supervision division complements them. This is because determining the necessity of detention is itself an inherent responsibility of "investigation supervision" (侦查活动监督).

Second, determining the necessity of detention is part of the power to approve daibu. One of the special characteristics of daibu in China is that detention is a necessary extension of daibu and most factors considered relevant to the analysis of the necessity of detention overlap with the factors considered in whether to approve daibu.

Third, this division of labor is consistent with the normal workflow of a prosecutor's office. The investigation supervision division handles cases from the daibu approval phase to the extension of detention phase and, in the process, develops the most thorough understanding of the circumstances of individual cases, as well as the greatest grasp of and capacity to judge whether it is necessary to keep a suspect in detention. This distribution of labor can also help conserve justice system resources and increase efficiency.

A scholar once theorized that if the investigation supervision division is in charge of both approving daibu and determining the necessity of detention, it cannot reasonably be expected to supervise its own work and correct its own mistakes. He concluded that there should be a mechanism whereby prosecutors in detention centers make recommendations on alternative compulsory measures to the agency handling the case based upon their observations of the detainee's circumstances. This view is understandable. However, the necessity of detention review contemplated in the CPL focuses on necessity of *continued* detention, rather than the accuracy of the *initial* decision to detain. If the *initial* decision to approve daibu was erroneous, the prosecutor should revoke the approval of daibu pursuant to Article 94 of CPL, instead of determining that there is no necessity for detention. The investigation supervision divisions' review of detention is based on the situation at the time of the review and does not involve reviewing whether the initial detention decision was correct. Therefore, the investigation supervision division should not have a problem acting impartially and should not be reluctant to supervise and correct its own mistakes while determining the necessity of detention.

During the indictment and prosecution phase of a case, the public prosecution division should determine whether it is necessary to detain a criminal suspect based upon the individual circumstances of that case. The prosecution division is the best choice to review the necessity of detention during this phase because that division is responsible for reviewing the case, filing an indictment, supporting the prosecution in court, and supervising the legality of trial proceedings and is therefore completely familiar with the case. However, further studies are required to determine whether having the prosecutor review the necessity of detention during trial is consistent with the proper flow of a criminal case and whether it is the most efficient process.

Compared to the investigation supervision and public prosecution divisions of prosecutors' offices, the detention center supervision prosecutors are limited in their ability to determine the necessity of post – daibu detention. They do not handle cases directly so they are unfamiliar with the cases and cannot make a comprehensive or accurate assessment of the necessity of detention. They may well invest huge amounts of time and human resources to understand cases as well as the investigation supervision and public prosecution divisions when it is unrealistic for them to do so. However, the prosecutors based in detention centers*do* have some knowledge of circumstances relevant to whether a criminal suspect or defendant should be kept in custody. Thus, the investigation supervision and public prosecution divisions should consult with the detention center prosecutors during the review process, and the detention center prosecutors should cooperate with and provide relevant information to the other divisions.

(2) The effect of prosecutorial recommendations concerning detention should be clarified. Making recommendations concerning detention is within the prosecutor's power to supervise other agencies so it is reasonable for the prosecutor's office to have this responsibility. Moreover, having this authority reside within the prosecutor's office guarantees the independence of the investigating agency handling the case. The prosecutor's recommendations should be taken seriously. If the investigating agency disagrees with a recommended change to compulsory measures, it should state its reasons. If the investigating agency does not provide a reason or its reasons are inadequate, the prosecutor can suggest a correction. Furthermore, the investigation supervision division can file a report to the next level prosecutor's office investigation supervision or public prosecution divisions. The next level investigation supervision or public prosecution division will use the report as a factor when deciding whether to extend detention.

3.3 *Strengthen Communication and Seek External Support*

(1) In order to secure the understanding of the investigating agency and the court, the prosecutor should promptly communicate with them and execute the relevant enforcement documents, forge a consensus concerning the law enforcement approach, and establish a cooperative working mechanism between the public security agency, the prosecutor's office, and the court. At the same time, there should be a mechanism established to exchange information among public security agencies, prosecutors and the courts concerning the process for reviewing the necessity of detention and to clarify the division of responsibilities for carrying out the results of the review.

(2) Prosecutors should use the media to broadcast the legal significance of

the necessity of detention and non - custodial compulsory measures, measures such as obtaining release with a guaranty pending trial. This will aid suspects or defendants and members of their social networks to understand exactly what "release with a guaranty pending trial" entails, which, in turn, may improve enforcement of the restrictive conditions of release with a guaranty pending trial. Long - term media reporting may help correct victims' internalized misconceptions of non - custodial compulsory measures, which, in turn, will ease the pressures created by vexatious petitions from victims any time a suspect or defendant is released with a guaranty pending trial.

3.4 *Improving Non - custodial Measures and Ensuring the Enforceability of Detention Decisions*

The availability of effective alternatives to detention directly influences the utility of reviewing the necessity of detention. If there are no viable alternatives to detention, there will be no choice but to keep a defendant in custody, even if their detention is unnecessary. Without alternatives, any prosecutorial recommendation to release the suspect or defendant will have to be set aside. Therefore, in order to effectively implement the requirement for review of the necessity of detention it is necessary to increase the variety and enhance the feasibility of alternative measures to detention.

(1) We should improve the process for "release with a guaranty pending trial." Currently in China, the process has much room for improvement. Guarantors find it difficult to carry out their responsibility to supervise the suspect or defendant. Also, right now, money is the only available form of financial guaranty. This has brought about a situation whereby defendants who could have been released must remain in custody because they cannot find a guarantor and cannot pay the monetary guaranty themselves. Therefore, we should expand the kinds of financial guarantees that are acceptable. In practice, for some criminal suspects who cannot provide cash or a guarantor, we could consider the experience of foreign countries and accept other forms of property including, valuable

chattels, stocks, or real estate and or other forms of immovable property as collateral by way of a guaranty. It is also necessary to improve the guarantor system. We should review the qualifications of potential guarantors more intensely and strengthen their duties to supervise a suspect or defendant. When a guarantor violates his or her obligations to supervise a suspect or defendant, the relevant department should hold them legally accountable.

(2) We need to improve the supervision of suspects and defendants who have been released with a guaranty pending trial. We ought to establish, within the public security agency, a special office to manage released defendants and ensure their presence whenever required. At the same time, this special office should also manage guarantors, ensuring that they voluntarily and faithfully fulfill their legal obligations as guarantors. Second, we should combine local police supervision with "community corrections" centers (社区矫正) so that the community can play a positive supervisory role. Third, we should create incentives for social organizations, such as enterprises, to take up supervisory responsibilities. Finally, we should make use of surveillance technologies, which can enhance the surveillance of migrants who have no fixed address or employment.

(3) We should also improve the system for informing released defendants of their duties in order to reduce the number of unintentional escapees. Some criminal suspects purposefully flee to avoid legal liability while others flee because they are unaware of their duties while they are on release with a guaranty pending trial. Therefore, at the time of release, the investigating agency should give criminal suspects a written statement clarifying their obligations and they should also advise them orally of the following: first, what a release on guaranty pending trial specifically means so that they will obey the rules while they are on release; and second, the serious legal consequences of violating any of these rules so that defendants will take their required duties seriously and will not dare to lightly violate any of the rules.

Appendix 2 Relevant Laws of China

1. The 2012 Criminal Procedure Law(Excerpt)

Article 93

After thedaibu of a criminal suspect or defendant, the people's procuratorate shall continue to review the need for detention. Release or a change of compulsory measures shall be suggested for those who do not not require detention be continued. The relevant organs shall inform the people's procuratorate of the circumstances of the disposition within 10 days.

Article 94

The people's courts, people's procuratorates and public security organs shall immediately withdaw or changea compulsory measures against a suspect or defendant, if it is discovered that its adoption was improper. Public security organs releasing a person who has been subject to daibu or who alter an order that a person be subjected to daibu shall notify the people's procuratorate who originally approved the daibu.[1]

---

[1] Translation, with some modifications, courtesy Chinalawtranslate, available at http://www. chinalawtranslate. com/criminal – procedure – law/? lang = en (accessed July 31, 2017).

2. SPP Litigation Rules of the People's Procuratorate (Provisional) (Excerpt)

Article 614

The People's Procuratorate supervises whether the custody period and case handling is legal according to law.

Article 615

The People's Procuratorate and detention facility's inspection department shall supervise the custody and case handling period of cases processed by public security organs and those involving the People's Court where the criminal suspect or accused person is under custody; if the criminal suspect or accused person is not under custody, the investigation supervision or public prosecution department of the People's Procuratorate is responsible for supervision. The case management department of the People's Procuratorate is responsible for supervising the custody and case handling period for cases handled by the People's Procuratorate.

Article 616

After arresting a criminal suspect or accused person, the People's Procuratorate shall examine the necessity of keeping him or her under custody.

If the People's Procuratorate finds or believes that it is not necessary to continue detention after an examination based on a criminal suspect, accused person, legal representative, close relative of defender's petition, the People's Procuratorate shall suggest that the concerned organ to release him or amend the compulsory measures.

Article 617

The investigation supervision department shall review the necessity of detention during the investigation; the public prosecution department shall be responsible for reviewing the necessity of custody at during trials. If the detention facility's inspection department finds that it is not necessary to continue detention, it may suggest that the criminal suspect or accused person be released or that compulsory measures be amended.

Article 618

A criminal suspect or accused person or his/her legal representative, close relative, or defender may apply to the People's Procuratorate to examine whether detention is necessary. In the application he or she shall state why it is not necessary to continue detention. If there is relevant evidence or other materials, he or she shall provide them.

Article 619

If the People's Procuratorate finds one of the following circumstances, the People's Procuratorate may present written suggestions to release or change compulsory measures:

(1) there is a major change in case evidence making it such that it is no longer sufficient to prove criminal facts or that a crime has been committed by the criminal suspect or accused person;

(2) if there is a change in case facts or circumstances, the criminal suspect or accused person may be sentenced to public surveillance, criminal detention, supplementary punishments, or exempted from criminal punishment/found innocent;

(3) The possibility that a criminal suspect or accused person has committed a new crime, destroyed or falsified evidence, intervened or colluded in witness testimony, retaliated against a victim, informer or petitioner, or attempted suicide or escape, etc. has been eliminated;

(4) The case facts are basically clear and evidence has been collected and established. The conditions for obtaining a guarantor pending trial or residential surveillance are met;

(5) If a criminal suspect or accused person continue in custody, the custo-

dy period would exceed the duration he or she may be sentenced to according to the law;

(6) The detention term expires;

(7) It is more suitable to amend the compulsory measures due to special circumstance in the case or the requirements for handling the case;

(8) Other circumstances making it unnecessary to keep a criminal suspect or accused person in custody.

The reasoning and legal basis for which it is unnecessary to keep a criminal suspect or accused person under custody shall be stated in the suggestions for releasing or amending the compulsory measures.

Article 620

The People's Procuratorate may examine the need for detention by the following means:

(1) appraise the need for detaining a criminal suspect or accused person;

(2) get to know the development of the investigation and evidence available to investigation organs;

(3) to listen to the opinions of the relevant organs and persons handling the case;

(4) to listen to the opinions of a criminal suspect, accused person, his/her legal representative, close relative, or defender, or a victim and his agent *ad litem*/ other concerned persons;

(5) to investigate and check the health of a criminal suspect or accused person;

(6) to render the concerned case materials, examine the evidence provided by a concerned party to prove that it is unnecessary to continue custody for a criminal suspect or accused person;

(7) other methods.

Article 621

When the People's Procuratorate presents suggestions for releasing a criminal suspect or accused person or amending his or her compulsory measures to organs handling the case, the People's Procuratorate shall require the concerned organs to notify this Procuratorate of its final decision. If the concerned organs do not adopt the People's Procuratorate's suggestions, it shall be required to state its reasoning and legal basis.

Regarding cases handled by the People's Procuratorate, if it is found, after an examination, that keeping a criminal suspect in custody is unnecessary, suggestions shall be submitted to the case handling department to release or amend the compulsory measures. Specific procedures shall be followed as listed in the preceding paragraph.

Article 622

When the investigation, investigation supervision, or public prosecution department of the People's Procuratorate handles a case, if a criminal suspect or accused person is under custody, they shall notify the detention facility's inspection department responsible for supervision or the case management department and the detention center within 10 days of making the decision or receiving the decision or determination under one of the following circumstances:

(1) extending or deciding to extend the duration of investigation and detention;

(2) for cases that the People's Procuratorate directly accepts for filing and investigation, it is decided to recalculate the custody period and amend or lift compulsory measures;

(3) to conduct an expert evaluation of mental disorders towards a criminal suspect or accused person;

(4) changing the jurisdiction during examination and prosecution, or extending the time allowed for examination and prosecution;

(5) returning cases for supplementary investigation or recalculating the period allowed for examination and prosecution after a supplementary investigation and rendering the case for examination and prosecution;

(6) The People's Court decides to apply summary procedures to a first instance case or have the case retried with regular procedures instead of summary procedures;

(7) The People's Court changes the jurisdiction, decides to extend or suspends the trial, or grants the People's Procuratorate a withdrawal from prosecution.

Article 623

The People's Procuratorate shall submit a corrective recommendation according to the law if it finds one of the following circumstances in the detention center's administration of custody:

(1) not to urge the organ handling the case to go through formalities or remanding permit;

(2) not to send a notice for detention periods that will soon expire to the organ handling the case within seven days before the criminal person or accused person's detention period ends;

(3) not to immediately report to the People's Procuratorate in writing and notify the case handling organ after a criminal suspect or accused person remains under custody for a period exceeding the maximum allowed duration thereof;

(4) after receiving the petition or complaint presented by a criminal suspect, accused person, his or her legal representative, close relative, or defender for changing compulsory measures, examining the need for continue custody, or requiring that compulsory measures be released or amended, does not transfer the petition to the concerned organ handling the case or the People's Procuratorate;

(5) other illegal circumstances.

Article 624

If, during investigation, one of the following circumstances is found concerning the detention carried out by public security organs, a corrective recommendation shall be put forth:

(1) not instituting formalities to remand permission in accordance with regulations;

(2) not to notify the People's Procuratorate and the detention center in writing when it is decided to recalculate the duration of custody or to extend the duration of investigation and custody after approval;

(3) not to notify the People's Procuratorate and detention center in writing when a criminal suspect is under expert evaluation for mental illness;

(4) other illegal circumstances.

Article 625

When the People's Procuratorate finds one of the following circumstances during the trial period as dictated by the People's Court, it shall submit a corrective recommendation according to the law:

(1) not to go through the formalities for remanding a permit during the first instance trial, the second instance trial, and death sentence review;

(2) to recalculate the duration of a trial, approve an extension for a trial, change jurisdiction, extend or suspend the trial, or remand the case for retrial due to violations of the criminal procedure law;

(3) It is decided to recalculate the duration of a trial, approve an extension for a trial, change jurisdiction, extend or suspend the trial, or remand the case for retrial, but not notify the People's Procuratorate and detention center in writing;

(4) Other illegal circumstances.

Article 626

When the People's Procuratorate finds that the public security organ or a People's Court at its level or below imposes undue custody, the People's Procuratorate shall report to the chief prosecutor for approval. After approval, a corrective notice shall be sent regarding the illegal activity to the case handling organ.

If overdue custody is imposed by the public security organ or higher level People's Court, the People's Procuratorate shall report to a People's Procuratorate at the same level as the case handling organ, level by level, in a timely manner. A People's Procuratorate at the same level shall send a notice for correcting illegal activity to such organs.

Regarding cases in which custody is conducted in a different location, if it is found that the case handling organ has imposed undue custody, the People's Procuratorate shall report to the People's Procuratorate at the same level as the level of the case handling organ and send a corrective notice regarding the illegal activity.

Article 627

After the People's Procuratorate sends a corrective notice regarding the illegal activity and the concerned case handling organ makes no reply or continues overdue detention, the People's Procuratorate shall report to a higher level People's Procuratorate in a timely manner.

Regarding people directly responsible for cases who instate overdue custody, the People's Procuratorate may write to his work unit or competent organ to suggest that administrative or disciplinary punishment be imposed in accordance with the laws or relevant regulations; if the overdue custody is serious and may constitute a crime, criminal responsibility shall be pursued.

Article 628

Regarding cases directly accepted by People's Procuratorates for filing and investigation, examination for arrest, or examination and prosecution before criminal suspects' investigation custody and case handling periodexpires, the case management department shall send a warning concerning the term expiration to the investigation, investigation supervision, or public prosecution department according to relevant regulations. If the department handling the case is found to have exceeded the prescribed term, a corrective recommendation shall be submitted in accordance with concerned provisions.

3. SPP' s Provisional Guidelines On Handling Cases of Reviewing the Necessity of Detention (Provisional)

(Passed by the 47th Meeting of the 12th Procuratorial Committee of the Supreme People' s Procuratorate on January 13, 2016)

Chapter I: General Provisions

Article 1

These Provisions are formulated on the basis of the Criminal Procedure Law of the People's Republic of China, the People's Procuratorate Criminal Procedure Rules, and other provisions, combining actual procuratorial work conditions, in order to strengthen and normalize the review of the necessity of detentions, safeguard the lawful rights and interests of criminal suspects or defendants under arrest, and to guarantee the smooth proceedings of criminal procedural activities.

Article 2

Review of the necessity of detention refers to supervisory activity by which the people's procuratorates follow article 93 of the " Criminal Procedure Law of the P. R. C. to conduct a review of whether or not it is necessary to continue detention of a criminal suspect or defendant that has been formally arrested, and where continued detention is not necessary, recommend that the case – handling organs grant release or modify compulsory measures.

Article 3

Cases reviewing the necessity of detention are uniformly handled by the criminal enforcement procuratorate department of the people's procuratorate at the same level as the case – handling organ; and departments such as for investigative oversight, public prosecution, investigation, case management and procuratorial techniques shall cooperate.

Article 4

Documents such as for case acceptance, filing, closure, and recommendations for release or modification of compulsory measures in cases reviewing the necessity of detention shall be registered, circulated, and handled on the procuratorial organ uniform operations usage system in accordance with relevant regulations; and after cases are filed, the case management departments shall carry out management, supervision, and early warnings for case – handling deadlines, procedures, and quality.

Article 5

Where state secrets, commercial secrets, or personal privacy are involved in the course of handling a case reviewing the necessity of detention, confidentiality shall be preserved.

Article 6

People's procuratorates conducting review of the necessity of detention must not abuse the right to make recommendations so as to influence the lawful conduct of criminal proceedings.

Chapter II: Case filing

Article 7

Where criminal suspects or defendants and their legally – designated representatives, close relatives, or defenders apply for review of the necessity of detention, they shall explain the reasons for not continuing detention. Where relevant evidentiary materials are available, they shall be provided at the same time.

Article 8

Applications for review of the necessity of detention are uniformly handled by the procuratorial departments for criminal enforcement of the corresponding people's procuratorates at the same of level as the case handling organs.

Upon receipt of applications for review of the necessity of detention, the prosecution, case management and other departments of the corresponding people's procuratorates at the same level as the case handling organs shall transfer them to the procuratorial departments for criminal enforcement of the same procuratorates within 1 business day.

Where other people's procuratorates receive applications for review of the necessity of detention, they shall notify the applicants to apply to the corresponding people's procuratorates at the same level as the case handling organs, or within 2 business days, transfer the application materials to the corresponding people's procuratorates at the same level as the case handling organs and notify the applicants.

Article 9

After receiving application materials, the procuratorial departments for criminal enforcement shall conduct a preliminary review and submit opinions on whether to file and review the case within three business days.

Article 10

Procuratorial departments for criminal enforcement shall use means such as the procuratorate's unified operations system to promptly make inquiries about that procuratorates' approvals of or decisions to modify or revoke arrest measures.

Article 11

Procuratorial departments for criminal enforcement shall follow their duties to conduct preliminary review of the necessity of detention of the criminal suspects or defendants who have been approved for arrest by the procuratorates to which they belong or who have been arrested as decided by the people's courts at the same level.

Article 12

Upon preliminary review, where the criminal suspect or defendant may have one of the circumstances stipulated in Article 17 and 18 of these Provisions, the procurator shall draft a case filing report and file the case after the chief procurator or the deputy chief procurator in charge approves it.

Where applications have no grounds or the grounds are obviously not sustainable, or where, after review by the people's procuratorate an applicant fails to provide new supporting materials or reapplies without new grounds, the procurator will make a decision not to file the case and notify the applicant in writing.

Chapter III: Review

Article 13

People's procuratorates conducting review of the necessity of detention may employ the following methods:

(1) Reviewing the grounds and supporting materials showing that the criminal suspect or defendant does not need to be detained;

(2) Hearing the opinions of the criminal suspect or defendant as well as their legally - designated representative or defender;

(3) Hearing the opinions of victims as well as their legally - designated representatives or agents ad litem, to understand whether they have reached a settlement agreement;

(4) Hearing the opinions of the case - handling organ for the current stage;

(5) Hearing the opinions of the investigative supervision or public prosecution department;

(6) Investigating and verifying the physical state of the criminal suspect or defendant;

(7) Other methods.

Article 14

People's procuratorates may conduct an open review in cases reviewing the necessity of detention. However, this excludes cases involving state secrets, commercial secrets or personal privacy.

People's congress delegates, CPPCC members, peoples supervisors, and special prosecutors may be invited to participate in open reviews.

Article 15

People's procuratorates shall make a comprehensive assessment of whether it is necessary to continue detention of a criminal suspect or defendant on the basis of factors such as the facts of the crime they are suspected of, their subjective malice, their demonstrations of remorse, their physical condition, the development of the case, the sentence that might be given and whether their is any danger of further harm to society.

Article 16

The assessment of whether continued detention of a criminal suspect or defendant is necessary may employ quantitative methods, establishing specific standards such as positive items, negative items, or disqualification items. Criminal suspects or defendants' scores may be a reference for the comprehensive assessment.

Article 17

In cases reviewing the necessity of detention, where it is discovered that the criminal suspect or defendant has any of the following circumstances, a recommendation for release or modification of compulsory measures shall be submitted to the case handling organ:

(1) A major change occurs in the case evidence and there is no evidence showing a crime was committed or that the criminal conduct was not by the criminal suspect or defendants;

(2) A change occurs in the case facts or circumstances, where the criminal suspect or defendant might be sentenced to short – term detention, controlled release or the independent use of a supplementary punishment; have punishment waived; or be found not guilty;

(3) Continued detention of the criminal suspect or defendant will exceed

the period of detention they might be lawfully sentenced to;

(4) Case facts are already basically clear, evidence has been gathered and fixed, and the conditions for release on guarantee or residential surveillance are met.

Article 18

Where upon review of the necessity of detention it is discovered that the criminal suspect or defendant has any of the following situations, and demonstrates remorse, and not detaining them would not endanger society, a recommendation for release or modification of compulsory measures may be made to the case handling organ:

(1) only criminal preparation or aborted crime;

(2) was an accomplice or accomplice under duress in a joint offense;

(3) crime of negligence;

(4) unjustified self defense or unjustified necessity defense;

(5) first offender with a small degree of subjective malice;

(6) is a juvenile or person 75 years or older;

(7) has lawfully and voluntarily reached a settlement agreement with victims and already performed on it or provided assurances;

(8) has a serious illness or is unable to care for themselves;

(9) is pregnant or is a woman currently nursing their own child;

(10) is the sole supporter of a person unable to care for themselves;

(11) might be sentenced to less than one year imprisonment or given a suspended sentence;

(12) other situations where the continued detention of criminal suspects and defendants is not needed.

Article 19

During the handling of cases reviewing the necessity of detention, reports on the review of necessity of detention shall be made, and the reports shall clearly indicate: the basic information of the criminal suspects or defendants, a brief description and the stage of proceedings of the original case, reasons and evidences for filing the case for review, the handling situation, review opinions, and so forth.

Chapter IV: Case Closure

Article 20

For handling cases reviewing the necessity of detention, decisions on whether to issue recommendations for release or modification of compulsory measures shall be made within 10 business days of case filing. Where the cases are complex, this may be extended for 5 business days.

Article 21

Where upon review it is decided that continued detention is not necessary, the procurator shall, upon reporting for approval to the chief procurator or the deputy chief procurator in charge, issue a recommendation for release or modification of compulsory measures to the case handling organ, and request that the case handling organ reply with the handling situations within 10 days.

Recommendations for release or modification of compulsory measures shall explain the reasons and the legal basis for which continued detention of criminal suspects or defendants is not necessary.

Article 22

People's procuratorates shall track the disposition of recommendations to case – handling organs for release or modification of compulsory measures.

Where the case – handling organ has not replied about the disposition within 10 days, then upon reporting for approval to the chief procurator or deputy chief procurator in charge, a notice to correct unlawfulness may be issued to it in the name of the procuratorate, requesting that they promptly reply.

Article 23

Where upon review it is decided that continued detention is necessary, the procurators shall decide to close the case and notify the case handling organ.

Article 24

For cases that have been filed for review by application, after the people's procuratorates handle and close the cases, they shall promptly notify the applicants of the situations of issuing recommendations and of the handling by case handlingorgans, or of the review opinions that continued detention is necessary and the reasons therefor.

Article 25

The procuratorial departments for criminal enforcement shall promptly notify the investigation supervision, public prosecution, investigation, and other departments of their respective procuratorates of the situations of review, the situations of issuing recommendations and of the handling by the case handling organs via the procuratorial organ unified operations system or other means.

Chapter V: Supplementary Provisions

Article 26

In cases that the procuratorate is currently investigating or reviewing for prosecution, where the criminal enforcement department conducts a review of the necessity of detention, it is handled with reference to these Provisions.

Article 27

Where people's procuratorates conduct a review of the necessity of detention in accordance with a detention center's recommendation, it is handled with reference to the procedures for conducting a review of the necessity of detention in accordance with an application.

Article 28

The handling of cases reviewing the necessity of detention by procuratorial personnel shall be included in the supervision system of judicial case handling by procuratorial organ; where there are discipline – breaking or unlawful acts such as bribe – taking, dereliction of duty, abuse of power, bending the law for personal gain, and leaking state secrets, they shall be sternly dealt with according to discipline and law; where they constitute a crime, purse criminal responsibilities according to law.

Article 29

These Provisions shall take provisional effect upon release.

Contributing Authors

I. Chinese Authors

BIAN Jianlin

BIAN Jianlin is the Dean of the Procedural Law Research Institute of China University of Political Science and Law (CUPL), and the supervisor for doctoral students of procedural law at CUPL. He holds a J. S. D. in procedural law obtained from CUPL. In previous years, he has also headed the Institute of Government by Law and was the Vice Dean of Graduate Affairs for CUPL. His published books include*The Criminal Justice System*: *Theory and Practice* (刑事起诉制度的理论与实践) and *Modern Criminal Prosecution* (刑事诉讼的现代化), among others.

DAN Wei

DAN Wei is a professor and senior researcher of the Institute for Procuratorial Theory of the Supreme People's Procuratorate of China and a deputy editor in chief of Chinese Criminal Science Journal, deputy secretary – general of China Prosecutor's Association. Dr. Dan Wei's research focuses on the comparative study on the criminal laws. He received his J. S. D. degree from Wuhan University in 1999 and has published 5 books and 50 articles in the field of criminal justice.

LAN Xiangdong

LAN Xiangdong, J. S. D., is a native of Suichangtownship in Zhejiang Province. Currently, he is the head of the People's Procuratorate of Dongcheng District in Beijing. In 1991, LAN received his L. L. B. from the law department of Minzu University of China; after which, in 2001, he obtained an L. L. M. from Peking University; ultimately earning a J. S. D. in 2015 from China University of Political Science and Law. Since he began working in the procuracy in 1991, Lan has since worked for the People's Procuracy Office in Beijing in Fengtai District, Huairou District, and most recently Dongcheng District. Over the years, he has written on criminal procedure as well as prosecutorial theory and practice in such Chinese legal publications as "Law Science Magazine," "People's Procuratorial Semimonthly," and "Chinese Criminal Law Studies," among others, collectively publishing over 20 articles. He also edited a collection of essays in translation, titled "Excellence and Mediocrity: Research on the System of Reward and Sanction for United States Prosecutors"

WANG Ran

WANG Ran, J. S. D., is a native of Jining, Shandong province and currently heads the Research Institute of the People's Procuratorate of Dongcheng District in Beijing.

LI Hongliang

LI Hongliang is a graduate of Southwest University of Political Science and Law (2009). Currently, he serves as a prosecutor at the People's Procuratorate of Huadu District in Guangzhou, where he works for the Department of Investigation Supervision. In recent years, from 2011 to 2014, the Procuratorate District Office has recognized him annually for his exemplary empirical research. He was also recognized as one of the ten best prosecutors of Guangzhou in the area of investigation supervision. Many of his articles have been published by national or provincial publications.

LIN Lan

LIN Lan is Chief of Investigation Supervision Unit and Chief Procurator at People's Procuratorate of Luogang District in Guangzhou. She once won the title of "Top Ten Public Prosecutors in Guangdong Province", and was a candidate for the award of "National Top Ten Public Prosecutors".

SHANGGUAN Chunguang

SHANGGUAN Chunguang, J. S. D., is currently an Assistant Professor at the National Prosecutors College of the PRC. Previously, he was the vice director and lecturer at Zhongnan University of Economics and Law's Research Institute on the Investigation of Criminal Abuse of Public Office. His research interests include theory and practice of the investigation of criminal abuse of public office, procuratorial theory, theory and practice of procedural law, and the law of evidence.

SONG Yinghui

SONG Yinghui is a professor and supervisor for doctoral students at the Department of Criminal Law and Science of Beijing Normal University. He holds a J. S. D. in procedural law from CUPL. He was once the vice - director and executive director of Procedural Law Institute and the chief of Criminal Procedural Law Institute at CUPL. His published works include*Purposes of Criminal Litigation*, *Introduction to Criminal Procedure Principles*, etc. His major research interest is in the field of criminal procedure law and evidence.

SUN Hanmei

SUN Hanmei, LL. M, is the head of the Case - handling Section of Second Division of Investigation Supervision in People's Procuratorate in Guangdong Province. Through directly handling many important cases, she has a wealth of practical experience. Along with this, her research is grounded in a deep knowledge of legal theory. She has published multiple articles in several major law journals, such as Investigation Supervision Guidelines, Sun - Yat - Sen University Law Review, and Rule of Law Studies.

WANG Zhenhui

WANG Zhenhui, a native of Xinji township in Hebei Province, Assistant

Professor of Procedural Law Institute of China University of Political Science of Law, and Research Fellow of the Collaborative Innovation Center of Judicial Civilization. He obtained his LL. B degree from Hebei University of Economics and Business, School of Law, LLM and J. S. D. from CUPL, majored in criminal procedure law. He worked as a postdoc at Teaching and Research Center of Criminal Law. His research fields include criminal procedure law and criminal justice system.

WU Minglai

WU Minglai, LLM, is a member of the Procuratorial Committee of People's Procuratorate of Guangdong Province and the head of the Second Division of Criminal Investigation. Previously, he has led the Second Division of Prosecution and, subsequently, the Second & First Division of Investigation Supervision. Across his career, he has accumulated extensive experience in handling procuracy work and is an expert in legal theory. He is also the executive member of the council for Guangdong Province Law Society and has published multiple articles in several core law journals.

II. English – Language Authors

Claire Brooker

Claire Brooker is a criminal justice system analyst specializing in pretrial justice. She served for nearly eight years as staff to the Jefferson County, Colorado Criminal Justice Coordinating Committee. Ms. Brooker's work has primarily focused on helping criminal justice decision makers understand and improve bail administration and pretrial processes to better align them with legal and evidence – based practices.

Michael Jones

Dr. Jones is the Director of Implementation for the Pretrial Justice Institute (PJI), where he has worked since 2010. At PJI, he directs the Bureau of Justice Assistance's Smart Pretrial Demonstration Initiative, assists states and local jurisdictions in understanding and implementing more legal and empirically-based pretrial policies and practices by designing strategic, system-change initiatives. Mr. Jones also works as a technical resource provider for the National Institute of Corrections, and previously served as the Criminal Justice Planning Manager for Jefferson County, Colorado for nine years.

Peter Kiers

Peter Kiers is the recently retired Director of Operations for the New York City Criminal Justice Agency (CJA), the pretrial agency for the five boroughs of New York City. Mr. Kiers is the immediate past-President of National Association of Pretrial Services Agencies, and has served on the NAPSA Board in various capacities since 2000. He also served as the Chairman of the NAPSA Education Committee.

Christopher T. Lowenkamp

Christopher Lowenkamp is the Social Science Analyst at Administrative Office U. S. Courts, and the Lecturer at University of Missouri-Kansas City. He was once the Director of Center for Criminal Justice Research in University of Cincinnati, and the Probation Administrator at Office of Probation and Pretrial Services.

Mike McConville

Mike McConville is an Emeritus Professor at the Chinese University of Hong Kong, where he is a leading socio-legal scholar specializing in empirical research. In the course of his career, he has researched and written on such topics as police interrogation, legal aid and assistance, plea bargaining, trial by jury, the working practices of estate agents, and legal history. He has also undertaken advisory work in countries undergoing major social transition such as Latvia, Malawi, Turkey, and Peru.

Timothy Schnacke

Timothy Schnacke is the Executive Director of the Center for Legal and Evidence – Based Practices. It's an institute focuses on research and education about pretrial release and pretrial detention. Mr. Schnacke used to work to improve the administration of bail in Colorado, starting with the Jefferson County Bail Project, and ultimately helping with the enactment of a new criminal bail statute based on best practices for achieving pretrial justice.

Barry Weiner

Barry Weiner is the Assistant Director of Rehabilitative Services at Rhode Island Department of Corrections (RIDC). He was once the Associate Director of Community Corrections at RIDC, the Court Appointed Special Advocate by Rhode Island Family Court. He was also a Subject Matter Expert of Yale Law School and NYU Law School to conduct bail reform workshops in various cities in China.

Marie VanNostrand

Marie VanNostrand is the Justice Project Manager at Luminosity, a criminal justice consulting firm. Before cofounding Luminosity, Ms. VanNostrand gained 15 years of experience serving as a probation and parole officer, a pretrial services agency manager and a criminal justice analyst. Her goal was to reshape the pretrial justice system by developing both risk measurement and risk management strategies to ensure equal justice for all.

Organizations

ABA: Criminal Justice Section

Founded in 1920, the Criminal Justice Section has primary responsibility for the ABA's work on solutions to issues involving crime, criminal law, and the administration of criminal and juvenile justice. To accomplish these goals, the Criminal Justice Section initiates studies and research; publishes reports, articles, and other widely - disseminated materials; reviews and makes recommendations concerning legislative, administrative, and judicial proposals relating to the criminal law and the administration of criminal justice; and authors amicus curiae briefs, filed with the United States Supreme Court, on behalf of the ABA in matters concerning the criminal law.

For more information, see:

[http://www.americanbar.org/groups/criminal_justice/about_us.html]

The Laura and John Arnold Foundation (LJAF)

LJAF's core objective is to address our nation's most pressing and persistent challenges using evidence - based, multidisciplinary approaches, in order to create functional solutions that target the root causes. Its strategy is to systematically examine areas of society in which barriers to human progress and achievement exist, and then applies a rigorous and comprehensive entrepreneurial problem - solving approach to these areas. LJAF's Criminal Justice initiative aims to reduce crime, increase public safety, and ensure the criminal justice system operates as fairly and cost - effectively as possible.

For more information, see:

[http://www.arnoldfoundation.org/about/

http://www.arnoldfoundation.org/initiative/criminal-justice/]

Pretrial Justice Institute

The Pretrial Justice Institute's core purpose is to advance safe, fair, and effective juvenile and adult pretrial justice practices and policies that honor and protect all people. Institute works to achieve its core purpose by moving policymakers and justice system stakeholder to adopt and implement practices and policies through: educating key stakeholders, moving stakeholders to action, working in key states to advocate for change, developing messages, stories, and media coverage in support of change, and connecting local jurisdictions to assistance.

For more information, see:

[http://www.pretrial.org/about/]

Vera Institute of Justice

Vera Institute of Justice work to tackle the most pressing injustices of our day – from the causes and consequences of mass incarceration, racial disparities, and the loss of public trust in law enforcement, to the unmet needs of the vulnerable, the marginalized, and those harmed by crime and violence. Vera embraces new tools—like the power of mining big data to unearth injustice, the potential of competitions to seek out the most motivated leaders, and the importance of communications. Underlying this unique approach is an abiding optimism that even the most troubled systems can transform. The result: Justicesystems that ensure fairness, promote safety, and strengthen communities.

For more information, see:

[https://www.vera.org/about]

Explanatory Notes Regarding the Translation of Chinese Legal Terms

Balancing leniency and severity 宽严相济（kuānyánxiāngjì）

The phrase, "balancing leniency and severity," represents a key crime control policy of the Chinese Communist Party. The phrase is partially explained by reference to its counterpart: "strike hard"（严打）, in which particular classes of crime or criminals are singled out for widespread, swift and severe punishment. So-called 'strike hard' campaigns were historically a core component of the CCP's approach to crime, until the 2000s when the CCP, led by Hu Jintao, began to place greater emphasis on achieving a "harmonious society"（和谐社会）, and the phrase "balancing leniency and severity" was adopted to demand greater nuance and discrimination in the application of criminal punishment. As elucidated in opinions issued by the Supreme People's Procuratorate and the Supreme People's Court, crimes and offenders subject to lenient treatment include crimes committed by juveniles, young adults or elders, amongst others. Crimes and offenders subject to severe punishment include crimes against state security, public safety, as well as crimes committed by terrorist or organized crime groups, etc.[1]

逮捕（Dàibǔ）

Dàibǔ, often translated as "arrest," is in fact a procedure unique to Chinese criminal procedure. In daibu, Chinese prosecutors confirm, with respect to

---

〔1〕 For a more detailed treatment, see, e.g. Margaret Lewis, "Leniency and Severity in China's Death Penalty Debate," (2011) 24(2) *Columbia Journal of Asian Law*, p. 303.

a person who is usually already in police detention, that there is sufficient evidence to charge the suspect with a criminal offense. As a result, that person therefore continues to be detained. Under Article 93 of the 2012 amendments to China's *Criminal Procedure Law* ("CPL"), once dàibǔ has been approved, the prosecutor may review the necessity of detention and recommend a release, either with a guaranty pending trial (see further below) or to residential surveillance (see further below). Dàibǔ is explained in more detail in the Introduction to this volume. As Professor Bian Jianlin explains in Chapter 12, the term is further clouded by confusion within China about the meaning of "dàibǔ," with some people conflating it with detention and others using it in a manner closer to the sense of an "arrest." In this book, because of its unique nature and the fundamental difference between it and the concept of "arrest" in Anglo – American jurisprudence, we have chosen to simply use the Chinese word, "dàibǔ," rather than provide an inaccurate and potentially misleading English language translation.

拘留(Jūliú)

Jūliú is a compulsory measure the investigating agency may use to keep a criminal suspect in custody for up to 37 days following the initial interrogation of the suspect. Jūliú is most often translated as "detention" or "criminal detention." When necessary for clarity, this book translates "jūliú" as detention. The Chinese word, jīyā (羁押) is not used in the CPL but colloquially means detention or custody. This book uses both detention" and "custody" to refer to jīyā. When it is important to distinguish between jūliú and jīyā we use the Chinese word "jūliú" for the compulsory measure authorized by the CPL and "detention" for the state of being detained or in custody.

偶犯(Ǒufàn)

Usually translated as "casual offender," this phrase refers to first time offenders who commit a crime because an opportunity emerged, and they took advantage of it. The phrase might be understood in contradistinction to a phrase like (惯犯) which refers to a "habitual offender". For example a person who uses a malfunctioning ATM to withdraw more money than they requested would be an 偶犯.

Prosecutors 检察院 (jiǎncháyuàn)

In this book, we use the term "prosecutor" or "prosecutor's office" for the Chinese termsjiǎncháguān (检察官) and jiǎncháyuàn (检察院), respectively. "Procurator" or "Procuracy" or "procuratorate" is the more common translation. However, since this nomenclature is unfamiliar to most English language speakers, we have chosen to use the more familiar terms. Two of the main differences between Chinese procurators and prosecutors in Western jurisdictions are: 1) Chinese prosecutors have the responsibility to investigate public corruption and other cases involving government officials' wrongdoing; and 2) in theory, at least, Chinese prosecutors are responsible to "supervise" other government agencies to make sure they comply with the law. This includes the courts themselves. Chinese prosecutors are posted at detention centers to ensure the detention center comply with the law. We refer to this group of prosecutors as "detention center - based prosecutors" or "the prosecutor's detention center supervision division."

Political - Legal Commissions of the Chinese Communist Party 政法委 (zhèngfǎwěi)

At every level of government there is a political - legal committee of the CCP that oversees the work of law enforcement and judicial authorities. As the name suggests, political legal committees are party organs not government agencies. In the Chinese system, these party committees have the authority to direct government authorities, including courts, to take actions, including deciding case outcomes if the committee deems it appropriate.

People's Monitors 人民监督员 (rénmínjiāndūyuán)

People's monitors are a relatively new innovation and they are usually appointed by prosecutors and charged with reviewing individual criminal investigations by prosecutors, usually for corruption offenses.

Residential surveillance 监视居住 (jiānshìjūzhù)

"Residential surveillance" is a form of compulsory measure that is similar to house arrest. Under Article 73 of the CPL, residential surveillance may be carried out at a designated place for those who have no fixed residence (for example their official designated address does not match their current address) or who are suspected of three categories of specific serious crimes: corruption, terrorism or endangering state security.

Release with a Guaranty Pending Trial 取保候审 (qǔbǎohòushěn)

"Release with a guaranty pending trial" is a form of compulsory measure under the CPL which a public security officer, a prosecutor, or a court may impose on criminal suspects while the case is pending trial. Two forms of guaranty are acceptable under the CPL: 1) a surety offered by the suspect/defendant; or 2) a bond paid by the suspect/defendant. The term of this particular compulsory measure is 12 months, and although sometimes translated as bail, it is sufficiently distinct from bail that we have chosen to translate it as "release with a guaranty" or "release with a guaranty pending trial."

Acknowledgments

This book is the product of a multi - year project undertaken by the U. S. - Asia Law Institute at New York University School of Law to work with Chinese and international experts on criminal justice reform in China. This volume focuses on the topic of pretrial detention and release. During 2013 and 2014, we convened a series of workshops in several locations in China and invited experts from the United States and other jurisdictions to share their experiences with Chinese counterparts. The discussions stimulated by the workshops were valuable and important and we thought that it would be useful to share the information we learned with a broader audience. To that end, we gathered the materials in this book, translated the Chinese articles into English and the English materials into Chinese so that scholars and practitioners literate in either language could access the materials.

We could not have convened the workshops and completed this bookwithout help from scores of partners who shared their time and their expertise with us. Space does not permit us to name all those who participated in our workshops and contributed their ideas to this project. However, we would be remiss if we did not express special thanks to the following experts who participated in our workshops and contributed to this book: Hon. Joan M. Azrack, United States District Court, Eastern District of New York; Hon. John Gleeson, United District Court (Ret.), Eastern District of New York; Hon. Steven M. Gold, United States Magistrate Judge, Eastern District of New York; Peter Kiers, Director for Operations of New York City Criminal Justice Agency (ret.); Lan Xiangdong, Chief Procurator of the Eastern District of Beijing,

China; Dan Wei, Senior Researcher of the Research Institute of Prosecutorial Theories of The Supreme People's Procuratorate of People's Republic of China; Barry Weiner, Chief Federal Probation Officer, United States District Court, District of Rhode Island (ret.); Professor Song Yinghui, Vice Dean of the Criminal Law Science Research Institute of Beijing Normal University, Professor Bi Cheng, Dean, Police College of Northwest University of Political Science and Law; Professor Bi Xiqian, Vice Dean, Investigation College of People's Public Security University of China; Professor Bian Jianlin, DirectorProcedural Law Institute of China University of Political Science and Law; Professor Chen Guangzhong, dean emeritus China University of Political Science and Law; Professor Chen Weidong, Renmin University of China; Professor Fan Chongyi, director emeritus of the of the Procedural Law Institute of China University of Political Science and Law; Professor Feng Xue, Police College of Northwest University of Political Science and Law; Professor Gao Mingxuan, dean emeritus, Criminal Law Science Research Institute of Beijing Normal University; Professor Gu Yongzhong, Vice Dean, Procedural Law Institute of China University of Political Science and Law; Professor Jia Yu, President, Northwest University of Political Science and Law; Professor Li Ming, Vice Dean, Guangzhou University School of Law; Professor Liu Fangquan, Fujian Normal University Law School; Professor Wang Xiumei, Criminal Law Science Research Institute of Beijing Normal University; Ms. Katherine Wilhelm, the Ford Foundation,; Professor Wu Hongyao, Procedural Law Institute of China University of Political Science and Law; Mr. Xie Pengcheng, Vice Director and Researcher of the Research Institute of Prosecutorial Theory of The Supreme People's Procuratorate of People's Republic of China; Professor Zhao Bingzhi, Dean of the Criminal Law Science Research Institute of Beijing Normal University; Professor Zuo Weimin, professor of Sichuan University Law School; Professor Yang Yujuan, Public Security University.

We would not have been able to do successfully complete this project this without the leadership, support and active participation of Professor Jerome Cohen, the founder and faculty directorat USALI. The research scholars at the USALI have done tremendous work in putting the program together and we are grateful for their contributions: Dr. Chen Yu – Jie, Ms. Heather Han, Dr. Li Ling, Ms. Liu Chao, Ms. Yin Chi, Ms. Gao Yuan, Mr. Allen Clayton – Greene worked tirelessly to provide an excellent and accurate translation of all of the articles in this book. We also wish to thank out support staff, including our program managers, Trinh Eng and Eli Blood – Patterson, our program assistants Melissa Lefkowitz and Alexis Sanborn, and our interns, Lin Shuying, Zhang Yifan, Esther Choi, Luo Lan, and Zhao Jing.

图书在版编目(CIP)数据

审前羁押制度演变的比较研究 ：汉英对照 / 柏恩敬等编译. -- 北京 ：法律出版社，2018
ISBN 978 - 7 - 5197 - 2213 - 5

Ⅰ. ①审… Ⅱ. ①柏… Ⅲ. ①拘留 - 司法制度 - 研究 - 中国 - 汉、英 Ⅳ. ①D924.04

中国版本图书馆 CIP 数据核字(2018)第 088764 号

审前羁押制度演变的比较研究:汉英对照
SHENQIAN JIYA ZHIDU YANBIAN DE BIJIAO YANJIU: HANYING DUIZHAO

柏恩敬 等 编译

策划编辑 王旭坤
责任编辑 涂俊华
装帧设计 鲍龙卉

出版 法律出版社
总发行 中国法律图书有限公司
经销 新华书店
印刷 天津嘉恒印务有限公司
责任印制 张建伟

编辑统筹 市场研发部
开本 720 毫米×960 毫米 1/16
总印张 37.25
总字数 510 千
版本 2018 年 5 月第 1 版
印次 2018 年 5 月第 1 次印刷

法律出版社/北京市丰台区莲花池西里 7 号(100073)
网址/www. lawpress. com. cn
投稿邮箱/info@ lawpress. com. cn
举报维权邮箱/jbwq@ lawpress. com. cn
销售热线/010 - 63939792
咨询电话/010 - 63939796

中国法律图书有限公司/北京市丰台区莲花池西里 7 号(100073)
全国各地中法图分、子公司销售电话:
统一销售客服/400 - 660 - 6393
第一法律书店/010 - 63939781/9782
西安分公司/029 - 85330678
重庆分公司/023 - 67453036
上海分公司/021 - 62071639/1636
深圳分公司/0755 - 83072995

书号:ISBN 978 - 7 - 5197 - 2213 - 5
总定价:86.00 元
(如有缺页或倒装,中国法律图书有限公司负责退换)